人口老龄化社会法制建设

老年人社会参与政策与法律研究

肖金明 主编

山东大学出版社

图书在版编目(CIP)数据

老年人社会参与政策与法律研究/肖金明主编. —济南:山东大学出版社,2015.10

(人口老龄化社会法制建设)

ISBN 978-7-5607-5389-8

Ⅰ. ①老… Ⅱ. ①肖… Ⅲ. ①老年人权益保护法—研究—中国 Ⅳ. ①D923.84

中国版本图书馆 CIP 数据核字(2015)第 263462 号

责任策划 尹凤桐

责任编辑 陈佳意

封面设计 牛 钧

出版发行:山东大学出版社

社 址 山东省济南市山大南路 20 号

邮 编 250100

电 话 市场部(0531)88364466

经 销:山东省新华书店

印 刷:山东新华印务有限责任公司

规 格:720 毫米×1000 毫米 1/16

21.75 印张 380 千字

版 次:2015 年 10 月第 1 版

印 次:2015 年 10 月第 1 次印刷

定 价:30.00 元

目 录

导 论

一、老年人社会参与的基本理论

人口老龄化是21世纪各国必须共同面对的重大社会问题之一。"积极老龄化"作为具有应对老龄化"基本国策"[①]潜力的政策，是最有效的科学政策框架，而其核心和精髓正是老年人的社会参与。[②] 老年人社会参与是"积极老龄化"的重要组成部分，促进老年人社会参与的发展，需要社会、政府、社区、个人四者之间相互协调、相互促进，才能建立一个完善的老年人社会参与体系。从个人层面上看，老年人首先要改变旧有观念，积极参与到社会活动中来。对于老年人社会参与基本理论的分析可以从以下几个方面入手，在这几个方面上的梳理也就是对积极老龄化理论既有理论成果的总结。

第一，从"社会参与"的语义学分析来看，其最早是政治学术语，是指公民自愿参与各种合法性政治活动的行为。公民资格理论认为，社会参与就是公民对自身所享有的权利的行使和对自身所应承担义务的履行。社群主义理论认为，社会中的每一个人都不可能脱离社会组织而独立存在，他们通

① 吴玉韶主编：《中国老龄事业发展报告》，社会科学文献出版社2013年版，第45页。

② 参见刘颂：《积极老龄化框架下老年社会参与的难点及对策》，载《南京人口管理干部学院学报》2006年第4期。

过参加各种社会活动来实现权利和承担义务。总而言之，社会参与是指公民出于一定的目的，通过合法途径来表达其意愿、参加社会生活的行为。关于老年人社会参与的概念目前还没有明确的界定，我们所指的老年人社会参与是指老年人根据自己的意愿和需求，通过合法渠道参加的有组织的社会活动，并且在参与的过程中，与他人或组织产生互动交流的行为。"老年人社会参与"这一词汇中的"社会参与"本质上与政治学术语中的社会参与并无二致。

第二，从老年人社会参与的内容来看，社会参与所指向的是社会，所强调的是"老年人能够按照自己的需要、愿望和能力参与社会"，每位老年人在自己的需要、愿望和能力的指引下所参与的可能是正规的工作岗位，也可能是非正规的工作岗位；从事的可能是有报酬的工作，也可能是无报酬的工作，还可能是参与民间社团、老年协会、私营机构、老年大学、学术团体、文体团体、志愿者甚至宗教团体的活动等。此定义所强调的社会参与主要是指老年人。[①] 社会参与涵盖三个层面的内容：(1)个人价值层面，即社会参与是体现参与者价值的；(2)互动层面，即社会参与是与他人联系的、非孤立的；(3)社会参与是在社会层面开展的。[②] 老年人社会参与主要包括老年人的政治参与、经济参与、公益参与与组织参与四个方面，既包括有偿劳动，又包括无偿劳动。但是不包括家务劳动，也不包括老年人单纯的自娱自乐的社会娱乐活动和交际活动。老年人参与"社会"的社会一般应当将家庭排除在外，所以在家庭内部的家务参与不是我们理解的老年人社会参与。这个社会并非通常意义上与政治、经济和文化相并列的社会，而是广义上的社会空间，内含政治、经济和通常理解的社会概念。同时，在社会中无论是有偿劳动还是无偿劳动，均会产生相应的社会价值，老年人参与公益活动也为老年人社会参与概念所包含。此外，作为老年人政治、经济和公益参与越来越普遍的形态，组织参与已成为老年人社会参与的重要组成要素。基于以上理解，我们探讨的老年人社会参与是指老年人为实现自己对社会的价值而在

---

① 参见李宗华：《老年人社会参与的理论基础及路径选择》，载《山东省农业管理干部学院学报》2009 年第 4 期。

② 参见李宗华：《近 30 年来关于老年人社会参与研究的综述》，载《东岳论丛》2009 年第 8 期。

社会中从事的政治、经济、公益以及其中相应的组织化活动。[①] 社会参与应该是指那些健康积极的活动，一些违法乱纪等对老年人自身无益的活动是老年人绝对不能参与的。此外，老年人在社会参与的过程中要根据自己个体情况量力而行，无论参加什么活动都应根据自己的身体、能力和专长，选择适合自己的活动内容、形式，把握一定的度，顺其自然，一些不能使自己身心愉悦、感觉是一种负担的活动就不要勉强参加。这样才对自身健康有益，也是对既有参与实践的总结和反思。

第三，从老年人社会参与意识的现状来看，老年人的社会参与意识被动性大、依赖性强。社会参与包括主动参与和被动参与两种。主动参与是指老年人为了实现自身的利益，在自己所认同的利益驱动下，自主、自觉地参与到社会活动中，维护和表达自身利益。被动参与则是指老年人对参与活动并不了解，不愿参与其中，或是不理解参与行为的意义，因受他人影响而参与社会活动。[②] 在日常生活中，那些主动参与社会活动的老年人往往参与意识较高，参与领域也相对广泛。根据对老年人社会参与的调查发现，目前老年人社会参与大部分是被动式的参与，如老年人参与社会活动多是受到亲朋好友等亲缘或地缘关系的影响而参加。而从了解社会参与的相关信息的渠道方面来看，老年人则主要是借助于电视、广播、报纸等媒介，被动地接受信息。社会参与的理想状态是主动参与，但现实情况则是主动参与社会活动的老年人很少。老年人的社会参与是一个涉及主观个体和客观环境的问题，只有当老年人的主观愿望和能力与社会支持环境协调一致的时候，老年人才可以更好地参与社会经济的发展，提高自身的生活质量。但就目前我国老年人的社会参与情况来看，社会参与总体水平不高、参与意愿不强是一个客观事实。而且老年人的社会参与大都集中在干农活、做家务、进行文化娱乐活动等“生存型”的初级社会参与，对于需要一定知识和技能的“发展型”社会参与还非常不足。[③] 这既有老年人本身文化程度不高、参与意愿不强的原因，更主要的是社会支持系统的不充分和不完善。因此，如何从这个

---

① 参见龙晓杰:《我国老年人社会参与权研究》，山东大学 2012 年硕士学位论文，第 8 页。

② 参见郭爱妹、张戎凡:《城乡老年人的生存状态与社会保障研究》，中山大学出版社 2011 年版，第 215 页。

③ 参见王莉莉:《中国老年人社会参与的理论、实证与政策研究综述》，载《人口与发展》2011 年第 3 期。

角度来探究和解决我国老年人社会参与的问题还需要进一步的深入研究。

第四，从老年人的社会功能与成功老龄化理论的适用场域来看，老年社会功能是社会整体功能不可缺少的组成部分，老年人要及时从退休前的社会角色转换为新的社会角色，积极参与社会实践，发挥老年人的独特优势，既有助于老年人的身心健康，又有利于全社会的经济协调发展。党和政府历来十分重视老年教育事业，充分认识到做好老年教育工作的重要性，使老年人既"老有所养，老有所乐"，又"老有所教，老有所学"。但在我国老年教育的发展过程中，也存在着明显的不足。譬如："老年教育只注意到老年人的兴趣和自我需要，而不能顾及国家和社会的需要"①；老年教育中的思想教育内容少之又少，缺乏对老年人思想意识的正确引导；社会上对老年思想教育工作的重要性认识还不够，存在着一些片面的认识。这些老年人社会参与状况的不尽如人意能够借用一些社会学与心理学领域常用的理论工具加以观察，这种观察的结果能够使老年人社会参与的理论支撑更有力。如标签理论、木桶理论、参与理论等都能为老年人社会参与提供有效的理论工具，为老年人的社会功能再定位与老年人的成功老龄化提供合适的理论场域。此外，社会心理学范畴的个体社会化理论、社会学范畴的社会发展和社会公平理论等都对老年人社会参与的研究及社会实践和社会政策具有重要的指导作用，需要予以关注并进行深入的理论整合。所以说，跨学科的研究是老年法学研究所必需的。

第五，从成功老龄化的视角看，老年人继续参与社会活动，既是提高老年人生活质量的需要，又可延缓社会老化和生理老化的过程；既解决了精神寄托问题，又可实现人生价值，为社会做出新的贡献。在离退休干部中，要建立各种发挥作用的群体组织，如关心下一代工作委员会、老区经济建设促进会、扶贫协会、计划生育协会、老年科协、民事调解协会、"五老"志愿团等，为老干部参加社会实践、发挥余热提供平台。离退休干部参与到社会中来，既能为政府部门建言献策，又能为群众排忧解难，为企业出谋划策；既是发挥余热的过程，也是增强对党的路线、方针、政策的理解；同时思想上也能得到进一步升华，达到自我教育的目的。

---

① 王红漫、慧曼：《老年人再教育必须为国家和社会服务》，载《南方人口》2000年第1期。

第六，从老年人社会参与权的本体性分析来看，参与权首先应该是一项基本权利，是与自由权、平等权一样的人权的基本组成部分。参与决策发展的权利包含在发展权内容之中，是一项不可剥夺的人权，每个人和所有各国人民均有权参与、促进并享受经济、社会、文化和政治发展，在这种发展之中，所有人权和基本自由都能获得充分实现。其次，参与权是一项以政治权利为基础的权利，只有保证了政治领域的参与权利，才能为其他领域的参与奠定基础。最后，参与权概念的外延不仅限于政治生活领域，还包括在经济、文化、社会生活领域的广泛的参与权，其中，政治领域的参与权问题占核心地位，确保政治领域参与权的实现才能更好地实现经济、文化、社会生活领域的参与。参与权成为一项独立的权利，是现代民主发展和人权保障的结果。正因为参与权是作为人处理自身或与自身相关事务的一种主张或资格，是人之为人的必然权利，所以其从开始就作为一项应有权利，随着法治的进程，逐步被纳入现代法制所保障的人权体系而成为少数民族权利的重要内容。与其他利益群体相比，弱势群体往往承受着更大的来自社会、经济和心理等各方面的压力，再加之这部分人群文化水平比较低，自身能力较弱，信息沟通和交流上也存在着一定的问题，导致其不能很好地处理各种社会关系和突发事件。这一群体构成了社会结构的薄弱带，一旦社会生活压力积累到一定程度，社会风险将首先从这一最脆弱的群体中产生。改革开放以来，经济体制改革取得了飞速发展，但政治体制改革却相对滞后，在社会转型中产生的弱势群体问题日渐突出；另外，由于当前社会的保障救助制度尚不完善，导致这部分群体的合法权益问题始终得不到有效解决，从而使其成为威胁社会稳定和发展的一个巨大隐患；特别需要重视的是，我国当前社会利益表达和诉求机制尚不健全，同时弱势群体利益表达能力本身较弱，进而导致其不能有效地参与政策制定，不能系统地表达其利益，从而陷入了“利益失衡—权利失衡—利益再失衡”的困境，越来越处于社会的边缘和底层。如果这种情形长期得不到解决的话，那么极易发生社会断裂的危险。而参与权的概念内涵与外延就在对老年人群体的研究中显现出来，相关理论成果也会对其他弱势群体社会参与权概念的建立与发展提供借鉴。

第七，从社会参与的意义来看，社会参与在老年人生活中是不可或缺的，在实践活动中结成的社会关系是影响老年人发展的重要因素。在一些欧美国家中，老年人的社会参与程度相对较高，公共场所中随处可见。相较而言，就我国老年人整体来说，由于其生理和心理上的缺陷以及一些不可抗拒的外在阻力，老年人的社会参与程度普遍低于健全人，社会关系比较单一。从根本上说，参与社会是人的一种天赋权利，对于老年人来说，也是一样。提高老年人的社会参与水平是积极老龄化的核心，也是积极老龄化的精髓。研究表明，良好的社会参与对老年人的身心健康、生活质量有着积极的影响，对于老年人更是如此。不仅如此，老年人积极的社会参与还有助于充分利用老年人的知识和经验，为社会发展服务，有助于促进和谐社会的构建。老年人的社会参与既是社会经济发展的需要，也是老年人自身安度幸福晚年的需要。人们关注这个问题不仅是对自己长辈的关心，也是给自己未来的老年生活建立社会基础。[①] 而从一些社会学与心理学常用的理论工具层面加以观察，我们会对能够为“老年人社会参与”提供思想支撑的理论进路有更生动的认识。社会的变化发展产生了已经引起广泛关注的人口老龄化，伴随着人口老化而来的老龄问题是个复杂的社会问题。老年人心理及生理障碍最容易出现在老年人退休初期，究其原因是在于许多人不能经受退休冲击波的袭击，不能适应社会角色转变而出现的一种失落感。比如，在政府和企事业单位岗位上工作几十年的人员退休后，一些退休人员会出现社会角色适应问题，尤其是感觉到落差和无事可做，找不到生活的乐趣，甚至郁郁寡欢，带来疾病。因此希望以退休老年人社会角色转变适应问题作为切入点，分析退休老年人出现的各种社会角色适应问题，并且在活动理论的指导下，分析出一种针对退休老年人的活动方式，即如何发挥老年人的主动参与性，内化老年人的新的社会角色，在此基础上，如何加强老年人之间的联系，形成一个互动群体，然后，如何建立一个社会网络支持系统，最终形成针对退休老年人的活动体系，从而为促进老年人适应社会角色的转变、改善老年人生活质量提供一种方法。[②] 以上几个方面是老年人社会参与基本理论的具体展开，这种理论展开以老年人的本体特征为中心，以老年人在社会中应该具有的位置和作用为基本观察角度，以老年人的全面发展和社

---

① 参见陈舜青:《提高老年人社会参与的必要性》,载《常州工学院学报》2014 年第 2 期。

② 参见郑义:《城市退休老年人社会角色调适的社会工作介入研究——基于活动理论视角》,河北大学 2014 年硕士学位论文,第 2 页。

会的协调进步为最终的构建目的。总的来说,以上这几点是老年人社会参与基本理论的构建重点,也是老年人社会参与基本理论产生实践指导意义的着力点。

每一个老年人都是独特的,年轻时截然不同的社会经历和生活体验塑造了老年人独特的世界观,也使得老年人要比其他任何年龄阶段的人具有更大的差异性。所以,将成功老化理念具体到不同的老年人身上时情况可能完全不同。老年人群是一个不容忽视的人力资源宝库,将老年人的人力资源优势发挥出来也是老年人社会参与的基本目的之一。老年人的社会参与权的主线贯穿于老年人参与社会的领域,只要老年人具有参与社会的意愿并且其自身具有参与能力,那么老年人就应当排除各种来自政治的、经济的、社会的阻碍而获得参与的机会,并且感受参与带来的情感体验和享有参与获得的物质回馈。老年人全面发展是指通过社会各界以及老年人自身的努力和奋斗,参与社会实践,在活动中结成各种社会关系,需求、个性呈多样化趋势的发展,基本生活得到保障,能够摆脱物质的束缚,个人的兴趣得到发展。老年人全面发展是一个复杂而漫长的过程,不能够一蹴而就。结合当前国家和社会的实际发展状况,现阶段老年人的全面发展就是老年人能够拥有平等的发展机会,实现其自我价值和社会价值,使老年人的发展水平和社会整体发展水平相协调。

二、老年人社会参与的历史发展

高龄化社会的到来促使国际社会以及各国政府竭尽所能,采取适当的措施以应对高龄化带来的问题。以往,政府对于老年人的福利政策侧重于住宅、保健、医疗以及生活环境的提升等福利需求。然而,随着老年人人口特性的改变以及需求的变化,福利政策逐渐扩展到社会参与方面,社会参与也已成为老年人的一项基本权利。

传统社会并没有"社会参与"这一概念,但是老年人参与社会的事实却普遍存在。传统社会是农业经济主导的社会,是较为静止和简单的社会。在传统社会中,老年人不仅仅是"参与者"的角色(次要的角色),在文化教育、经济生活、社会公共生活中,他们是"主导者"和"控制者"。老年人在传统社会中扮演着传递知识、传统和精神价值的重要角色,老年人自身具有积极价值，其社会角色并非是次要的。老年人不被视为弱者和负担，尊老敬老的理论建立在超越功利主义的基础上。传统社会中的老年生活和中年生活具有更多的自然连续性，每个人根据自己的健康程度决定是否继续过去的经济生活，或者根据健康状况选择更为合适的经济活动。可以说，只要没有完全失能，传统社会的大部分老年人都在从事力所能及的经济活动或社会活动。与老年人社会参与有关的制度尊重老年人的"主体性"和社会的"自发性"，人为的干预相对较少。传统社会中，老年人社会参与"在地化"（不脱离家庭和社区）色彩也非常浓厚，社会参与与血缘关系、地缘关系密切相连。

进入工业社会以来，随着社会的变迁，老年人的地位发生了变化，老年人失去了对社会的控制权。在现代化理论中，老年人被认为（或被假设为）生产力低下，是需要被照顾的弱势群体，是社会的辅助角色甚至是社会的负担。老年人的主体性逐渐淡化，成为被动的受助者。这一观念对强制退休制度和现代公共福利制度带来深远影响。强制退休制度使就业和退休、养老之间产生了人为的断裂。政府通过公共福利政策保障老年人的生活，体现了更多对老年人生活的干预。工业化社会的这些特点实际上是限制了老年人对社会的参与。

20世纪60年代以后兴起的社会参与制度，从某种程度上说，是对传统社会的回归。当代社会从权利视角看待老年人社会参与，将老年人视为社会的积极参与者，而非被动的受助者，便是尊重老年人主体性的表现，这也是制定老年人社会参与政策的基本出发点。对老年人主体性的尊重，主要体现在老年人参与文化教育、老年人继续工作、老年人参与公益慈善事业等方面。

第一，老年人参与文化教育方面。传统社会的老年教育主要依靠自我教育（不属于社会参与意义上的老年教育）和互助式教育（借助于沙龙、学习会等），而且通常是居家学习，注重老年教育的可及性。传统社会老年教育的内容侧重于道德的提升或生命的成长，而非知识和技能。因为在传统社会，知识和信息更新缓慢，老年人掌握着更多的知识、技能和生活经验，是老年人向年轻一代传递知识，社会的更迭并不需要老年人不断更新和获取新的知识。而工业化以来，社会的快速发展导致这一阶段的老年教育不仅强调老年人自身价值和潜力的实现，还强调老年人对于知识和技能的学习，以适应社会的发展。由此观察，传统社会的老年教育更尊重老年人的主体性和自发性，老年人的学习具有更多主动性，而非被动的适应性和功利性。

传统社会老年教育的这些特点对现代社会的老年教育模式都有非常重要的借鉴意义。为使老年教育更具可及性和符合老年人的特点，应当对社区式老年教育和利用已有公共设施（市民中心、图书馆、学校、福利中心等）开展老年教育给予特别关注。日本在这方面有着丰富的经验，可资借鉴。在老年教育的组织形式方面，可以借鉴欧洲第三年龄老年大学模式，倡导老人建立自己运营的学习机构，激发老人自身的活力和主体性，打破教与学之间的界限。老年人不仅是受教者，也是教育者和文化的传承者。在此教育模式下，老人能够根据自身需要设置灵活多样的课程，并使用生动活泼的学习方法。政府对老年教育应给予的支持，主要体现在法律保障（制定发展老年教育的规划、方针、政策等）、宣传倡导、给予适当财政补贴、促进支持网络（老年人教育信息服务中心）等宏观方面。政府不应干预老年人教育或学习机构的具体运营和教学过程。

第二，老年人继续工作方面。传统社会中，年轻人从事经济活动无须经过大学教育等第三方机构的专业培训和考试，也不需要取得职业资格证书才能执业。年轻人参与农业活动的技能依靠家庭的熏陶、训练和培养；参与手工业或商业活动依靠师傅带徒弟的方式进行。无论是参与农业还是工商业，职业技能的获得是习得的。从总体上看，传统社会中的学习与职业并没有分离，职业场所和生活场所也没有分离。传统社会中，更多的是自我雇佣，不发生现代意义上的失业问题。与此就业制度相适应，传统社会也没有人为的退休制度。但是，进入工业社会以来，就业制度和退休制度都发生了极大的转变。年轻人在专门的院校从事职业训练，通过考试获得学位、执业证书等。职业训练场所与就业场所相分离，生活场所与职业场所相分离。与此相应，大多数国家都实行了强制退休制度。强制退休制度带来很多问题，许多人在退休时仍具有相当活力，对突然失去工作、转变生活方式和角色的状况不能完全适应，由此带来很多社会问题。实际上，许多提早退休的人并不想过纯粹休闲的生活，他们对工作的投入仍停不下来，希望退休后维持部分工作或兼职工作。对于社会来说，老年人所积累的职业经验是宝贵的财富，如果不能好好利用则是一大损失。

为解决工业社会对老年人继续工作带来的问题，现代社会参与制度在以下方面做出了努力：在保障老年人基本社会福利的前提下，开通老年人继续工作的渠道，使老年人可以根据自身特点自由决定是否工作、选择何种工作、工作多长时间等。欧美国家先后延长（甚至取消）了法定退休时间和领取养老金的时间，建立了弹性工作制度；企业也开始实行弹性工作时间和兼职制度，建立起更适合老年人需要的工作制度，使老年人在其能力所及时，可以如传统社会一般实现终身工作。

由政府倡导建立伙伴关系也是促进老年人继续工作的有效措施。传统社会老年人参与经济生活主要依赖其家族、宗教团体、互助团体的协助。现代社会中，政府虽然已经成为推动老年人参与经济生活的主导力量，但也应注意到政府在政策的制定、执行和监督中存在的局限性，政府需要借助社会（家族、宗教团体、互助团体等非营利组织等）的力量实现老年人对经济生活的参与。英国所采取的构建伙伴关系的策略就是很好的例证。在英国，不论学校、雇主、民间团体，都是政府的重要伙伴，负责大部分学习、训练与协助老年人建立就业计划的实际执行工作，使得劳动市场政策的推动深入社区、学校与社会的每个角落。各国政府还制定了反年龄歧视的法律，针对飞机驾驶、公车驾驶等确实不适合高龄者从事的行业，定出适合的年龄上限，供雇主和劳工参考，使其及早进行专业的规划与训练。

第三，老年人参与公益慈善事业方面。老年人参与公益慈善活动古已有之。传统社会的公益慈善活动既有组织化的形式，也有个人直接帮助他人的行为。传统社会公益慈善活动的受益人一般是弱势群体，主要是修路、架桥、捐米、施粥、救灾、义诊等慈善活动。而现代社会公益慈善活动的范围较为广泛，扩展到社会福利、教育、文化、环保、医疗等各个方面。传统社会中，参与公益慈善活动的主体比较有限（在中国，主要是士绅、商人、寺庙等），慈善形式主要体现为捐赠。而现代社会公益慈善活动的形式不但有捐赠，还存在志愿行为，参与主体更为普遍，普通老人也可以参与到公益慈善活动中。

传统社会中，老年人公益慈善的参与常发生在一个村落或特定区域之内，基本是在熟人社会内进行，其行为具有互助的色彩。参与公益慈善的方式更多的是非组织化的自发状态。在服务内容方面，传统社会侧重于铺路、架桥、教育和救助穷人等活动。而在现代社会中,老年人参与公益慈善已经突破了熟人社会和地域限制,进入到全国乃至全球的广泛领域。

发展适合老年人参与的小型、社区型组织有利于促进老年人参与公益服务。可及性是发展此类组织的主要原因。此外,老年志愿者与服务对象处于同一社区,可以建立长期的稳定关系。从长远来看,某一社区的老年志愿者极有可能成为未来的服务对象,这种可能获得的回馈会激励老年人投入到志愿服务当中去。

文化传承和民间纠纷调解是老年人从事公益慈善服务的重要领域,传统社会强调品德培养和知行合一,认为品德的塑造高于知识的传递。现代社会的学校教育过于强调知识的吸取,在品格塑造方面大大缺失;且过于强调创新的价值,忽略了传统对于人类的特殊意义。在品格塑造和保守传统价值方面,老年人是最佳的教育者。

老年人拥有丰富的生活经验,在普通的民事纠纷中,老年人也可以发挥其独特的作用。传统社会中,"尊老""敬老""爱老"是普遍的价值观念。在乡村,老人主持分家析产、调解家庭纠纷和家族纠纷,对于乡村秩序的维护有重要意义。现代社会虽然有专门的家庭法院、简易民事程序等来处理类似纠纷,但普通民众对于打官司之类的事情还是避之三舍。因此,发挥老年志愿者在调解普通民事纠纷中的作用,对基层社会的稳定意义重大。

老年人参与文化教育、老年人继续工作、老年人参与公益是相互交叉(如参与文化教育同时也是继续工作和公益服务的培训阶段)、相互联系、相互促进的领域。老年人参与文化教育可以使老年人具备继续工作和参与公益慈善服务的能力;反之,继续工作和参与公益慈善也为老年人终身学习提供了目标、动力。老年人社会参与的激励与保障制度可以综合考虑老年人参与文化与教育、老年人继续工作、老年人参与公益这三个方面,整合资源,制定相互协调的政策。

现代社会应吸收传统社会的有益方面,平衡年轻人的创新性与老年人的保守性,平衡老年人与年轻人之间的经济权利和社会权利,使社会参与制度既能满足老年人的需要,又能促进整个社会的良性发展。

三、我国老年人社会参与的现状

我国还没有做好准备迎接人口老龄化,人口老龄化时代已经悄然到来了，这为我们提出了更多的挑战。美国学者马斯洛认为，人类需求如同阶梯一样从低到高有不同的层次。老年人亦不例外，随着社会的发展，老年人已不满足于“养老”，需要更进一步的精神需求，需要去继续实现人生价值。但传统社会夸大了老年人弱势群体地位，一味地崇尚“敬老”，单纯地把老年人作为赡养、帮扶的对象，却忽视了老年人的精神和心理需求，忽视了“尊老”的价值所在。进入21世纪，伴随中国人口老龄化的不断加深，人口老龄化问题凸显，因而对老年人自身社会价值实现的关注不断增强。人口老龄化是全世界共同面临的现实问题，如何应对老龄问题成为各国研究和解决的重大课题。现今的老龄问题不再是单纯的照护老年人的问题，更深层次的问题是如何实现老龄群体的“独立、参与、照顾、自我充实和尊严”。积极老龄化政策框架为人口老龄化的应对指明了方向。实现积极老龄化，老年人社会参与是重要途径。我国老年人社会参与缺乏权利导向和保障，因此，维护老年人社会参与权、提升老龄群体的社会参与，制度是根本。对于老年人个体而言，老年人社会参与权的构建是理念上对社会参与的一种型构，为老年人关于自我资格、地位与能力判断提供依据，增强老年人社会参与的动机和自信，提高老年人社会参与的能力。积极老龄化是老年人幸福的源泉，保障老年人的社会参与权将强化老年人的参与意识，推动老年人积极走出家门并参与社会发展。老年人社会参与权维系着老年人的切身利益要求，关联着老年人的独立和尊严，将体现老年人在家庭、组织、社会和国家中的积极形象。因此，老年人社会参与权是一种能够支撑老年人个人生存与发展的重要权利，老年人个人将在权利的保障中更好地度过晚年生活。①

老年人社会参与权需要通过相应制度的建立和运转得以实现，通过相应的政策加以指引，并且需要法律规范进行保障。研究我国老年人社会参与制度现状，可以从现有的政策与立法层面来进行观察和分析。老年人社会参与制度从零散的政策、法规到纲领性的政策和统一的立法，经历了从无到有，从特定主体、有限范围到普遍主体、普适范围，老年人社会参与制度开始走向系统化和规范化。从20世纪50年代到今天，我国老年人社会参与制度历经六十余年的发展历程，渐成体系。20世纪50年代末到20世纪80

① 参见肖金明主编：《老年人权益保障法律制度研究》，山东大学出版社2013年版，第228页。

年代初，为以老干部为主的有限主体的有限参与阶段。如1958年的《关于安排一部分老干部担任某种荣誉职务的决定》、1978年的《国务院关于安置老弱病残干部的暂行办法》、1982年的《中共中央关于建立老干部退休制度的决定》等，老年人社会参与政策起步发展缓慢。20世纪80年代初到90年代中期，我国成立专门负责老龄工作的全国性组织，即中国老龄问题全国委员会；国务院办公厅转发中国老龄问题全国委员会《关于我国老龄工作中几个问题的请示》的通知；《关于高级专家离休退休若干问题的暂行规定》《关于延长部分骨干教师、医生、科技人员退休年龄的通知》等文件的出台；全国老龄工作会议的召开；等等。以上均表明中央政府对老年人社会参与问题的认识提高，老年人社会参与主体和事项得以扩大，老年人社会参与制度向前进了一大步。20世纪90年代中期至今，中央针对老龄工作相继出台数个纲领性文件，从1994年第一个全面规划老龄工作和老龄事业发展的重要指导性文件《中国老龄工作七年发展纲要(1994年～2000年)》，再到统领、规划着整个老龄事业发展的"十五"规划、"十一五"规划、"十二五"规划等一系列政策，推动着老龄工作渐进向前发展。

我国宪法从人权保障到关乎老年人社会参与的具体规定条款，无疑是老年人社会参与的首要法律渊源。《老年人权益保障法》是我国第一部专门保护老年人权益的法律，其中特设一章规定了老年人参与社会发展的内容，从法律的层面界定了老年人社会参与的外延。2012年修订的《老年人权益保障法》，进一步完善了老年人社会参与方面的规定，老年人社会参与制度开始全面发展并渐成体系。除了根本法宪法和专门的老年人权益保障的法律之外，全国层面还有一些法律与老年人社会参与制度的发展密切相关，如妇女权益保障法、残疾人保障法、教育法等。地方层面有关老年人社会参与的立法主要体现为各地关于老年人权益保障法的实施办法或老年人权益保障办法、条例的相关规定。截至目前，31个省、自治区、直辖市均对老年人权益保障进行了立法，更有若干拥有地方立法权的较大市制定了老年人权益保障的地方性立法，这些关于老年人权益保障的地方专门立法均涉及老年人社会参与保障。

老年人社会参与是一项权利，应当通过立法制定相应制度加以保障，通过相应的政策和法律加以规范、促动和实现。从20世纪50年代至今，虽然中央和地方出台了多项涉及老年人社会参与的政策和法规，渐进地推动着老年人社会参与制度的发展，但是我国老年人社会参与的现状仍然不尽如人意，老龄工作尤其是老年人社会参与制度的发展进程中，还有一些问题不容忽视。从行为或者社会现象的角度理解社会参与，容易使思维的触角局限于经验事实上，而忽视了“理念—制度”的内在逻辑关联。无论是理念、思路、认识等理论层面的认知，还是制度、体系等实践层面的建构，都对老年人社会参与权保障和社会参与活动的实现构成了不小阻碍，暴露出一些现实问题，主要表现在以下几个方面。

一是老年人社会参与理念层面的缺陷。主要包括：第一，老年人文化素质较低，参与能力不足，文化知识欠缺，很自然地影响了他们对老年社会参与的思想认识和行为选择，很大程度上局限了他们的视野，限制了他们的社会参与能力。第二，老年人自身角色转变和定位存有偏差，老年人的角色定位是与角色转变相伴相随的产物，它体现为老年人对自身价值、能力的评估和判断，并基于此生发对个人在家庭、社会和退休后再度融入、回归社会的主体选择。一些老年人无法正确、顺畅、自然地完成角色转变所带来的一系列负面效应，而这也成为老年人社会参与最直接的制约因素。第三，老年人社会参与的意愿和条件间存在较大冲突，老年人因年老而无缘享有同等的机会和平台，老年组织机构培育不足。第四，老年人社会参与的外部氛围尚待调整优化，“弱者”的思维定式、传统观念和社会环境，会对老年人的自我评估、角色界定和价值判断产生非常不利的影响，不自觉地会干扰老年人的心智，从而使老年人被传统观念、外部环境和绝大多数人的认知习惯所同化，进而自我否定。

二是老年人社会参与原则层面的缺陷。主要包括：第一，老年人参与的社会认同度低，趋于边缘化。第二，老年人社会参与原则体系不完整，渠道不畅通。老年人社会参与的根本保障需要一个完整健全的原则体系和顺畅无碍的参与渠道，但老年人社会参与的日常实践状况却不容乐观。第三，老年人主动参与原则难有保障。第四，老年人社会参与的区别保护原则体现不充分。第五，老年社会参与的公平性原则遭到破坏。第六，老年人独立参与、自立自决的原则尚未确立。

三是老年人社会参与制度层面的缺陷。主要包括：第一，老年人社会参与制度顶层设计不足，没有专门针对老年人社会参与的战略体系。老龄社会的到来是无法阻挡的趋势，是我们必须要面对的长期而紧迫的任务。第二，老年人社会参与制度缺乏系统性。老年人社会参与制度主要通过相关政策和法律来体现。我国老年人社会参与制度向上缺乏顶层设计，向下具体制度不够具体，缺少层级性，无论是横向上还是纵向上，虽有相关性，但关联还不够密切，缺乏必要的相关制度；基本政策和具体政策之间以及具体政策之间存在规定不一致的问题。总之，整个老年人社会参与制度缺乏系统性，内容不够完备，功能不够完善。第三，老年人社会参与制度缺少配套制度。老年人社会参与涉及政治、经济、教育、文化、科技等诸多方面，此诸多方面的相关政策和法律规定应该将老年人社会参与囊括进去，形成配套体系。第四，老年人社会参与制度不能满足多元需求。老年人社会参与制度在追求普世与公平时却忽视了客观上存在的不公平、不均衡，忽视了老年群体的多元化和老年群体需求的多元化。第五，老年人社会参与制度实效性不够，宪法中的相关规定可操作性不强。以老年人权益保障法为核心的有关老年人社会参与的法律规范有限。法规、规章是国务院、国务院组成部门、地方有立法权的人大及其政府制定的，效力低于以老年人权益保障法为核心的法律规范。老年人社会参与制度除以上述法律规范为表现形式外，更多的是通过相关政策来表现，具有指导性和倡导性，但效力较低，其贯彻实施还有赖于地方将具体的制度予以推行。

四是老年人社会参与制度因自身建设的不完善，使得其实施的效果不尽如人意。如老年人的政治参与大众化不足，老年人社会参与制度中对政治参与进行了简单、笼统的规定，关于政治参与的渠道、方式、救济途径等并没有具体规定，使得老年人的政治参与受限。老年人的经济参与保障不到位，老年人社会参与制度中缺乏年龄歧视的消除规定、经济参与中的人身保护、创业的政策支持等。老年人公益参与促进不足，老年人社会参与制度中关于公益参与的规定过于强调专家、退休干部等的作用，部分老年群体被忽视，在公益参与中对老年人的尊重不够，缺乏对老年人公益参与的激励机制。老年人组织参与的不成熟，老年人社会参与制度中关于组织参与的规定极少。虽然我国自上而下各地均有老年组织，也确实发挥着积极的作用，但缺乏总体上的制度约束和规划，我国老年人的组织参与还是十分有限的。

中国人口老龄化速度快，老年人口激增，地区老龄化不平衡，未富先老，促进老年人更好地参与社会是应对老龄化的重要举措，完善老年人社会参与制度将发挥巨大的作用。如何针对老年人社会参与制度的现状去完善相应制度是摆在步入老龄化社会的中国的一项迫切而艰巨的任务。

四、社会政策与老年人社会参与制度的完善

人口快速老龄化是当前中国社会面临的棘手难题。从“五普”和“六普”的数据对比分析来看，中国人口的老龄化、少子化趋势正在不断加速，特别是少子化又使老龄化问题进一步凸显。截至2013年年底，全国老年人口比例已达14.9%。如何有效应对老龄化问题对中国经济、社会和文化的冲击，成为理论界和实务界无法回避的现实性命题。从国内学界研究情况来看，研究者们普遍热衷于“老有所养”和“老有所医”的基础保障性研究，对“老有所教，老有所学，老有所乐，老有所为”的关注较少。人是群居性的社会动物，人的社会性是其立足于社会之根本。与养老和医疗的基础需求相比，老年人的价值认同、社会融入和个人发展等需求都要回归社会轨道。从政策科学角度来看，需求是问题的前导，而问题又是政策的逻辑起点。因此，化解老年人社会参与困境从根本上还是要立足政策体系。值得说明的是，我们之所以采用“社会政策”概念表述而非“公共政策”，主要还是由于老年人社会参与的特性。社会政策和公共政策虽有交集，但两者在所提供物品和服务的性质、增进社会福祉的路径和研究范式等方面都呈现明显的差异。从本质上讲，老年人社会参与应属社会政策研究范畴，涉及老年人社会参与政策的基本走势、政策框架和实施机制等。

首先，研究老年人社会参与政策基本走势需要从以下三个方面进行深入剖析：一是老年人社会参与政策的构成形态，二是路径变迁规律和演化动力，三是政策层面存在的问题与根源。

从构成形态来看，国家层面的法律和各部委出台的规范性文件基本构成了当前我国老年人社会参与的政策框架。在法律层面，主要是以老年人权益保障法为主体的法律规范。此外，宪法、教育法、妇女权益保障法、残疾人保障法、城市居民委员会组织法、村民委员会组织法、就业促进法、公益事业捐赠法等虽不是直接关于老年人社会参与的法律，但其部分条款亦有所

涉及,或者其立法目的和原则同样适用于老年人社会参与活动。在规范性文件方面,又可以划分为两个政策群:一个政策群是《中共中央国务院关于加强老龄工作的决定》和《中国老龄事业发展规划》等综合性老龄政策文件中关于老年人社会参与的规定。此类政策的对象指向覆盖了全体老年人,通常强调老年人社会参与的价值认同,具有较强的原则性和倡导性。另一个政策群是有关部委联合下发的各种"意见""通知""规定"等规范性文件。这类规范性文件的对象指向的是离退休干部、老年知识分子、专业技术人才等特殊群体,内容也相对具体,其操作性也更强。

从变迁路径和动力来看,我国老年人社会参与政策变迁大体可分为四个阶段,即"有限型参与政策"阶段(1949～1982年)、"扩展型参与政策"阶段(1983～1996年)、"开放型参与政策"阶段(1996～2010年)和"全面型参与政策"阶段(2010年至今)。从这四个变迁过程来看,我国老年人社会参与政策理念从"照顾安抚性的有限参与"到"无私奉献的扩展性参与",再到"全覆盖的开放型参与",最后到"权力强化的全面型参与"。老年人社会参与主体范围也由"特权"向"普惠"转变,从最初的高级干部或离休老干部,扩大到老年科技工作者、知识分子,最终"惠及全体老年人"。在这个变迁过程中,政府和社会对于老年人社会参与权利的理解和认识愈发深刻。这种政策变迁动力源自社会演化进程中日益增强的权利参与意识和人口老龄化,前者是老年人社会参与的根本原因,而后者是老年人社会参与的直接原因。

从存在的问题和根源来看,我国老年人社会参与政策同样存在一些问题:第一,理念误区。很多人把老年人社会参与等同于再就业,或者与老年人进行的一切融入社会的活动混同起来。这种误区导致老年人社会参与政策内容的泛化,削弱了社会各界对老年人社会参与功能和效益的全面认识。第二,政策法规冲突。现有法律体系对老年人社会参与(比如再就业)的"收入"和"劳动"保护并不对称。因为我国劳动力市场现行的法律规范针对的是劳动年龄内的劳动力,离退休人员的参与劳动并不在保护之内。这在一定程度上阻碍了老年人社会参与的积极性。第三,政策滞后。现行的退休政策已不适合当前经济和社会发展需要。如今,社保基金面临巨大压力,提高法定退休年龄、延迟退休应当纳入政策议程。目前,社会舆论对此的抨击和反对恰恰是因为没有意识到老年人社会参与的重要性。第四,政策缺乏体系性。老年人社会参与政策主要包括老年人权益保障法和各部委出台的规范性文件,缺少国务院行政法规和部门行政规章以及地方立法层面的专项政策法规。从政策内容来看,两极化色彩明显:一个极端是政策过于宽泛,只作一般性的原则和倡导性规定,缺少可行性;另一个极端是涵盖领域和群体太过狭隘。从政策体系构成来看,老年人社会参与政策缺少组织管理、价值评估、权益维护、激励机制、技术支持和监督考核等环节的规定,基本构成要素尚不健全。上述问题的存在很大程度上还是由于我们对老年人社会参与的理解不够透彻所导致。实际上,老年人社会参与是一个十分广泛的概念。从涉及领域来看,它包括了政治参与、经济参与、文化参与和社会参与等;从属性上来看,它既是一项公民基本权利,又是一种社会活动,具有清晰的社会性。

其次,完善老年人社会参与政策框架必须立足于整体的结构性创新。它主要体现在理念创新、工具适用性和体系协同性三个方面。其一,老年人不是社会负资产。现实中的老龄化迫使政府和社会必须寻求老年人社会参与的新路径,以期实现老年人的"老有所为",推动和谐社会建设。其二,老年人社会参与政策工具选择同样需要考虑适用性问题。市场化工具、工商管理技术和社会化手段必须因地制宜。从老年人社会参与实践来看,政府和社会层面都更加青睐社会化手段(例如社区治理、志愿者服务等),而较少采用市场化工具和工商管理技术,这应当成为未来改革的着力点。其三,老年人社会参与政策体系协同性旨在化解政策之间以及与相关法律法规之间的冲突。

老年人社会参与政策的理念创新:从"老有所养""老有所医"到"老有所为",应当全面拓展老年人社会参与渠道、方式。老年人社会参与必须立足于能力和意愿两个前置性条件,即老年人有能力(身体、精神)和意愿(主动积极的个人需求)进行社会参与。从"六个老有"依存关系上看,"老有所养"和"老有所医"是老年人社会参与的基础,"老有所教,老有所学,老有所乐"是老年人社会参与的具体形式,而"老有所为"则是老年人社会参与的终极目标,是老年时期的价值追求目标。因此,新时期的老年人社会参与在逐步完善养老和医疗服务的同时,不断拓展"所教,所学,所乐"的渠道和方式,重点围绕"老有所为"进行政策设计。

老年人社会参与政策工具适用性:市场化工具、工商管理技术和社会化手段亦是老年人社会参与政策工具的选择内容。老年人社会参与政策并不因其“社会性”而排斥市场化工具和工商管理技术。从目前国内的社会实践研究中,我们发现公益服务、社区参与是老年人社会参与政策工具的主要选择,并且也取得了良好的绩效结果。但这些还远远不够,市场资本力量的介入将是老年人社会参与实践的重要方向,例如市场资本力量介入老年大学、老年文化宫建设、老年人体育休闲等领域。此外,老年人社会参与活动的监督和评估也离不开工商管理技术的支持,例如绩效管理技术和顾客导向技术等。

老年人社会参与政策体系的协同性:这种协同性指的是老年人社会参与政策体系内的有序运行和体系外的相互配合。体系内部的协同表现为老年人社会参与法律和规范性文件之间的耦合性,体系外部的协同表现为老年人社会参与政策与其他相关政策的兼容性。当然,这种协同性还体现在政策与现实需求之间的同步,例如老年人社会参与政策与弹性退休政策之间的衔接与配合。

最后,老年人社会参与政策实施机制推行的关键在于参与价值的认同,这种价值认同是老年人社会参与政策实施机制的前提条件。政策的价值认同一方面与其基本理念、工具选择和体系协同高度相关,即对政策本身科学、合理和规范标准的回应;另一方面也与其所指对象密不可分,即老年人社会参与对于解决因老龄化问题带来的社会冲击具有深刻的理论和实践意义。简言之,老年人社会参与政策的价值认同体现在理念认同、工具认同、体系认同和所指对象价值认同。

老年人社会参与政策的实施机制可归纳为三个体系平台,即以政府为主导的老年人社会参与政策保障平台、以社会为依托的老年人社会参与政策驱动平台和以群体为核心的老年人社会参与政策反馈平台。加强三大平台建设,完善老年人社会参与政策实施机制,对促进和保障老年人社会参与具有重要现实意义。

一是完善以政府为主导的老年人社会参与政策保障平台。作为老年人社会参与政策的提供者,政府应在专项资金支持、组织协调和技能培训等方面给予保障。专项资金支持方面,政府要为老年人社会参与提供专门的财政预算，确保有配套资金支持政策执行。组织协调方面，政府要在企事业单位、科研教育机构和社区之间发挥好协调作用，为老年人社会参与政策顺利实施创造条件。技能培训方面，鼓励老年人积极参与技能学习，并建立专门的人才档案库，使之能够在适合的岗位上发挥余热，实现“老有所为”的人生追求。

二是构建以社会为依托的老年人社会参与政策驱动平台。它需要社会力量的广泛介入，包括市场资本的参与以及有效整合各种社会资源。应鼓励各类社会组织积极加入到老年人社会参与事业中来，充分利用各自的人力、物力和财力为政策实施创造条件，强化老年人社会参与的价值认同，塑造良好的社会舆论环境。与此同时，积极推动专业社工参与到老年人社会参与中来，激发老年人的潜力。

三是创建以群体为核心的老年人社会参与政策评估与反馈平台。老年人社会参与的关键还在于老年人自身主观能动性的提升，它体现在参与能力和参与意愿两个方面。老年人社会参与能力取决于其身体健康情况、技能水平、物质基础等因素，而参与意愿则与精神境界、个人观感等密切相关。因此，老年人社会参与政策实施还必须全面考量老年人群体自身的情况，并作出及时的反馈。从这个意义上讲，评估与反馈平台是把老年人社会参与能力、意愿和其他诉求及时传递给政府和社会，使其不断完善老年人社会参与政策体系，提升服务质量，从而帮助老年人群体顺利融入社会，实现“老有所为”的价值追求。

五、社会法与老年人社会参与制度的完善

21世纪，老龄化的加速发展和人口平均寿命的延长，使老年人社会参与问题成为了老年人权益保障中的重要课题。人口老化与福利国家危机，更因其内容涉及政治参与、经济参与、公益参与、组织参与等不同领域而深深嵌入政治民主化、经济全球化、文化多元化、社会组织化等广阔而复杂的社会背景之中。自中国进入老龄化社会以来，人口老龄化进程造成的社会问题不断凸显，在国家应对老龄化的进程中，应当加强积极应对人口老龄化的法律与政策研究，构建中国特色的老年法制体系。

伴随着权利和人权话语的流行，老年人社会参与由“需要”转变为“权

利”,从而使老年人社会参与权进入了老年人权利的谱系。“老年人社会参与权”理论是老年人社会参与制度体系建设的基础理论,我们借鉴国际上积极老龄化理念与方式,落脚于中国的老年人参与的现状与问题,寻求推动中国老年人社会参与权利保障制度的构建。法律手段和政策手段是老年人社会参与权实现的基本路径。与此同时,“社会法”作为中国特色社会主义法律体系中一个较为年轻却发挥着越来越重要作用的法律部门,对老年人社会参与这一问题能够进行较为全面的规制。在“老年人社会参与权—老年人社会参与制度”的逻辑进路中,尽管老年人社会参与问题中的老年人政治参与、老年人就业保障等问题在传统上属于公法范畴,但其本质上作为老年人权益保障法的一部分,具有社会法的属性。无论是老年人社会参与权益的保障还是相关制度建设,都需要我们从“理念—原则—制度”的进路出发,采取社会法的视角和方法不断完善老年人社会参与法制体系。

如前所述,我们把老年人社会参与定位为:“老年人为实现自身对社会的价值而在社会生活中从事的政治、经济、公益以及其中相应的组织化活动。”[①]在以社会法的视角分析上述问题时,首先也需要对该种语境下的“社会法”予以定位。尽管学界对“社会法”的概念、理念、原则等基本理论问题尚有诸多分歧,但我们希望通过努力在大家相对认可的范围内运用社会法理论,解决老年人社会参与的现存问题。正如博登海默所说:“概念乃是解决法律问题所必须的和必不可少的工具。没有限定严格的专门概念,我们便不能清楚地和理性地思考法律问题。”[②]我们讨论的社会法首先是狭义上的社会法,即作为我国法律体系中独立部门的社会法。近些年来,随着我国经济社会不断发展,中国特色社会主义事业的总体布局由社会主义经济建设、政治建设、文化建设三位一体发展为社会主义经济建设、政治建设、文化建设、社会建设四位一体的结构。其中将社会建设摆在更加突出的位置,与之相对应,在法律体系中,应当加强社会领域的立法,老年人权益保障法的修订正是在新的社会环境下的制度选择,从部门法意义上,它属于社会法的范畴。作为老年人权益保障法律体系重要组成部分的社会参与制度,其制

① 肖金明主编:《老年人权益保障立法研究》,山东大学出版社 2013 年版,第 187 页。

② [美]E. 博登海默:《法理学——法律哲学与法律方法》,邓正来译,中国政法大学出版社 2004 年版,第 504 页。

度构建也要符合社会法的理念与原则。社会法既修正了以自由平等为价值主臬的民法理念，也改造了以管理秩序为目标的公法理念，它充分考虑并更加关注人在生理、经济、生存等方面的现实能力差异，主张通过具体的权利保障实现社会公共利益配置的均衡化和公平化。社会法形塑了国家干预、参与的积极角色，同时也制约和防止私权的滥用，它通常以社会弱势群体的利益为保障目标，追求的是实质平等和社会正义。

与此同时，老年人权益保障的国际经验和各国、各地区的发展经验也能够为老年人社会参与制度的建设提供给养。1982 年，《维也纳老龄问题国际行动计划》指出："……今天的老龄问题不仅是保护和照顾年长者和老年人的问题，而且也是年长者和老年人参与和参加的问题。"1999 年，世界卫生组织提出"积极老龄化"的倡议，将"积极老龄化"界定为"尽可能增加健康、参与和保障机会的过程，以提高人们老年时的生活质量"。由此，健康、参与和保障成为实现积极老龄化的三根支柱。2002 年，《马德里政治宣言》指出："力求使老年人充分融入和参与社会；使老年人能够更有效地为其社区和社会发展做出贡献，并且不断改善着老年人所需要的照顾和支持。"这些国际经验，能够为我国老年人社会参与制度构建理念的发展所借鉴。如 1991 年 12 月 16 日，联合国第四十六届大会通过《联合国老年人原则》（第 46/91 号决议），其中将"独立""参与""照顾""自我充实"和"尊严"列为老龄行动国际计划的五项基本原则，老年人的社会参与成为融汇了政治参与、经济参与、公益参与、组织参与等具体形式在内的权利形态。

国际社会"健康老龄化—积极老龄化"的理论发展，既为老年人社会参与问题的解决提供了更为丰富的理论内容、政策框架和行动计划，也推动了我国社会法理论和实践的发展——明确了"社会参与"作为老年人社会权利的重要组成部分，实现了从以需要为基础转变为以权利为基础的本性跨越。[①] 社会法是以社会利益为本位的法，其基本功能是保障社会的安全运行和可持续发展。老年人社会参与权具有平等、独立、充实、尊严四个价值维度，其核心维度是平等；同时，和谐也是社会法之所以产生和发展的合理性

---

① 参见宋全成、崔瑞宁：《人口高速老龄化的理论应对——从健康老龄化到积极老龄化》，载《山东社会科学》2013 年第 4 期。

依据，包括对基本人权的保护和对弱势群体的保护。

在经济生活市场化和全球化、国家政治民主化和法治化快速进展的同时，我国人口老龄化的严峻形势和较为滞后的老年法制体系状况形成了突出的矛盾。国家应当确立积极应对老龄化的基本国策，健全完善包括老年人社会参与制度在内的一系列老年人权益保障制度体系。老年人社会参与权的制度保障体系建设应以宪法为统领，以老年人权益保障法为基础，以选举法、劳动法、就业促进法、社会团体管理法以及将要出台的慈善法、志愿服务条例等为关联法，加强配套立法和地方立法，保持老年人社会参与政策与法律的协调统一。

目前，我国已经把积极应对人口老龄化确定为国家长期战略任务，这是新的老年人权益保障法的重要贡献。尽管“积极应对人口老龄化”没有成为我国的一项基本国策，但国家长期战略的定位类似于基本国策。现在的关键问题是如何阐释积极应对人口老龄化作为国家长期战略的内涵和要求，通过政策措施和法律制度落实这一国家长期战略，提高对包括老年人社会参与权在内的老年人权益保障程度。老年人社会参与权保障的法律与政策措施的制定与实施应当遵循五个基本原则，即平等性原则，差异性原则，人性尊严原则，政府主导与市场、社会、家庭参与相结合原则，适宜性原则。基于宪法和法律的规定，在法律、法规、规范性文件和其他的政策文件层面，需要形成细化的、具有可操作性的老年人社会参与权保障措施。老年人社会参与权的保障措施应当基于以下三个方面展开：

一是强化禁止年龄歧视的规定。年龄歧视是老年人社会参与的最大障碍，禁止年龄歧视的首要措施就是制定和颁布有关反年龄歧视的法律。西方不少国家已经颁布了专门的反歧视立法，我国在这个领域尚存阙如。笔者认为，专项反歧视立法固然必要，但在立法条件尚不成熟的情况下，分别在不同领域建立有针对性的反歧视制度，然后推动更广泛领域中的专项立法也是我国近几十年来法律体系建设的基本规律和经验。老年人权益保障法应当肩负反年龄歧视的任务，确立包括社会参与在内的有关老年人权益保障的反歧视原则与制度。

二是不断充实和保障老年人社会参与内容。与人身权和自由权的价值不同，老年人社会参与更多关联老年人的独立、尊严以及自我实现，同时关系社会发展与资源共享，它强调国家的积极促进。具体的措施包括：第一，吸收老年人参与公共决策过程，推动老年人有效的政治参与。这里既包括与老年人利益密切相关的老龄政策与方案的制定执行，也包括一般意义上老年人的政策参与。第二，提高老年人社会团体的地位，加强老年人社会组织建设，逐步改革老年社团管理体制，实现社团与管理机构的分离。第三，完善制度措施，促进老年群体的经济参与，增加和创造与老年人相适应的就业机会，保障老年人合法劳动所得。第四，通过多种手段鼓励和推进老年公益参与，避免“强制公益”，健全教育、培训、激励制度。

三是完善和改良老年人社会参与的具体设施环境。构建老年人社会参与的信息制度，便于对老年人社会参与状况进行统计、分析、研究，进而进行引导和有针对性地改善；通过政策法律等方式对公共传媒进行引导，积极营造老年人社会参与的良好环境；建设老龄友好型环境，包括住房、基础设施、公共设施和和谐环境；构筑有助于老年人社会参与权救济的司法环境，从底线意义上纠正和救济侵犯老年人社会参与权的行为。

囿于传统文化制约、老年人权利意识相对淡漠以及救济机制不够健全等限制，老年人社会参与的现状仍较理想状态相去甚远。笔者认为，针对不同参与的特点，对老年人社会参与的实践状况的考察应当依照社会参与的不同领域进行大致分类，从政治参与、经济参与、公益参与三个方面进行考察与完善。

一是政治参与方面：推进政治参与大众化，畅通老年人参与政治生活的渠道，让他们可以通过人大、政治协商等制度通道实现政治参与；老年人应增强政治参与权利意识，这与中国传统文化以及过去相当长一段时期的历史背景有关，需要在法律层面予以鼓励和支持；健全政治参与组织，组织参与是老年人较为钟爱的政治参与形式，有助于淡化老年人离职后的失落感；完善政治参与权利救济机制，针对老年人的身心特点，提供便捷有效的救济途径。

二是经济参与方面：关注平等就业权，扭转实践中尚存的较为普遍的老年人就业方面的年龄歧视现象，通过完善落实就业促进法等法律法规予以保障；健全创业激励机制，如提供融资信贷政策扶持等；提升老年人就业培训权保障力度，如就业信息有效获取，通过就业培训提升老年人工作能力；

获得报酬权方面，应当通过有效制度建设来克服实践中老年人劳动所得不能充分兑现的状况。

三是公益参与方面：应完善相应的配套保障机制，如公益参与教育培训体制、奖励促进机制、志愿服务保障机制；鼓励开展慈善教育、宣传和募捐，推动上门劝捐模式的开展；健全老年志愿者活动发展机制，鼓励老年人成为社会公益的倡导者和积极参与者。

第一章

老年人社会参与的基本理论

老年人社会参与是时代所需要的老年人所应该具有的积极姿态,只有切实提高老年人社会参与水平,老年人的人力资源优势才能被充分挖掘出来。在提高老年人社会参与质量的过程中,社会参与的概念是老年人社会参与的基础与前提,社会各群体在社会活动中的积极参与为老年人社会参与提供必要的宏观背景。社会参与对老年人的继续社会化产生显著的影响。社会参与是继续社会化的重要途径之一,老年人要成功实现继续社会化,顺利、幸福地度过晚年生活,就必须适当地参与社会。老年人参与社会是当今社会发展的必然要求,也就是说,社会需要老年人参与其经济文化的发展。同时,老年人需要社会,参与社会是老年人的一种权利,更是一种生活方式。老年人通过社会参与,可以使自己进行正确的自我认识和自我评价,同时,也有利于社会对老年人有个客观公正的认识和评价。而社会学理论中的很多成果可以为老年人社会参与提供有益的理论支撑,并且老年人社会参与理论与实践的挖掘应该且必须从老年人力资源开发与老年人全面发展的角度来看待,而基本所有的有关老年人社会参与的理论建构都应该落脚在对老年人社会参与权的研究与应用上。

第一节　老年人社会参与及参与方式解读

老年人社会参与的概念与参与方式是我国老年人社会参与理论的重要组成部分，相关理论的说明与展开应当紧密结合当前我国老龄化社会发展的特点，抓住社会突出问题，将老年人社会参与问题的基本内涵与特点说明白，综合纳入到法律保护体系中来。从理论上，老年人社会参与对于我国人口老龄化研究、建立完善的社会参与制度、增加社会参与的措施以及制定社会参与的政策等，都具有极为重要的作用；从实践上，能够切实为老年人提供完备的社会参与保障，及时完善行政立法，解决当前社会关注的热点难点问题，解决行政立法在老年人社会参与方面的空白，对老年人社会参与措施加以完善，确立更好的老年人社会参与制度。

人口老龄化是21世纪各国必须共同面对的重大社会问题之一。积极老龄化作为具有应对老龄化“基本国策”[①]潜力的政策，是应对老龄化最有效的科学政策框架，而其核心和精髓正是老年人的社会参与。[②] 老年人社会参与是积极老龄化的重要组成部分，促进老年人社会参与的发展，需要社会、政府、社区、个人四者之间相互协调、相互促进，才能建立一个完善的老年人社会参与体系。从个人层面上看，老年人首先要改变旧有观念，积极参与到社会活动中来。

所谓社会参与，是指个体以各种方式直接或间接地参与到社会生活的各个方面之中。参与，本意是指参加或加入。社会参与概念所强调的正是个体在社会生活中的主体性与主动性，即社会生活过程不是一个自然的进程，而是主体以各种不同的社会角色不断进行主动性参与和调适、改造的过程。当代社会参与理论强调公民对社会发展的参与，强调社会发展不是一个“恩赐”与“受惠”的自动进程，而是公民自主参与、自己决定的进程[③]，尤其强调公民的政治生活、经济活动参与对社会发展、政策行动、个体发展的意义。

---

① 吴玉韶主编：《中国老龄事业发展报告》，社会科学文献出版社2013年版，第45页。

② 参见刘颂：《积极老龄化框架下老年社会参与的难点及对策》，载《南京人口管理干部学院学报》2006年第4期。

③ 参见孙学娇：《城市老年人社会参与研究》，山东理工大学2010年硕士学位论文，第7页。

“老年人社会参与”这一概念最早是由20世纪40年代美国芝加哥著名的社会学家欧内斯特·W·伯吉斯在他的象征互动理论中进行概括的。他将象征互动理论中的社会参与概念与老年人相融合，强调老年人生存的社会价值以及老年人生命的终极意义。此后，老年人社会参与受到更多研究学者的关注，但到目前，对老年人社会参与概念的内涵与外延还没有一个统一的、规范的界定。从国外学者对老年人社会参与定义的研究来看，他们一般是从研究角度进行界定，其大致可以归纳为四个角度：(1)从介入角度来看，社会参与指老年人参与各种社会活动、社会团体的介入过程；(2)从角色角度来看，社会参与是一群由正式的和非正式的社会角色的老年人所组成的多维建构；(3)从活动角度来看，社会参与是指老年人和其他人一起参加的活动；(4)从资源角度来看，社会参与是指老年人对社会、个人资源的一种分享。[①]

从国内学者的研究来看，主要观点可以归纳为以下三个方面：(1)认为老年人社会参与就是继续参与生产性的劳动或是退休后再就业。这个观点主张只有老年人参与可获得劳动报酬的社会活动才算社会参与。(2)认为老年人社会参与应包括老年人再就业、继续在业和老年人从事家务劳动两个方面的内容。(3)认为老年人社会参与应该包括一切有益于社会和自身发展的各项活动，这其中包括参与政治活动、经济发展活动、社会文化活动、社会公益活动以及家务劳动等。简而言之，就是老年人为继续保持与社会的联系而进行的活动都属于社会参与活动。[②] 邬沧萍、杜鹏、姚远、姜向群等认为，老年人社会参与的内容可以包括参与物质文明建设和精神文明建设，也可以分为政治参与、经济参与、文化参与和社会参与等几个方面。[③] 杨宗传则把老年人社会参与归纳为五个方面和三个层面，他认为一切有益于社会各项活动的参与都应属于老年人社会参与的范围。他所说的五个方面分别包括：社会经济发展活动的参与、家务劳动的参与、社会文化活动的参与、

---

① 参见段世江、张辉：《老年人社会参与的概念和理论基础研究》，载《河北大学成人教育学院学报》2008年第3期。

② 参见李洁：《城市女性老年人社会参与研究——以铜陵市天井湖社区为个案》，苏州大学2012年硕士学位论文，第32页；张恺悌：《中国城乡老年人社会活动和精神心理状况研究》，中国社会出版社2009年版，第9页。

③ 参见邬沧萍等：《社会老年学》，中国人民大学出版社1999年版，第363页。

社会人际交往以及旅游活动的参与、在家庭范围内文化娱乐活动的参与。其中,社会经济发展活动的参与属于第一层次,这样的社会参与只有那些身体健康或较健康,或是那些虽然身体一般但有一定专长的老年人能参加;家务劳动、社会文化活动、社会人际交往等方面的社会参与则属于第二层次,多数老年人都能参加,也应该参加;而在家庭范围内文化娱乐活动的参与属于第三层次,一般老年人都能参加,但仅参加这一项(不参与前四项)社会活动者只是极少数身体很差的老年人。①

目前,国内对老年人社会参与概念的界定主要是在社会参与的范畴上存在争议,主要有以下五种观点:第一种是老年人从事有报酬的社会劳动才是社会参与;第二种是老年人所参加的各种社会上的劳动或活动都属于社会参与,包括有酬和无酬,但并不包括家务劳动;第三种则是在第二种的基础上包括了家务劳动,即老年人参加的各种社会劳动都属于社会参与;第四种则将第三种观点进行了具体划分,认为老年人的社会参与不仅包括社会经济发展活动、家务劳动上的参与,还包括在各种社会文化活动和社会文化精神生活上的参与;第五种认为老年人参与社会就是指老年人参与社会的经济政治文化等活动。②

社会参与所指向的是社会,所强调的是"老年人能够按照自己的需要、愿望和能力参与社会",每位老年人在自己的需要、愿望和能力的指引下所参与的可能是正规的工作岗位,也可能是非正规的工作岗位;从事的可能是有报酬的工作,也可能是无报酬的工作,还可能是参与民间社团、老年协会、私营机构、老年大学、学术团体、文体团体、志愿者甚至宗教团体的活动等。此定义所强调的社会参与主要是指老年人。③ 社会参与涵盖三个层面的内容:个人价值层面,即社会参与是体现参与者价值的;互动层面,即社会参与是与他人联系的、非孤立的;社会层面,即社会参与是在社会层面开展的。④而积极参与社会活动作为积极老龄化的一个重要方面,是对以往旧有老龄

---

① 参见杨宗传:《再论老年人口的社会参与》,载《武汉大学学报》2000 年第 1 期。

② 参见袁缉辉、王因为、徐勤:《当代老年社会学》,复旦大学出版社 1989 年版,第 256 页。转引自李洁:《老年人社会参与研究》,苏州大学 2012 年硕士学位论文,第 8～11 页。

③ 参见李宗华:《老年人社会参与的理论基础及路径选择》,载《山东省农业管理干部学院学报》2009 年第 4 期。

④ 参见李宗华:《近 30 年来关于老年人社会参与研究的综述》,载《东岳论丛》2009 年第 8 期。

观的一种变革，它以尊重老年人的权利为基础，强调要为老年人发展而努力地去创造条件，让他们回归社会，参与到社会活动中来。充分发挥老年人的余热，让老年人由社会问题的制造者变成社会问题的解决者[①]；由资源的消耗者变成财富的创造者；从社会发展的阻碍变成社会发展的动力。[②] 我们对“老”的理解基本上是从两个层面展开的：一是事实层面，即生物学意义上的“老”。这是指生命活力的衰减或机体功能的退化。这些可以从老年人的体征上明显地表现出来。如头发变白并脱落，皮肤变粗变皱，出现老年斑，还有关节僵硬，行动迟缓，等等。二是价值层面，即从社会文化来看，“老”被赋予了深厚的文化内涵。其一，“老”不仅指“年长”，还具有“长老”之意，体现的是一种威望。在传统社会里，“老”往往与德、贤、智相提并论。其二，“老”也是一种资格或辈分，反映一定的人际伦理关系。其三，“老”又意味着无用或多余，特别是当人们退休或离开工作岗位后，所谓“老朽”的感觉就油然而生。[③] 总之，生物学方面对“老”的评判总是不利的，而社会文化层面对“老”的评判可能有利，也可能不利。对于老年人来说，获得认同和自身价值的社会肯定是最为重要的需求。[④]

在人的一生中，老化到完全不能参与社会活动和生活不能自理的时间一般都是很短暂的[⑤]，老年人从退休到此阶段有较长的时间需要度过。老年人参与社会活动，是指在参与过程中与各种组织和他人所产生的互动和交流。老年人参与的社会活动一般是自发地组织，或者由原工作单位、社区及其他社会团体组织。老年人体力和智力逐渐趋向衰退，但他们经过长期的社会实践，掌握了较多的社会文化、技术知识，并有丰富的生产、工作经验。在老年人逐渐退出生产、工作第一线的同时，要尽可能地挖掘他们所蕴藏的劳动能力和智力资源。长期的工作已使老年人养成了一定的职业群体意识和劳动习惯，若要他们突然改变这种习惯，会一时难以接受。大多数老年人

---

① 参见李宗华：《基于logistic模型的老年人社区参与影响因素分析——以济南市老年人社区参与为例》，载《学习与实践》2010年第11期。

② 参见刘颂：《积极老龄化框架下老年社会参与的难点及对策》，载《南京人口管理干部学院学报》2006年第4期。

③ 参见罗淳：《从老龄化到高龄化》，中国社会科学出版社2002年版，第15～18页。

④ 参见徐新、张钟汝：《城市老龄社会政策的演进及挑战》，广西师范大学出版社2012年版，第13页。

⑤ 参见杨宗传：《再论老年人口的社会参与》，载《武汉大学学报》2000年第1期。

都希望退休后有点事做，能接触社会、充实自己。老年人的社会参与既是社会经济发展的需要，也是老年人自身安度幸福晚年的需要。人们关注这个问题不仅是对自己长辈的关心，也是给自己未来的老年生活建立社会基础。[①] 老年人参与社会可以使老年人由问题制造者转变为问题的解决者，由财富的消耗者转变为财富的创造者，从而成为历史的创造者。因此，解决城市退休老年人继续社会化问题，应当从积极提高城市退休老年人社会参与入手。当前，城市退休老年人社会参与具有很强的依赖性和被动性，而且影响城市退休老年人参与社会的因素也是多方面的。因此，要充分发挥政府、社区和家庭的支持作用，拓展城市退休老年人参与社会的支持网络，保障多元的社会参与渠道，搭建社会参与平台，不断提高城市退休老年人社会参与的主动性与积极性，保证社会参与的水平和质量。[②]

所谓社会参与方式是一种社会成员对社会活动产生影响并且这种影响具有相对稳定性的行为模式与过程。老年人社会参与包括主动参与和被动参与两种。主动参与是指老年人为了实现自身的利益诉求，在自己所认同的利益驱动下，自主、自觉地投入社会生活，实现利益的表达和维护。被动参与则是指老年人对参与活动并不完全了解，不愿介入其中或者不了解参与行为的意义，因受他人鼓动、劝说而参与社会活动的行为与过程。具有主动参与方式的老年人的参与意识往往较高，参与领域也较为广泛，并能意识到自己的参与行为与切身利益紧密联系在一起。当前城市老年人的社会参与大部分都是被动式的参与，如很多老年人参与选举投票、社区政治活动，不过是社区强力动员的结果，由于老年人并不理解或接受参与的实际价值，因此参与的效果也就可想而知。主动参与是老年人社会参与的理想状态，但实际情况是主动参与社会的老年人很少。

另外，老年人社会参与表面上看十分丰富多彩，但仔细分析就会发现，当前我国城市老年人的社会参与主要集中于文体活动参与、人际交往参与方面，而经济生活、政治生活领域则不仅参与率低，而且更具被动性。统计发现，城市老年人参与最多、参与率最高的是闲聊、散步、简单的体育活动、

① 参见陈舜青：《提高老年人社会参与的必要性》，载《常州工学院学报》2014 年第 2 期。

② 参见刘欢：《社会参与对城市退休老年人继续社会化的影响研究——基于湖南省 Y 市的实证研究》，湖南师范大学 2011 年硕士学位论文，第 53 页。

棋牌类游戏等，而参与的目的也基本上集中于一般的身心健康与生活所需，追求满足的层次不高，对于更具现实意义和价值追求的经济活动、政治活动，甚至较高层次的文体活动则观望多，实际参与少，有的还存在很强的抵触情绪，可见目前老年人社会参与的整体层次还是比较低的。老年人社会参与的方式大多是被动地、配合式地进行参与，对组织参与的机制依赖性很强。探究原因，老年人的社会参与观缺乏正确的引导是根本。老年人自身对社会参与的错误理解是导致老年人不愿参与社会活动或是组织社会活动的主观原因，这也直接导致老年人的社会参与仅局限于所居住社区的组织机制。由于缺乏正确的引导，老年人很少或是根本不参与社会，即使参与也只是依附于组织机构，有组织的就偶尔参与其中，没有组织的就索性不参与，表现出强烈的依赖感。可想而知，在这样的参与前提下，参与质量也必定会差。可见，对社区支持的高度依赖性是老年人社会参与的一个显著特点，特别是对政治生活的参与尤为明显。老年人政治活动参与渠道不足，组织机制不健全，很多老年人希望可以参与到社区的政治生活中来，但并没有这样的组织体系来组织他们关于国家政治方针、政策法规等的学习和讨论。同时发现，政府的组织是吸引老年人社会参与的有力保证，一个重要原因是因为广大老年朋友具有一种政府情结，即一种对党的领导和对政府的支持的一种感情依赖。凡是政府出面主持的工作，老年人一般都比较放心，愿意参与，相对具有一种安全感，这是老年人愿意参与政府组织活动的心理依凭。模仿是人类重要的行为机制，老年人的模仿虽然无法与青少年相比，但仍然是其社会参与行为重要的内在原因，尤其是在经济活动、公益活动参与方面，这种影响更为明显。一方面，同辈群体是老年人人际交往的主要对象，同辈群体在社会参与中的态度、认知直接影响着老年人的态度和认知，往往形成小范围的文化圈，对圈内老年人的参与意愿和参与水平产生直接的积极或消极的影响。很多老年人表示，自己之所以参与经济活动，参加社区公益活动，是因为看到自己的朋友、邻居在这方面做得不错，感染了自己。另一方面，受角色失去后的无用感的影响，老年人的社会参与带有很强的被动性，缺乏自下而上的自主性。[①] 尤其是进入期的开始阶段，老年人很不适应，往往因为无所适从而变得消极、隐忍，而同辈群体的相互接纳与认同，对

---

① 参见孙学娇：《城市老年人社会参与研究》，山东理工大学2010年硕士学位论文，第72页。

于他们早日走出心理阴影，无疑具有重要意义。

第二节 老年人社会参与的必要性分析

老年人参与社会是当今社会经济发展的必然要求。特别是在我国，由于主客观等多方面的原因，老年人需要社会，要求参与社会经济文化的发展，这也是我国老年人生活的一种权利。《中华人民共和国老年人权益保障法》第40条和第41条都规定，国家和社会应当重视和珍惜老年人的知识、技能和革命、建设经验，尊重他们的优良品德，发挥他们的专长和作用。无论从现实需要，还是法理精神来看，老年人从事必要的社会参与活动不仅是必要的，也是促进社会和谐进步的重要方面。

"社会参与"最早是政治学术语，是指公民自愿参与各种合法性政治活动的行为。公民资格理论认为，社会参与就是公民对自身所享有权利的行使和对自身所应承担义务的履行。社群主义理论认为，社会中的每一个人都不可能脱离社会组织而独立存在，他们通过参加各种社会活动来实现权利和承担义务。总而言之，社会参与是指公民出于一定的目的，通过合法途径来表达其意愿、参加社会生活的行为。关于老年人社会参与的概念目前还没有明确的界定，我们所指的老年人社会参与是指老年人根据自己的意愿和需求，通过合法渠道参加的有组织的社会活动，并且在参与的过程中，与他人或组织产生互动交流的行为。我们所指的老年人社会参与并不包括纯家庭或纯个人的行为。①

老年人社会参与主要包括老年人的政治参与、经济参与、公益参与以及组织参与四个方面，既包括有偿劳动，又包括无偿劳动，但是不包括家务劳动，也不包括老年人单纯的自娱自乐的社会娱乐活动和交际活动。老年人参与社会的"社会"一般应当将家庭排除在外，所以在家庭内部的家务参与不是我们理解的老年人社会参与。这个社会还并非通常意义上与政治、经济和文化相并列的社会，而是广义上的社会空间，内含政治、经济和通常理解的社会概念。同时，在社会中无论是有偿劳动还是无偿劳动，均会产生相

① 参见柴慧琛：《城市退休老人的社会参与状况及影响因素研究——以济南市Q社区为例》，山东大学2013年硕士学位论文，第37页。

应的社会价值，老年人参与公益活动也为老年人社会参与概念所包含。此外，作为老年人政治、经济和公益参与越来越普遍的形态，组织参与已成为老年人社会参与的重要组成要素。基于以上理解，我们探讨的老年人社会参与是指老年人为实现自己对社会的价值而在社会中从事的政治、经济、公益以及其中相应的组织化活动。①

20 世纪 90 年代后期，世界卫生组织撰写的《积极老龄化：政策框架》指出："积极老龄化是指人到老年时，为了提高生活质量，使健康、参与和保障的机会尽可能发挥最大效益的过程。"所谓的"积极老龄化"是从社会角度、家庭角度以及个人角度三个角度来阐释的。从家庭和社会角度来说，是指极力为老年人创造促使其参与活动的所有可能的基础环境，满足他们的要求，帮助老年人尽可能长期地独立生活，延长其寿命的自立期和健康期；对于老年人个人来说，是指能够安全和积极参与社会、经济、文化和政治生活。② 可见，解决这些老年人问题不仅是帮助老年人更好地回归正常生活，而且是响应国家"积极老龄化"的方针政策，践行世界卫生组织把"积极老龄化"界定为"参与"的理念，对构建和谐社会、落实科学发展观具有重大而深远的意义。③

"积极"强调的是继续参与社会、经济、文化、精神和公益事务，而不仅仅是体力活动的能力和参加劳动；从工作上退休下来的老年人，仍然可以是其家属、亲友、社区和国家的积极贡献者；其目的在于使所有进入老年的人都能提高健康的预期寿命和生活质量。"积极老龄化"是第二届世界老龄大会应对 21 世纪人口老龄化问题而提出的"老龄发展战略"。形成这一发展战略政策框架的三要素是健康、参与和保障，这三者相互促进、相互制约而形成一个循环体系。其中，参与是关键节点，参与是指在劳动力市场、就业、教育、健康、社会政策以及计划都支持老年人充分参与社会经济、文化和精神生活的条件下，人们年老时就能按照他们的基本人权、能力、需要和爱好，继续以有偿和无偿两种方式为社会做贡献。只有实现老年人的有效参与，才

① 参见龙晓杰：《我国老年人社会参与权研究》，山东大学 2012 年硕士学位论文，第 8 页。

② 参见王树新：《老年社会工作》，中国劳动社会保障出版社 2007 年版，第 2～8 页。

③ 参见郑义：《城市退休老年人社会角色调适的社会工作介入研究——基于活动理论视角》，河北大学 2014 年硕士学位论文，第 2 页。

能使这个循环成为相互促进的良性循环，进而实现“积极老龄化”。[①] 社会参与是“积极老龄化”的核心和精髓。[②]

一、老龄社会问题与作为社会人的老年人

老年人存在于社会之中，一个国家的进步和发展离不开身在其中的老年人群体的发展。老年人的全面发展与整个经济社会的全面发展是辩证统一的，二者互为依存，相互促进，共同发展，老年人作为社会群体中的重要组成部分，他们的角色意义和功能是无法代替的。[③]

一方面，老年人是社会中的一员，对任何国家而言，老年人的存在都是不可避免的。整个社会的全面发展是以每个社会成员的全面发展为前提和目标，因此老年人的发展同样是国家经济社会发展的基础，老年人的健康发展对经济社会的发展起到推动作用。相较于其他人，老年人的发展程度更能够反映一个社会的整体发展水平。根据木桶理论，老年人作为社会的弱势群体，其社会地位较低，获得的资源也较少，是社会这个“木桶”里那块最低的木板，社会想要全面发展，就必须重视其中老年人的发展问题。一个社会的文明程度在很大意义上取决于其对待老年人群体的态度。

另一方面，国家的进步及社会的发展是老年人实现全面发展的基础，为其提供有利的社会条件。一个国家经济社会的全面发展不仅要求物质、精神、文化等各方面的同步发展，还要求社会中人与人之间都协调发展。老年人同其他社会成员一样生活在社会联合体中，是具体的历史的社会存在，在社会实践和社会交往中满足自己的各种需求。经济社会发展的客观规律和发展程度制约和决定着老年人的发展，只有经济社会实现全面发展，老年人才有可能实现全面发展。

老年人的发展和国家经济社会的发展应该是相互统一的，是同时进行的，是同一个历史过程的两个方面。但是，如今我国的老年人发展状况呈现

---

① 参见段世江、安素霞：《志愿者活动是城市老年人社会参与的主要渠道——兼论老年志愿者活动开展的必然性》，载《河北大学学报》2006 年第 3 期。

② 参见刘颂：《积极老龄化框架下老年社会参与的难点及对策》，载《南京人口管理干部学院学报》2006 年第 4 期。

③ 参见艾茹：《功能主义视角下的老年人社会参与状况研究——以北京市 Z 社区为例》，载《北京科技大学学报》2011 年第 2 期。

明显落后的状态，广大老年人的生存需要还不能完全被满足，我国经济社会的发展出现不平衡的特点，如果不采取措施，大力发展老年人事业，两者的发展差距将越来越大，最终老年人的滞后发展会制约国家经济社会的全面发展。社会的进步发展需要吐故纳新，新生力量取代老一代，于是，老年人不可避免地面对退休这个客观事实。老年人退出了一系列社会角色，自我实现受到影响，孤独寂寞、忧郁感涌到心头。社会在不断地前进，新的知识、新的理论、新的技术不断产生，不少原来的知识、理论、技术渐渐陈旧失效，这使老年人前半生积累的知识财富相对贬值、过时，这使不少老年人产生沮丧感、自暴自弃感。[①]

伴随着我国老龄化速度的加快，城市退休老年人的数量也在快速增加，成为我国一个重要的社会群体。这些退休老年人在自己的工作岗位上工作了几十年，早已经习惯了固有的生活节奏和工作节奏，形成了稳定的价值观，获得了适当的社会地位。突然从自己的工作岗位上退下来，原有的生活节奏和工作节奏已经完全被打乱了。通过努力工作取得的优异工作业绩、提高家庭的生活水平或者实现自己的事业梦想等价值追求都变得无法正常实现，社会地位也得不到应当的认可。根据社会学家韦伯的观点，社会地位作为综合指标，主要是由权力、财富、声望构成的。随着从工作岗位上退了下来，工作中的权力没有了，不能再行使自己的话语权、操作权和决策权等。由于退休后只能领取退休金，明显少于工作时的工资和各种奖金、生活补贴金，财富积累明显减少。研究发现，政治权力大的人，一般有着较高的声望。常言道，不在其位不谋其政，从岗位上退休了，意味着没有了在位时的权利和义务，社会联系也中断了，自然声望也下降了。[②] 针对这些问题，作为社会工作者，如何让他们更好地适应角色的转变，以乐观积极的心态面对问题，重新燃起对生活的激情和乐趣，是需要思考的问题。

老年人全面发展是指通过社会各界以及老年人自身的努力和奋斗，让老年人参与社会实践，在活动中结成各种社会关系，需求、个性呈现多样化发展趋势，基本生活得到保障，能够摆脱物质的束缚，个人的兴趣得到发展。老年人全面发展是一个复杂而漫长的过程，不能够一蹴而就。结合当前国

---

① 参见曹海涛：《简论和谐视阈下的老年人性化思想教育》，载《继续教育研究》2012 年第8 期。

② 参见张仙桥、李德滨：《中国老年社会学》，社会科学文献出版社 2001 年版，第 41～50 页。

家和社会的实际发展状况，现阶段老年人的全面发展就是让老年人能够拥有平等的发展机会，实现其自我价值和社会价值，使老年人的发展水平和社会整体发展水平相协调。

一般而言，老年人对退休的到来在心理上都会有所准备。[①] 但是，真正退休后，老年人的社会角色完全改变，或多或少都可能出现这种或那种难以适应的心理问题，形成所谓“退休综合征”。姜德珍认为，人到老年必然会碰到工作、生活各方面的变化。老年人只要退休就会有社会角色的改变，角色改变不仅意味着失掉了某种权利，更为重要的是失掉了原来所担当的那个角色的感情，改变了几十年形成的那种行为模式，失落感、自卑感、孤独感等负性情感伴随而来，使老年人难以适应。因此，老年人必须及时地采取措施，进行自我调适，充当新的角色，以适应那些不可避免的变化。[②] 要缓解劳动力短缺的现状，提高中国产业的国际竞争力，就要充分利用现有的劳动力资源，借鉴日本的相关经验，建立专职机构，为有能力、有知识、有技能的老年人退休后再就业提供帮助；同时，政府应鼓励企业返聘退休员工，对雇佣退休员工的企业给予相应的经济支持和政策优惠，以充分利用老年人口资源，使退休后的老年人发挥余热。此外，政府和企业应制定相应的政策，为返聘人员提供较为舒适的工作环境，结合老年人身体情况，合理安排其工作时间，并保障其收入，从各个方面鼓励老年人退休后再就业。通过政府、企业和退休老年人的共同努力，中国劳动力供不应求的局面定能得到缓解，也能使产业的国际竞争力得到恢复和增强。

老年人的社会适应性不是静止的、单向的，而是动态的、相互作用的；老年人在社会适应中具有能动性，对社会的文化、经济、制度等会产生积极的影响；老年人对社会既有一定的依从性又有相对的独立性，社会的各种变化会或多或少、或直接或间接地对老年人社会适应性的诸方面产生多种可能的效应。一方面，人口老龄化极大地扩大了老年群体的规模，从而促进社会进行适应性的变化；另一方面，维持与增进老年人的社会适应性也是应对人

---

① 参见鲁静章：《老年小组工作在老年人退休生活适应性问题中的应用研究》，西北师范大学 2012 年硕士学位论文，第 54 页。

② 参见姜德珍：《老年人心理适应问题》，载《心理与健康》2000 年第 10 期。

口老龄化的一条切实可行的重要路径。[①] 从动态的角度上说，老年人社会适应是一个过程；从静态的角度上说，老年人社会适应是一种功能状况，可表现为老年个体的一种行为特征或适应潜质，也可表现为老年人与社会互动的一种结果。概括而言，老年人社会适应就是老年个体根据外在社会环境的要求，调整自身的心理和行为方式，最后达到内在的和谐，以及个体与外在社会环境的和谐。[②] 而社群主义理论认为，社会中的每一个人都不可能脱离社会组织而独立存在，他们通过参加各种社会活动来实现权利和承担义务。总而言之，社会参与是指公民出于一定的目的，通过合法途径来表达其意愿、参加社会生活的行为。

随着个体在年龄上的前进，我们也经历了不同年龄层的跃进，这就是个体年老化的过程。对于那些还远没有到被称为“老年人”的人们，他们普遍存在着对年老的担心和畏惧，这是一种广泛存在的情感。事实上，我们更希望将老年人理解为“时间的移民”，他们经历了不同时代的变迁，也体会了时间流转的意义和时光流逝所留下的苦楚。年老化的过程是一个人存在性的正常环节，我们每个人都从婴幼儿期开始，之后经历青春期、成年期，直到老年期，这是一个不可避免也不可逆转的过程。年老化的过程就是我们生命正常化的一个重要环节。个体老龄的问题在日常生活中则主要折射到了退休这一重要的“临界点”上，从而产生了人们对退休的焦虑或憧憬。在日常的生活经验中可以发现，对于退休的态度形成了泾渭分明的两种：一为对退休生活充满了憧憬和向往，并提前对退休生活进行了一定的规划和筹备，迎接退休这一新的社会角色的到来，并积极融入；另一种则走向了另一个极端，认为退休是自我被社会抛弃的表现，对退休这一角色充满排斥，并产生了强烈的无用感、焦虑感、孤独感和自我放弃感。[③] 应以一种积极的老龄化态度来对抗“老年歧视”，改变自己的弱势地位。鼓励老年人开发自身的价值，帮助他们建立一个积极的自我认知体系，让他们“老有所乐”。在改变旧有观念的过程中，则需要我们为老年人的社会参与发展做好宣传工作，让更

---

① 参见鲁静章：《老年小组工作在老年人退休生活适应性问题中的应用研究》，西北师范大学 2012 年硕士学位论文，第 5 页。

② 参见欧阳雪莲、陈勃、罗照盛：《老年人社会适应性与主观幸福感的结构关系》，载《心理学探新》2009 年第 5 期。

③ 参见赵岳：《退休人员角色转化的研究》，哈尔滨工业大学 2013 年硕士学位论文，第 4 页。

多的人意识到老年人社会参与发展的重要性和迫切性，从而让他们在思想意识上得到根本性的改变。角色是社会结构中非常重要的组成要素，功能主义的观点对角色的作用有更为充分的阐释，角色可以帮助其他的社会成员来预测其他人的行为，从而在一定程度上维持社会的稳定；角色对个人的帮助则是体现在对自我行为的预测，找到与自己角色相对应的属性来表现。①

老年人事业发展能否得到广泛关注，是社会是否文明进步的体现，老年人是社会成员的组成部分，他们同健全人一样享有参与社会生活的各种权利。但是，由于生理上的缺陷以及社会环境等多方面原因，老年人在社会参与中都遇到了巨大困难，这些困难使他们在社会生活中不能够平等地享受社会发展的成果②，这些问题若长期得不到解决，对老年人事业发展以及社会的和谐稳定都具有不利影响。因此，对老年人群体的生活状况以及参与社会的障碍进行系统研究，能够很好地促进老年人事业的发展，对老年人充分参与社会生活、共享社会物质文化成果有着重要的理论意义和现实意义。老年人群体能够充分参与社会，融入到社会群体中是老年人事业发展的一项重要内容，对于老年人来说也是其基本权利的实现，对于社会的发展以及和谐社会的构建非常重要，有利于社会的健康发展。

二、作为参与者的老年人的参与意识

首先，老年人社会参与意识参差不齐，实际参与水平低。参与意识，是指个体积极参与各种事物的心理状态，其中可以包括整体认识、总的看法和基本态度，也可以包括对于参与方式、参与动机、参与结果的认识和看法。参与意识可以促使个体积极主动地参与各种事物，而社会参与意识缺乏有时则会导致盲目地参与或自我孤立。社会参与意识是影响老年人社会参与实际情况和参与质量的重要因素。从调查结果来看，老年人社会参与意识整体上比较薄弱，尽管有较高的参与意愿，但是参与的种类、态度、动机等方面所表现出的结果则参差不齐。

其次，老年人的社会参与意识被动性大、依赖性强。社会参与包括主动

① 参见赵岳：《退休人员角色转化的研究》，哈尔滨工业大学2013年硕士学位论文，第5页。
② 参见周颖：《促进残疾人社会参与的政策研究》，河北大学2012年硕士学位论文，第1页。

参与和被动参与两种。主动参与是指老年人为了实现自身的利益，在自己所认同的利益驱动下，自主、自觉地参与到社会活动中，维护和表达自身利益。被动参与则是指老年人对参与活动并不了解，不愿参与其中，或是不理解参与行为的意义，因受他人影响而参与社会活动。[①] 在日常生活中，那些主动参与社会活动的老年人往往参与意识较高，参与领域也相对广泛。根据对老年人社会参与的调查发现，目前老年人社会参与大部分是被动式的参与，如老年人参与社会活动多是受到亲朋好友等亲缘或地缘关系的影响而发生。而从了解社会参与的相关信息的渠道方面来看，老年人则主要是借助于电视、广播、报纸等媒介，被动地接受信息。社会参与的理想状态是主动参与，但现实情况则是主动参与社会活动的老年人很少。

社会参与在老年人生活中是不可或缺的，在实践活动中结成的社会关系是影响老年人发展的重要因素。在一些欧美国家中，老年人的社会参与程度相对较高，公共场所中随处可见，相较而言，就我国老年人整体来说，由于其生理和心理上的缺陷以及一些不可抗拒的外在阻力，老年人的社会参与程度普遍低于健全人，社会关系比较单一。具体表现为：第一，政治参与度低。老年人作为我国合法公民，理应参与国家的政治生活。但在现实生活中，老年人的政治参与程度相当低，政治参与中最基本的选举权与被选举权也因身体等因素不能完全享有。老年人政治参与受到阻碍会严重影响老年人向党和政府表达其利益需求，进而影响老年人相关政策法规的制定，大大增加了其切身需求不能得到满足的可能性。老年人的政治参与问题往往被人们所忽视，甚至多数老年人自身都没有重视它。第二，缺乏社会交往积极性，活动范围狭小。老年人大都具有自卑心理，他们的活动范围狭小，交流圈仅仅局限于家人和几个亲密的朋友。在与他人的交往中，残疾人面对着许多无形的、有形的障碍，其自身的社会交往能力不足、他人的歧视等不利因素直接影响老年人参与社会交往的积极性。第三，经济参与程度过低，形式单一。自主创业、各种金融投资等其他渠道在老年人参与的经济活动中只有很小的一部分。可以说，多数老年人的经济参与形式就只有就业这一个。在市场经济中，老年人也要遵守优胜劣汰的法则，由于残疾人自身的

---

① 参见郭爱妹、张戎凡：《城乡老年人的生存状态与社会保障研究》，中山大学出版社 2011 年版，第 215 页。

生理缺陷，所占资源较少，老年人就业的情形也不容乐观。因此，老年人的经济参与程度较弱且形式单一。第四，缺少文体娱乐活动。文体娱乐活动的参与是残疾人的精神文化生活中必不可少的一部分，但就我国老年人发展状况来看，他们参加文体娱乐活动的机会很少，专门针对老年人开展的文体活动并不多，增加了他们参与文体娱乐活动的难度，无法满足其精神文化需求，阻碍老年人的健康协调发展。老年人较低的社会参与程度必然形成他们过于简单的社会关系，影响老年人的全面发展。

再次，老年人的社会参与意识从根本上受制于社会对老年人社会参与的局限性。老年人实际社会参与率低，这既有个人、政府方面的原因，也缘于社会这个大环境的影响。虽然，社会大众以乐观支持的态度来看待老年人的社会参与问题，认为这样可以有效地促进他们的身心健康，也有利于构建和睦家庭与和谐的社会关系，但目前人们对老年人社会参与的认识仍存在局限性，认为老年人的主要任务是照顾家庭，其价值也是通过实现家庭所分配的角色任务来衡量的。因此，在现代社会里，人们主要还是将老年人视为该保护和该赡养的弱势群体来看待。现阶段我国老年人的文化程度较低，且受社会改革等多项原因的影响，多数老年人提前退休，又因为老年人缺少适当的充电再学习的机会，其知识系统无法得到及时的更新，以至于他们渐与社会发展相脱节。这不仅限制了老年人的活动空间，也阻碍了老年人继续社会化的发展。老年人仍是家务劳动的主要承担者，社会未将老年人从人力资源的角度进行评估和开发，忽视了老年人的价值和潜力。

三、从老年人社会参与的意义看老年人社会参与的必要性[①]

参与社会是人的一种天赋权利，对于老年人来说也是一样。提高老年人的社会参与水平是积极老龄化的核心，也是积极老龄化的精髓。研究表明，良好的社会参与对人的身心健康、生活质量有着积极的影响，对于老年人更是如此。不仅如此，老年人积极的社会参与还有助于充分利用老年人的知识和经验，为社会发展服务，有助于促进和谐社会的构建。老年人的社会参与既是社会经济发展的需要，也是老年人自身安度幸福晚年的需要。人们关注这个问题不仅是对自己长辈的关心，也是给自己未来的老年生活

---

① 参见孙学娇：《城市老年人社会参与研究》，山东理工大学 2010 年硕士学位论文，第 46 页。

建立社会基础。①

(一)有利于促进老年人的身心健康

1. 良好的社会参与有利于促进老年人的心理健康

大部分老年人有一个共同的心理特点是越老越需要关爱,越老越需要关注。许多学者都有这方面的研究,即老年人比较容易患上一种叫作“老年综合征”的心理疾病。许多老年人对于子女脱离自己而单独生活很不习惯,进而产生失落感和空虚感,甚至出现抑郁症状。老年人面对子女的离去无法挽回,又难以释怀,倍感孤独与无助,长此以往容易导致心理疾病的发生,进而形成消极、悲观的生活态度。老年学者所指的“老年综合征”主要表现在以下方面:(1)精神空虚,无所事事。子女离家之后,他们无法很快适应,进而出现情绪不稳、烦躁不安、消沉抑郁等。(2)老年人由于社会交往变少,会在感情和理性中失去支柱,感到寂寞和孤独,对自己存在的价值表示怀疑,陷入对自我的迷失,甚至出现自杀现象。(3)躯体化症状。老年化状态不仅让老年人产生具有关键影响的心理问题,还会导致一系列的躯体症状和病变,如失眠、睡眠质量差、头痛、乏力、食欲不振等。通过社会参与,让老年人走出小家庭,融入社区大家庭,享受到全社会给予他们的温暖和关怀,对于老年人保持健康的生活态度和心理无疑具有重大的现实意义。

2. 全面的社会参与有利于实现代际沟通与代际和谐

大多数老年人已经远离工作岗位,充足的时间以及不服老的精神让他们对社会事业有着浓厚的兴趣。在一些城市,老年人俨然已经成为社会事业的重要力量,大多数老年人思想觉悟高、热心助人,而且多数不注重个人名利,以能为社会或他人服务感到欣慰。他们积极配合小区居委会,参加志愿者组织,承担了社区环境治理、治安巡逻、移风易俗、文明风尚宣传、邻里纠纷调解、关心教育下一代等方面的大量工作,为和谐社区建设贡献了自己的力量。如一些老年人发挥“余热”,切实为社区、为人民做实事和好事,他们为社区内中青年夫妇提供服务,帮助他们解决了子女中午吃饭难、放学无人接、教育难的问题,消除了他们的后顾之忧,获得了中青年人的一致好评,为实现代际和谐、加强代际沟通发挥了应有的积极作用。

---

① 参见陈舜青:《提高老年人社会参与的必要性》,载《常州工学院学报》2014年第2期。

3. 积极的政治活动参与有利于和谐社区的构建

建设和谐社区是构建和谐社会的必然要求，也是服务群众、凝聚人心的重要途径。社区作为社会的基本单元，是居民群众的社会生活共同体。一个和谐社区的建设离不开社区成员的共同努力，相比较“上班族”而无闲暇时间的年轻人来讲，老年人都比较乐于参与社区文化建设。我国有些地方的社区已经有了比较成熟的做法[①]，社区也正是因为有了他们的参与而变得更有“人情味”，而且提高老年人的社会参与水平是积极老龄化的核心，也是积极老龄化的精髓。良好的社会参与，对人的身心健康、生活质量有着积极的影响，对于老年人更是如此。另外，老年人积极的社会参与，还有助于充分发挥老年人的知识和经验，为社区发展服务，有助于促进和谐社会的构建。

综上所述，鼓励老年人参与社会发展，开发老年人力资源，不仅可使老年人“老有所为”，“以为促康，以为促乐”，提高他们的自养能力和精神文化水平，而且又缓解了老年人养老、就医等家庭和社会负担，因而是一种“双赢”的策略。因此，在人口日趋老化且未富先老的我国，正确认识老年人社会参与的重要性，制定出适合我国国情的老年人力资源的开发措施，对我国社会经济可持续发展具有极为重要的现实意义。一个人进入老龄阶段并不是意味着劳动能力的丧失，实际上，大部分的老年人在进入老龄阶段以后的一段时间内仍具有一定的劳动能力，尤其是年轻的老年人更是如此。因此，可以开发和利用老年人人力资源，让更多的老年人参与到经济活动中。其可能性主要表现在：一方面，老年人有丰富的经验和知识积累，对社会发展起到推动作用；另一方面，老年人通过参与经济活动，可以增添一部分收入，提高生活水平。从老年人自身角度看，应及时调整退休后的角色，加强与其他老年人的交流互动，尽快建立起科学的生活方式，以获取更多的社会资

---

① “走出小家，拥抱大家。”老年人社会参与，是无锡市的一个系列社区工作活动，主要是强化在地老化、互助养老的理念。除了倡导社会爱老、助老、尊老传统习俗的延续之外，还提倡老人走出家门、融入社区的新趋向。南长区是人口老龄化比例较高的地区，金星街道的芦东、芦西、中桥、金城、中联、中南、翠园等社区不仅人口老龄化，而且社区老化。提倡“走出小家，拥抱大家”，更是充分挖掘社区资源，通过邻里互助、志愿互助等多元方式，使家庭、老人自身、社区组织等多元力量共同参与到为老服务中去，建立起完善的养老服务体系，让老人老有所养，安享晚年生活。该活动的总目标是使社会参与度低的老年人，走出自己小家，充分了解并使用社区资源，参与社区活动，丰富其晚年生活。具体目标是：(1)鼓励老年人参加社区活动；(2)增强老年人群体内部的交流互动，帮他们扩大交际圈，缓解他们的孤独感和寂寞感；(3)鼓励他们通过积极地参与社会活动，培养表达自己利益和需求的社会意识，争取话语权，并掌握基本利益的表达途径。

源,使生活更加健康、合理、丰富多彩。从社会角度看,老年人一年年增多,要求社会为之提供更多的闲暇活动项目和场地。目前,所有的活动设施对老年人群体及其需要来说,都显得杯水车薪。所以社会应加大投入,帮助老年人获得更多社会资源,实现"老有所乐"。①

我们知道,个体是社会和社会实践的主体,老年人是积极老龄化和参与社会的主体。时代的不断发展变化使老年人平等地拥有参与社会的权利,使其成为社会中平等的成员。老年人自身的条件也在不断地变化,使他们逐渐拥有了追求自我、参与社会的能力,因此,老年人也是解决老年人问题的主体。② 从个体角度讲,提高老年人的生活质量问题实际上就是如何构建老年人老年资本的问题。老年资本概括起来有四点:一是健康资本。身心健康,自立自助,这是第一重要的资本。二是经济资本。有个人的资产储蓄和收入来源,足以自养而不必依赖人,甚至自养之余还可以有一定的积蓄来防备未来的不时之需或者对子代有所帮助。三是社会资本。可以在紧急时获得来自亲朋(如配偶、儿女、亲属和朋友)和组织(如单位、社区、志愿者团体和政府机构)的各种支持。四是知识资本。可以通过体验、工作和学习来获得。老年人的经验、技能和智慧是非常宝贵的知识资本。老年人的生命、生活质量以及老龄化社会的健康运作与这四大类资本的积累、拥有状况和动员能力有很大的关联。③ 老年人经常参与活动,社会关系网络越发达,认知功能退化速度越慢,处于基线水平的执行功能就越强。国内学者也认为,高学历的老年人由于知识水平较高,退休后继续参与社会或自己从事论文研究等,相比社会一般退休老年人,认知水平保持较好,记忆力减退也较慢。

(二)有利于发挥老年人的"余热"

作为人的一个特殊群体,老年人同其他人群一样,有参与社会生产和社会发展的需求,有为社会发展做出贡献,并在其中实现"老有所为"的需求,因此,"人尽其才,才尽其用"既是老年人继续为社会做贡献的需要,又是老年人实现其价值的需要。满足这两项需要的最佳途径是参与社会发展,实现"老有所为"。大多老年人退休前是各单位、部门的业务带头人或骨干,他

① 参见孙学娇:《城市老年人社会参与研究》,山东理工大学 2010 年硕士学位论文,第 32 页。

② 参见邹沧萍:《社会老年学》,中国人民大学出版社 1999 年版,第 474 页。

③ 参见李瑞德:《社会参与:构建老年资本的重要途径——以一个微观社会学的视角》,载《青年探索》2006 年第 3 期。

们如能继续工作在各个岗位上且能驾轻就熟,可发挥重要作用。[①] 而有些老年人经历了长期的社会政治生活实践,一般都具有较丰富的社会政治阅历和斗争经验,多数能敏锐地判断社会是非,思想观点较稳定,抵御各种腐朽、反动思潮的能力较强,是社会政治稳定发展的重要因素。如能在以上方面加大老年人的社会参与力度,可以使他们的才智得到发挥,同时实现自己的价值。这对老年人来说,是人生价值的延续;对国家、社会来说,是国家发展的传承。老年人要树立积极情绪,投入到社会参与中来;要把离退休作为自己生活的新起点,努力寻求为社会做贡献的新机会。只有积极参与社会,才能寻找新的生活路径。此外,老年人具有文化传递的价值。老年人除了以自己的文化优势直接贡献于社会,更重要的在于他们起着文化传递的作用。所以说,老年人要善于挖掘自身的潜力,积极参与社会才是发挥"余热"的必然选择。

(三)有利于和谐社会的构建

1. 良好的人际交往有利于老年人之间的相互理解和邻里和谐

构建人与人、群体与群体间的和谐是建设和谐社会的前提条件,而对于空巢老年人来说,只有通过良好的人际交往才能加强老年人间的相互理解与支持。邻里之间关系的和睦就是建立在这种基础之上的,中国自古就有"人丁兴旺""儿孙满堂"的精神追求,特别是对于老年人来说,更显得珍贵。老年人的子女要么一般都在外地工作,无闲暇时间来照顾老年人的日常生活,要么就是忙于自己的家庭,而忽视了老年人。

2. 积极的经济活动、政治活动参与有助于老年人形成积极的生活态度

退出理论认为,离退休后的老年人,由于原有角色的退出,会变得角色认知出现障碍,无所事事,容易产生无用感、被弃感等消极情绪。即便有的老年人对人生境界、人格尊严和自我价值有更高追求,希望自己能够"老有所为",在现实生活中,也往往被有意无意地遗忘,被隔离于大社会环境之外。积极的经济活动、政治活动参与对于充分发挥老年人的经验和知识,实现自身价值,重新赢得社会的尊重无疑意义巨大。而且丰富多彩的晚年生活也有助于老年人走出家门、融入社会,形成良好的生活习惯和健康的生活信念。

---

① 参见林子利:《增强老年人社会参与意识的思考》,载《发展研究》2002 年第 12 期。

老年人适当有序的社会参与有利于提升老年人的生活质量。调查发现,老年人的经济来源大致上有三种:退休金或养老保险、子女供给和最低生活保障金。调查资料显示,相当一部分老年人收入水平不高或缺乏独立的经济收入,生活上没有稳定的经济来源甚至无任何收入。尤其是没有固定工作或没有子女的老年人,他们的晚年经济生活很难得到保障,甚至生活出现困难。适度地参与经济活动,能使老年人获得经济收益,这对于改善老年人的家庭收入状况,缓解子女供养压力,减轻社会保障负担,提高老年人生活质量意义重大。由于老年保障法规的建立还不完善,老年人的依法维权意识和能力较差。同时受一些社会不良风气的影响,传统的孝道在削弱,养老意识逐渐淡薄。在当今社会,虐老侵权的现象有来自社会的歧视、欺辱等违法行为,也有来自子女相互扯皮、拒不赡养老年人的失德忘本举动。年龄歧视已实实在在地发生在老年人身上,应加强舆论引导,配合全社会齐心合力的努力,进一步建立健全维护老年人合法权益的法律援助制度,帮助老年人运用法律武器维护自身的合法权益。老年人积极进行社会参与,参加政治活动,能够对自身的合法权益进行了解,在权益受损的时候才能够保护自己。绝大多数老年人都有自己喜欢交往的固定群体伙伴,都有共同的兴趣、爱好,能够实现互相帮助、互相鼓励,并获得精神上的满足。事实上,人际交往需求与"老有所乐"需求、"老有所学"需求是互相交叉的,老年人常在娱乐中求知,在求知中交往,在交往中娱乐。总之,老年人参与社会既是老年人的共同愿望,又是社会对老年人的需要。①

第三节 从积极老龄化理论与实践看"参与"活动

积极老龄化是现在处理老龄问题非常重要的理论指引与政策目标,处理好任何与老年人相关的事务都不应该也不可能脱离积极老龄化这一重要视角。那么在积极老龄化视角下,如何为社会参与提供理论动力与制度立足点就成为积极老龄化实践所必须要重视的基本问题,并且我们在应用积极老龄化工具的时候,也应该把"参与"这个概念在积极老龄化视野下加以具体化。

---

① 参见李韧:《老年人社会参与的意义》,载《学术探索》1999年第5期。

一、积极老龄化的政策框架

1987年,通过研究老化过程,具有老年医学学科背景的美国学者Rowe和Kahn提出了"成功老龄化"。他们认为,如果能保持身心平衡,就能延缓衰老,从而在老年阶段保持身体健康,并持续为社会做贡献。随后的第四十届世界卫生组织(WHO)哥本哈根会议上,"健康老龄化"的概念被提了出来:人到老年,需被重视的不仅是生理上的健康,还应有心理上的健康和对社会的适应能力。1996年,世界卫生组织在《健康与老龄化宣言》中最先提出了积极老龄化,并以此作为工作目标。1997年6月,西方七国首脑在丹佛会议上讨论了通过什么途径取消提高劳动参与率的障碍,以及如何减少部分就业有年龄限制的规定。1999年9月,日本东京举办了"积极老龄化"的国际研讨会,以往将老年人定位于消费群体的观念正在悄然转变。2001年,归属于世界卫生组织的"老龄化与生命历程"项目组编写了《积极老龄化:政策框架》讨论稿,并翻译成法语和西班牙语,在巴西、加拿大、荷兰、西班牙和英国的多个专门研讨会上讨论,讨论结果反馈回该项目组。2002年1月,来自21个国家的29名代表参加世界卫生组织的专家小组会议,结合各国的反馈结果,补充专家的详尽意见和建议,修订了《积极老龄化:政策框架》(以下简称《政策框架》)终稿,于2002年4月经瓦伦西亚国际老年学论坛讨论后报送联合国第二届世界老龄大会。同年,在西班牙马德里召开的第二届世界老龄大会接受了该建议,并把积极老龄化已形成体系的理论内涵写进了联合国第二届世界老龄大会政治宣言中,详细阐述了积极老龄化的政策、计划和决定因素等。①

根据世界卫生组织的《积极老龄化:政策框架》,积极老龄化的政策框架有三大支柱:健康、参与、保障。《政策框架》中阐明积极老龄化的概念是:为了提高老年人的生活质量,在尊重老年人人权的前提下,使他们健康、参与和保障的机会尽可能发挥最大效益。积极老龄化不仅可以运用于个体的增龄过程,同样适用于整个老年群体。首先,它促使老年人认识到贯穿生命历程的身体潜能、精神潜能和社会适应性潜能,只要在他们需要协助时,为其

---

① 参见温稀丹:《高校退休教师积极老龄化问题研究——以南京某高校为例》,南京理工大学2013年硕士学位论文,第7页。

提供适当的保护、保障和照料，他们就能根据自身的需求、意愿和能力参与社会。其次，积极老龄化打破了过去社会将老年人视为负担和社会财富的消费者的传统观念，认为老年人仍具备促进社会发展的生产力，不管这生产力体现在经济、文化还是社会上。

社会的发展产生了引起广泛关注的人口老龄化，伴随着人口老化而来的老龄问题是个复杂的社会问题。老年人心理及生理障碍最容易出现在老年人退休初期，其原因是许多人不能经受退休冲击波的袭击，不能适应社会角色转变而出现的一种失落感。比如，在政府和企事业单位岗位上工作几十年的人员退休后，一些退休人员会出现社会角色适应问题，尤其是感觉到落差和无事可做，找不到生活的乐趣，甚至郁郁寡欢，带来疾病。因此，希望以退休老年人社会角色转变适应问题作为切入点，分析退休老年人出现的各种社会角色适应问题，并且通过活动理论的指导，分析出一种针对退休老年人的活动方式，即如何发挥老年人的主动参与性，内化老年人的新的社会角色；在此基础上，如何加强老年人之间的联系，形成一个互动群体；然后，如何建立一个社会网络支持系统，最终形成针对退休老年人的活动体系，从而为促进老年人适应社会角色的转变，改善老年人生活质量提供一种方法。[①]

二、具体化的“参与”概念

《政策框架》中的参与指标具体包括：为老年人提供终身教育和学习的机会，如老年教育、基础教育和健康教育；根据个人需要和能力，帮助老年人参与经济组织，从事正式与非正式工作、志愿团体等；鼓励老年人参与社区活动、老年协会等。总结国外学者对社会参与理论的探讨，他们将社会参与定义为继续与社会联系、与社会分享资源的行为，并从老年人参与活动的角度出发，将社会参与分为公益性社会参与（志愿活动或义工等）、经济性社会参与（继续工作或兼职）以及政治性社会参与（参与政府部门或社会组织的决策与调研）。社会参与涉及三个层面：(1)个人层面，即参与者能在参与过程中满足自身兴趣和利益；(2)互动层面，即老年人们仍是与他人联系的；

---

① 参见郑义：《城市退休老年人社会角色调适的社会工作介入研究——基于活动理论视角》，河北大学2014年硕士学位论文，第98页。

(3)社会层面,参与者仍承担着一定的社会角色。[①] 如果单独从参与动机来说的话,动机是由目标或对象引导、激发和维持个体活动的一种内在心理过程或内部动力。用老年人参与志愿服务活动的动机来分析老年人社会参与的动机是很适合的。老年人参与志愿服务的动机就是指直接推动老年人从事或参与志愿服务以满足其某种心理需要的内部心理状态。我们提到的动机特指老年人最初参与志愿服务的动机,即老年人受哪些因素的影响而开始认识、接触、了解并参与志愿服务。老年人志愿服务参与动机研究是老年人志愿服务参与研究的重要内容,这往往牵涉到老年人选择志愿服务的原因、对志愿服务的理解以及参与志愿服务的目的等问题。活动理论的一个基本假设是,如果老年人能够保持原先的活动水平,就可以增进他们的健康,这个目的可以通过以一个角色取代另一个角色来达到。老年人角色转变是指老年人进入老年期后不断调整和转变自己的角色,以实现自己和社会环境的平衡与和谐。人在进入老年时期后要适应老化而引起的身体机能的衰退[②],适应退休生活,适应经济收入的减少,适应配偶的离世,承担一定的公民义务,试着与年龄相近的人建立快乐且亲密的关系,减少对物质生活的要求。

进入老年期以后,老年人的角色变化主要包括主要角色转变为次要角色、工作角色转变为休闲角色、配偶角色转变为单身角色、"老年人"角色等。主要角色就是指具有独立思想,能够自主控制行动,并且对自己的思想和行为负责,不断地认识世界和改变世界的一种角色;次要角色则指主要角色所述的能力减弱或缺失的一种角色。进入老年期之前,他们往往认为自己是有能力的,自己可以把握许多社会资源,不需要依赖别人。他们有着独立的经济来源,不仅能够维持正常的家庭生活,还可以履行赡养长辈、抚养子女的义务。可是,随着年龄的增长,身体状况日益下降,生理机能衰退,行动变得很不方便,他们的认知能力也开始衰退,记忆力大不如从前,学习能力也明显下降。这些都表明他们开始逐渐由主要角色向次要角色过渡。这些变化对于转变为次要角色的老年人而言是难以接受的,往往会出现情绪低落、

① 参见温稀丹:《高校退休教师积极老龄化问题研究——以南京某高校为例》,南京理工大学2013年硕士学位论文,第3~6页。

② 参见王丽娟:《低龄老年人志愿服务参与研究》,华东理工大学2014年硕士学位论文,第22页。

精神沮丧、对未来生活失去信心以及感到失落和无助等精神症状。如果长期处于这种精神状态下,老年人很容易出现病理上的变化,如患上心脑血管疾病、消化性馈病、老年痴呆症和癌症等。转变为次要角色的老年受访者表示,出现上述症状以后,他们一方面乐观面对现实、接受现实,使自己身心得以放松;另一方面积极参与志愿服务,从次要角色中寻找自己新的价值,与年龄相仿的老年志愿者一起进步,生活上互相照顾,精神上相互慰藉,共同适应新角色。[①] 这种角色的转变也就是在社会参与活动中具体的"参与"含义。

第四节 老年人社会参与的诸多支撑理论概览

老年社会功能是社会整体功能不可缺少的组成部分,老年人要及时从退休前的社会角色转换为新的社会角色,积极参与社会实践,发挥老年人的独特优势,这既有助于老年人的身心健康,又有利于社会经济协调发展。党和政府历来十分重视老年教育事业,充分认识到做好老年教育工作的重要性,使老年人既"老有所养,老有所乐",又"老有所教,老有所学"。这是对老年人社会参与必要性的基本说明,而在这种必要性说明基础上,我们必须引入社会学理论中比较成熟的诸多理论工具,为这种必要性的理论说明在社会学理论中找到可以适用的基本立足点。

随着我国老龄化社会的到来,老年资源应该得到有效的开发和利用,这不仅是老年人参与社会发展、获得精神满足的需要,也是缓解我国的养老压力、促进社会健康发展的需要。国家和政府要以新的老年教育发展理念,科学配置老年思想教育的内容,关注老年人的心理和思想健康,使老年教育为国家和社会服务。对于老年人来说,"老有所为"具有十分重要的意义,它不仅可以增加经济收入,加强与社会的接触,体现自身的价值,更为重要的是,"老有所为"是使晚年生活充实而有意义的一个重要途径。而部分老年人对"老有所为"的认识还不够,只是消极地对待退休生活,经常因为无所事事而感到空虚无聊。"社会角色理论主张,进入老年期后,为了事业的连续性,解脱原工作岗位的部分社会角色是必要的,扶植中青年上岗,保持社会整体观

---

① 参见王丽娟:《低龄老年人志愿服务参与研究》,华东理工大学2014年硕士学位论文,第24页。

念的正常运行;但退休是老年人部分角色的解脱,不是与社会的相互分离,是社会角色的转换过程。”[①]事实上,许多退休老年人虽然摆脱了繁忙的工作,得到了充分的休息,但无所事事的晚年生活又使他们倍感孤独寂寞,严重影响身心健康。因此,对老年人来说,退休的实际意义在于转换角色,退休意味着“真正意义上的幸福的第二人生的开始”[②]。但我国老年教育的发展过程中存在着明显的不足,譬如,“老年教育只注意到老年人的兴趣和自我需要,而不能顾及国家和社会的需要”[③];老年教育中的思想教育内容少之又少,缺乏对老年人思想意识的正确引导;社会上对老年思想教育工作的重要性认识还不够,存在着一些片面的认识。而从一些社会学与心理学常用的理论工具层面加以观察,我们能够对为“老年人社会参与”提供思想支撑的理论进路有更生动的认识。

一、标签理论

标签理论反对随意确立偏差行为,它可以用来解释一些偏差行为产生的原因。这一理论反对社会的强势群体给弱势群体贴标签的行为,认为弱势群体的偏差行为并非是真正的不正常,其根源是强势群体给弱势群体妄加标签而产生的,并且弱势群体被强加的标签会造成更加严重的后果,即可能会促成真正的弱势偏差行为。

标签理论应用到老年人现象上就是不能草率、轻易地给老年人加上各种“无能”“弱者”的标签,减少由于社会环境给老年人造成的不利影响。这一理论的启示是,老年人并非根据其自身的生理缺陷来确定,而是由社会给予的。与其他社会群体相比,老年人经常被贴上诸如“无用”“无能”“不正常”的标签,这一现象在一定程度上具有社会普遍性,而对于老年人自身而言,这些标签会对其自我意识产生极其不利的影响。老年人会被周围环境所同化,逐渐自我否定,接受自己是无用的人,进而远离社会,停止自身的发展,更加拉大同社会大众之间的距离。久而久之,老年人不断落后于社会其他人的发展水平,进而成为实际意义上的弱者。标签理论主要强调的是一

---

① 陈可冀主编:《老龄化中国:问题与对策》,中国协和医科大学出版社 2002 年版,第 199 页。

② [日]多湖辉:《六十岁后的生活》,李佩译,商务印书馆 2001 年版,第 59 页。

③ 王红漫、慧曼:《老年人再教育必须为国家和社会服务》,载《南方人口》2000 年第 1 期。

般大众对老年人的看法、态度，其中涵盖了偏见、排斥等内容，从而揭示不利的标签是阻碍老年人发展的一个重要原因。

二、木桶理论

木桶理论[①]最初是一个经济学理论，但随着学界对这一理论的广泛应用，目前已从经济学领域渗透到社会各个领域。木桶理论认为，一个由多块木板构成的水桶，决定水桶盛水量多少的关键因素是其最短的板块。要想提高木桶整体效应，不是增加最长的那块木板的长度，而是要下功夫增加最短的那块木板的长度。木桶理论在广泛运用于各个领域的同时，自身也在不断地发展，除了那块最短木板以外，还增加了其他几个因素。比如，一个木桶的储水量还取决于木桶的直径大小、各块木板的厚度、底板的面积；在每块木板都相同的情况下，木桶的储水量还取决于木桶的形状、使用状态等。把这一理论运用于实际生活，就是在构成组织的各个部分中，“最短”的部分也是有用的，整个组织的运行与发展水平由它的劣势部分所决定。

木桶理论对新时期我国老年人事业及老年人的发展具有重要的指导作用。根据这一理论，所有木板中最短的那块承受的水压最大，因此是这个木桶中最脆弱的部分。由此可推，老年人群体在社会中处于弱势地位，所要承担的社会压力比较大，是当前社会中一块隐形的短板，如果放任不管，不采取措施改善其生活，加强其承受能力，就很容易成为社会不稳定的因素，影响整个国家的健康发展。老年人群体是社会中不可或缺的一个组成部分，只有这个群体的质量提高了，整个国家才有可能持续发展。所以，老年人的发展是一个值得而且应该受到全社会重视和关注的问题，应该整合各方力量来共同解决。根据这一理论的新发展，老年人不仅是社会这个大木桶中的最短板，同时也是处于底层的底板，这就表明对老年人的特别关爱以及维系健全人与老年人之间的稳定、和谐、融洽的关系非常重要，老年人的发展空间需要进一步拓展。

当前阶段，老年人的全面发展就是老年人能够作为国家社会平等的一员，拥有公平的发展机会，能够独立地参与社会生活，实现自我价值和社会

---

① 这部分以及下面两种理论受龚潇《关于老年人全面发展研究》(江南大学 2015 年硕士学位论文)一文的启发。

价值,共享社会发展的成果。当前我国经济社会的发展为老年人就业发展带来了前所未有的机遇。老年人的全面发展必须坚持与时俱进,并保持与社会的发展相协调,在党和政府、社区、家庭与个人四方的共同努力之下,相信老年人一定能够持续而全面地发展。每个老年人都有权享有公共资源,无障碍环境是政府专门为老年人提供的公共资源,也是社会文明的体现。它可以帮助老年人走出家门,是其能够参与社会生活的基本条件,有利于丰富其自身的社会关系,是促进老年人全面发展的重要保障。虽然随着经济发展和社会进步,我国的无障碍环境建设取得了一定的成绩,但总的来看,与发达国家和地区的情况相比,我国的无障碍环境建设还有较大差距,如无障碍设施的设计规范没有得到较好执行、实际使用情况不能满足老年人的需求等。

三、回归社会理论

"回归社会理论"是美国社会学家戈夫曼在20世纪50年代针对老年人封闭供养和照顾的弊端而提出来的。回归社会理论认为,社区服务可以让社会弱势群体重新回归社会生活,其中的老年人更加需要社区的照顾和服务,在自己熟悉的社区中生活,有利于他们获得最好的照顾和最大的利益。其实与回归社会理论紧密联系的概念是"社会融入"。关于"社会融入"这个概念,有三种比较有代表性的观点:基于社会参与视角的"社会排斥论"、基于社会公平视角的"社会融合论"以及基于市民化视角的"移民融入论"。我们采用社会排斥论的社会融入,这一观点是2007年ESFP(European Structural Funds Program)给出的,即通过缩小差距,降低最弱势社区与社会之间的不平等,并确保支持能够传递到最需要的群体。该观点认为,社会排斥是一直存在于弱势群体之间的,是一种客观存在的事实。[①]

回归社会理论认为,社区照顾是老年人回归社会的典型模式和比较好的选择。社区照顾中的重要部分是社区康复,它能够帮助老年人在其正常生活的家庭或社区接受康复,让老年人可以自己独立地生活。老年人应该走出封闭,在社会生活中积极地与他人建立社会关系。这一理论强调特殊

---

① 参见徐丹:《残疾人社会融入问题研究——以吉林省聋哑盲残疾人为例》,吉林农业大学2014年硕士学位论文,第8页。

群体的社会需求，认为帮助老年人不仅要解决其最基本的生存问题，更加重要的是要鼓励并辅助其恢复自身失去的社会功能，增强老年人参与社会的积极性与自信心，实现他们在经济、社会、文化上应有的基本社会权益，加强老年人与社会之间的联系。

四、活动理论与角色理论

活动理论也称“活跃理论”，它属于功能派的观点，是由罗伯特·哈维格斯从对美国堪萨斯市300名老年人六年的跟踪调查中建立起来的，是老年学研究中关于撤退理论的反命题，也是几个世纪以来老年学中久被讨论和争议的理论。活动理论认为，保持高活动水平的老年人更容易适应社会和角色的变化，也更能提高其生活满意度。活动理论的观点有四个假设：一是老年人的社会角色丧失越多，参与的活动就越少；二是老年人的自我认知需要在社会活动中形成和证明；三是自我认知的稳定性源于角色的稳定性；四是自我认识越清楚，生活满意度越高。一般来说，活动理论是指以活动为基本的分析单位，通过活动促使个人和外部环境发生良性互动，最终促进人的身心全面发展和社会进步的过程。活动理论被广泛应用于历史文化学、心理学、社会学等各个学科领域①，它强调活动的中介性特征，主张活动在个人和外部环境中起着桥梁的作用，也称这个时期的观点为“第一代活动理论”。后来，列昂捷夫发展了活动理论，强调活动的对象性特征，提出了活动的层次结构，即活动、行为和操作三个层次，其中活动是最高级的，是有目的的能动性的活动。因此，这个时期的活动理论观点被称为“第二代活动理论”。之后，以芬兰心理学家恩格斯托姆为代表的专家强调活动理论的社会性，将个人活动纳入包含主体、客体、共同体、规则、工具和分工六个要素的框架中进行分析，促使活动系统内部的良性互动，从而促进个人和社会的进步，这一时期的活动理论也叫“第三代活动理论”。② 活动理论被广泛应用于企业管理、个人信息管理、教育学习、网络发展等各个方面。我们应借鉴并利用

---

① 参见赵慧军：《活动理论的产生、发展及前景》，载《东北师大学报》（哲学社会科学版）1997年第1期。

② 参见张大均、李晓辉、龚玲：《关于心理素质及其形成机制的理论思考——基于文化历史活动理论的探讨》，载《西南大学学报》（社会科学版）2013年第1期。

活动理论，使其充分发挥指导老年人积极生活、参与社会等实践活动的作用。[①] 活动理论认为，维持积极的活动量和一定的活动范围是适应老年阶段发展的最有效的方法，因此，研究应该关注的是老年人如何通过角色和活动在晚年生活中的转换来保持一定的活动能力。是否能够寻求到新的角色和活动有赖于这样几个因素：第一，必须有可替代的新角色和活动存在；第二，个人必须有胜任新角色和从事新活动的身体和心理能力；第三，个人必须有承担新角色和参与新活动的意愿。[②]

活动理论应用到社会学领域，特别是应用到老年人研究领域的主要观点是：活动水平高的老年人比活动水平低的老年人更容易感到生活满意和更能适应社会。各个年龄段的人都有活动意愿，只是老年人的活动速度和节奏放慢了。但是，现实社会往往剥夺了许多老年人期望扮演社会角色的机会，使得老年人所能活动的社会范围变窄，以至于自身的价值得不到实现。活动理论主张补偿性地维持老年人在社会及心理学的适应。[③] 该理论强调社会参与和社会认同，认为老年人要缩小自身与社会的差距就应该积极参与社会，尽可能长时间地保持中年人的生活方式和精神状态，而不是怀疑自我，应该用全新的角色代替因退休或是丧偶而产生的消极角色，通过新的参与来改变因角色中断或丧失而产生的消极情绪。因此，如何提升退休老年人的社会参与率，解决其退休适应难题，使他们能够安度晚年，享受退休生活是本研究的基本理论框架。[④]

角色理论认为，老年人的角色转换能力决定了其晚年的调适能力。[⑤] 老年期的不断延长，向老年人自身提出了继续社会化的任务。继续社会化对走好人生最后的历程十分重要。因此，一些学者主张，老年人应该积极参与社会，在与社会互动中适应新环境，学习新知识，寻求活动角色，提高生活品味和质量。活动理论认为，和社会环境保持活跃的相互联系的老年人最可

---

① 参见诸思源：《皮亚杰活动理论研究述评》，湖南师范大学 2013 年硕士学位论文，第 12 页。

② 参见吴芳芳：《老年群体的社会参与问题研究——基于哈尔滨市的调查》，哈尔滨工业大学 2007 年硕士学位论文，第 4 页。

③ 参见郑义：《城市退休老年人社会角色调适的社会工作介入研究——基于活动理论视角》，河北大学 2014 年硕士学位论文，第 5 页。

④ 参见柴慧琛：《城市退休老年人的社会参与状况及影响因素研究——以济南市 Q 社区为例》，山东大学 2007 年硕士学位论文，第 15 页。

⑤ 参见梅陈玉捍、齐铱、徐玲：《老年学理论与实践》，社会科学文献出版社 2003 版，第242 页。

能成功享受晚年。社会角色是特定身份的人应该具备的被大家广泛认可的各种行为规范,代表着社会对某类人群的行为期盼。在这个过程中,人们扮演着各种社会角色,由于各种主客观因素而使得扮演的社会角色出现角色冲突、角色中断等问题,导致社会角色失调。[①]

这一理论认为,社会活动是社会生活的基础,这对青年人和老年人大都一致,在社会和个人的关系方面,中年期和老年期是没有根本性区别的。老年人对社会活动有着和中年人一样的期待和愿望,只是由于年龄的增大,老年人在活动速度和节奏方面,不会那么剧烈,会有所减慢而已,即个体在社会中的活动角色并不因年龄的增长而减少。活动理论认为,老年人所扮演的角色更多是非强制性角色,这种非强制性角色有利于老年人的精神状态,甚至可以说是和精神状态呈正相关关系。换句话说,就是主张通过社会参与,寻求新的角色定位来改善老年人因角色中断和丧失而引起的低落情绪,从而达到重新和正确认识自我。老年人可以根据自己的生理和心理需要和能力,选择性地扮演与其能力、需要、兴趣等相适应的社会角色,履行其相应的义务。但是在实际生活中,由于各种原因,老年人往往享受不到扮演期望社会角色的机会和参与社会的权利,这样老年人所能活动的社会范围就会变窄,活动程度也会因此降低,从而老年人会对自身存在价值产生疑惑和迷茫。这时,维持老年人社会及心理适应方面的补偿性活动或角色就显得尤为重要。如一些老年人退休了,由于职业角色的丧失,转变为非角色或闲暇角色,还有一些老年人可能会经常面对配偶或亲友死亡,这时就需要其他活动来作为补充或由其他人际交往的增加来弥补。美国芝加哥大学的社会学家们结合美国实际,对活动理论作了较大的发展。[②] Burgess 在研究人口"变老"过程中指出,美国的社会结构不能够容纳老年人,老年人被排斥在社会活动之外的状况正在发展。他认为,进入晚年的人不一定变得"没有角色可扮演",其应当有他们新的角色,同其他生命周期一样,在社会活动中做出应有的贡献。[③] 老年人的精神和生活满意度和社会参与程度呈正相关关系,也就是说老年人的精神和生活满意度会随着社会参与程度的提高而随之增

---

① 参见郑杭生:《社会学概论新修》,中国人民大学出版社 2002 年版,第 106~120 页。

② 参见刘欢:《社会参与对城市退休老年人继续社会化的影响研究——基于湖南省 Y 市的实证研究》,湖南师范大学 2005 年硕士学位论文,第 11~15 页。

③ E. W. Burgess, *Aging in Western Societies*, Chicago: University of Chicago Press, 1960.

加。老年人新角色的建立，主张老年人应该依靠自己的努力寻求参与机会，建立新的社会角色来取代丧失的角色和改善因角色丧失或中断而引发的各种情绪甚至心理问题，这就需要老年人联合起来为自身的利益奋斗，建立一个属于他们自己的、可提供有意义角色和活动的老年亚文化群体，在新的社会结构中取得自己的地位，使自己重新融入社会。因此，提高城市退休老年人社会参与度，保持老年人充分的活动程度，让老年人成功继续社会化和顺利度过晚年生活[①]，实现成功老龄化的活动理论是本研究的另一个基本理论构架。

五、再社会化理论

社会学把人一生中的社会化分为早期社会化和继续社会化两个阶段。继续社会化是指个体在经历了早期社会化之后，为了适应社会文化和生活环境的不断发展变化而继续进行的社会化。这种社会化包含两种情形：一是现代社会发展速度日益加快，人们已掌握的知识不够或不足以满足社会发展的需求，这就要求每个人随时进行符合社会发展需要的适应性学习。二是一个人的生活情景在不断发生变化，从上学到工作，从单身到成家，从工作到退休，一个人所承担的角色也会随之发生相应的变化，为了符合各种新的角色期待和要求就必须继续社会化。心理学是基于人的生命周期及各个发展阶段的特点来划分个体社会化历程的。新精神分析学派代表人物埃里克森把社会化过程分为八个阶段，其中最后一个阶段就是老年期的社会化。埃里克森认为，老年期社会化的基本任务是获得完美感，克服失落感。这一时期，老年人会对以往加以评价，若是前七个阶段中积极成分多于消极成分，就会使人感到这一生是完满的，反之则会产生消极情绪。[②] 美国心理学家哈维格斯特也认为，人的社会化是贯穿终生的，其在著作中将人的一生发展分为六个阶段，并作了详细阐述。他认为，老年期的任务包括五个方面：适应体力与健康的衰退；适应退休和收入的减少；适应配偶的死亡；承担

---

① 参见刘欢：《社会参与对城市退休老年人继续社会化的影响研究——基于湖南省 Y 市的实证研究》，湖南师范大学 2005 年硕士学位论文，第 16 页。

② 参见蔡文辉、李绍嵘：《社会学概要》，世界图书出版公司 2007 年版，第 53～54 页。

市民的社会义务;对物质生活满足方面的要求降低。[①] 我国学者黄育馥认为,老年期社会化的主要任务是学会放弃以前的地位、权利和收入;适应新的角色,参与社会活动、社会组织,有意义地度过自己的闲暇时光;学会承担顾问或咨询人员的角色,向年轻人提供忠告;照看第三代,减轻子女的负担并丰富自己的生活;参加力所能及的工作,增加收入,改善生活;承担市民的社会义务。同时,如青春期一样,同辈群体的作用对老年人的社会化又开始变得重要起来。[②] 庞树奇和范明林认为,继续社会化指的是个人在基本社会化的基础上进一步发展,如熟练运用基本生活技能,自觉遵守社会行为规范,逐渐调整社会关系;同时不断学习新知识、新技能,学习并掌握担当新的社会角色、建立新的社会关系的过程。[③] 老年人的继续社会化作为成人继续社会化的最后阶段,其主要作用是使老年人能够适应变化的日常社会生活的要求,和社会上其他成员正常交往,按照新环境的社会规范安排生活,并满足自己和家庭的生活需要。

首先,再社会化是指通过学习等手段,使已经内化了的准则和规范被新的价值标准和行为规范取代的过程。[④]

其次,社会化过程是连续的,同时也是阶段性的。在从生到死的生命周期的过程中,一般划分为儿童期、青年期、成年期、老年期四个阶段。特别需要说明的是老年期,老年人在社会化的过程中,原有的生活方式和工作方式都发生了巨大的变化。退休以后的老年人,社会地位和社会声望下降了,社会角色也发生了翻天覆地的变化,一些老年人从身体和心理上无法短时间内适应这些变化,会出现社会化的问题,这时候就必须采用再社会化的方式帮助老年人适应这些变化,更好地回归正常生活。

最后,从青年到老年的连续学习的过程叫作"继续社会化",这一过程是自然而然的学习过程,速度是缓慢的,可以理解为潜移默化。但是,我们所研究的城市退休老年人由于退休导致生活方式和工作方式的巨大变化,变

① 参见鲁静章:《老年小组工作在老年人退休生活适应性问题中的应用研究》,西北师范大学 2012 年硕士学位论文,第 7 页。

② 参见鲁静章:《老年小组工作在老年人退休生活适应性问题中的应用研究》,西北师范大学 2012 年硕士学位论文,第 8 页。

③ 参见鲁静章:《老年小组工作在老年人退休生活适应性问题中的应用研究》,西北师范大学 2012 年硕士学位论文,第 7 页。

④ 参见郑杭生:《社会学概论新修》,中国人民大学出版社 2002 年版,第 84 页。

化是迅速和显而易见的，产生了不适应感，故退休老年人需要社会角色调适过程。[①]

当然，“再社会化”与“继续社会化”的概念不可分割。所谓继续社会化，是指成年人经过基本社会化之后，为了适应社会文化环境，继续学习社会文化知识、价值观念、行为规范的过程。其内容主要包括两个方面：一是进一步接受社会的文化传统和生活经验；二是在再生产社会经验、创造新文化的过程中，接受新的价值观念和社会行为模式。在现代社会中，后一个方面尤为重要，这既是一个学习和接受的过程，同时又是一个创造的过程。[②] 继续社会化表明人的社会行为的塑造贯穿人的一生。法国教育学家莱斯纳教授从社会发展的角度来讨论社会化，认为成年期应该是生命中的又一个起点，而不是社会化的结束。[③] 埃里克森提出了著名的“人生发展理论”，认为生命中的每个阶段都会遇到不同的危机和新的角色，社会化过程也是永远不会停止的；人在进入老年期后，就会重新对自己进行评价，并且会面对死亡，社会化仍在继续。[④]

“所谓社会化是指作为个体的生物人成长为社会人，并逐步适应社会生活的过程，经由这一过程，社会文化得以积累和延续，社会结构得以维持和发展，人的个性得以形成和完善。”[⑤]在传统的封闭型社会里，由于社会核心结构的稳定性和封闭性，人一旦进入核心结构，往往就标志着社会化的完成，成人继续社会化显不出其具有重大意义。但在现代社会，整个社会生活方式发生或正在发生着根本变化，成人社会化问题就成了很有社会意义的问题。角色和身份的变化是老年社会化的主要问题。

老年期是个体社会化的最后一个阶段，老年人再社会化的程度决定了老年人晚年的精神面貌。再社会化有多种途径，如上学、读书、看报、看电视、听报告等等。但对老年人来说，家庭是再社会化的重要途径。老年人阅

---

① 参见郑义：《城市退休老年人社会角色调适的社会工作介入研究——基于活动理论视角》，河北大学 2014 年硕士学位论文，第 5 页。

② 参见刘欢：《社会参与对城市退休老年人继续社会化的影响研究——基于湖南省 Y 市的实证研究》，湖南师范大学 2005 年硕士学位论文，第 20 页。

③ 参见高志敏：《论社会化与继续社会化——兼析继续社会化与成人教育》，载《河北师范大学学报》(教育科学版)2004 年第 4 期。

④ 参见朱力、肖萍、翟进：《社会学原理》，社会科学文献出版社 2003 年版，第 60～79 页。

⑤ 刘光宁：《论老年人的社会化问题》，载《宁夏社会科学》2000 年第 2 期。

历丰富，比较实际，对社会中的新生事物常常持观望和猜疑的态度，而家庭成员的进步和变化会以最鲜明的实例打消老年人的顾虑，增强其参与社会和向社会靠拢的主动性。老年人不轻易相信别人，却重视子女的意见。所以，子女间的谈话、子女与老年人的谈话都会促成老年人再社会化，使其接受新思想、新观念，帮助其适应社会，纠正思想上的偏差。[①]

一些传统的理论认为，人进入老年期就可以享受生活，而不再需要社会化了。在过去的传统社会中，老年人具有天然的教化权威，他们只对别人实施教化，而自己则绝不会重新面对社会化的问题。然而，现代社会发展证明，老年人仍然需要继续社会化。[②] 老年人继续社会化主要是因为其角色转化过程的不适应，如老年人由原来的劳动角色转化为供养角色，由决策角色转化为平民角色，由工具角色转化为感情角色，由父母角色转化为祖父母角色，等等。除此之外，老年人还将遭遇多重“突然失去”的威胁，如疾病、丧偶等。这一切对老年人来说都是将要面临的新问题，都需要通过继续社会化来加强学习，提高自身修养，不断自我调整以解决这些问题。

美国著名学者米德在《文化与承诺》一书中提出三种不同的文化传递过程即社会化过程：前喻文化、并喻文化和后喻文化。[③] 前喻文化是指上一辈向下一辈人单向的输送文化过程，后一辈多是被动地向上一辈人学习；并喻文化是指文化的传递发生在同辈之间；后喻文化是指文化的传递不仅发生在上一辈人向下一辈人的教育当中，更多的是发生在下一辈向上一辈人的反向传授之中，从社会学的角度看，这就是两代人之间的双向社会化，而这种双向社会化越来越成为现代社会的一种主要社会化形态。现代社会新知识、新技术不断涌现，新的社会问题不断产生，周围的世界日新月异，对于老年人来说，如果想跟上时代的步伐，就不得不通过社会化尤其是反向社会化来了解并掌握新知识、认识新现象、处理新问题，不断地自我提高，实现自身价值。[④]

---

① 参见许佳君：《城市退休老年人的思想教育工作》，河海大学 2005 年硕士学位论文，第39 页。

② 参见范明林：《老年社会工作案例评析》，华东理工大学出版社 2010 年版，第 14 页。

③ 参见[美]米德：《文化与承诺：一项有关代沟问题的研究》，周晓虹等译，河北人民出版社 1987 年版，第 7 页。

④ 参见范明林：《老年社会工作案例评析》，华东理工大学出版社 2010 年版，第 15 页。

六、社会互动与社会支持理论

首先,一般来说,社会互动是指社会上个人与个人、个人与群体、群体与群体之间通过信息的传播而发生的相互依赖性的社会交往活动。[①] 其次,在社会学里,没有一个统一的社会互动理论,存在着各种各样的社会互动理论,其中有代表性的理论有符号互动论、角色理论、参照群体理论等。社会互动的维度是对互动本身进行分析,包括表明互动双方关系性质的向度,表明互动双方互相依赖大小的深度,表明互动交往领域大小的广度,表明互动交往频率的频度。根据互动情境、互动维度、互动方式等标准,可以划分为合作、竞争、冲突、强制等合作形式。

社会支持为个人营造一种稳定、安全及可控的发展环境,促使个人形成健康的心理因素,以促进个人与社会之间的协调发展。社会支持主要是指源于社会各界的可以帮助个人融入社会之中的各种支持资源的总称。它是一种社会行为,该理论是随着社会中弱势群体问题的出现而相应发展起来的。[②]

社会支持理论在当代老年人扶助理论中占有十分重要的地位。它重视老年人的社会适应性问题,强调老年人对周围环境资源的利用,认为只有自身具备各种丰富的社会资源,才可以更好地适应周围不断发展变化的环境。该理论认为,通过提供各种支持关系和资源,可以让老年人提高生活质量并参与社会生活,达到身心健康的目的。社会支持可以分为正式支持与非正式支持两种主要形式。在我国,正式支持主要指民政部门和准行政部门提供的制度性支持;而来自家庭、社区和非政府社会组织的支持则归类为非正式支持。非正式的社会支持通常在解决老年人问题中显得尤为重要,它可以有效地为正规的社会扶助提供补充资源。因此,非正式的社会支持资源是当前研究的主要方向。社会支持理论认为,利用社会资源,老年人可以得到包括心理、物质和信息等各种支持,老年群体在发展过程中的困难可以得到解决。

我们知道,人总是处在一定的社会关系之中,老年人也不例外。在现实社会中,由于老年人比较容易受到自身缺陷以及周围环境带来的交流障碍

---

① 参见郑杭生:《社会学概论新修》,中国人民大学出版社 2002 年版,第 124 页。

② 参见龚潇:《关于老年人全面发展研究》,江南大学 2015 年硕士学位论文,第 76 页。

的影响，导致其自身的社会关系比较简单。与其他年龄段的人相比，老年人由于较少或者不主动与他人交往，交往范围不够广泛；而且老年人与他人的交往往往是比较被动的交往，这就使老年人很难构建和谐丰富的社会关系。

七、增权理论

"增权"(Empowerment)，即权能激发、赋权、充权、增能，是社会工作理论的核心概念之一。这一概念最早出现在20世纪70年代所罗门对美国黑人少数民族的研究，后来逐渐成为社会工作理论和实践框架的重要概念。以增权为取向的社会工作理论认为，个人和群体所拥有的权力是随着事情的发展而不断变化的，无权者通过自己的努力和社会的支持与帮助来改变现状获得权力。从社会工作者的角度来看，增权是相信社会中的每个人都具备独立解决问题和影响控制环境的能力，而对于那些案主，只需激发他们自身的潜能，使他们得以主动地改变现状。增权是要帮助社会弱势群体，以增强个体的信心和能力，从而使其能够展开行动以至改善生活处境。老年群体随着生理、心理和社会参与等多方面机能的退化，在这些领域中则面临了许多压力，在社会中处于弱势地位，亟须社会关怀和支持，需要社会工作者的帮助去重建他们的信心和能力。应当在尊重老年人、与老年人建立平等关系的基础上，通过激发老年人的自尊和自信，鼓励老年人自己解决问题，让老年人认识到自身的价值，提升老年人的独立自主性，在一定程度上恢复其生理和社会功能，提高其生活的满意度。①

增权理论认为，社会环境中存在着直接和间接地阻碍人们发挥自身能力的因素，但它们并非不可克服。人的能力不是一成不变的，个人通过复杂的社会交往来积累经验，其自身的能力就是在这个过程中持续增加的。社会环境是造成社会中存在弱势群体的主要原因，弱势群体之所以弱势，并不是他们自身缺陷造成的，而是由于他们长期缺乏参与社会的机会。该理论可以很好地运用于解决老年人问题，其观点恰好与人的自我发展相契合。它强调，老年人也拥有主观的能动性，完全有发展的能力，通过一定的方法与手段，可以增强老年人自我发展的信心，激发老年人自身的潜能。他们可以在一定程度上实现自我，参与一般的、正常的社会生活，由此来缩小老年

---

① 参见何楠:《增权理论与老年社会工作实务》，载《法制与社会》2010年第2期。

人与社会发展之间的差距。增权理论在老年人发展上的应用体现了社会的公平与正义,老年人自身能力的不足是妨碍老年人发展的一个重要因素。对此,增权理论指出,只要合理利用社会资源,通过老年人自身的拼搏努力,完全能够克服各种不利因素,达到增权的效果,从而实现自我价值。

增权强调个人的主观能动性和潜能,强调个人有机会、有能力为自己的生活作出某些决定,并采取一定行动。[①] 增权的核心就是通过资源的提供、知识和能力的培养,个人能够从生活的被动的弱者,变成主动的强者,这样他们控制自己生活的能力就会得到提高。增权取向的方法是,寻求策略来对抗存在于老年人志愿服务参与中已被内化的无力感。不难看出,经历过急剧变化和逆境生活的老年人,是有能力或有潜能来对抗人的无力感或生活上的无力感的。老年人和年轻人一样,在生活中追求效率和效益。他们想要成为自己环境生活的创造者和管理者是非常有可能的,他们自然不想也不乐意从政治、经济和社会的大舞台上减退以至于最终消失。[②]

综上所述,关于增权的内涵可以归结为以下几点:第一,作为一种理论与实践的结合体,增权关注于权力、无权和去权等主题,关注于它们如何处理个人、家庭和社区问题。第二,作为一种目标,增权是为了增加处于弱势层面的个体或群体的权能,以便改善他们所处的环境。第三,作为一个过程,增权可以从个人、人际和社区三个层面介入。第四,作为一种社会工作者理念,增权通过一些介入方法来实现助人自助。第五,增权作为一种心理行为,反映了人们的精神状态。[③]

八、疏离与整合理论

根据 20 世纪 50 年代在美国堪萨斯城的研究,一些老年学学者认为,随着年事的增高,老年人逐步脱离他们原有的角色,并且减少活动或参与程度,自然并且正常地脱离以往承担的社会角色和活动。在这个过程中,他们逐渐增加对自己的关注,减少与他人的交往。疏离是由两个互为对立的方面组成的,即个人与社会。个人疏离主要是一个心理过程,这个过程包含着

---

① 参见陈树强:《增权:社会工作理论与实践的新视角》,载《社会学研究》2003 年第 5 期。

② 参见王丽娟:《老年人志愿服务参与研究》,华东理工大学 2014 年硕士学位论文,第 41 页。

③ 参见王丽娟:《老年人志愿服务参与研究》,华东理工大学 2014 年硕士学位论文,第 42 页。

各种兴趣和义务的减少。在个人对社会疏远的同时，社会为老年人提供的机会也越来越少，对老年人的关注也越来越少，从而形成了社会对老年人的疏离。疏离观点把老年人与社会之间的相互疏远看作是正常的晚年适应过程，这无疑向传统的活动理论提出了挑战。疏离观点的提出引发了一系列研究。目前已经有充分的资料证明疏离的过程既不是自然的，也不是不可避免的，在绝大多数情况下，疏离之所以发生是因为缺少继续参与的机会。①

鉴于活动理论和疏离理论在解释老年个体与社会关系时的不足和局限，一些老年学家认为，有选择的疏离更适合老年个体调适晚年生活。所谓有选择的疏离，通常也被称为"整合的观点"，指的是重新安排所承担的义务和重新分配现有的精力，以弥补角色、活动和能力方面的失缺。一个承担很多角色、参与不同活动的人，也许并不需要为失去某个角色而寻求替代物。他们会发现，重新分配用于剩下的角色和活动的时间和精力是让自己适应老年阶段生活的最简便的办法，尽管这种重新分配有可能导致整体活动水平的下降。②

第五节　从成功老龄化与老年人资源开发角度看待老年人社会参与实践

成功老龄化是老年人事务处理中不可忽视的一种理论，它不仅仅说明了老龄化的基本进路，也说明了老龄化的基本目标，这一点与老年人社会参与的内在目的是完全吻合的。可以说，只有老年人社会参与的实践与目的放在成功老龄化视角下，才能显示出基本功能。对成功老龄化理论的应用也意味着一系列关于老年人行为模式的界定和固化，也意味着老年人力资源的开发具有了特定目的的导向，这一切都有利于老年人的全面发展和老年人的终生幸福。

成功老龄化是对老年医学和老化过程研究之后提出的系统的老龄理论，其研究指出下列三个因素是成功老龄化的基础：很少患疾病和与疾病相

① 参见裴晓梅：《从"疏离"到"参与"：老年人与社会发展关系探讨》，载《学海》2004 年第 1 期。

② 参见吴芳芳：《老年群体的社会参与问题研究——基于哈尔滨市的调查》，哈尔滨工业大学 2001 年硕士学位论文，第 3 页。

关的伤残；心理健康；积极参与生活。[①] 这些结果表明，成功的老化包括避免衰退、创造性地适应周围发生的任何变化，从而将可能有的消极影响降到最低。每个因素本身都是很重要的，同时在某种程度上独立于其他因素。只有在没有疾病和伤残的情况下，保持生理和心理的健康，并以一种有意义的方式生活，才可能称得上真正的成功老龄化。[②] 但是现实之中，这三点均具备的老年人并不占多数。同时，我们要意识到，每一个老年人都是独特的，年轻时截然不同的社会经历和生活体验塑造了老年人独特的世界观，也使得老年人要比其他任何年龄阶段的人具有更大的差异性。所以，将成功老龄化理念具体到不同的老年人身上时情况可能完全不同。

一、成功老龄化理论与该理论在城市退休老年人社会参与中的应用

在"成功老龄化"的理念下，积极的社会参与被视为帮助老年人以一种有意义的方式生活的重要途径。成功的老龄化不仅仅是观念上能与不能的问题，还包括以具体的行动，积极参与社会生活。积极参与社会生活和有意义的活动有很多种形式。对于退休老年妇女来说，成功老龄化最关注两个方面：和他人的关系与有创造力的行为。具体可划分为以下几个方面：继续工作，包括退休后返聘、重新寻找工作、参与志愿服务；与他人交往，包括与子女、亲属和邻里的交往以及情感联络；组织和参与社区活动，依据自身能力参与相关社会活动。[③] 随着年龄的增长和身体的老化，老年人可能开始出现各种惧怕的情绪：老化和慢性疾病造成自身各方面功能的退化，导致自身对维持行动与健康开始力不从心，感到成为家庭的累赘；退休后无事可做的生活压力，导致自身价值无法得到承认而感到挫败；配偶或亲人的相继离世，造成老年人对疾病、死亡的极度害怕和对生命的绝望。积极老龄化就是要求社会各界以积极的态度解决人口老龄化问题[④]，积极行动，采取措施，使社会充满活力、安定和谐。社会参与是实施积极老龄化战略的一个核心。

---

① 参见许淑莲：《从心理学角度看健康的老龄化》，中国劳动出版社 1995 年版，第 77 页。

② 参见刘颂：《积极老龄化框架下老年社会参与的难点及对策》，载《南京人口管理干部学院学报》2006 年第 10 期。

③ 参见苏苏：《退休老年妇女的成功老龄化研究——基于社会工作者的视角》，广西师范大学 2012 年硕士学位论文，第 10 页。

④ 参见柴慧琛：《城市退休老人的社会参与状况及影响因素研究——以济南市 Q 社区为例》，山东大学 2013 年硕士学位论文，第 7 页。

把“成功老龄化理论”适用到“老年人社会参与”实践中是有天然的妥适性的，这是由中国的传统家庭结构造成的。我们知道，当前中国家庭结构变化的主要趋势是家庭结构小型化、核心化，在此趋势下则是家庭增多，家庭养老功能弱化。许多子女不仅难以承担对父母日常生活的照料，就是回家探望也并非常事。老年人由于缺乏与子女的感情和思想交流，孤独感里又增添了思念、无助等复杂的情感体验，容易产生不良情绪和片面的思想。老年人是一个弱势群体，需要社会提供各种支持和服务。目前的城市退休老年人多是从计划经济时代走过来的，面对一个日益充满竞争的社会，产生了一定恐惧感。而我国目前为老年人提供的各种社会服务和社区服务很少，使得老年人在生活中面临许多困难。部分老年人由于长期远离社会，精神日益封闭，产生了严重的心理和思想问题。[①]

我们在上文已经提过，“积极老龄化”概念最早是在 1999 年由世界卫生组织提出的，可以这么说，“积极老龄化”与“成功老龄化”二者紧密联系，不分彼此。2002 年，世界老龄大会将“积极老龄化”纳入政治宣言中。积极老龄化理论认为，老龄化已不再被视为社会发展的障碍，应该以积极的态度面对老龄化。积极老龄化注重维护老年人的尊严，保护老年人的权利和自由，使老年人有自由选择的权利；消除社会对老年人的歧视，老年人应该享有和青年人一样的权利；倡导老年人积极参与社会，根据自己的意愿和兴趣爱好参加社会活动。积极老龄化的概念主要包括三个内容：健康、参与和保障，那么成功老龄化也以这三项为基本内容。

健康是积极老龄化的基石。退休老年人只有保持身体健康和心理健康，才有资本去参与各种社会活动，才能发挥自身余热，努力为社会做贡献。参与是积极老龄化的核心和前提。退休老年人离开曾经的工作岗位，即使他们有再多的知识和经验积累，如果整日封闭在家，不与社会接触，也不参加任何社会活动，那么他们的价值也就无法实现。因此，老年人尤其是刚离开工作岗位的老年人更应该努力参与社会，保持与社会的联系，只有这样，他们才能发挥自己的优势，实现自我价值。老年人随着年龄的增大，各方面的身体素质都下降，也逐渐成为社会的弱势群体，社会理应为这一群体提供保障，在生活、权利、尊重等方面给予保护。这样就可以消除他们参与社会

① 参见季枫：《城市退休老年人的思想教育工作》，河海大学 2005 年硕士学位论文，第 30 页。

的后顾之忧,使他们积极参与社会,努力为社会贡献自己的力量。①

城市退休老年人的精神需求增多,独立意识增强,但精神文化型的社会服务滞后。城市退休老年人的文化娱乐场所受到以年轻人为主体的现代文化娱乐方式的冲击,住所附近的老年活动站、老年大学、老年人协会等老年公共场所不充裕,待在家中看电视等成为不少老年人排遣孤独感的主要方法。我国的社区管理体制不能适应人口老龄化社会的需求,特别是满足老年人精神需求的心理咨询、精神安慰等方面的服务几乎是空白的,满足老年人文化娱乐生活的各类设施的建设也受到经济条件和认识上的制约,社区的满足老年人精神文化生活的功能严重不足。②

1982 年,《维也纳老龄问题国际行动》提出:制定一项国际行动纲领来保证年长者有机会对本国的发展做出贡献;要使老年人的潜力能够得到充分发挥。③ 在我国,随着老年人健康状况的改善和人口老龄化的不断发展,越来越多的老年人希望再就业和参与社会发展,社会发展事业也需要他们的参与。因此,社会应当将提供便于老年人参与社会发展的机会和条件作为老龄工作的重心。但目前,我国在老年人社会参与和再就业的政策法规方面尚有许多不完善之处,很多老年人社会参与和再就业的权利得不到落实,再就业的愿望得不到实现。

因此,国家和政府加强具体的政策法规建设仍然十分必要。应该通过法律法规的制定,保证老年人进行各种力所能及的活动,充实精神生活,让有益的活动填补他们离开劳动岗位后产生的思想空虚。④ 退休老年人曾经为国家和社会做出了巨大的贡献,退休后依然可以继续参与社会,实现价值。虽然老年人知识更新能力和社会适应能力减弱,但他们所具有的个人对单位的依赖性、一贯性和忠诚以及本身所具有的素质,足以弥补他们在技能上的某些不足。要通过宣传教育,使老年人认识到自己的价值和作用。国家和政府要加强对老年人的教育与培训,提高他们的文化水平,以及适应

① 参见柴慧琛:《城市退休老人的社会参与状况及影响因素研究——以济南市 Q 社区为例》,山东大学 2013 年硕士学位论文,第 37 页。

② 参见周伟文:《老年人精神文化生活需求与公共政策选择》,载《浙江学刊》2000 年第 3 期。

③ 参见董之鹰:《老年资源开发与现代文明社会》,经济管理出版社 1998 年版,第 228 页。

④ 参见季枫:《城市退休老年人的思想教育工作》,河海大学 2005 年硕士学位论文,第 30 页。

变化的身体和环境的能力,“帮助他们树立自力更生的思想和对社会的责任感”①。孤独感、寂寞感和失落感等退休带来的消极影响是客观存在的,退休意味着职业角色的中断、社会地位的下降以及与社会联系的中断。“大多数退休者并不是失去他们的工作本身,而是失去收入、与同事的联系和与工作有关的活动。退休影响身份、自尊和能力感,达到了影响这些活动的程度。”②传统观念认为,由于身体素质、知识更新能力和社会适应能力的下降,老年人与社会的互动关系日渐减弱,他们的社会地位和家庭地位下降,因此老年人是家庭和社会的“包袱”。目前,社会上还没有改变这种错误的认识,一些用人单位还存在着“在雇用年龄上的歧视”的行为,使得老年人空有参与社会的热情,却无施展才华的舞台。许多老年人自身受传统思想的束缚,往往过低地估价自己,不能积极地适应新形势,利用自己的特长参与社会发展。他们思想上感到非常困惑,甚至产生了对自我的否定性认识,感到自己不再有能力,是家庭和社会的负担,从而更加增强了他们与社会的隔离感。③

如果把观察视角仅仅定位于以退休为未来出路的城市老年人群体的话,退休是指从业者离开工作场所,停止与其工作相关的活动,丧失了原有的社会角色。社会角色是指个体在社会中占有与他人地位相联系的一定地位,并且享有地位上的权利和义务。④ 由于从业者在长期的社会角色形成过程中,都会自觉或不自觉地与职业建立千丝万缕的联系,形成与职业风雨同舟的认知、感情与态度。因此,当从业者离开自己的工作岗位,即退休成为他们“无可奈何花落去”的事情时,很多从业者无法从心里马上切断这种职业情愫,泯灭这种职业情怀,割断这种职业情思,进而形成种种压力以致影响他们的情绪、生活状态以及心理健康。

对于大部分老年人来说,工作一直是他们生活的重心,是家庭与社会经济地位的资源:他们可以从工作中赢得别人的尊重,满足个人的自尊心,借以进行社会交往,从中享受到乐趣等。但是,退休导致了工作角色的丧失,使他们的生活失去重心,个人的价值得不到实现,由此产生了强烈的寂寞感和失落感,有的人就有可能从其他活动中寻找生活的意义,实现自身价值,

---

① 董之鹰:《老年资源开发与现代文明社会》,经济管理出版社 1998 年版,第 243 页。

② [美]霍曼等:《社会老年学》,冯韵文等译,社会科学文献出版社 1992 年版,第 386 页。

③ 参见季枫:《城市退休老年人的思想教育工作》,河海大学 2005 年硕士学位论文,第 16 页。

④ 参见张德:《社会心理学》,劳动人事出版社 1990 年版,第 424~425 页。

甚至包括从事违法犯罪活动。对于老年人来说,“老有所为”具有十分重要的意义,它不仅可以增加经济收入,加强与社会的接触,体现自身的价值,更为重要的是,“老有所为”是使晚年生活充实而有意义的一个重要途径。而部分老年人对“老有所为”的认识还不够,只是消极地对待退休生活,经常因为无所事事而感到空虚无聊。为了缓解老龄社会的巨大压力,我国政府出台了一系列政策,对退休人员进行返聘实践,并取得了一些有益的经验。劳动者退休后,被返聘到原单位或新单位工作并继续发挥余热,即退休返聘,这也是我国现阶段各行各业普遍存在的一种现象。但是,就有关退休人员返聘的法律制度较为系统的研究并不多,尤其是此学说在立法上还没有完全摆脱失语的状况,只是把它作为缓解社会矛盾的重要措施之一。相关的法律意识刚刚从自发走向自觉,与此相关的法律法规也从探索走向规范,却至今未能明确其法律性质。各地对此规定的认识也很不一致,分歧在于把返聘定性为劳动关系还是劳务关系。退休返聘使退休人员的能力得到最大限度发挥的同时,也逐渐成为发达国家有效抑制急剧上升的养老保险费用支出,增加养老金积累,缓解养老保险资金供求的矛盾,缓解老龄化社会、高龄化社会压力的重要方法之一。对退休返聘行为的法律定性,我国劳动法尚未作出明确界定,各地对此规定不一,法学界也是“仁者见仁,智者见智”,各抒己见。①

不容忽视的是,我们关注老年人社会参与和老年的全面发展是为了增进老年幸福,为老年幸福观的更新提供一个新的视角。老年幸福观教育不是简单地告诉老年人如何才能过上幸福生活,而是帮助老年人形成对幸福的正确认识。首先,“一个人的幸福,并不仅仅指在物质生活方面感到满意,同时也指在精神生活方面感到满意,只有二者的结合才是比较完美的幸福”②。其次,幸福是人们通过劳动创造出来的,老年人对于自己的幸福生活,应该有所追求,应该付出艰辛。老年人从正式岗位上退下来,虽然大多数已经过上比较幸福的物质生活,但更大的幸福在于为社会和他人做贡献,实现“老有所为”,体现自身的价值。对于“老有所为”的价值,不能仅仅从经济效益一个方面着眼,还应该从社会道德效益这一更为重要的方面来看待。

① 参见熊玮:《退休返聘制度研究》,中南大学 2003 硕士学位论文,第 7~8 页。

② 杨友吾:《老年哲学简论》,中共中央党校出版社 1999 年版,第 14 页。

如果老年人把“老有所为”和“无私奉献”结合起来，为社会、为别人做了事情少取或不取报酬，就必然会受到社会上的欢迎和称赞，“老有所为”的路子就会越走越宽。而这也与老年道德密切相关，如果老年人社会参与不以老年道德的进步为立足点，那么老年人所进行的社会参与也不会对社会总体进步与老年群体的终生发展起到助益作用。“老年道德既指老年人同社会之间，老年人同老年人之间，老年人同中、青、少年人之间相互关系的行为规范，又指老年人自身的道德修养。”①在老年人处理同国家和社会之间的关系方面，首先要热爱社会主义制度，热爱社会主义祖国，一切以国家和社会的利益为重。其次是在执行国家统一规定的退休制度方面，抱积极态度，既要遵守关于退休的规定，又要力所能及地为国家和社会继续做贡献。在处理老年人之间的关系方面，重要的是通过彼此接触，增进相互了解，并通过交往与合作，达到精神上的安慰与满足，共同度过一个有意义的晚年。在老年人处理同中、青、少年人之间的关系方面，关键是热爱和理解，老年人要多关心中、青、少年人。

随着我国经济体制改革的不断深入，社会结构的悄然变化，人才培养和人才竞争的不断冲击，退休人员群体无时无刻不在扩大和扩充着。可是，当我们走进和深入了解这个不断发生改变的群体时，我们发现，当很多人面临退休时，他们很难立刻接受和变换生活中的角色，从而导致他们的生理健康水平和心理健康水平下降。众所周知，随着人口的老龄化以及退休年龄的提前，退休人员的子女大部分还处在事业上升期，正是为社会做贡献的栋梁。保证退休人员的健康一方面可以减少家庭和社会的负担；另一方面，退休人员的心理健康是退休后身体健康的重要影响因素，也是避免、减少和延缓躯体疾病的主要因素。因此，研究退休人员的健康情况、影响因素以及所采取的心理调节对策将直接关系到整个社会的稳定和发展，对促进社会进步具有极为重要的意义。②

退休人员的社会支持和自我和谐显著地影响着他们的幸福感，社会关系的好坏、遇到困难时能否得到社会的尊重与支持与退休人员的心理健康

---

① 杨友吾：《老年哲学简论》，中共中央党校出版社 1999 年版，第 28 页。

② 参见李建伟：《退休人员社会支持、应付方式、控制感与健康之间关系的研究》，东北师范大学 2004 年硕士学位论文，第 38 页。

有非常密切的关系。我们必须加强社会支持，如增加社区功能，完善社区服务，给退休人员提供一个更广阔的社会支持；子女应多去看望父母，多与父母讨论一些老年人关心的话题，多向父母说说社会上的新鲜事。如何在认识、情感上给老年人更多的支持与帮助，是每一个子女应该好好思考的问题。老年人一定要调整好心态，不能固执、钻牛角尖。要知道，衰老是不以人的意志为转移的客观规律，退休也是不可避免的。退休既是老年人应有的权利，是国家赋予老年人安度晚年的一项社会保障制度；同时也是老年人应尽的义务，是促进职工队伍新陈代谢的必要手段。老年人必须在心理上认识和接受这个事实。而且，退休后，要消除"树老根枯""人老珠黄"的悲观思想和消极情绪，坚定美好的信念，将退休生活视为另一种绚丽人生的开始，重新安排自己的工作、学习和生活，做到"老有所为，老有所学，老有所乐"。这样的人生才是美丽的人生，才是有价值的人生。文化程度显著地影响退休人员的幸福感、社会支持和自我和谐，所以退休人员自己应该保持一种平和的心态，"活到老，学到老"。一方面，学习促进大脑的使用，使大脑越用越灵活，延缓智力的衰退；另一方面，老年人要通过学习来更新知识。社会变迁风起云涌，老年人要避免变成孤家寡人，就要加强学习，树立新观念，跟上时代的步伐。

"社会角色理论主张，进入老年期后，为了事业的连续性，解脱原工作岗位的部分社会角色是必要的，扶植中青年上岗，保持社会整体观念的正常运行；但退休是老年人部分角色的解脱，不是与社会的相互分离，是社会角色的转换过程。"[①]事实上，许多退休老年人虽然摆脱了繁忙的工作，得到了充分的休息，但无所事事的晚年生活又使他们备感孤独寂寞，严重影响身心健康。老年社会功能是社会整体功能不可缺少的组成部分，老年人要及时从退休前的社会角色转换为新的社会角色，积极参与社会实践，发挥老年人的独特优势，这既有助于老年人的身心健康，又有利于社会经济协调发展。从社区工作来看，为了使退休老年人的社会参与工作在积极、有效的原则下开展，为了把成功老龄化的方案在各方面落到实处，社区工作应是以"意识形态为主导"的工作，工作者本身的思想和价值观念很大程度上影响着社区工作的理念和方法。因此，社会工作者应该联合其他有关专业人员，协助老年

① 陈可冀主编：《老龄化中国：问题与对策》，中国协和医科大学出版社2002年版，第199页。

人与现实保持联系，鼓励老年人积极参与社区活动，重新找到自己在社会生活中的位置，推动老年人的社会参与和社会融合。其具体原则有：一是坚持尊重、接纳、平等的社会工作价值取向，积极地从正面看待老年人的形象，肯定他们在社会上的价值和地位。二是对老年人进行深入地认识和分析，了解老年人的兴趣、需求及能力，保持足够耐心去发展老年人，按部就班地引导老年人的参与，逐步提高其参与度。三是加强老年人被尊重和有能力参与的感受，不要过分地保护老年人，多给予老年人亲身参与的机会和空间，使其充分认识到只有在参与和实践中才能得到学习和提升。通过文献法研究，可将成功老龄化界定为需具有三项关键行为的能力：生理上降低疾病或失能的风险；心理上维持认知与身体的功能；社会上积极参与社会活动。这三要素成为成功老龄化的重要成分，三者缺一不可。

二、成功老龄化指导下的老年人社会参与行为模式简析

从成功老龄化的视角看，老年人继续参与社会活动，既是提高老年人生活质量的需要，又可延缓社会老化和生理老化的过程；既解决了精神寄托问题，又可实现人生价值，为社会做出新的贡献。在离退休干部中，要建立各种发挥作用的群体组织，如关心下一代工作委员会、老区经济建设促进会、扶贫协会、计划生育协会、老年科协、民事调解协会等，为老干部参加社会实践、发挥余热提供平台。离退休干部参与到社会中来，既能为政府部门建言献策，又能为群众排忧解难，为企业出谋划策，既是发挥余热的过程，也是增强对党的路线、方针、政策的理解，同时思想上也能得到进一步升华，达到了自我教育的目的。从老年人在社会参与活动中的行为模式出发，老年人进行社会参与的行为模式可以分为以下几种成功模式。

(一)SOC 生活管理策略

SOC(选择补偿最优化模型)[①]是成功老龄化的元理论模型。该模型认为：个体在其衰老过程中随着疾病、功能衰退会经历各种资源的丢失，但同时也会再次获得各种机遇，如再教育和学习。因此，成功老龄化就是要最大化其获得的积极的结果，最小化其消极的结果。我们可以通过选择、补偿、最优化这三种成分的相互作用来实现获得和丧失之间的动态平衡。为了促

---

① 参见刘晓燕、陈国鹏：《社会情绪选择理论的发展回顾》，载《华东师范大学学报》2011 年第 1 期。

进个体的成功发展，我们可以通过行动的视角，把目标设置（选择）、目标实现（优化）以及目标维持（补偿）这三个部分看成个体的生活管理策略。SOC理论模型的一个基本假设就是，个体选定某些功能领域，通过集中人的各种有限资源来优化发展其潜能（最大化所得）以及补偿损失，确保功能的维持（使损失降到最小），从而使个体得到成功的发展。选择是指发展具有指导性方面的内容，发展的成长方面则是优化，对发展中丧失的调节即为补偿，成功发展就是选择、优化、补偿这三个过程相互作用的结果。运用选择补偿最优化策略的老年人受到作为个体对生活的管理策略的SOC模型的影响，他们对个体的生活满意度会有所上升，对自身老化的满意度会更高一些。

（二）毕生控制理论

“毕生控制理论”由Heckhausen和Schulz提出，该理论强调了选择和补偿对发展的调节和成功老龄化的重要性。这些学者认为，优化是更高阶段的调节过程，这方面和SOC模型不相同，他们认为优化是一种继续维持补偿和保持平衡的方法；选择是指个体在可能获得成功的目标和领域中投入动机资源；补偿是指努力失败后对动机资源的弥补。该理论认为，个体可以通过一级控制和二级控制来应对生活中的挑战。一级控制指向的是个体外部的行为动机，具有首要权和优先性；二级控制指向的是个体内部的行为动机，二级控制的功能就是维护一级控制的动机资源。按照这个模型，人类天生就有控制外部世界的需要，人们首先通过工具性的努力来改变环境，使之与他们的目标相适应（一级控制），如果无效或失败了，就转而改变个人的目标或调整标准，抑或采用带有保护性的归因或进行社会比较（二级控制）。[①]选择性一级控制、补偿性一级控制、选择性二级控制和补偿性二级控制是OPS模型[②]中的四种控制策略。选择性一级控制是集中精力、时间、能力和技能等资源投入到选定的目标中；补偿性一级控制是只有当个体生理、认知机能不足以完成某一个选定目标时采用的控制策略；选择性二级控制则指向与追求目标动机性相关的内部表征，如采取有利的价值归因，对被选目标的价值作出负面评价；补偿性二级控制是当个体无法达到目标时，通过改变

① 参见朱力影：《成功老龄化视角下离退休老干部的生活管理策略研究》，南京理工大学2011年硕士学位论文，第25页。

② OPS模型，即初级控制和次级控制的最优化模型（Model of Optimization in Primary and Secondary Control，OPS）。

内部的心理表征消除和抵制动机与情绪方面(如,自我效能感、自尊)的负面影响时采取的控制策略。这四种类型的控制策略必须在具体情景中协调统一,才能保证个体的成功发展,这几个要素缺一不可。自尊和生活满意度与这四种策略的紧密联系,进一步证明了两级控制对个体获得成功发展的重要性。

我们知道,老年的幸福来源于成功抗拒年龄增长带来的消极影响。老年人群应该尽量保持中年时的状态,继续中年的活动与生活方式。旧有的社会角色和人际关系如果因为退休或丧偶而失去,就应该用新的角色来补充,避免由这些因素导致自己的活跃程度下降;否则会使老年人和社会产生不该存在的距离和隔阂,生活满足感必将因之降低。有活动理论家主张,与其说脱离是出于老年人自身的愿望,倒不如说是由于机会的缺乏。根据活跃理论不难得出一个结论,即鼓励老年群体融入社会,应当成为老年社会工作的目标之一。协助老年人适应晚年生活,帮助其维系社会关系、参与社会也是一个健全社会应当具备的职能。

三、老年人力资源开发与老年人的社会参与活动

美国社会学家厄尔德曼·帕尔摩在1955～1967年间,对美国127名平均年龄78岁的老年做过一次跟踪调查。调查发现,大部分老年人的活动并未因年龄而变少,其社会活动程度也无显著减少,并且,老年人在某些领域减少活动会在另外一些领域补上。调查得出的结论是:积极参加活动的老年人,生活满意程度都很高;相反,那些减少了活动的老年人,生活满意程度都较低。老年心理学理论一方面证明随着年龄变老,体力功能会有所减退,但另一方面强调年龄变老后,智力功能并没有消失,而且,某些智力功能反而变得更强。日本老年心理学者市丸和小寿在1976年对大阪市近郊66岁以上老年人做过一次调查,他们发现,智力与学历密切相关,学历高、受教育时间长的老年人,智力减退较轻;智力与职业也密切相关,有职业的老年人和无职业的老年人相比,智力功能保持得好得多,从事过专门职业和管理职业的老年人能够维持较高的智力功能。老年人群是一个不容忽视的人力资源宝库,将老年人的人力资源优势发挥出来也是老年人社会参与的基本目的之一。

老年群体不仅是已经形成的社会财富,而且也是可以创造出新价值的

资源。将老年人力价值从财富提升为资源,实际上就是肯定了老年人具有继续创造的能力和价值。“老年人的潜力是未来发展的强有力的基础。社会依靠老年人的技能、经验和智慧,不但能首先改善他们自己的条件,而且还能积极参与全社会条件的改善。”[①]这就是说,老年人具有创造性的价值,这种价值对于老年群体是有意义的,对全社会也有意义。从这个角度说,老年人的创造性价值是一种社会发展所需要的社会性资源。资源论强调老年人力资源是财富,更是资源,实际上就强调了社会发展和社会条件对于开发老年人力资源的重要性。封建社会只能利用老年人的经验资源,工业社会则可以利用老年人的技术资源,而现代社会则可能全面利用老年人的经验、知识、洞察力等。从实践层面来看,很多国家都是以老年人力资源开发的视角为进路,对老年人社会参与的相关制度进行有序化构造,这一点从美国与日本的相关实例中可以看出。

一方面,美国通过了废除强制性退休,鼓励雇主雇佣、保留或培训老年工作者等措施,并且通过法律手段对老年人工作的权力进行保护。1965 年 4 月,美国总统林登·约翰逊签署了《美国老年法案》(OAA),并于 2006 年重新修订。该法案规定,年龄在 55 周岁以上的老年人都享有优待资格,较低收入者(其收入不超过贫困线的 125%)有优先安排工作的机会,并且对老年人参与社会服务的内容也作了定义。另一方面,美国有着完备的终身教育制度和老年教育法律保障。美国政府非常重视终身教育体系的构建和为老年教育提供健全的法律保障。世界上第一个《终身教育法》是由美国于 1976 年制定的。到目前为止,美国建立了世界上最为完善的终身教育制度。美国设有专门招收 60 岁以上老年人的寄宿学校 300 多所,在校学生将近 5 万人,年龄最大的 91 岁。此外,在一些普通大学里设有“老年班”,按正规教学大纲授课,课时适当减少;社区的老年人活动中心设有老年学习班。[②]

日本是个典型的高龄少子型的社会,其老龄化程度和人口寿命都居世界第一位。截至 2007 年,日本 65 岁以上的老年人口大约 27440 万人,占总人口的 21.5%,创历史新高。日本在人口老龄化速度快、老年福利支出多和

---

① 吕瑶:《老年非正式群体研究——以保定市 YM 社区老年京剧团为例》,河北大学 2012 年硕士学位论文,第 1 页。

② 参见刘洁荣:《高校退休教师“老有所为”研究初探》,复旦大学 2010 年硕士学位论文,第13 页。

社会负担重的诸多不利情况下，取得经济高速发展这一罕见成就，被西方社会称之为“日本的奇迹”。日本政府在解决老龄问题上，十分赞同鼓励老年人“自主，自立，共同劳动，互相帮助”的口号，这一口号实际上已成为日本政府解决老龄问题的基本国策。日本政府倡导“让有工作意愿以及有工作能力的人能够不受年龄的限制继续工作”，建立老龄雇佣奖金制度，政府向雇佣老龄者的企业或公司发放“继续雇佣奖金”。除了奖励鼓励外，日本政府还颁布《鼓励中年和老年职工就业的特别措施法》，明令规定企业和公司雇佣的55～64岁的退休人员，必须占到在业职工的6%以上。为了鼓励老年人再就业，出台《高龄者雇佣安定法》来保障老年人工作的权利。2005年重新修订的《高龄者雇佣安定法》规定，雇主有义务必须做到下述三种方式的其中一种：第一种，比照养老金制度规定的60岁退休年龄开始计算退休年龄，到2013年必须达到65岁；第二种，废除退休制；第三种，维持现有退休制度，但员工退休后，如仍有工作意愿，对所有愿意继续工作的员工，原企业必须重新雇用。

而对于我国，如果把老年人社会参与同老年人力资源开发相结合的话，就会发现“老有所为”在中国是绕不开的概念，即对这个概念进行讨论时，我们不可避免要涉及老年人力资源开发，因为老年人力资源开发和“老有所为”是一个问题的两个方面。老年人力资源开发偏重于政府和政策方面，属社会层面；“老有所为”偏重于老年人方面，属群体或个体层面。人力资源的开发与管理在各国综合国力的竞争中起着决定性作用。所谓人力资源，是指能够推动国民经济和社会发展的、具有智力劳动和体力劳动能力的人们的总和。联合国召开的第二届世界老龄大会指出，社会依靠老年人的技能、经验和智慧，不但能首先改善老年人自身的条件，而且还能积极改善社会条件，“老年人是资源”的观点，获得了国际社会的正式认同。从中国传统文化脉络来看，“老有所为”的思想源远流长。孔子说自己“发愤忘食，乐以忘忧，不知老之将至”(《论语·述而》)。曹操在《龟虽寿》中抒发豪情：“老骥伏枥，志在千里。烈士暮年，壮心不已。”自古以来，许多老年人“老有所为”，他们奋斗一生，积累了丰富的经验，大器晚成。所谓“老有所为”，根据学术界、理论界所获共识，近似定义为：老年人在自愿量力的前提下，为国家的稳定和发展，为物质、精神及社会政治文明和全面建设小康社会做贡献。“老有所为”思想的提出，把老年个体或群体与社会的发展联系起来，实质上是通过解决老龄化的社会问题，通过发挥老年人的内在潜力，推动人类文明的进一步发展。这一概括可以与国际接轨且简述为“老年人参与社会发展”。[①]

我们的“老有所为”都指狭义上的老有所为，即老年人继续从事某些工作或公益活动，促进经济社会和科技文化进步，不包括家庭活动等。我们过分关注“老有所养”“老有所医”，忽视“老有所为”。按照人本主义心理学家马斯洛的需求理论，“自我价值实现”应是人最高层次的需求，而“老有所养”仅是人最低层次的需求即“生存的需求”，因而老年人自我价值实现是老年社会参与的最高需求。把老年人的需求单纯看作是“老有所养”，将“老有所养”“老有所医”等物质性需求与社会发展的初级阶段相对应，而将“老有所为”等精神性需求与社会发展的高级阶段相对应是不科学的。其实，这些需求是不能割裂的，学者穆光宗通过对老年人的精神需求的分析，得出老年人精神需求有三个维度，即期待需求、亲情需求、自尊需求。在他的三角形“精神赡养”模型中，将尊重（自尊需求）、安心（期待需求）和慰藉（亲情需求）并列为圈定老年人精神需求总量的三条边界，如果其中的任何一条没有得到重视，那么精神需求的总量也就无法得到满足，形成其所谓的“精神赡养真空”现象。[②]

四、老年人生活质量与老年人社会参与

“生活质量”是一个源于西方的概念，生活质量概念的拓展以及内涵的多样性都是社会发展不同阶段的反映。迄今为止，生活质量的概念大多来自发达国家的研究成果。作为一个发展中国家，要研究下岗老年职工这类由于社会结构转型等社会原因造成的弱势群体的生活质量，站在政府的角度和社会的宏观层面来探讨是必要的。因此，我们采用的生活质量定义为：生活质量就是环境供给人们生活条件的充分程度以及人们生活需求的满足程度，是在一定的物质基础之上，社会成员对自身及其自身所处的各种环境的感受的评价。为了区别生活质量具体所指的含义，“人们把生活的客观物质质量称为‘客观生活质量’，把人们对自身生活的主观评价称为‘主观生活质量’，这一方面说明生活质量好坏确实是与人们生活的客观物质条件或主

① 胡建平、钟平：《对老年人价值的思考》，载《浙江社会科学》2001年第3期。

② 参见赵克勤：《谈老科技人才资源开发的实践与问题》，载《科协论坛》2000年第11期。

观心理感觉很有关联;另一方面也说明主观生活质量并不等同于客观生活质量,两者是有区别的"[①]。人们的生活质量既与生活的物质条件有关,也与对生活的主观满意程度有关。以往的研究大都注重生活质量的客观方面,但是西方学者认为社会发展的最终目标不是生活质量的客观方面,而是用满意度、幸福感来测量的个人主观感受。所以,我们研究的生活质量主要指主观生活质量。在老年期,社会化所面对的问题主要有三个方面[②]:一是生理老化的接受;二是角色转换的适应;三是死亡的面对。社会进入老龄化社会以后,老年人的社会化问题将成为一个重要的社会问题。老年人的社会化问题现在已经引起了社会的广泛重视。继续社会化的内容主要包括两个方面:第一,进一步接受社会的文化传统和生活经验;第二,在再生产社会经验、创造新文化的过程中,接受新的价值观念和社会行为模式。在现代社会中,后一个方面尤为重要,这既是一个学习和接受的过程,同时又是一个创造的过程。社会成员退休以后,就进入社会化的最后一个时期,虽然大多数老年人不再承担任何社会职业角色,但仍然面临一个适应环境的问题,需要进一步社会化。城市退休老年人在继续社会化过程中,要继续参加社会生活,逐渐掌握新的价值取向、行为方式和行为规范,通过与他人的相互作用来满足自己的需求。因此,对应于继续社会化理论的基本内容,从城市退休老年人的人际关系社会化、价值观社会化、角色社会化、行为方式社会化四个方面来测量其社会化现状和水平是本研究的另一个基本理论构架。而从这几个基本方面出发,我们可以也应该把老年人社会参与分为"功利型社会参与"和"价值型社会参与"两类。日本总务厅统计局的《平成八年社会生活基本调查报告》认为,社会参与是一种"社会活动",这种活动又可以分为两类:一类是从事专为他人服务的"社会奉献活动";另一类是包含个人目的在内的"社会参与活动"。[③] 这个界定和分类的意义在于将社会参与划分为无偿的和有偿的两大类,或者说,将无偿的和有偿的社会活动均纳入社会参与的范畴之中。这种从有偿与无偿两个方面对社会参与的划分有其合理性,但没有充分表露社会参与不同类型之间的价值分野。

---

① 袁方:《社会研究方法教程》,北京大学出版社 2004 年版,第 66 页。

② 参见孙立平:《社会学导论》,首都经济贸易大学出版社 2003 年版,第 110～111 页。

③ 参见陈立行、柳中权:《向社会福祉跨越——中国老年社会福祉研究的新视角》,社会科学文献出版社 2007 年版,第 21 页。

根据马斯洛的需求理论，需求分为生理需求、安全需求、社交需求、尊重需求和自我实现需求五类。生理上的需求是人们最原始、最基本的需要，如吃饭、穿衣、住宅、医疗等等。若不满足，则有生命危险。这就是说，它是最强烈的不可避免的最底层需求，也是推动人们行动的强大动力。安全需求要求劳动安全、职业安全、生活稳定、希望免于灾难、希望未来有保障等。安全需求比生理需求较高一级，当生理需求得到满足以后就要保障这种需要。每一个在现实中生活的人，都会产生安全感的欲望、自由的欲望、防御实力的欲望。

对于功利型社会参与，主要是满足了下岗老年职工的基本需要和安全需求，获得利益即财产、荣誉、权力是其参与的目的，即功利型社会参与首先是使参与者获得经济来源，维持其生存的需要，还有就是通过功利型社会参与获得名誉、地位。在我国，再就业、自主创业是功利型社会参与的主要方式，对于下岗老年职工来说，无论是再就业还是自主创业，都要受到自身及社会条件的制约。我国现在的下岗老年职工大都年龄较大，没有什么特殊技能，思想封闭，很难适应市场经济下充满竞争的社会，对于他们来说，即使可以通过再社会化，学习先进的生产技能，但是一些无法改变的因素依然制约其进行功利型社会参与。比如年龄，很多企事业单位在年龄上的限定就把下岗老年职工挡在了再就业的门外。所以，除了下岗老年职工需要提高自身素质外，还需在政策上对于下岗老年职工进行扶持。

价值型社会参与主要是指下岗老年职工出于自己的主观意愿，通过参与自己梦寐以求的工作或其他社会活动，实现自身价值，增强对自身及其自身所处社会环境的认同感，从而提高其生活质量。价值型社会参与不是为了获得某些利益，也不是为了满足情感上的需求或休闲娱乐需求，而是为了自我价值的实现，参与的过程可以没有经济利益上的收获，其参与的目的就是出于参与者自身的愿望、爱好、理想，使得自身价值得到充分的利用，集中全力全神贯注地体验生活。价值型社会参与是为了满足自我实现的需要，这是最高层次的需要，它是指实现个人理想、抱负，发挥个人的能力到最大程度，完成与自己的能力相称的一切事情的需要。通过社会参与能够重建下岗老年职工的归属感和安全感，使其得到更多的社会支持，扩大社会资本，摆脱下岗对于他们心理上造成的压力，重新建立生活的信心，实现自身的价值，从而达到提高生活质量的目的。

第六节 老年人社会参与权问题

参与权首先应该是一项基本权利，是与自由权、平等权一样的人权的基本组成部分。参与决策发展的权利包含在发展权内容之中，是一项不可剥夺的人权，每个人均有权参与、促进并享受经济、社会、文化和政治发展。在这种发展之中，所有人权和基本自由都能获得充分实现。其次，参与权是一项以政治权利为基础的权利，只有保证了政治领域的参与权利，才能为其他领域的参与奠定基础。最后，参与权概念的外延不仅限于政治生活领域，还包括在经济、文化、社会生活领域的广泛的参与权。其中，政治领域的参与权问题占主要核心地位，确保政治领域参与权的实现才能更好地实现经济、文化、社会生活领域的参与。参与权成为一项独立的权利，是现代民主发展和人权保障的结果。正因为参与权是作为人处理自身或与自身相关事务的一种主张或资格，是人之为人的必然权利，所以其从开始就作为一项应有权利，随着法治的进程，逐步被纳入现代法制所保障的人权体系。与其他利益群体相比，弱势群体往往承受着更大的来自社会、经济和心理等各方面的压力，再加之这部分人群文化水平比较低，自身能力较弱，信息沟通和交流上也存在着一定的问题，导致其不能很好地处理各种社会关系和突发事件。这一群体构成了社会结构的薄弱带，一旦社会生活压力积累到一定程度，社会风险将首先从这一最脆弱的群体中产生。改革开放以来，经济体制改革取得了飞速发展，但与此同时，政治体制改革却相对滞后，在社会转型中产生的弱势群体问题日渐突出。另外，由于当前社会的保障救助制度尚不完善，导致这部分群体的合法权益问题始终得不到有效解决，从而使其成为威胁社会稳定和发展的一个巨大隐患。特别需要指出的是，我国当前社会利益表达和诉求机制尚不健全，同时弱势群体利益表达能力本身较弱，进而导致其不能有效地参与政策制定，不能系统地表达其利益，从而陷入了“利益失衡—权利失衡—利益再失衡”的困境，越来越处于社会的边缘和底层。如果这种情形长期得不到解决，将极易出现社会断裂的危险。因此，对弱势群体政治参与的现状进行研究，探讨其出现的问题，是一项极其重要的任务。

从权利的分析角度来看，老年人具有参与社会的权利首先意味着社会承认这样一项规则：老年人对于社会（国家）及其构成的成员而言，具有社会参与的自由，只要老年人具有参与社会的意愿并且其自身具有参与能力，那么老年人就应当排除各种来自政治的、经济的、社会的阻碍而获得参与的机会，并且感受参与带来的情感体验和享有参与获得的物质回馈等。也就是说，从最消极的意义上，老年人的社会参与行为不受任何外力的干涉，能够凭借其自主的意愿进行参与。这种参与是一种全面的自由，既包括参与的自由，也包括不参与的自由，参与社会与否、如何进行参与是老年人自主作出的选择，这种选择建立在个体式的自由意志基础上。

在更进一层的意义上，老年人社会参与权利还意味着社会承认另外一项规则：老年人对于社会（国家）及其构成的成员而言，具有要求相关主体提供社会参与机会与条件的权利。在现实中，老年人是否形成社会参与的意愿、是否具有能力进行社会参与、是否顺利实现社会参与还受到各种具体条件的制约，包括社会的政治环境、经济发展水平、社会发育程度、老年福利状况等等，一旦确立老年人的社会参与权，相关主体至少在抽象或者宏观意义上就具有了辅助老年人社会参与实现的义务。基于这两层意义，虑及社会参与权对于老年人的生存和发展所具有的重要价值，得出老年人社会参与权是一类人权，横跨传统的公民权利与政治权利以及经济、社会和文化权利两大体系，并具有积极与消极两种属性。

老年人平等社会参与的反面是社会排斥或者歧视。法国学者勒内首先提出了“社会排斥”这一概念。1974年，他指出，法国的受排斥者包括精神病患者、身体残疾者、有自杀倾向者、老年病人、受虐待的儿童、吸食毒品者、有越轨行为者、单亲父母、多问题家庭、边缘人、反社会者和社会不适应者，其中老年病人被作为一个重要的受社会排斥的群体提了出来。[①] 而“歧视”则是一个在社会学和法学领域被广泛应用的概念。澳大利亚人权与机会平等委员会（The Human Rights and Equal Opportunity Commission）认为：“歧视是指一个人或一组别的人因其年龄、种族、肤色、出生国或所属族裔、性别、怀孕或婚姻状况、残疾、宗教、性取向或其他重要特质而受到另一人或另

① 参见周林刚：《论社会排斥》，载《社会》2004年第6期。

一组别人不公平的待遇。"[①]在人类历史上,最严重的歧视主要是种族歧视和性别歧视,而随着老龄化时代的到来,年龄歧视中的老年歧视也越来越明显,其中老年歧视存在的重要领域就是老年社会参与领域。老年歧视存在于老年人社会参与的多个方面:雇主对老年工人总是表现出不信任,对于老年求职者往往不问是否适合职位就将其拒之门外或者在用人条件中制定实际上不利于老年人的条款,而这些歧视事后能够被证明是不合理的;社会对老年人参政议政的能力表示怀疑,忽视老年人的投票权;社会组织对老年人的接纳性较弱;等等。[②]

"无救济则无权利。"这是一条著名的法谚,它深刻揭示了救济制度对于公民权利保障和实现的重要性。仅仅将特定主体的社会参与权上升到宪法保护的高度是远远不够的,如果没有相应的违宪审查救济制度,宪法上所确认的公民特定主体的社会参与权无异于饮鸩止渴。从应有人权到法定人权再到实有人权的转变和实现,离不开一套保障机制的存在和发挥作用。现实中侵犯人权的现象比比皆是,但由于人权救济机制尤其是宪法诉讼机制的缺失,对现实中侵犯人权的现象无法进行有效的制裁,致使公民的基本权利不能全部为公民所享有,且如果没有人权保障机制的存在,现实中对人权的种种侵害便无法获得救济,而无法救济的人权根本就谈不上是什么人权,就如同空中楼阁而无任何效用。可以这样说,违宪审查正当性就在于它是以人权保障为核心。人类社会发展对价值和秩序整合的内在需求终将宪法置于国家根本法的地位并以之统制一国的法律秩序,这一发展变化通过违宪审查得到制度性的表达。[③] 当通过部门法的诉讼途径对公民的宪法权利无法有效保护时,就会在公民宪法权利法律保护方面留下空白,而违宪审查正好弥补了这一空白。可以说,没有违宪审查机制,公民的宪法权利就得不到完整的法律保护,就会损害公民的基本权利,因此,违宪审查机制是保障公民基本权利的最终救济途径。违宪审查乃是宪政的内生物,它对于宪政具有不可替代的价值,任何一个试图在宪政国家的清单上写下自己名字的国家,都必须接纳违宪审查制度,并保证其具备实际的效力。[④] 违宪审查制

---

① 转引自吴帆:《认知、态度和社会环境:老年歧视的多维解构》,载《人口研究》2008年第4期。

② 参见龙晓杰:《我国老年人社会参与权研究》,山东大学2012年硕士学位论文,第13页。

③ 参见秦前红、叶海波:《社会主义宪政研究》,山东人民出版社2008年版,第377页。

④ 参见秦前红、叶海波:《社会主义宪政研究》,山东人民出版社2008年版,第378页。

度作为实现人权保障的必备要件，随着宪政全球化的趋势在世界范围内得到确立，是中国面向世界的崭新的思维路径。

老年人的社会参与权的主线贯穿于老年人参与社会的领域。站在国家以及社会的视角来看，老年人政治参与权主要是指参与国家政治的权利，如公共决策权以及选举权等；其经济参与权主要是指老年人有权利选择就业，同时，老年人的经济信息交流权和创业权也包含在内，这种权利是以营利为目的的；老年人的公益参与权是老年人参与各类志愿公益活动的系列权利，是老年人参与非营利性的社会事务的体现；老年人的组织参与权是老年人参与各类社会组织的权利，是老年人社会参与权中一类特殊形式和特殊内容的参与权。

结 语

老年人社会参与问题是一个极富理论研究价值和实践价值的课题。这个课题的基本理论部分是整个课题研究的先导与基础，基本理论阐发清楚与否直接关涉老年人社会参与研究的走向。老年人社会参与问题的基本理论包括哪些内容必须从老年人这一主体的基本特点出发，而其基本特点包括自然特点和社会特点两部分，也就是说，老年人的自然属性与其社会属性对老年人参与社会活动的影响是我们建构相关理论的基础材料，并且我们应该关注的是在理论建构过程中的法律问题，即基础理论要以发掘老年人社会参与活动中的法律关系为基本着眼点，以发挥法律对促进老年人社会参与的积极功能为基本目的。这样的目的也是检验老年人社会参与基本理论是否关注全面、是否具有实践指导意义的衡量标准。老年人社会参与的法律问题的基本理论是社会法理论的实际应用，也就是把社会法理论与老年人社会参与的具体法律问题和法律目的结合起来，通过老年人社会参与的方式来实现老年人作为一类社会主体的价值与意义，而实现这种价值与意义的方式就是法律的建构与实施。从这一个角度来说，基本理论部分的内容是对老年社会学的应用，也是对老年社会学理论的丰富与发展，这是构建老年人社会参与理论的基本理论功能。

老年人社会参与的基本理论包括参与概念、参与方式、参与意义、参与模型、参与权等多方面的内容,这些内容共同组成了老年人社会参与这个丰富的理论系统。这些问题的具体展开可以从多方面加以阐释,这些问题也共同解决了老年人社会参与的必要性与可能性问题,必要性与可行性问题的解决才能够支撑一个理论逐渐走向成熟。承认老年人社会参与的必要性具有重要的现实意义,这个问题的存在就说明了现实中有对老年人社会参与必要性进行质疑的观点。老年人社会参与的必要性必须从对基本理论的阐释阶段加以解决,使得"参与是绝对必要的"这个观点坚定地贯穿于理论研究的始终。而参与的可行性就说明了老年人社会参与是对社会有重大意义的切实可行的构想,其必须从老年人群体的人力资源优势出发进行分析,从成功老龄化等理论中找到理论支撑。

老年人社会参与理论是与社会法理论相呼应的,老年人社会参与理论是为了完成社会法理论而被构造出来的一种制度体系,而社会公益促进义务是行政主体所肩负的、应该尽职完成的任务。当谈及社会法理论与公益促进任务的关系时,可能在理论界有一些现成的结论。这些结论不需要在本书中被详细论证,但是对于这些结论,理论界肯定是有共识的。如公益促进任务是以某项社会法理论为指导而进行的具体事务性活动,社会法理论的目的与性质决定公益促进任务的目的和性质,作为"整体"的国家在任务执行时需要面对的困难也需要被执行公益促进任务的行政机关所面对,相应的,国家所面对的机会与能获得的资源也是行政机关所能获得与拥有的。这些结论是显而易见的,但是对于社会法理论系统与公益促进任务系统之间的具体关系进行阐释的论述却不详细,对两者之间的具体关系并没有一个显见的、共识性的结论。社会法理论所设定的是国家作为整体公益的促进者所应完成的目标,比如弱势群体利益的维护、社会不同群体之间的分配平衡等;而公益促进任务是具体化的、由行政机关所执行的法定任务,当然社会法理论的正义程度也深深影响公益促进任务的正义程度。可以说,从任务图谱学上来看,公益促进任务是由社会法理论"分解"而来的,但是从任务性质、任务执行方式等方面来看,两者是不同的。简单地说,在很多情况下,可以忽视社会法理论与公益促进任务关系这个问题的存在,但是从对老年人社会参与理论的证立来看,完成社会法理论与公益促进任务的界分标准是很有意义的。

从未来发展趋势来看，老年人社会参与理论必定会取得更长足的发展，老年人社会参与理论会吸纳更多关联学科的理论成果，理论研究与实践之间的联系也会更加紧密，老年人社会参与理论对于老年人发展理论与社会法理论的促进作用也将更加明显。老年人社会参与理论作为类别型群体社会参与中的一个实例，对于启发其他群体积极参与社会、实现社会的均衡发展具有重大作用。

第二章

老年人社会参与的历史演进

老龄化社会的来临促使现代社会参与概念及制度的产生。在不同的历史阶段和不同的民族,老年人的社会参与方式及制度有相当的不同,这体现在老年人的政治参与、经济参与、文化参与和公益参与等各个方面。在传统社会,老年人的社会参与具有自发性、连续性、社区性、尊重老年人的主体性等特点。传统中国社会的老年人受儒家文化及相关制度的保护,获得社会的极大尊重,掌握着最为重要的政治权力和社会权利。而在西方的工业社会,由于科学技术的发展,经济制度、教育制度、社会结构和人口结构的变迁,老年人社会参与的自然连续性被打破。在追求效率的社会中,老年人被看作是低效和衰弱、应退出原有角色的群体,老年人的社会参与程度大大下降。进入老龄化社会以后,各国及国际社会均意识到老年人参与社会的重要性,积极修改过去的法律或制定新法促进老年人的社会参与,社会参与已成为老年人的一项基本权利。这也意味着老年福利政策从“需求取向”(Needs-Based)转向“权利导向”(Rights-Based)的政策发展,认为老人是权利主体,其有权利参与与其相关的政治过程以及社会生活的各个层面。老年人社会参与的历史演变对于已经进入老龄社会的我国具有重要的启示,我国要充分吸取中华传统文化和制度的精髓,建立适合我国国情的老年人社会参与制度。

第一节 概 述

为应对老龄化社会的来临，世界卫生组织颁布了《积极老龄化：政策框架》等重要文件，将积极老化政策纳入国际战略考虑，强调社会参与对于老年人的重要意义。新的社会参与政策是对工业社会老年福利政策、强制退休制度的矫正。西方传统社会中老人极少，并不十分重视老年人的社会参与问题，在史料中很少有专门针对老年人的介绍。但中国传统社会却有极大的不同。在中国，尊老文化及相应的制度安排，使生理上处于弱势的老人能得到整个社会的尊重，值得现代社会借鉴。

一、"社会参与"概念及制度提出的背景

生老病死是人的宿命，健康而有尊严地走完生命的旅程是人类所面临的重要挑战。不同的历史阶段和不同的民族，老年人的社会地位以及对待老年人的文化和制度安排有着相当的差异。总体上来看，传统社会中，老年人的问题并不构成整个社会的重大问题。而工业化以来，由于老年人口比例的增加、家庭形态的改变（核心家庭成为主流，高龄者的照料成为沉重负担）、价值观念的变迁（功利主义盛行，敬老尊老的传统受到挑战）、社会分工及强制退休制度的实行等原因，老龄问题成为一个国际性的、普遍性的重大社会问题。

法国是第一个进入老龄化的国家，之后，瑞典、英国、爱尔兰、德国、美国、加拿大、日本等国在第二次世界大战后也陆续进入老龄化国家的行列。①为了应对老龄化社会带来的冲击，各国和国际社会都开始重新审视以往的

---

① 一般认为，老龄化最初出现在法国。在1850年，法国60岁及以上的人口就已经达到了联合国划定的10%的"老年型"标准；1865年，法国成为世界上第一个老年型的国家。而瑞典则是在19世纪显示出来的另一个"老年型"的国家。此后，英国、爱尔兰、德国、美国、加拿大等欧美发达国家的人口老龄化都发生在20世纪上半叶，并于第二次世界大战后陆续进入"老龄化"国家。根据联合国的预测，世界老龄化的趋势将进一步加剧。到2050年，世界总人口中，65岁以上人口的比重将上升到15.9%。其中发展中国家的比重将达到14.3%，而发达国家65岁以上人口则会占到总人口的25.9%。（参见侯文若：《全球人口趋势》，世界知识出版社1988年版，第317～319页）

社会福利政策，从注重老人照顾、保障其经济安全，逐渐转向成功老化[①]、健康老化[②]、积极老化[③]的政策。在有关老年人的三份最为重要的国际性法律文件——《积极老龄化：政策框架》《2002 年马德里政治宣言》和《国际老龄行动计划》中，都涉及"积极老龄化"的内涵。根据这三个文件，健康、参与和保障是实现积极老龄化的三大支柱。其中，健康是积极老龄化的前提条件，社会参与是积极老龄化的核心，保障是积极老龄化的关键，由此可见，社会参与对于积极老龄化及应对老龄社会的重要性。

"社会参与"这个概念由欧内斯特·W·伯吉斯在 20 世纪 40 年代提出，有其特有的工业化背景，是在老年人逐渐丧失其社会权力、与社会相"脱离"的时代里提出，通过社会参与可使老人与社会重新融合，从而实现其价值。传统社会并没有"社会参与"这一概念，传统社会的老年人也没有发生与社会的"脱离"，但是传统社会的老年人参与各种社会活动的事实却存在。在传统的中国社会，老年人不仅仅是"参与者"的角色(次要的角色)，而且是社会的"主导者"。为便于对传统社会和现代社会进行比较，此处的"老年人社会参与"为广义概念，并不限于工业化背景下所称的"社会参与"，"老年人不论通过何种形式保持与社会的联系都属于社会参与活动"[④]，凡可以扩展老年人社会交往关系的活动均可纳入社会参与的范畴。[⑤] 老年人社会参与的

① 20 世纪 80 年代，美国学者 Rowe 和 Kahn 提出了系统的"成功老龄化"(Successful Aging)的理论，开始从积极的角度来审视老龄化。成功老龄化理论建立在对老年医学和老化过程研究之上，认为延缓衰老的关键在于保持良好的身心平衡，推进平衡的扩大化是摆脱老龄化社会困境的方法。(参见许淑莲：《从心现学角度看健康的老龄化》，载中国老年学学会编：《实现健康的老龄化》，中国劳动出版社 1995 年版，第 77 页)

② 1990 年，第 40 届世界卫生组织哥本哈根会议提出了实现"健康老龄化"的目标，以此作为解决人口老龄化问题的通道。这一理念认为，在老龄化社会中让老年人健康是解决老龄化社会问题的良方，它强调的是老年人身心健康及良好的社会适应能力。这一老龄观抛弃了仅从生理角度评说老年的狭窄研究视角，把老龄化问题置于个体、群体、社会三者统一的平台上进行考察，为解决社会老龄化问题提供了整体性思路。

③ 积极老龄化是在健康老龄化理论基础上，国际社会为积极应对世界人口老龄化问题而提出来的新理论。积极老龄化既包含了健康老龄化，又表达了更加广泛的含义。

④ 邬沧萍主编：《社会老年学》，中国人民大学出版社 1999 年版，第 363 页。

⑤ 张恺悌、姚远提出，"社会参与是指参与者在社会互动过程中，通过社会劳动或社会活动的形式，实现自身价值的一种行为模式"，并认为"社会参与"这一概念有三个核心内容：第一，社会参与是社会层面的；第二，社会参与是与他人联系的；第三，社会参与是体现参与者价值的。(参见王莉莉：《中国老年人社会参与的理论、实证与政策研究综述》，载《人口与发展》2011 年第 3 期)

具体类型包括政治参与、经济参与[①]、教育文化参与、公益(或互益)参与和宗教参与等。本章主要探讨老年人的教育文化参与、经济参与和公益参与。

二、传统社会老年社会参与的演变

(一)原始社会

原始社会的老年人对社会的参与极少。原始社会的老年人为数不多,大多数人都死于35岁以前。少数老年人(比现代社会老年人的年龄小得多)在观念上受到其他成员的尊敬,在举行重大礼仪的场合,老年人被置于最荣誉的席位上。尽管社会成员对老年人是尊敬的,但那些失去生产能力的老年人对当时的社会来说是一种沉重的负担。在少数原始部落,甚至将衰老者遗弃,或鼓励他们自杀,他们的埋葬处则被视为某种圣地。

(二)古希腊和古罗马

在古希腊和古罗马,人们对老年人的观点也反映出深刻的双重标准。从荷马《伊利亚特》一书中,我们可以发现,对青年如强壮的战神阿基里斯(Achilles)的崇拜,而年老的内斯特(Nestor)则因他的智慧而备受尊敬。在传统的哲学领域中,柏拉图和亚里士多德对老化有相反的观点。柏拉图认为晚年能提供追求永恒生命的机会;而亚里士多德则认为中年是生命的高峰,可以达到创造力的顶点,老年则是逐渐衰退。

在古希腊和古罗马的现实生活中,奴隶阶级中的老年人对社会的参与极少,但平民或贵族阶级中的老年男子却掌握着对家庭、社会和国家的权力。在家庭中,老年男子中的家父是一家之长,根据习俗和法令,年轻人(家子)从属于老年人,家父甚至掌握着对家子的生杀大权。城邦是由元老院和平民大会管理的,通常情况下,只有家父才能参加元老院。

(三)中世纪及近代社会早期

中世纪欧洲老年人的地位并不突出,对社会参与的程度也较低。那时,人类的预期寿命甚至比古希腊和罗马更短。对少数活下来的穷人来说,老年是人生最悲惨的时期。16～17世纪,随着宗教改革和文艺复兴时期的来临,有关生命历程的观点逐渐形成现在我们所知道的现代化形式,生命阶段

---

① 老年人的经济活动参与是指老年人退休后所从事的一切有偿经济活动,既包括有固定工作时间和报酬的全职工作,也包括无固定规律和收益的兼职或其他有收入的经济活动。

被划分成我们现在所知道的模式。生命各阶段被认为不过是人们在社会这个舞台上扮演的不同角色而已。童年期是最早时期，然后再划分为中年期和老年期。正如莎士比亚在《皆大欢喜》一剧中的描述，男子的一生可以分为七个阶段，其中第六个阶段被描绘成“虚弱的阶段”，第七阶段“是又一个童年期，健忘、无齿、无眼、无味、无一切”。这反映了16世纪欧洲人对老年人的态度，认为老年人对一个与食物短缺作斗争、婴儿和年轻士兵死亡率高的社会来说是一个负担。

但是在中世纪后期和近代社会早期，在社会逐渐趋于稳定的时代，某些民族或国家老人的地位较高。例如在十七八世纪的美国，老年人备受尊敬。老年人担任最高的公职，在家庭内更是处于权威的地位，直到死亡；父亲们要到60岁以后才将土地交给他们的长子；教堂里的座位是留给老年人的。在殖民时代，老年人享有权力的主要基础是他们控制着财产，尤其是农田里的生产资料。

在美国，这种模式一直持续到1770年前后，之后对老年人的态度开始发生变化，年轻人的地位相对得到提升。例如，有利于老年人的教堂座位安排被取消；关于老人守旧、啰嗦的等负面词汇开始出现在词典上。重大的变化发生在1830年以后，中间年龄层以固定的比例上升，每年增长0.4%，直到1950年。在这一时期，老年人的重要性和地位开始下降，社会参与程度也逐渐降低。[①]

中国传统社会与西方的情况有相当的差别。自西周以来，中国传统社会的老人享有很高的地位，在家庭、社会和国家中处于支配地位。儒家思想中的孝亲、尊老思想在中国两千多年的文化中长盛不衰，一直延续至今。老人在体质方面虽为弱者，但社会制度的安排却使其获得支配性地位。在家族（或宗族）中，长者是最为尊贵者；在处理地方公共事务方面，乡贤、三老、里老等长者宣讲礼仪和法律、解决纠纷、参与地方长官的司法活动、为地方长官充当幕僚排忧解难；在国家事务方面，某些长者甚至可以直接向皇帝上书，参与处理国家大事。中国传统社会的尊老文化、老年人对各种事务的广泛参与以及相应的制度安排，是现代社会可借鉴的宝贵资源。

---

① 参见[美]N. R. 霍曼、H. A. 基亚克：《社会老年学——多学科展望》，冯韵文等译，社会科学文献出版社1992年版，第46页。

三、现代社会老年社会参与的演变

(一)工业社会

从19世纪中期开始,随着工业化社会的发展,经济结构、社会结构、价值观念的变化,以及科学技术和教育制度的发展,老年人逐渐失去了过去的权威。有关学者的研究表明,工业化社会中老年人地位及社会参与程度确实有所降低。帕尔莫尔和惠廷顿采用一系列社会经济测定手段进行研究后发现,1940～1960年,美国老年人的地位已经逐步下降。沃森和马克斯韦尔在关于欧洲和亚洲26个不同社会的人种学记载的论文中指出,由于增加对技术的利用,老年人对重要信息的控制以及社会对他们的尊重已经下降。①

现代化理论被认为是现代社会老年人地位下降最为重要的一种解释。现代化理论认为,老年人的地位与一个特定社会的技术水平、社会经济的多样性和职业的专门化成反比。当社会变得更加现代化时,老年人便会丧失政治和社会权力、影响和领导地位。老年人的这些变化影响到老年人对社会生活的参与,可能导致衰老的人脱离社团生活。

第一,人口结构的变化是影响老年人经济参与的重要因素。现代医学的应用降低了婴儿死亡率和产妇死亡率,延长了成年人生命,使中老年人口的数量增加。由于更多的老年人投入劳动力市场,两代人为工作岗位而竞争,退休便成为迫使老年人退出劳动力市场的一种手段。

第二,科学技术的发展对老年人的社会参与有重大影响。在传统的农业社会中,耕作主要依靠的是过往的经验,老年人掌握着主要的生产技术,这些技术很少有改变,年轻人主要通过习得的方式从老人那里获得这些技能。进入工业化社会后,科学技术的发展要求不断创新,技术更迭快速,年轻人在这方面有着天然的优势。老年人不能仅仅依靠经验胜任有科技要求的工作岗位,他们只能留在过时的传统岗位上,或者留在那些科技含量较少的工作岗位上;而且,老年人被认为在生产效率上远远低于年轻人,企业雇佣员工时宁愿选择年轻人。

第三,商品经济的流动性影响到老年人的社会地位和社会参与程度。

---

① 参见[美]N. R. 霍曼、H. A. 基亚克:《社会老年学——多学科展望》,冯韵文等译,社会科学文献出版社1992年版,第48页。

在城市化进程中,年轻人被吸引到城市地区,年老的双亲和祖父母则留在农村地区,由此造成的几代人分居冲击了家庭的相互关系。年轻人在地理和职业上的流动导致几代人之间的社会距离增加和老年人的地位降低。在整个经济结构中,老年人充当的是较为次要的角色。

第四,现代教育制度和职业制度对老年人有重要影响。现代社会教育的特点是大众化、专门化和职业化。年轻人无须从老年人那里学习知识,年轻的一代往往比他们的父母受到更多的教育。两代人的智力水平差距增大,老年人的领导作用便会降低。现代教育制度进一步促成了生命历程的制度化,社会制度和政策将生命的转折点(上学、工作、结婚、退休等)作为划分生命历程的界限(童年期、青年期、中年期和老年期),例如退休是中年期转变至老年期的界限。老年人和退休紧密相连,老年人被理所当然地视为是应当退出劳动市场的群体。

第五,价值观念的变迁对老年人社会地位及社会参与有显著影响。前文已经提到,在中国的传统社会,虽然老人在体质上处于弱势地位,但却具有支配性地位。这表明价值观及相应的社会制度对老年人的地位有着决定性的影响。工业社会追求效率和创新体现了功利主义的价值取向,是“适者生存”的丛林原则的体现,经济地位和对社会的价值决定老年人的地位也是此种功利主义原则的体现。这些价值观念是导致工业社会老年人地位下降的深层次原因。从中国的历史来看,老年人的“衰老”“低效”与老年人的地位、社会参与之间并没有必然的联系,关键是文化价值观念及社会制度以什么样的态度去对待老人。文化价值观念可以减轻现代化对老年人造成的许多消极影响,这点已经由现代化、工业化和城市化的日本社会所证实。在那里,子女孝敬老人的价值观念和祖先崇拜有助于保持老年人较高的地位和家庭生活的一体化。

(二)老龄化社会

二战后,各国先后进入老龄化社会,为应对老龄社会的来临,各国修改了以往的老年人政策或发展出新的政策。许多国家延长了法定退休时间,或者取消了强制退休制度(如美国),制定了禁止老年人就业歧视的法律和鼓励终身教育的法律等。老年人重返校园和劳动力市场,原先清楚的分界,如“学生”“退休者”等的角色界限变得模糊。生育年龄延后、老年人就业(甚至是转行)、老年人上大学等成为常态。从观念上看,社会给予老年人更多鼓励，不再视老年期为衰退阶段，试图将年龄差异的社会转变成年龄整合的社会，使人们在任何年龄都有受教育、工作和休闲的机会。

在工业化社会的后期，老年人的地位和社会参与地位得到了回升和改善。帕尔莫尔和惠廷顿经过研究发现，在社会迅速变化的早期阶段（如伊朗、萨尔瓦多、菲律宾等），老年人的职业和教育地位下降，但随后又有所改善。这就意味着，当社会变化超越了迅速现代化的早期阶段，两代人之间的社会地位差别会缩小，老年人的社会地位可能相对提高，尤其是在得到诸如社会保险等社会政策支援的时候。帕姆佩尔根据大量资料得出，在二战后，美国老年人的经济地位相对改善。卡尔霍恩和帕姆佩尔都认为，社会在现代化的高级阶段更加意识到老年人的地位下降，因此，它们试图通过公共教育、社会政策和新闻媒介为老年人创造更多的机会和更积极的形象。[1]

国际社会也采取措施应对老龄化社会的来临，推动老年人地位和社会参与程度的提升。联合国于 1991 年颁布了《老人纲领》（Proclamation on Ageing），提出独立、参与、照顾、自我实现、尊严等五个要点，以宣示老人基本权益保障之共同目标，社会参与是其中的重要内容。《国际老人人权宣言》第 7 条指出："老人应有充分参与教育、文化及公民活动的机会。"1992 年召开的第 47 届联合国大会又通过《关怀老人的十年行动策略》，将 1999 年定位为人类史上的第一个"国际老人年"，强调高龄者社会参与的重要性，具体内容包括：提供老人生命历程的教育与学习机会、促进老人的社会贡献以及鼓励老人充分参与家庭和社区生活。世界卫生组织（WHO）也于 2002 年在《积极老龄化：政策框架》中提出"积极老龄化"（Active Ageing）的核心价值，强调老人的健康、参与和安全，社会参与是其中的核心内容。该框架指出，老年人社会参与是"在劳动力市场、就业、教育、健康和社会政策，以及计划都支持他们能充分参与社会经济、文化和精神生活的条件下，他们年老时就能按照他们的基本人权、能力、需要和爱好，继续以有偿和无偿两种方式为社会做贡献"[2]。

各国的政策变化以及国际社会对老年人社会参与权利的认可，表明工

---

① 参见[美]N. R. 霍曼、H. A. 基亚克：《社会老年学——多学科展望》，冯韵文等译，社会科学文献出版社 1992 年版，第 49 页。

② 潘磊：《积极老龄化策略研究——以山东省为例》，山东师范大学 2006 年硕士学位论文，第 4 页。

业化社会对待老年人的功利主义态度得到修正,老年人并不因为其低效和衰老而失去参与社会的权利。老年人作为权利主体,应享有人格尊严,也应获得参与社会的基本权利,国家和社会应积极创造老年人社会参与的条件。对待老年人的观念和社会制度的改变会扭转老年人在社会中的弱势地位。

四、当代中国老年人社会参与

我国当代老年人社会参与制度是在借鉴西方社会的基础上,随着"老有所为"概念的提出而建立的。制度的适用范围从退休老干部扩展到离退休专业技术人员和低龄老人,进而又扩展到全体老人,其理念也经历了从资源利用最大化到凸显人本主义价值取向的嬗变。[①]

新中国成立初期,我国鼓励老年人进行社会参与的政策仅限于退休老干部。例如 1958 年的《关于安排一部分老干部担任某种荣誉职务的决定》、1978 年的《国务院关于安置老弱病残干部的暂行办法》以及 1982 年的《中共中央关于建立老干部退休制度的决定》等。直到 1986 年,国家颁布了《支持离退休专业技术人员继续发挥作用的暂行规定》,政府对老年人社会参与的政策才逐渐扩展到离退休的专业技术人员。1994 年,《中国老龄工作七年发展纲要(1994～2000 年)》中指出:"实现老有所为,发挥老年人的作用。鼓励、支持低龄和健康老年人在自愿量力的前提下,参与社会发展,推动社会精神文明和物质文明建设。"由此,老年人社会参与主体的范围进一步扩大到所有低龄和健康老人。

我国老年人社会参与理念转变的标志是 1996 年 10 月《中华人民共和国老年人权益保障法》的颁布实施,该法专设一章"参与社会发展",明确规定"国家应当为老年人参与社会主义物质文明建设创造条件"。这表明,老年人社会参与在形式上得到了国家基本法律的保障。

1999 年,全国老龄工作委员会的成立和"六个老有"目标的确立推动了老年人社会参与的深入发展。全国老龄委在 2002 年第二届世界老龄大会上代表中国郑重声明,坚决执行大会的《政治宣言》和《国际老龄行动计划》,以积极的态度促进积极老龄化的实施。以此为契机,老年人社会参与的理念发生根本转变,不但由"特权"向"普惠、权利"转变,而且更加凸显人本主

---

① 参见李宗华:《30 年来关于老年人社会参与研究的综述》,载《东岳论丛》2009 年第 8 期。

义价值取向，把老年人的社会参与看作是老年人的“基本权利”和“应享有的充实的生活”。[①]

第二节 老年人参与文化教育的历史演变

传统中国的老年人不但在家庭中具有支配地位，而且广泛参与对大众的文化教育和道德教化，对社会秩序的维护发挥着重要作用。老年人参与文化教育的主要制度有前秦时的学校养老制、汉朝时的三老制、明清时的里老制等，较为典型的是从西周一直延续到明清的乡饮酒礼制。西方老年人参与教育文化主要涉及的是老年教育。西方国家为了发展老年教育，制定有专门的促进终身学习的法律，而且设立专门的老年教育管理机构，积极制定具体措施推动终身教育的实现。在借鉴东西方老年人参与文化教育经验的基础上，我国应强调老年人参与文化教育的社区性、可及性、自主性等。

老年人参与教育文化生活体现在其生活的各个方面，参与方式也是多种多样，主要方式有：(1)老年人作为被教育者参与教育文化活动；(2)老年人作为教育者参与教育文化活动；(3)老年人既充当教育者，又充当受教者，在参与过程中拥有双重身份。在传统社会，老年人主要充当的是教育者和文化的传承者，属于第二种形式；近现代以来，老年人参与教育文化主要是第一种和第三种方式。

一、传统中国老年人参与文化教育

传统中国的老年人不但在家庭中具有支配地位，而且广泛参与文化教育、道德教化、基层秩序维护、纠纷调解、司法审判等社会事务，对传统社会的维系发挥着重要作用。《礼记·王制》就记载有将养老与老年人参与教育相结合的学校养老制度：“凡养老，有虞氏以燕礼，夏后氏以飨礼，殷人以食礼。周人修而兼用之，五十养于乡，六十养于国，七十养于学，达于诸侯。”“有虞氏养国老于上庠，养庶老于下庠。夏后氏养国老于东序，养庶老于西序。殷人养国老于右学，养庶老于左学。周人养国老于东胶，养庶老于虞

① 参见杨华：《历史哲学视域下的人口老龄化及其应对》，浙江大学2013年博士学位论文，第47页。

庠，虞庠在国之西郊。”以上的“庠”“序”“学”“胶”“虞庠”皆为学校之名。“国老”指致仕还家的老年官员，“庶老”则指庶民老者，这些老年人都具有丰富的工作经验和人生阅历。这些老人年满50岁的养于乡遂之学，年满60岁的养于国学中的小学，年满70岁的养于国学中的大学。这种“养于学”的制度，既达到了敬老养老的目的，又使老年人能够老有所用，发挥余热，教育后人，传播文化知识，可谓一举多得。

汉初，朝廷在地方设置“三老”职位，规定必须由当地年龄在50岁以上德高望重的老人担任，主要负责掌管教化礼仪；唐宋时期，中央政府建立文学馆等文史研究机构，老年学士负责修史编志、起草诏书等；明初设置“里老”一职，由当地德高望重、众人所敬服者担任，主要职责是负责当地的司法教化，同时利用其威望调解民事纠纷。里老制度不仅提高了老人的社会地位，而且充分发挥了老年人的作用，加强了中央对地方的管理。[①] 以下以乡饮酒礼制为重点对老年人的教育文化参与进行介绍。

乡饮酒礼是中国传统社会老年人参与教育文化生活的典型形式。[②] 乡饮酒礼为“五礼”中嘉礼之一种，是汉族的一种宴饮风俗，起源于上古氏族社会的集体活动。《吕氏春秋》记载，乡饮酒礼是古时乡人因时而聚，在举行射礼之前的宴饮仪式。该礼仪经过唐宋等朝代发展，一直延续到明清。乡饮酒礼的主要目的在于弘扬与宣传为臣尽忠、为子尽孝、兄弟相亲、邻里和睦、朋友有信、长幼有序等道德伦理规范，同时申明朝廷之法，使一乡之人在宴饮欢聚之时受到教化。乡饮实质上是政府官员与民间精英合作起来引导社会秩序的示范性表演。

乡饮酒礼的宾客均为当地身家清白、齿德俱尊的耆老乡绅。明清时，每年由各州县遴选德高望重的士绅，举行乡饮酒礼。推举的宾客要将姓名、籍贯造册上报，称为“乡饮耆宾”。乡饮耆宾包括乡饮大宾、乡饮介宾和乡饮众宾。首先，乡饮耆宾由管理地方文教的儒学官员推荐，经地方官员考核批准

---

① 参见刘冉冉：《试论中国古代的老有所为及尊老之意义》，载《兰州学刊》2008年第10期。

② 儒家礼制中，礼分为吉礼、宾礼、军礼、凶礼、嘉礼，是为五礼。吉礼主要用于祭祀活动；宾礼主要用于交往及邦交；军礼主要用于战争和狩猎活动；凶礼主要用于丧葬；嘉礼是饮宴婚冠、节庆活动方面的礼节仪式，是和合人际关系、沟通、联络感情的礼仪。嘉礼的主要内容有六：一曰饮食，二曰婚冠，三曰宾射，四曰飨燕，五曰脤膰，六曰庆贺。嘉礼的用意在亲和万民，其中饮食礼用以敦睦宗族兄弟，婚冠礼用以对成年男女表示祝贺，宾射礼用以亲近故旧朋友，飨燕礼用以亲近四方宾客，脤膰礼用以亲兄弟之国，庆贺之礼则用在国有福事时。

后逐级上报本省督核准，之后方准许邀请参加乡饮礼。除按照规定颁发给乡饮执照以为凭据外，地方官员们还要赠送牌匾以示荣耀。其次，乡饮宾要由督抚上报朝廷，经礼部奏请皇帝批准，赏给顶戴荣身。最后，历届乡饮宾的姓名会被载入地方史志，名垂青史。从这一规定可看出，参加乡饮的宾介是要经过严格把关的。

乡饮酒礼在明代以前规定每年举行一次。明初由于太祖重视老人的教化能力，以正齿位为主的乡饮酒礼变为利用耆老的公信力有效宣扬政令的场合，于是乡饮酒礼固定于每年的孟春望月（正月十五）及孟冬朔（十月初一），并规定有"读律令"的仪式。律令读罢后，还宣读刑部编发的其他有关文书，并有训诫致辞。可见，明代的乡饮酒礼明显具有对人民加强控制和统治的目的。①

清代乡饮酒礼规定了一套严格的礼制程序，对礼仪活动中的人员设置、座次安排与物品陈设都作出了严格、细致的规定。地方知县要代表朝廷率领僚属做主宴请众宾；职教官员充任司正，主持乡饮酒礼的进行；典史充任执事官，管理由老成生员充任的赞引、读律等诸执事人员。在举行乡饮酒礼的过程中，司正、赞引、读律等人员按照礼仪进程不断宣讲各种封建道德与伦理规范。清初，地方乡饮酒礼费用皆取于公家，道光以后因军饷开支骤增，始改由地方备办。

明清社会的乡饮酒礼按规格分为府州县乡饮和甲社乡饮。前者是地方官调控基层社会的有力工具。地方官往往选择有德行、有财势的人作为乡饮宾介，希望借助他们的德望和实力来协助处理基层社会纷繁芜杂的事务。后者带有较强的乡民自治性质，它与保甲、乡约、宗族等乡民自治实体相配合，一道维护着乡村社会秩序。乡饮酒礼在教化民众方面有其他诸礼所不具备的独到作用。王熹先生认为，乡饮酒礼可算是在中国古代乡里社会生活的礼俗制度史中，流行范围最广、延续时间最长、政治礼教性最强的一种较为普遍盛行的饮宴活动。②

---

① 参见董娜：《一件清光绪时的乡饮执照——兼浅谈乡饮酒礼制度》，载《文物鉴定与鉴赏》2014年第2期。

② 参见赵永翔：《明清乡饮酒礼研究》，兰州大学2009年硕士学位论文，第1页。

二、现代社会老年教育

老年教育[1]是现代社会老年人参与文化教育生活的重要方面。随着老年人口比例的增加及高龄化社会的来临，老年人继续学习已被国际社会和先进国家视为一项不可或缺的社会福利。1972年，联合国国际教育发展委员会将终身教育作为未来教育改革的方向；美国于1976年颁布《终身学习法》(Lifelong Learning Act)；日本于1990年颁布了《终身学习振兴法》；欧盟也于1995年发表了《教与学：迈向学习社会》白皮书，并将1996年订为终身学习年。终身学习深受各国重视，并成为教育发展的主流，老年人教育已成为老年人参与社会文化生活的重要方式。

(一)欧洲国家的老年教育

欧洲国家致力于老年教育的发展，最具代表性的是其“第三年龄大学”(University of the Third Age)。第三年龄大学的理念及机构缘起于法国，维拉斯(Pierre Vellas)于1973年在法国的土鲁斯首创了第三年龄大学[2]，随后这种机构形态扩展到法国全境、瑞士、比利时、西班牙、葡萄牙、意大利、瑞典、波兰、前东德。第三年龄大学在欧洲各国有不同的组织形态，或是隶属于一般大学，或是自行设立为独立的机构。

丹麦除专设的老人学院外，另设有“学习商店”。这种学习商店设于购物中心，老年人可以在此获得学习机会、学习材料及学习咨询服务。除观看、试用外，还可以购买或借用适合自己的学习资料。除了学习商店，在图书馆、书店及学校等还兴起了“学习岛”，在此经过的行人可以获得专门知识的指导，并参与各类电脑课程，并且可以根据不同的兴趣、学习经历进行团体讨论。

欧洲各国也采取各种政策措施鼓励老年人终身学习。瑞典早在1970年就已建立留薪学习制度，即学习者可以带薪离开工作场所进行学习。连

---

① 老年教育，又称为“高龄教育”，旨为高龄者提供有计划、有组织的学习活动，目的在于促进老人知能、态度和价值观念的改变。与老年教育类似的概念还有高龄学习(Elder Learning)、第三龄学习(The Third Age Learning)等。

② 英国学者彼得·雷斯雷特(Peter Laslett)将人的一生区分为四个年龄期：第一年龄指为成年生活准备的生命初期，即儿童与青少年期；第二年龄指进入工作职场的成年时期，并且开始建立家庭生活；第三年龄指离开工作职场的退休生活，这一时期能较为自由地追求个人目标和欲求；第四时期指体能和健康进入明显恶化阶段，此时的老年人无法独立生活，需要他人照料并逐渐临近死亡。

续就业达六个月以上或累计就业达一年以上的人，都有权利申请学习假。为解决学费不足的问题，瑞典政府提供各种支援配套措施，如失业者的学习补助、特别教育补助金、学习津贴等。

(二)英国的老年教育

英国是当代民主代议制度的发源地之一，具有地方分权立法的传统。因此，英国老年教育政策并不是以中央立法的形式明文规定各相关事宜，而是以《盎格鲁—法兰西声明》《老年人教育权利论坛宣言》《老年教育宪章》和《老年人教育工作手册》等形式呈现老年教育政策的基本方向，具体的实施办法由各地结合实际来制定。这些法律文件重视老人教育权，主张老年人与年轻人一样，可以同等地参与教育学习活动。[①]

英国于1969年成立了“开放大学”(Open University)。1982年，英国学者雷斯雷特和尼克康尼等于剑桥正式成立英国的第一所第三年龄大学。此后，英国各地便依照此种形态纷纷成立了第三年龄大学。英国第三年龄大学的办学模式还影响到澳大利亚和新西兰等国家。目前，在英格兰境内就有超过400所第三年龄大学。[②] 第三年龄大学被英国的成人教育界视为20世纪80年代的重要运动之一。

英国第三年龄大学旨在组织一个与资格、奖赏和个人升迁无关的学习机构，力求不受大学院校的支配和控制，除了图书设备上的支援。第三年龄大学不与大学合作，不受政府支配，是为防止受到传统的第二年龄教育模式的影响，力求建立非传统的第三年龄模式的分享学习，以促进老年人发现自己，寻找生命的意义。

在组织形态上，第三年龄大学有三个层级：第三年龄信托基金及全国执行委员会、支部与小组团体。这三个层级都基于自助自主的理念办理，甚至每个小团体都是独立的实体，彼此相互支持和共享资源。经费也是自给自足，不依赖政府经费。第三年龄大学无任何学历要求，也不颁发任何学历证书。在教学形态上，英国的第三年龄大学不同于一般的教育机构：它们不采用传统的教学方法，改用以学习者为中心的学习方法；每个地区第三年龄大

---

① 参见娄峥嵘：《国外老年教育政策的分析与启示》，载《继续教育研究》2012年第8期。

② 参见叶至诚：《老人福利国际借鉴》，(台北)秀威资讯科技股份有限公司2011年版，第249～252页。

学的行政和研习小组活动均完全由义工负责；每项学习活动均根据学员的喜好来计划和进行，学员可决定学习活动的性质（例如课程、工作坊、小组探讨）及有关的安排（例如主题、题目、导师及地点）。①

（三）美国的老年人教育

美国早在20世纪50年代就开始在社区开展老年教育活动。60年代，以老年人为对象的教育项目迅速发展：大学和学院对老年人开设了免费课程；社区学院与老年中心合作到老年中心讲课；高等教育学院开办了退休学习学院（Learning in Retirement，LIR），全美的大学和学院已有大约800个退休学习学院。根据2005年美国人口普查数据，在美国1700万在校大学生中，超过50万的学生年龄在50岁以上，这还不包括那些参加无学分学习和在一些成人教育项目中学习的年长者。美国教育委员会发现，老年人回到学校进行终身学习已经成为一种普遍趋势。②

通过老人寄宿所提供老年教育是美国的特色。参加学习的老人在大学寄宿一周，在学校食堂用餐，体验大学的日常生活，听一些不记学分的课程，学费则由州和联邦补助。大学举办这项事业并不营利，而是为了和普通的人取得联系，大学的这一举措最早出现于1975年。③ 美国的老人寄宿所是国际上参与人数最多的老人学习形态，全球有90个以上的国家加入，每年注册的学生人数超过16万人。④

老年人除了在大学和社区学院学习外，还可以参加一些民间组织举办的学习活动。美国的继续学习协会（Institute for Continued Learning）挂靠在加利福尼亚大学，由退休人员自主经营。会员根据各自的兴趣组成小组开展学习。大学为之提供图书馆、工艺作业室、语言教室等。会员至少必须参加大学的一门课程和协会的一个学习小组的学习活动。在协会的学习计划中，还有以徒步、乘车、乘飞机等各种方式的参观和旅行活动，如外出观赏自然风光、看戏剧、听音乐会、参观博物馆等。夫妇二人入会的，会费减收。美国退休者学习协会（Institute for Post-Retirement Studies）是1972年建立的民间学习机构，参加者为退休人员和即将退休的在职职工。该组织的宗

① 参见岳瑛：《英国的老年教育概况》，载《中国老年学杂志》2009年第8期。

② American Council on Education，Higher Education for Older Students，2008.

③ 参见司荫贞：《中、美、日三国老年教育发展概况》，载《开发教育研究》2001年第2期。

④ 参见叶至诚：《老人福利服务》，（台北）威仕曼文化事业股份有限公司2010年版，第226页。

旨是使老年人避免离开企业后的失落感和寂寞，通过向学习挑战找到精神支柱。其学习计划分两部分：第一部分相当于大学的必修课程，会员至少在大学旁听学习一年的课程，也可以依自己的愿望把旁听改为取得学位的学习；第二部分为协会独自举办的学习活动，就会员感兴趣的课题划分几个学科，并从会员中选出指导者，会员在每个学期最少要参加一个学科的学习。

虽然很多老年人主要是在校园进行学习，但越来越多的老年人更倾向于在网上学习。1986 年在旧金山成立的"老人网"(SeniorNet)是美国较有影响的、教导老年人如何使用电脑的非营利组织。老人网成长迅速，它以会员制的方式在全美建立了 70 多个学习中心，帮助了 15000 名以上的会员。老人网学习中心的员工是老年人志工。老人网在社区中心、老人中心、学校、大学校区、图书馆以及健康照护机构中都有设点。

美国在 20 世纪 70 年代初期即已迈入高龄化社会，随着高龄社会的来临，政府对老人教育与福利日趋重视。联邦的老人教育政策自 1961 年开始，每隔十年左右，就举办全国性老年会议，共同探讨老人教育相关问题，对美国的老人教育政策产生引导作用。1971 年，美国高龄教育学之父麦克拉斯基(McClusky)在"白宫老年会议"上提出老人的五类教育需求[①]，指出老年人教育是成人教育的一部分，展现的是老人的终生学习权。[②] 由于人类寿命延长、良好的健康状况及社会重视等因素，老年人的继续教育势必明显增加。

在美国，老年教育政策由联邦政府制定法案，明确规定各项政策。各州及地方政府加以执行，同时民间非营利组织和社区各公、私部门协作加以贯彻落实。美国关于老年教育的主要法案包括《老年人法》《高等教育法》《成人教育法》《职业教育法》《国内志愿服务法》《综合就业训练法》《禁止歧视老人法》等。这些老年教育法案的制定，使得老年教育政策的实施取得了合法性基础。例如，美国《高等教育法》(Higher Education Act)规定，老年人入学

---

① 这五类需求包括：(1)生存的需求：使个体在复杂的社会里得以充分发挥功能的需求；(2)表现的需求：老人可以从参与活动本身获得回馈与满足；(3)贡献的需求：老年人寻求服务的机会，希望能对社会有所贡献，并在贡献中自我实现；(4)影响的需求：教育提供帮助老人认清自己社会角色的课程，并提供社会支持；(5)超越的需求：老年人更需要深入了解生命的意义，回顾自己的人生，超越生理的限制。

② 参见张之望：《高等学校对老年教育发展的"文化引领"作用研究》，载《改革与开放》2011 年第 22 期。

可以免费，老年大学生可以组成自己的班级，住宿与一般大学生相同，课程另作安排，不留课后作业，也不考试。

(四)日本的老年教育

老年大学是日本老年教育的重要方式。老年大学诞生于20世纪50年代中期，至今不断扩展。

利用已有公共资源提供老年教育是日本的特色。日本的很多老年教育往往与一些公共资源如公民馆、老年中心、文化中心、图书馆、博物馆甚至青少年中心等结合在一起，不仅节约了大量的、建立单一老年教育机构的费用，还能够充分利用已有的设施、设备、师资等资源，而且这些遍及社区的各种设施和机构也便于满足老年人就近学习的需要。此种方式有助于代际互动，加强老年人与各年龄人群的交往。[①]

日本现今设有1800个公民馆，这些公民馆中专门开设有高龄者学级，提供医疗营养、精神卫生、时事探讨等多种多样的课程，老年人可以根据自己的需求和喜好选择课程。由于有政府的补助，高龄者学级不但有高水平的教师，还有多媒体教室等先进的教学设施设备，大大丰富了老年人的学习内容。高龄者教室也是老年教育的重要形式。高龄者教室的教学以讲座形式进行，设置的学习内容主要有了解社会变化、理解年轻一代、维持健康、充实兴趣和文化教养、参加社会服务活动、提高老年人的社会性工作能力等，这些内容都是根据老年人的学习要求和各地区的实际情况来选择的。其活动场所主要是公民馆、福利中心休憩之家、市民文化会馆、公共礼堂、生活改善中心等。[②]

为了推动老年人将知识和经验运用于社会，日本还开展了“发挥高龄人才作用事业”项目，招募60岁以上的老年人进行培训，再到各种团体和组织如青年小组、妇女团体、儿童会等进行指导。这项活动从20世纪70年代后期以来就得到了文部省的资助，使老年教育的意义得到了充分发挥，有效地促进了老年教育。

日本于1995年制定《老龄社会基本对策法》，让国民能安心度过老年期

---

① 参见叶至诚：《老人福利国际借鉴》，(台北)秀威资讯科技股份有限公司2011年版，第255～256页。

② 参见杜智萍：《老年教育：建设学习型社会的重要环节——日本的经验和启示》，载《成人教育》2006年第12期。

的生活并享受高龄社会。1996 年，日本依据《老龄社会基本对策法》公布了《老龄社会对策大纲》。2000 年，日本老年人口达到世界最高水准，政府重修 1996 年的《老龄社会对策大纲》，提出推动高龄社会政策的基本态度，包括重新评估对老人的刻板印象，重视预防与准备措施，促进社区活动的发展，重视两性的观点，鼓励应用科技在医疗、福利及提供资讯领域等五项。日本高龄教育的施行，系由福利行政部门、教育行政部门、高等教育与民间组织合力推动，而其高龄教育政策特色包括：针对时代变迁与高龄者需求研拟法案，中央政府设置中央教育审议会，负责高龄者教育政策的审议和决策，提高高龄者多元学习与社会参与的机会，并特别重视高龄学习与社区发展的结合。

在终身教育政策的规划方面，日本于 1984 年由文部省提出终身学习的报告，涉及终身学习体制的建立、高等教育多样化、充实初等及中等教育、因应教育国际化、教育行政与财政的改革方案等。在发展终身学习结构方面，提出四项建议：根据个人因素评价个人成就，加强家庭、学校、社区三方面的功能与合作，提倡终身教育运动，发展终身学习基础设施建设。

1988 年，文部省的社会教育局改称“终身学习局”(“生涯学习局”)，成为文部省内的第一大局，其下分成五个课别：社会教育课、学习资讯课、青少年教育课、妇女教育课及生涯学习振兴课，强调学校(主要指大学及短期大学)在终身学习体系中的角色。1996 年，文部省发表《终身学习社会的优先与展望——多样性与精致化的增加》白皮书，指出日本在迈向 21 世纪之际，必须创造出一种丰富而动态的社会环境，这需要以终身学习社会作为基础。在终身学习社会中，人们能够自由地在其一生中的任何时间选择学习机会，而且学习通道不限于学校和社会教育，也包括运动、活动、娱乐及志愿活动。对老年人教育和学习进修的福利补助是日本老年教育顺利运行的重要条件。1963 年，厚生省根据老年人福利法对老人学习小组进行补助；1973 年，文部省开始对高龄者教室进行补助。

(五)我国大陆的老年教育

1. 老年教育的主要形式

(1)依托社区开展的老年教育

这是我国最为广泛的老年教育形式。在城市和某些地区的城乡社区中，老年教育是社区教育十分活跃的力量，形成了相当大的规模。社区老年教育的教育形式层次多样，大体有三种：第一种形式是在社区教育网络中参与教育学习。我国社区教育实验区内建有社区学院、街道社区学校、居委会社区学习点三级教育学习网络，其中都包含了老年教育的内容。部分实验区还专门建立了社区老年学校，为老年人开展所需的各类讲座、报告及咨询服务活动。第二种形式是老年居民以自发建立的民间社团为纽带，参加以健身强体、文化艺术、休闲娱乐为主要内容的活动。第三种形式是把接受教育和发挥余热结合起来。例如建立关心下一代协会，发挥老年群体在关心、帮助、教育、爱护青少年方面的独特作用；建立各种社团组织，化解社区矛盾，维护社区稳定，促进社区发展，发展社区的科技应用与推广，乃至帮助政府决策和参与社区治理。

社区老年教育在我国发展很不平衡。在参与人数、覆盖面、发展水平、教育质量等方面，城市和发达地区多于、广于、高于和优于农村和欠发达地区。2006 年，城市老年人反映他们所居住社区附近没有老年活动室的占 29.2%，而农村老年人居住的社区附近没有老年活动室的达到 78.8%。[①] 在管理体制上，社区老年学校归属于民政部门还是教育部门不明确，影响了社区老年教育的发展。由于资金投入不足，很多工作难以展开，难以请到好的老师。

(2)老年大学

在我国，老年大学是针对老年人的一种非学历正规教育，是老年人参与文化教育活动的重要形式。老年大学一般是通过固定的场所和规范化的课程为老年人提供较为系统的知识传授，学制一般为 1～2 年。老年大学(学校)的名称一般参照行政区域的划分，(区)县级以上的称为“大学”，以下的称为“学校”。老年大学的内部按照学习时间分为初级班、中级班、高级版、研修班。在老年大学的管理上，不严格按照正规大学来规范，关注内部的内容差异和不同层次的教育要求。老年大学的性质实际上是面向社会开放的、以老年人为主题的非正规教育，是一种开放性的社会教育。

1983 年，山东省率先创立了第一所具有我国特色的老年大学，随后，广州、长沙、哈尔滨也相继开办了老年大学。目前已形成了省、市、县、社区

---

① 参见孙鹃娟、梅陈玉婵、陈华娟：《老年学与老有所为》，中国人民大学出版社 2014 年版，第 163 页。

(乡、村)高龄教育网络。截至 2007 年,我国老年大学和老年学校已发展到 32697 所,在校老年学生已达 330 余万人。[①] 国务院新闻办公室发布的《中国老龄事业的发展》白皮书中提到,国家多渠道、多层次发展老年教育,努力实现"县县有老年大学"的目标,并逐步向社区、乡镇延伸。

老年大学的课程以富有文化传统特色的书画和保健专题为主。随着普通公众生活水平的提高和高龄教育的普及,老年学校的学员构成、年龄结构和知识层次发生了很大变化——越来越多的普通人开始走进这些老年学校。受教育者结构的变化带来了教学内容和方式的变化。在书画等颐养康乐课程的基础上,电脑、外语、缝纫、手工等应用技能型课程开始进入老年学校的教学计划。

(3)机构对所属退休人员开展的老年教育

我国长期以来实行计划经济,员工退休以后仍然是单位人,政府机关和事业单位尤其如此,此类机构具有负担退休人员教育学习的职能,各级政府都设有专管或分管的部门,形成了一个管理系统。由于绝大多数成员属于退休下来的公务员和专业技术人员,文化素质和综合素质较高,定期开展的教育活动主题明确,组织计划性强,内容层次比较高,包括对国家大政方针及各级政府中心任务进行宣传教育、对各个时期国内外时事形势进行介绍解读、组织必要的参观考察、组织生活休闲和文化娱乐类活动等。随着市场经济和社会管理体制改革的深化,社会养老保障体制的建立和健全,退休人员由单位人转变为社区人已经成为不可逆转的趋势。在这种情况下,社区老年教育的地位更加凸显出来。

(4)远程老年教育

利用信息化传媒技术实现远程教学是一种非常适合老年人的教学方式,它主要是通过电视、广播、互联网等途径使老年人足不出户就可以获得各种知识信息。1995 年,上海率先建立了"老年空中大学";1997 年,北京成立了"北京老年电视大学",继而全国很多地方纷纷开展了不同形式的远程教育。有些地方进一步将空中大学延伸到社区,将远端教育和课堂教育结合起来,既保留了广播电视跨越时空的优势,又可以满足老年人渴望人际交往的心愿。

---

① 参见徐京:《改革开放 30 年改革进程中的中国老年教育》,载《中国老年报》2009 年第 1 期。

(5)老年兴趣小组和学习活动

由个人、志愿者、非政府组织、企业单位、公共服务机构等开展的各种学习兴趣小组是最为灵活、内容与形式最为丰富的老年人教育学习方式。除了社区、公园、活动中心等公共场所有定期或不定期的各种老年兴趣小组和学习活动外，还有企业单位、非政府组织举办的老年学习活动。近年来，越来越多的老年人通过互联网建立了很多学习群、讨论组，成为老人们学习交流的重要平台。

2. 我国老年教育的法律政策

在我国“老有所养，老有所医，老有所为，老有所学，老有所乐，老有所教”的老龄工作方针中，“老有所学”和“老有所教”是关于老年人学习和教育问题的，老年学习和教育在政府的老龄工作中具有举足轻重的地位。

很多有关老年人的法律、政策，也涉及老年教育问题。1994 年，国务院十部委联合制定的《中国老龄工作发展纲要(1994～2000)》就提出了在全国发展老年教育的预定目标。该纲要指出，“老年大学、老年学校是老年教育的重要形式，它已成为老年人老有所学、老有所为、老有所乐的重要场所”，“到 2000 年，各省、自治区、直辖市有条件的地(市)、县(市)和大型企事业单位应有老年大学或老年学校，乡(镇)、街道有老年学校”。1995 年，《中华人民共和国教育法》颁布实施，规定在我国“建立和完善终身教育体系”。

1996 年颁布的《中华人民共和国老年人权益保障法》指出：“老年人有继续受教育的权利。国家发展老年教育，鼓励社会办好各类老年学校。各级政府对老年教育应当加强领导，统一规划。”2012 年 12 月修订后的《老年人权益保障法》增加了“把老年教育纳入终身教育体系”和“各级人民政府对老年教育加大投入”的规定。

2001 年颁布的《中国老龄事业发展“十五”计划纲要(2001～2005)》提出了老年教育的发展目标，即“大力发展老年教育，在校老年学员人数在现有基础上增加一倍”。提出：“建立老年教育网络。各级政府要合理安排对老年教育的投入，同时动员社会力量，因地制宜办好老年教育。省(自治区、直辖市)要建立 1～2 所示范性老年大学，地级市和有条件的县(市、区)要设立老年大学，乡(镇)、街道以及有条件的村委会、居委会要有老年学校、图书阅览室等学习场所；各种成人教育学院应积极开设老年班；发展老年电视大学、老年网上学校等多种现实的老年教育。”

2006年,《中国老龄事业发展"十一五"规划》指出:"各级政府要继续加大对老年教育的资金投入,同时动员社会力量,因地制宜地办好老年电视大学、老年网上学校,倡导社区办学。"2006年,《中国老龄事业发展白皮书》也指出:"国家重视保障老年人受教育权利,加大投入,积极扶持,推动老年教育事业迅速发展。"

2007年,在《国家教育事业发展"十一五"规划纲要》中,国家把老年教育纳入国家教育的整体规划,提出要"完善终身教育体系","办好老年大学,扩大覆盖面","充分发挥各级各类学校在终身学习中的作用。改革成人教育办学模式,大力发展多样化的继续教育和社区教育。加大投入,健全工作机制,巩固和扩大扫盲教育的成果。整合各类教育资源,建设城乡社区学习中心"。

2011年颁布的《中国老龄事业发展"十二五"规划》进一步指明,"十二五"时期老年教育的主要任务是"创新老年教育体制机制,探索老年教育新模式,丰富教学内容。加大对老年大学(学校)建设的财政投入,积极支持社会力量参与发展老年教育,扩大各级各类老年大学办学规模。充分发挥党支部、基层自治组织和老年群众组织的作用,做好新形势下老年思想教育工作"。规划特别强调:"加强农村文化设施建设,完善城市社区文化设施。鼓励创作老年题材的文艺作品,增加老年公共文化产品供给。鼓励和支持各级广播电台、电视台积极开设专栏,加大老年文化传播和老龄工作宣传力度。支持老年群众开展文化娱乐活动,丰富老年人的精神文化生活。"

(六)我国台湾地区的老年教育

1993年,我国台湾地区的老年人口占比达到7%,正式进入高龄化社会,人口老化速度居全球前列。台湾地区的老年教育有计划、有组织的推动大致可以分为五个时期:

1. 萌芽期(1978～1983年)

高雄市政府在1981年就开始与高雄市基督教女青年会合作,进行长青学苑的发展与计划工作,并于1982年12月6日成立了台湾第一所长青学苑。之后,台北市基督教女青年会创立了"青藤俱乐部",提供一系列老人教育活动。课程大致上为语言(如国语、日语和英语)、技艺研习(如国画、书法、陶艺、园艺、音乐、戏剧)以及课外活动(如座谈会、专题研讲、机构参观及联谊活动)。

2. 社会福利服务取向时期(1983～1993 年)

这一时期主要由社会行政部门主导设置长青学苑,从社会福利观点出发,依据 1980 年《老人福利法》第 7 条,规定各省(市)、县(市)主管机关需设立并奖助私人设立扶养、疗养、休养和服务机构,以办理老人的相关服务机构。该法第 18 条规定,老年人志愿以其知识、经验贡献于社会者,社会服务机构应予介绍或协助,并妥善照顾。第 19 条规定,有关机关、团体应鼓励老人参与社会、教育、宗教、学术等活动,以充实老人的精神生活。1987 年,相关部门颁布了《设置长青学苑实施要点》,由政府部门辅导各县市成立长青学苑,使各地民众能够就近参与老人教育活动。

2006 年,台湾地区教育主管部门发布的《迈向高龄社会老人教育政策白皮书》称此阶段为"福利服务取向的老年教育",因其主要以社会福利教育和休闲娱乐为主。截至 2009 年,长青学苑共有 4164 个班,参加人数总计 12 万余人,全地区 65 岁以上的老人中有 6.2% 的人固定参加长青学苑的进修活动。

3. 教育行政介入期(1993～2004 年)

这一阶段的老年教育取向转为终身教育学习。1994 年,台湾地区教育主管部门举办第七次教育会议,建议对银发族教育详加规划,台湾地区从此进入了"终身教育取向的老年教育"阶段。以往老年教育的事务由社政部门负责,但这一时期后便由教育主管部门接手,重要措施如教育主管部门研订的"老人教育实施计划",明示老年教育的目标为协助老人自我实现、重新就业与扩充其生活领域。教育主管部门委托大学开办老年教育学分培训班,并通过广播与电视制播老年教育节目;社教馆与社会工作站开办老年教育课程;大学开设相关研究系所,进行研究与师资培训。

2002 年,教育主管部门颁布《终身学习法》,明确规定各级部门应规划终身学习政策、计划及活动,并确保增加老年人学习的机会。之后,各种长青学苑、松年大学、老人社会大学、社区大学(社区大学招生对象不限年龄,也提供老年人参与社会与学习的渠道)蓬勃发展,老年人参与教育学习的渠道更加多元化。老年教育推动也由以往文康活动取向转变为以老年人心理卫生教育、生命关怀、认知功能障碍、失智症、抑郁症、老人沟通、身体运动与家庭互动支持为重点;强调老年人的终身学习、退休前生活规划及促进代际教育活动等,更符合老年人学习需求与未来社会发展。

4. 政策研订时期(2004～2008 年)

台湾地区教育主管部门委托专家进行高龄教育政策的研究。2006 年 11 月,教育主管部门发表《迈向高龄社会老人教育政策白皮书》,揭示了"老年人有参与学习的权利"的理念,并强调学习有助于国民健康与成功老化。除了由基础教育开始加强老化教育以外,还鼓励大学结合旁听制度为老年人参与学习开放,以及通过社教网络及家庭网络全面推动老年教育工作。同时,整合教育资源,研发教材与课程,并运用闲置空间协助推动老年教育工作。另外,还鼓励长青学苑及老年人大学的班级成立社团,协助其回归社区,进行活动,甚至进一步以服务的方式将学习的成果回馈社区与社会。①

5. 政策推展期(2008 年至今)

目前,台湾地区教育主管部门从各个层面推展老年教育。例如,鼓励各县市政府设置老年教育网,重视老年教育在网络上的推展;鼓励因少子化而产生多余空间的小学转型,附设"乐龄学习资源中心"与"玩具工坊";为老年教育提供在地化的服务,提出"一乡一乐龄"的目标。2009 年,鼓励大学院校开办老人短期寄宿学习、乐龄学堂与乐龄大学,让大学也成为老年教育推广的重要阵地。

由以上历史脉络可知,台湾地区过去因老年人口比例较低,并未显现老年教育的急迫性,仅仅将老年教育归类于社会福利范畴,被视为点缀性的福利服务。近年来,老年人口逐渐增加,随着国际潮流——终身学习的兴起,相关部门逐渐重视老年教育的需求,由教育主管部门接下老年教育的重担,进而发展完整的"由小至老"一贯性的终身学习模式。

三、老年人参与教育文化的历史演变对我国的启示

传统社会的老年教育主要依靠自我教育(不属于社会参与意义上的老年教育)和互助式教育(借助于沙龙、学习会等),而且通常是居家学习,注重老年教育的可及性。传统社会老年教育的内容侧重于道德的提升或生命的成长,而非知识和技能,因为在传统社会,知识和信息更新缓慢,老年人掌握着更多的知识、技能和生活经验,是老年人向年轻一代传递知识,社会的更

① 参见杨培珊、梅陈玉婵:《台湾老人社会工作理论与实务》,(台北)双叶书廊有限公司 2011 年版,第 266～268 页。

迭并不需要老年人不断更新和获取新的知识。而工业化以来,社会的快速发展导致这一阶段的老年教育不仅强调老年人自身价值和潜力的实现,还强调老年人对于知识和技能的学习,以适应社会的发展。需要注意的是,传统社会的老年教育更尊重老年人的主体性,老年人的学习具有更多主动性,而非被动的适应性和功利性。传统社会老年教育的这些特点对现代社会的老年教育模式都有非常重要的借鉴意义。吸取传统社会的经验,结合现代社会的特点,促进老年人参与教育文化生活可以从以下几个方面入手:

(一)建构老年人居家学习机制和社区学习机制

就老年人作为受教者的身份而言,可以吸取传统社会的经验,倡导居家学习方式和社区学习方式。由于老年人的特殊性,适合于儿童与青壮年的学习制度未必适合老年人。让老年人往返于居所和学校之间有各种不便,而且容易发生意外。首先,老年人的居家学习机制,可以通过函授、电话、互联网、电视、电台、影音光碟、网络教学等,提供远距离教学。其次,老年学校可以上门服务,提供个性化教学。最后,可以建立老人教育整合型资料库,提供教学与教材,并建置网络沟通平台,有效分享、交换及创造老年教育之成果,让学习者可即时获得老年教育最新信息。

为提高老年教育的可及性,应当发展连接社区的学习环境。因为老年人经常受制于交通、健康、经济等因素而影响其学习。发展与社区连接的学习环境可以较方便地满足老年人的生活机能、人际交流、心理归属以及熟悉的地域等利益。可以结合社区的志愿者组织,提供方便老人学习的课程,设立社区老人教育学习中心、社区图书馆、开设老人研习室、建立老人巡回图书馆、就近服务行动不便的老人等。尤其是要利用互联网的优势提高老人学习的可及性,但互联网学习并不能完全取代“面对面”学习,因为老人的学习过程同时也是老人参与社会交往的过程,由互联网所连接的交往不能完全取代“面对面”交往。

(二)利用已有的公共资源发展老年教育

利用已有的公共资源发展老年教育和终身学习,不但能解决老年教育资金匮乏的困难、缓解政府举办老年教育机构的压力,还可以避免重复建设,减少利用率不高的公共资源的闲置和浪费。在利用已有学校资源、图书馆、市民中心、福利中心等开展老年人教育方面,美国、英国和日本等国家都有值得参考的模式和案例。例如,老年大学可以和大学相结合,提供灵活多样的教育模式，既可以提供以获得学位为目的的学历教育，也可以提供没有学历、学位要求的课程学习、讲座、讨论组等。美国老年旅社项目之所以在全世界很多地方得以实施，就在于它寓教于乐，既满足了老年人休闲旅游的需要，又使现有的大学资源为老年人所用，二者相得益彰。日本在公民馆、图书馆、博物馆、社区福利中心等开设的老年教室和专题讲座也值得借鉴。

我国有的地方在利用已有公共资源发展老年教育方面进行了尝试。例如，苏南的几所综合性高校为老年大学提供在职专业教师、离退休老师，并对老年大学的师资进行培训，为老年大学综合性多学科的新课程提供有效的智力支撑；苏州大学法学院教师给老年大学开设了法律保护课程，服装学院教师、医学院教师、工学院教师分别给老年大学开设了老年服装、老年心理学、老年营养学、摄影、老年人上网等课程，且随着时代变化不断调整和完善课程设置。①

（三）发挥非营利组织在老年教育中的作用

非营利组织拥有广泛的资源，如果能调动这些组织的积极性，将会极大地推动老年教育的发展。例如，在英国和澳大利亚，一些老年学校的房屋租金、设备及主要活动经费都来自慈善彩票事业的捐赠；美国退休协会组织开展了大量的退休老人学习计划。除了外部的非营利组织提供资金、场地、设备、人力方面的支持外，还应发挥老年人自身的主导力量，由老年人自己成立并管理老年教育组织或社团，自己规划学习内容、担任教师、组织学习活动等，而政府、其他有关机构组织、志愿者则扮演协调者、资助者和支持者的角色。

（四）创新提供老人自主性的教育方式与教学内容

在老年教育中，应当强调老年人学习的主动性以及老年人参与教育文化生活的双向性。老年人学习较年轻人的学习更少功利性，其学习的主要目的并非就业，更多的是出于兴趣爱好。在老年人教育计划和学习方式上，就需要有更多的参与性、互动性、趣味性和平等性，这样才有利于老年人主动性的发挥，实现老年人教育的目的。应当针对老人的学习需求、认知能力与身体状况进行多元教学、教材与服务方式的规划，综合运用团体学习、互

---

① 参见张之望：《高等学校对老年教育发展的“文化引领”作用研究》，载《改革与开放论丛》2010 年第 22 期。

助学习、问题导向学习、自我调控学习等多元方式进行老年教育。

将老年人视为被动受教者的观念不利于整个社会的健康发展。促进老年人参与文化教育不仅是为了满足老年人的自身需要，也是为了社会的均衡发展。在科技日新月异、社会快速变化的时代里，更应注重文化、艺术、传统和信念对人的价值，而老年人则是文化艺术和传统最为重要的传承者。在物质和科技的世界里，老年人可能是受教者，但是在精神世界里，年轻人更应当向老年人学习，因此，老年人参与文化教育应当是双向的。在社会参与促进政策和措施方面，应当充分考虑到这种双向性。

老人所需要的学习内容，主要有以下几个方面：

1. 知性、休闲与养生并重的学习

此类学习重在提升老人的精神生活层面，并充实其技能，可由地方政府、民间团体规划休闲式的学习活动或资讯科技的学习。另外，为了让老年人有再贡献社会的机会，可以向其提供志愿服务及再就业的知识与技能学习。

2. 完备的退休前准备教育活动

美国老年寄宿生项目是提供退休前准备教育的典范。这一项目使用校园资源招收高龄者，将高等教育良好的设施与终身学习方式相结合。老年寄宿不是长期在一处上学，它的特征是网状接触（The Network Approach），常由各地区不同的学员和大学各自主办不同的课程，并且互相协力和接受学生游学；参加者按所选的课程从一个校园移到另一个校园，每个校园均居住一小段时间，通常是一周。老年寄宿的网络已扩及英国、美国、加拿大、丹麦、瑞典、芬兰和挪威等国，学生到当地的大学、民间高中和其他机构游学上课。此类学习活动的对象以中老年为主，鼓励各机关、团体提供退休前的准备教育，课程内容可包括理财、退休生涯规划、老年人身心保健及老年人家庭生活适应等内容。

3. 家人及代际相处活动

此类学习活动以各级学校学生为主。第一，在学校、社区中推动，以认识老化教育、祖孙活动、家人关系及经验传承或实际体验教学等学习为主。第二，可运用地方文物馆、图书馆、博物馆、家庭教育中心等社教机构，办理老化知识宣传活动及代际间的教育学习活动。第三，可开辟讨论空间或成立老人说故事团体，让老人的丰富经验与文化能够传承给下一代。第四，可定期办理老人教育学习成果展、发表会及交流活动等，除增强学习者的成就感外，更可强化老化的正面意义及价值。

(五)强化弱势老人教育机会

联合国关怀老人原则之一是：无论年龄、性别、种族、能力、经济贡献或其他状态的差别，一律平等对待。老人教育是老人的基本人权之一，在推展老人教育的同时，除了为身心健全、高知识、高社会经济地位的老人提供适当的教育形态外，也应该关注有身心障碍的老人、原住民、独居老人、贫穷老人、偏远地区和乡村地区老人的教育权利，如此才能真正落实老人教育权的实现。

为了了解弱势老人的需求，应定期进行需求调查，并通过社区、邻里或福利机构等各种渠道，增设或改进现有的学习环境、资源和设施，成立相关的教育服务团体，提供咨询与辅导服务，以提升他们的能力与信心，过有尊严且乐观的生活。

(六)强调老年人参与文化教育的法制化

传统社会中，老年人参与文化教育是自发的，政府较少干预。但是在现代社会，老年人生存的环境发生了极大的改变，老年人不但在物质生活上无法依赖子女、家庭、家族，在精神生活上也无法依托家庭和家族。现代社会的社区也不同于过去熟人社会性质的社区，同一社区的居民之间互不来往、相互隔绝的状态相当普遍。因此，老年人不仅在物质生活上对国家和社会有依赖，精神生活上也是如此。对老年人生活"由上而下"的介入和干预成为国家和社会的共同责任。但国家的干预也应有限度，政府干预太多、注入太多资源也会抑制老年人的主动性，形成依赖。所以，政府应吸取传统经验，引导老人自助和互助，发挥老年人自身的主体性力量。

在促进老年人精神生活满足方面，政府最为重要的工作是使各项政策上升到法律制度层面，使老年人的精神需求上升为基本权利。例如，美国1965年的《老人法案》、1971年的"白宫老龄化研究研讨会"等，都是通过法案的制定，使老人的权利得到尊重和保障。英国1964年退休协会首次致力于老年人退休前的教育活动、健康咨询、财务规划咨询、休闲活动等。法国1973年设立的第三年龄大学开启了落实老年人基本教育权的政策。日本在1951年由官方创建老人俱乐部，开始落实老年人的基本人权；之后，日本于1986年制定了《长寿社会对策大纲》，1989年制定了《高龄者保健福利十年策略》，1990年公布了《终身学习振兴法》，尤其是1995年颁布了《高龄社会对策基本法》,全方位对老人各类需求进行规划,这些都值得我国借鉴。

促进高龄者教育,应在教育主管部门内设置老人文教专门机构,专门负责研究和探讨。相关单位也需要有沟通协调的机制,整合教育资源,避免产生资源重叠和多头马车行政浪费的情况。宜积极开发老年人的终身教育制度,将老年人教育从善举或福利的消极意义转化成老年人终身学习,从社会服务提升为自我实现,产、官、学能相互结合,让高龄者学习如何更有效率地因应高龄化社会。[①]

第三节　老年人就业的历史演变

传统社会以农业经济为主,国家对经济和就业问题干预较少,老年人的就业时间、就业类型、就业的连续性、就业的难易度和近现代均有差异。与工业社会相比,传统社会老年人的就业时间更为灵活和自主,不受外界(包括政府)干预;就业类型较为单一,以农业为主;老人就业的连续性强,基本上延续过去所从事的工作。传统社会中,由于没有强制退休制度和养老金申领制度的约束,老年人工作与退休、养老的界限并不分明。老龄社会中,为促进老年人就业,强制退休制度被取消,老年福利制度被修改,反年龄歧视的法律被制定。此外,政府还通过设立老年就业服务机构、与各界建立伙伴关系、向雇佣者或老人支付高龄就业补贴等措施支持老年人就业。

一、中国传统社会老年人继续工作

传统社会没有就业、退休的概念,就业、退休和养老的各个阶段也没有明确的界分。对于农民和从事商业、手工业的劳动者来说,基本上是终身就业,按照自身的身体状况从事力所能及的劳动,直到完全失去劳动能力为止;而且,他们基本不会更换职业,差别只在于年老后从事更多智力活动或轻体力活动。但对于农民、工商业者和手工业者之外的官员和智力劳动者来说,其退休后(致仕)何去何从就是一个问题。“三老”制则为此类老年人提供了继续工作的途径。

---

① 参见陈年等编:《老人服务事业概论》,(台北)威仕曼文化事业股份有限公司 2012 年版,第 117 页。

“乡三老”制是中国传统社会进行基层治理和教化的基本制度。这一制度在汉朝的运用最为广泛。班固《汉书·百官公卿表》载：“大率十里一亭，亭有长；十亭一乡，乡有三老，有秩、啬夫、游徼。三老掌教化；啬夫职听讼，收赋税；游徼徼循禁贼盗。”

西汉初期设县、乡三老为民师，行教化，在地方政治中建立行政与教化的二元格局，在统一的汉法中建立礼俗的脉脉温情，达到稳定地方秩序的功效。三老具有道德教化色彩，具有“民师”身份，是经过官府授权的职位，可以被视为广义的“官员”，但还不是“吏”，也没有俸禄。汉昭宣以后，儒生官吏渐能承担起教化之责，三老逐渐吏化，地方行政一元化趋势渐显，二元格局逐渐解体。至东汉，地方小吏中儒生增多，使得教化完全能够由行政系统独力承担，三老教化之职渐由小吏取代，行政一元化格局最终形成。东汉“乡三老”不仅是“官”，而且也可能是“吏”。“乡三老”成为政府设置的职位，接受中央俸禄。

除“乡三老”外，传统社会还有“县三老”和“郡三老”（或“国三老”）。《汉书·高帝纪》载：“举民年五十以上，有修行，能帅众为善，置以为三老，乡一人。择乡三老一人为县三老，与县令、丞、尉，以事相教。”县三老很重要的一个职责是与县其他官吏一道参与议政，其另一个重要职责是收集、反映民意。郡一级的三老包括郡三老和王国三老，史书对这一级别的三老记载相当简缺，仅见三处：《说文解字》载：“古孝经者，孝昭帝时鲁国三老所献。”《后汉书·王景传》载：“父闳，为郡三老。”《后汉书·明帝纪》记载永平五年十月，常山三老言于帝曰：“上生于元氏，愿蒙优复。”关于郡三老设置的时间，杨筠如认为：“至早不过武帝，至迟不过平帝时也。”[1]郡与王国为平级行政区划。关于郡三老的职能，从第一处记载看，三老似管理王国的文化事业；第二处记载显示，郡三老与郡其他官吏合作，与县三老之职相仿；第三处记载则表明，郡三老可以为民请命。可见，郡三老的职能与县三老很相似。

在“县三老”和“郡三老”之上，还有“国三老”的职位。“国三老”最早见于《史记·赵世家》：“及听政，先问先王贵臣肥义，加其秩；国三老年八十，月致其礼。”战国时的赵国不同于西汉的王国，此“国三老”当属一国最高级别的三老。西汉后期也有国三老的记载，但国三老落实到具体的人则最早见

① 杨筠如：《三老考》，载《语历所周刊》1928年第21期。

于新莽与东汉之际。国三老实与乡、县、郡之三老为同一系列，其职能又与前三级三老有别，是皇帝用来尊崇德高望重大臣的一种虚衔。从被选拔的条件来看，国三老是从名声很大、地位很高的人员（很多是三公一级的人物）中选拔，受到皇帝极为隆重的礼遇。国三老的作用是象征性和礼仪性的，他们在被选拔之前，就已是大官。[①]

二、工业化社会老年人就业

农业社会向工业社会的转变是老年人就业状况发生重大改变的首要原因。19 世纪 90 年代至 20 世纪 80 年代，美国老年就业人口呈递减趋势：1890 年，65 岁以上人口的就业率为 75%；1950 年这一比例下降到 40%；1980 年前后，这一比例更下降到 20%左右。根据老龄化现代化理论（Modernization Theory of Aging），社会愈先进，老年人的地位愈衰退。老年人的地位在原始的狩猎及采集时代是较低的，后来老年人掌握了土地权，在稳定的农业时期其地位快速攀升。进入工业化时期后，老人的角色又被贬低。现代化理论认为老年人的角色和地位与科技进步的过程恰恰相反。都市化、家庭分散、科技进步和社会变迁，消减了老年人的智慧和经验的价值，老年人也失去了领导地位和权力。与老年现代化理论相关联的是老龄化的撤退理论（Disengagement Theory），这一理论认为老年期是老年人与社会参与相分离的时间段。撤退的过程被视为自然且反映生理规律的正常趋势，撤退对社会和个人都是有利的。撤退理论假设当社会变得愈现代化或愈有效率时，老年人自然要从社会岗位上撤退。

在老年现代化理论中，老年人的价值被低估，老年人被认为是无效或低效率的，难以满足市场需求。这种观念对老年歧视主义[②]的产生以及社会的其他方面产生了深远影响。雇主开始以这种偏见看待老人，许多老人不能继续工作，被驱逐出劳动市场，由此导致 19 世纪末和 20 世纪老人经济的衰

---

① 参见万义广：《汉代“乡三老”身份再探讨》，载《南昌大学学报》2008 年第 9 期。

② 巴尔特于 1969 年提出“老年歧视主义”这一概念，他把它看作“一个对老年人的系统的定型与歧视的过程”。特拉克斯勒将它界定为“一种纯粹基于年龄的、由于其年龄或社会的角色分配而使某人或某群体居于从属地位的所有态度、行为或制度结构”。当代著名老年学家帕尔默在《老年歧视主义：消极的与积极的》一书中指出了老年歧视主义所产生的恶果：屈从于偏见与歧视的人们试图采纳社会优势群体的消极图景，采取与消极图景相一致的方式行为。在老年歧视主义下，老龄化被看作是一个消极的过程，这种“消极老龄观”无形之中将老年人看作社会财富的消耗者和社会发展的拖累者。

落。为了满足被逐出市场的老年人的需要，以美国 1935 年《社会安全法案》为代表的公共福利制度应运而生。但公共福利制度自身也成为老年人离开劳动市场的原因之一，因为有养老金和其他收入来源后，老年劳动力有条件选择休闲的生活而不是去工作。因而，20 世纪堪称“退休时代”。在 20 世纪 50 年代，美国人的平均退休年龄是 67 岁；到了 80 年代，平均退休年龄已下降到 63 岁。二战后，各工业国家的劳动参与随着人口年龄渐高而持续下降。

传统社会和现代社会中的职业制度和退休制度也是影响老年人就业的重要因素。传统社会中，年轻人从事经济活动无须经过大学教育等第三方机构的专业培训和考试，也不需要取得职业资格证书。年轻人参与农业活动的技能依靠家庭的熏陶、训练和培养；参与手工业或商业活动依靠师父带徒弟的方式进行。无论是参与农业还是工商业，职业技能的获得是习得的。从总体上看，传统社会中的学习与职业并没有分离，职业场所和生活场所也没有分离。传统社会中，更多的是自我雇用，不发生现代意义上的失业问题。与此就业制度相适应，传统社会也没有人为的退休制度，每个人根据自己的健康程度决定是否继续过去的经济生活，或者根据健康状况选择更为合适的经济活动。

工业化以来，就业制度和退休制度都发生了极大的转变。年轻人在专门的院校从事职业训练，通过考试获得学位、执业证书等。职业训练场所与就业场所相分离，生活场所与职业场所相分离。与此相应，大多数国家都实行了强制退休制度，规定统一的退休年龄①（普鲁士首相奥托·冯·俾斯麦是提出 65 岁为退休基准的第一人），在 20 世纪早期前，许多欧洲国家开始透过政府退休金制度明令退休。强制退休制度带来很多问题，许多人在退休时仍具有相当活力，突然失去工作、转变生活方式和角色后不能完全适应，由此带来很多社会问题。对于社会来说，老年人所积累的职业经验是宝贵的财富，如果不能好好利用则是一大损失。另外，允许更多的人继续工

① 帕尔莫尔认为，强制退休是一个管理方便的制度，因为不必对特定个体作出其是否具有劳动能力的鉴定和评价。在这个意义上，普遍的强制退休制度会平等地对待每一个人。强制退休还减少了给人谋职的竞争，使年轻的工人能有机会被雇佣和提升，并且使老年人名正言顺地推到一边，不必承认有职业上的不称职或有健康方面的问题。（参见[美]戴维·L·德克尔：《老年社会学》，沈健译，天津人民出版社 1986 年版，第 143～144 页）

作，社会保险和养老金压力也会减轻许多。

三、老龄化时代老年人就业

现代化理论和撤退理论在老龄化社会受到越来越多的质疑，这些理论虽然可以解释一部分老人的行为，但不能作为整体性的行为模式。对组织而言，强制退休可能是有用的，但对个人却不一定有用，个人或许期望可以自由地选择退休。再者，个人可能会部分地撤离一些活动，完全撤离是不普遍的。虽然年龄的增长常伴随着失去健康、体力与社会联络等，但有些人也可以利用晚年生活的时间弥补过去的遗憾或追求尚未实现的理想。老年人因为不必再为生存而工作，所以能够以更具超然的态度参与社会。与原有角色分离的能力因人而异，在晚年生活中，撤退可能是某些人喜欢的方式；而对另外一些人来说，持续活动更适合他们。所以，应当尊重老年人的权利，由他们自己选择"撤退"与否。

老化的活动理论与撤退理论持相反的观点。活动理论认为，人们愈活跃，他们对生活就愈满意。多数老年人在老年仍会继续他们在早期建立的角色和生活活动。老化的持续理论提出同样的观点，认为人们在老年时同样倾向于维持他们早期的习惯、个性和生活方式。根据这两种理论，在老年期，任何参与的减少都容易被解释为健康状况差或失能所造成的，而不易被解释为社会因某些功能需求而造成老年人从原先的角色撤退。但是，活跃地参与社会活动比较适合低龄老人而非高龄老人，我们无法轻易地依照自主的意愿来克服生物学上的限制。每一种老化理论都有其限制，没有一个理论可以完全解释个人老年经验的多样性。

老化的活动理论和持续理论对老年人的再就业提供了理论基础。老年人再就业是近现代老年人参与经济生活的重要方式。高龄人口的快速增加，已成为各个国家的普遍趋势。据估计，2020 年，多数国家将迈入高龄社会；2050 年，将有半数以上亚洲国家会成为 65 岁以上高龄人口超过总人数 21％以上的超高龄社会。在平均寿命延长的趋势下，未来高龄人口的规模将形成影响社会的重要力量。人口结构的高龄化，带来整体劳动力的高龄化，如何从政策上引导、促进老年人再就业是各国和国际社会面对的重要问题。经济合作与发展组织于 2001 年春天召开"就业、劳动及社会事务"会议，决议完成一系列检视成员有关发展高龄劳动者市场相关政策的专题报告。经合组织选定21个国家提交“高龄化及就业政策”的报告，包括对各国造成老年就业主要障碍的调查、对现有处理这些障碍的措施的评估、对各国官方及社会伙伴提供未来行动方案的建议。截至2010年，已陆续完成比利时、捷克、芬兰、法国、意大利、日本、韩国、卢森堡、挪威、西班牙、瑞典、瑞士、英国等国家的报告。2012年部分国家或地区60岁以上在业人口统计情况如表2-1所示：

表2-1　2012年部分国家或地区分性别60岁以上在业人口的比例

国家或地区	男性(%)	女性(%)
全世界	42	20
较发达地区	26	15
较不发达地区	50	22
最不发达地区	68	53
中国	43	16
美国	35	25

(一)欧盟高龄劳动力开发与就业促进

欧盟长期以来即存在创造就业的难题。自20世纪60年代以来，欧盟的就业成长显著低于其他OECD国家。从1997年起，欧盟就在其就业政策中强调欧盟各国能够订立就业行动计划，透过积极主动的劳动市场政策以防止失业，机会平等地促进劳动市场的扩大、终身学习的推动以及适应性与创业精神的提高，改善弱势者在劳动市场的地位。欧盟成员曾在2000年共同提出“里斯本策略”——透过紧密的经济合作政策、就业政策与社会政策，加强欧盟的竞争力，鼓励就业与持续增长。2005年3月，欧盟再度重申“里斯本策略”，要求会员国家提出改革方案，并设定各项目标。依据上述策略性原则，拟定的具体政策如表2-2所示。[①]

① 参见叶至诚：《老人福利国际借鉴》，(台北)秀威资讯科技股份有限公司2011年版，第278页。

表 2-2　　欧盟高龄劳动力开发与就业促进政策表

政策	具体措施
提升就业能力	1. 妥善处理失业问题及改善长期失业情况 2. 推动就业友善的给付、税收及训练体系 3. 推动终身学习 4. 推动电子化学习 5. 防止就业歧视并促进社会包容
拓展企业精神	1. 协助创业与营业 2. 鼓励创业精神 3. 在知识经济与服务业中创造新的就业机会 4. 推动积极政策以促进就业媒合 5. 就业活动区域化及在地化 6. 进行有利于就业与训练之税制改革
鼓励适应作为	1. 工作组织的现代化与规则化 2. 支持适应性作为终身学习的必要组成
强化机会平等	1. 进行性别研究与分析 2. 妥善处理性别差距 3. 协调工作与家庭

欧盟国家采取的推动老年人就业的政策主要有：

1. 废除早退休的相关规定

通过养老金制度改革扩大老年人的贡献。为了实现这一目标，欧洲社会采取了多种方法：废除自愿提前退休人员的税收优惠政策，无论是公共部门还是私人部门，都延长了正式的退休年龄（这并不意味着取消老年人的弹性工作时间），提高了享受全额养老金的条件。例如，荷兰取消了早退休的福利待遇，德国启动了延长退休年龄的新规定（从 65 岁延长到 67 岁），西班牙降低了早退休的养老金支出等。

2. 预防潜在的劳动力流失

有学者认为，仁慈的残疾救助项目和宽厚的失业保险实质上已经为劳动力流失准备了潜在的通道。因此,如果想要增加老年人的劳动参与,首先要重建残疾救助项目。从荷兰的案例中,我们可以看出如何扩大老年人就业:在荷兰,进入残疾救助项目的条件十分苛刻,审计更为严格(25%的被审计对象不得不回到了劳动力市场)。目前,企业主在一定条件下必须直接支持残疾项目(大力鼓励他们保留现有雇员)。另外,政策上的一些做法不合乎道理(一些国家允许老年人自由地享受失业保险,不附带任何找工作的要求),失业保障需要改变。例如,荷兰建立了一套体制,恢复了57～58岁年龄的人必须找工作的要求。

3. 根除所有关于老年人就业的歧视性政策

法律禁止任何歧视性做法也是增加老年人就业的重要条件。很显然,工作歧视会给老年就业者造成心理上的负担。在这种情况下,即使是最想工作的老年人也有可能放弃延长工作生涯。禁止年龄歧视的首要措施就是颁布反歧视法律。如荷兰法律规定,如果不是存在客观差异,禁止任何形式的年龄歧视。因此,荷兰招工广告没有任何年龄条件的限制。

4. 建立弹性的合同规定

建立更加具有弹性的合同规定,促使目前处于失业状态的老年人迅速回到工作岗位上。众所周知,企业主一般不愿意招收老年人和妇女,据推测,可能是因为老年人生病的几率较大,妇女需要生孩子,这些都会耽误生产。从这个角度来看,明智的做法就是消除雇主的顾虑,即签订更加具有弹性的合同,允许临时解雇。当然,这样的合同也有利于解决劳动力市场上的供求矛盾;而且,弹性合同不一定意味着雇员的社会保障受到威胁。

政府鼓励弹性合同的典型例子是法国。法国创立了一种新型的更加具有弹性的合同,这种合同是专门为年龄超过57岁的人员而设计的。这种新合同的固定工作期限为12个月,而普通合同规定最短工作时间也要18个月;新合同可以修改三次,旧合同只能修改两次。

5. 促进就业和养老金的积累

确保法定年龄退休后,增加养老金和工资额度不受任何限制,这也有利于老年人就业,因为任何形式的薪金支付(无论是全额的还是部分的)都会给老年人带来实质上的利益,退休后每月的工资可得到真正的提高。因此,这对老年人延长职业生涯有很强的激励。可以说,这项措施在保持老年人就业积极性方面发挥了强烈的刺激作用。瑞典充分意识到了这些激励机制，在瑞典，到了正式退休年龄(65 岁)后，不存在任何增加养老金和薪金支付的障碍。

6. 增加老年就业者的经济收入

保证老年人延长自己的职业生涯将会给老年人带来更多的经济利益。事实上，如果老年人到了退休年龄时没有更多的经济上的激励，那么没有人会保持继续工作的积极性。对老年工作者的经济激励大部分体现在养老金体制中。如芬兰和瑞典为推迟退休的老年人增加了养老金自然增长的额度；法国为那些工作到 65 岁或 65 岁以上的老年人增加了 40%的养老金；瑞典是欧盟国家中对 61 岁后每多工作一年的老人增加养老金最多的国家，当工作到 70 岁退休时，养老金就会增加 52%；荷兰为老年就业者提供税收信用，使其工作更长时间；英国也向继续工作的老年人提供额外支付。

7. 扩大雇主的经济利益

这项措施的主要目标是鼓励他们雇佣和挽留更多的老年人。其中后者是关键，因为如果市场上没有足够的工作岗位，(通过高龄劳动人口参与)增加劳动供给是没有用的。在荷兰，如果雇主新雇佣了年龄超过 55 岁的劳动者，将免除他们支付伤残保险税。西班牙对于那些与年龄超过 60 岁的人签订永久合同的雇主减免了 50%或更多的社会安全税；同时扩大了这项权利的受益者范围，不仅包括传统意义上的雇主，也同样包括私自雇佣的个人。

(二)瑞典高龄劳动力开发与就业促进

瑞典是欧盟会员国家，65 岁以上老人占 18%。瑞典是高税制高福利的社会，人们享有完善的福利，包括从出生到大学几乎完全免费的教育、医疗照顾，以及生活与教育补贴、老年年金等，形成绵密的社会安全网。瑞典从 2002 年起，依据欧盟的指导纲领，每年订定就业行动计划。2002 年后的十年，瑞典的经济成长远高于欧盟及 OECD 的平均标准，且各项劳动统计指标都已超过欧盟里斯本策略所设定的标准。尽管如此，瑞典仍认为失业的情形有改善的空间，并于 2005 年 10 月提出了一项为期四年的改革方案。在改革方案中，包含了几项要素：提供企业更好的环境、公共部门品质的改善、失业毕业生的工作机会提供及密集的教育投资。

瑞典开发促进老人就业的具体措施有：提供免费的公立就业服务；协助个人提高寻找工作的能力，协助撰写履历，提供相应的市场资讯；提供指引和建议，并提供 6 个月的创业补助；提供教育训练，增加创业者能力，为雇主提供合适的求职者,并提供必要的工作训练。

瑞典近年来的经济发展保持较快的增长速度,社会福利体系也已然稳固。取得如此成就虽然有诸多原因,但瑞典老人对社会的贡献是不可忽略的。瑞典为协助高龄人口就业,设有就业服务办公室,办公室的三大核心业务即办理训练课程、征才活动和协助创业。早在2003年,瑞典成立了"老人委员会",并颁布《未来老年人政策》。该文件明确指出,应鼓励老年人以各种形式为社会做贡献,使他们成为一种新的劳动力资源而造福社会。瑞典很多老年人在退休以后开始了"银发族事业"。比如斯德哥尔摩一家出版公司的校对人员,多数都是年近古稀的老人,他们不大计较收入多少,这使老年人与商家互利共赢。

按照瑞典统计局公布的数字,该国目前男子的平均寿命为79岁,而女子的平均寿命接近84岁。为了照顾高龄老人和身体欠佳老年人,瑞典推出一项"家庭扶助制度",由专业人员上门照顾那些提出申请的老年人,这些服务全部免费。除政府提供的各项服务外,同一社区内老年人自己也会组织起来相互扶持。这正是《未来老年人政策》揭示的精神:在高龄化社会,虽然政府提供了福利体系作为根本保障,但老人们在社会及家庭中主动寻找快乐和帮助也必不可少。[①]

(三)英国高龄劳动力开发与就业促进

英国针对中高龄劳动力的开发与运用设置了专门的由中央统筹的行政组织架构。其主要行政组织包括政策制定、评估的工作与年金部(The Department for Work and Pensions,DWP)、负责实际执行的就业服务处(Employment Service,ES),以及分散于各地的工作中心(Job Centre)。2006年,此类工作中心已在全国普及,以单一窗口方式向民众提供就业安全的整合服务。

"新协定计划"是英国执行就业政策的具体措施,是英国政府"从福利到工作"劳动市场政策重要的一环。该计划为中高龄就业者提供个人化的具体协助,包括个人咨询、就业津贴或就业信用等。就业服务处下辖的工作中心,所有的招聘材料都已电脑化,任何个人、社区、学习中心、图书馆都可以连线进入就业服务处的工作与职业网页,也可以直接在所有工作中心的电

① 参见叶至诚:《老人福利国际借鉴》,(台北)秀威资讯科技股份有限公司2011年版,第283页。

脑上搜寻所需工作项目。为扫除失业者的求职障碍，英国就业服务将工作重心由单纯的就业中介转向就业咨询服务。例如，只要是纳入“新协定计划”的失业劳工，均配有一位个人咨询员，失业劳工在重新就业之前，均需与该个人咨询员进行面谈，再依面谈结果拟定失业者个人就业计划，而后依此计划进行失业者重回劳动市场的安排和协助。就业服务处还成立有“中高龄技能成长班”，训练完成者可推荐给技能短缺部门，成长班的主要目的是协助没有工作的中高龄者尽快找到工作，同时也协助雇主能尽早填补人才空缺。

伙伴关系是英国就业服务的特色，包括中央政府各部门、地方政府、学校、民间企业、非营利组织等都是执行老年人就业服务不可或缺的伙伴角色。除直接的就业服务外，职业训练、终身学习等议题大多透过各级学校、学习中心等伙伴关系的建立，提供劳工便捷及多元化的服务通道。

为减少对中高龄者的就业歧视，英国政府在 1997 年即表达出反对年龄歧视的立场。1999 年，英国发布《年龄歧视实务守则》(Code of Practice on Age Discrimination)，呼吁雇主应该避免年龄歧视，建议在招募、甄选、升迁、训练与发展、裁员、解雇及退休上，以技术、能力和潜能作为标准，而非以年龄为考量标准。自《年龄歧视实务守则》发布以来，在甄选中以年龄为条件者已经由 27%降到 13%。同时，工作中心已经将应聘年龄的上限取消。

(四)美国高龄劳动力开发与就业促进

1.《反年龄歧视法》

美国联邦政府保障老年人就业权最为重要的措施是禁止对老年人就业歧视。1967 年，美国制定了《反年龄歧视法》(Age Discrimination in Employment Act, ADEA)，禁止市场上的年龄歧视，以期雇主在雇佣时以求职者能力而非年龄为考量，保护 45 岁以上的劳动者不因年龄而被拒绝雇佣，允许推迟退休的年龄，并协助雇主与受雇者解决因年龄造成的问题。这一法案在 1978 年进行了修改，禁止将养老金计划作为不雇佣老年劳动者的理由，把强制退休年龄提高到 70 岁。1986 年，取消在有 20 名雇员的企业中实行强制退休。《反年龄歧视法》其他主要内容还有：(1)《反年龄歧视法》适用于雇佣 20 名以上雇员的事业单位、教育机构、公私立就业服务机构、劳工组织、学徒计划。(2)在《反年龄歧视法》的保障下，任何方面的就业歧视都是非法的，包括雇佣、解雇、薪资、工作分配、调动、升迁、退休或其他就业条件。

(3)例外情形:目前,除了消防人员、执法人员在《反年龄歧视法》中允许有年龄设限外,雇主不得采用任何年资或福利计划来强制受雇者退休。(4)雇主的抗辩权利:若雇主能提出举证抗辩,则可以因求职者的年龄而在雇佣决定或相关措施上有差别待遇。(5)禁止行为:如果雇主对提出控告或参与控告者进行报复,属于违法行为。即使控告不成立,隶属于联邦政府的"平等就业委员会"也会就此开展调查。

2.《老年人法案》

联邦政府的另一部分活动是直接提供老年人社会服务。1978年的《集合住宅法案》(Congregate Housing Act)把老年人住宅和社会服务结合起来,这是长期照护政策重要的一步。1965年初次通过和1973年修订的《老年人法案》(OAA),制定了适当的综合社会服务方案,为老年人增加了国家老年人网络(Aging Network)服务,例如营养方案、老人中心以及资讯和转介服务。专业化的老年人网络提供所有政府层级中可能会缺少的规划和倡导通道。老年人网络中一个重要的单位是当地老年人的区域机构(行政机构),一般是以城市或郡政府为基础,负责规划和组织该区域的老年人服务。每个州也有州立老年人机构,规划和使用位于老年人法案之下的联邦基金。在国家层级机构里,美国老人局负责协调美国老年人法案和倡导焦点问题。《老年人法案》之下一个重要的服务计划是建议服务老人中心,此类中心在1943年开始成立后持续成长,到1989年时已经超过1万个。尽管有所成长,但《老年人法案》的计划也只覆盖65岁以上人口很少的比例,最多为5%~10%。

3.《爱德华·肯尼迪服务法案》

该法案于2009年颁布,被誉为具有里程碑意义的法律,其内容是国家和社区服务委员会为数以百万的美国人提供服务机会,主要是为一些重要的国家事务提供服务。这一法案被看作促使社会创新的催化剂,有利于支持非营利部门的发展。该法案推出了十类奖项,以解决国家"急需"的领域,如教育、卫生、能源、环境和贫困。其中,特别值得注意的一类奖项主要用于帮助55岁以上的人过渡并致力于长久的非营利事业或公共事业。参与项目的机构可以在报名列表中勾选为其全职或者兼职服务的人员,被选中的每位老人每年可以获得法案规定的1100美元奖金。此外,被服务的机构第一年还为服务者提供相当于奖金75%的补助金,从第二年起,机构只需提供相当于50%的补助金。这些奖金和补助金为服务者提供了生活费用。通过这样的方式，机构得到了相对廉价的劳动力，而政府则花费了少量的资金，创造了更多的社会价值。

4. 老人社区服务就业计划

为进一步推动中高龄就业促进政策，美国劳工部及其所管辖机关实施了老人社区服务就业计划(SCSEP)，目的是安排55岁以上的低收入者和不易就业者参加社区服务工作，使这些人在经济上能够自给自足。参加项目者的年龄必须达到55岁，家庭收入不超过联邦贫困线的25%；超过60岁者，退伍军人或符合条件的退伍军人配偶优先加入；少数族裔、英语水平有限或经济需求突出的人也可优先加入。目前，社区老年就业项目的资助额大约是4.33亿美元，其中78%用于给老年人提供服务机会的18个国有组织，另外22%在各州之间进行分配。主要参与者有项目资金获得者、一站式职业中心、私人部门、成人教育与文化机构。18个国有组织下的74个项目获得资金支持，如美国退休协会、善意实业国际(Goodwill Industries International)、熟龄服务(Mature Services)、美国老龄化委员会(National Council on the Ageing)、美国城市联盟(National Urban League)、美国老年人服务组织(Senior Service American)等。绝大多数州由各州的老龄办公室负责管理项目。根据美国劳工部的报告，截至2006年，共有92000人参加到该项目中，其中70%的人是女性，43%的人是少数族裔，81%低于贫困线。

5. 公民参与:促进老年人参与志愿服务与就业计划

2007年，受大西洋慈善基金会的资助，美国州长协会的最佳实践中心推出了“公民参与:促进老年人参与志愿服务与就业”的启动计划。这个启动计划是帮助州长意识到该计划的目的在于认识到老年公民参与的好处，从而完善州的就业和养老金制度，通过工作机会共享、灵活的工作时间、兼职工作等措施来创造和推动老年志愿者和就业方案，使得老年人重新投入到工作中。

其中，亚拉巴马州、阿肯色州、科罗拉多州、佛罗里达州等八个州通过竞争脱颖而出。2007年7月至2008年6月的报告显示，新墨西哥州和俄亥俄州建立政策研究团队来解决公民参与问题；科罗拉多州和怀俄明州建立相关网站帮助老年人就业、参与志愿活动和增加学习机会；怀俄明州改变人事政策，使得工作时间更加灵活；怀俄明州和阿肯色州举行活动，给那些对“年龄较大的个人"友好的雇主颁奖;俄亥俄州采取了若干政策鼓励老年人参与到教育和培训中,以便重新就业。

6. 公民企业项目

公民企业(Civil Ventures)旨在建立公共和私营部门之间的联盟,以充分解决老年人就业,解决社会问题,满足老年人价值并给予一定的经济保障。该项目通过建立正式网络和非正式网络来承认个人和组织的贡献,通过设立各种奖项如效果奖、突破奖来鼓励机构和个人推动老年人就业。联盟还帮助创办机构吸收和雇佣老年人从事各种有贡献的活动。

公民企业已经成为一支全国性的推动再就业的重要力量。2005 年,在公民企业项目中进行的调查显示,大约一半的人想在退休后有工作。其中,78%的人感兴趣的工作是帮助有需要的穷人、老人和其他人,56%的人对健康问题感兴趣,55%的人表示对教学或其他教育职位感兴趣,45%的人希望能参与到与年轻人相关的项目中。[①]

(五)日本高龄劳动力开发与就业促进

日本是目前世界上老化速度最快的国家,平均寿命达 83 岁,为世界上最长寿的社会。日本是处理老化问题最积极的国家,采取了多种措施以延长工作寿命,如政府将年金延长为 65 岁起发放,对续用较年长者的雇主给予补助等。

1970 年日本正式迈入高龄化社会后,次年即公布了《高龄劳工雇佣安定法》。政府开始敦促企业考虑为老年人创造更多工作机会,推迟退休年龄。该法持续改革的结果是:促使法定退休年龄由最初的 55 岁,延缓至 65 岁。2004 年,为缓解现行养老金体制面临的压力,日本通过一项法律草案,提高在职人员缴纳养老金的比例,同时减少退休人员领取养老金的数额。2004 年,《高龄者雇佣安定修正法》要求雇主提高退休年龄、继续雇佣退休员工、废止退休年龄的规定等,以确保银龄族的就业机会。东京都辅道设立了老人就业支援中心,免费提供 55 岁以上求职者的中介和咨询服务;其工作人员也都是 55 岁以上曾面临就业困难者,以期以同理心的态度协助银发族的需求。

---

① 参见孙鹏娟、梅陈玉婵、陈华娟:《老年学与老有所为》,中国人民大学出版社 2014 年版,第 80～86 页。

日本是世界上的长寿大国，高龄者仍保有很高的工作意愿，并且在以不同的雇佣形态贡献社会。与其他国家相比，日本在高龄者雇佣方面有一贯的政策，即采取了阶段性的延后退休年龄政策。尽量减少解雇，让拥有能力和丰富经验的老年人继续发挥作用，以实现“终身雇佣”。老人看护工作是老年人就业机会的主要来源。由于高龄人口对保健的需求与日俱增，从专业的医疗技术人员到协助老年人料理日常生活的普通劳动力都有很大需求。德国联邦劳工局 2008 年的统计数据显示，保健服务的就业较一年前成长 2.5%，增至 190 万人。日本 2008 年共有 82 万人失业，但包括照护、医疗照顾及教育在内的服务业则增聘 36 万人，成为中高龄就业的发展重点。

日本在经济的高度成长期就已订立了高龄劳工对策，该对策明确记载于《高龄失业者的就业促进措施》及《雇佣对策法》。另外，在《雇佣保险法》中设立雇佣改善、能力开发、雇佣福祉等三个部门，明确提出对中龄劳工的预防失业和安定雇佣政策。例如，延长退休之奖金、继续雇佣之奖金、退休前职业讲习和职业训练、高年者雇佣开发给付金、高年者雇佣之奖金等，都是实施该政策的具体措施。在实施《高龄者雇佣安定修正法》的过程中，采取开放务实的态度，广纳各方意见，最终由劳雇双方及代表公共利益的“学者实务专家“三方组成的劳动政策审议会充分讨论达成共识后，制定具体可行的政策。

日本在促进老年人就业方面的一项创举是银色人力资源中心(Silver Human Resource Centers)的建立。此中心由国家和地方政府资助，为 60 岁以上的人提供本社区内的工作，并专攻老年人偏好的短期或兼职工作。该中心的相关协会也与商业团体、政府雇主连接，提供再训练、咨询以及职业媒介服务。由于这样的原因、机会与机构的领导，日本得以成为善用年长者工作的先驱国家。日本高龄劳动力的开发情况如表 2-3 所示。

表 2-3　日本高龄劳动力开发时序表

时间	主要内容
20 世纪 50 年代	日本民间组织发起“老人俱乐部”，实施高龄教育
20 世纪 60 年代	教育部门开始实施“高龄者学级”制度，此后高龄教育成为行政措施的一环

续表

时间	主要内容
20世纪70年代	日本政府设置“老人对策本部”,以统筹办理各种老人相关措施
20世纪80年代	受终身学习理念的影响,厚生省和文部省更有系统地规划相关措施,引进了“高龄者教育权”观念,教育政策也重新思考高龄者受教的权利
20世纪90年代	因应高龄者的需求,以都道府县为主办单位,开始大规模推动高龄教育
1995年	制定《高龄社会对策基本法》
2001年	制定《高龄社会对策大纲》
2004年	通过《高龄者雇佣安定修正法》,要求雇主提高退休年龄,确保银龄族的工作机会。东京都辅道设立老人就业支援中心,免费提供55岁以上求职者的中介和咨询服务
2006年	立法实施《修正高龄者雇佣安定法》,规定企业必须对高龄者实施延长退休年龄、延长雇佣、废止退休制度三者择一的措施,以确保高龄者的雇佣
2007年	延缓退休年龄,将法定退休年龄由55岁上调至65岁,持续鼓励高龄就业,敦促各界为老年人创造更多的工作机会,以减少现行养老金体系面临的巨大压力

(六)中国老年人就业与政策[①]

1. 中国老年人就业状况

进入21世纪以来,由于平均预期寿命的延长和持续低生育率的影响,中国老年人口的总量和比例迅速增长。在老年社会保障制度尚未健全的情况下,中国老年人在业人口数量庞大,在业率较高。根据2010年第六次全国人口普查,中国有将近1/3(30.3%)的60岁以上的老年人仍在继续工作

① 参见孙鹃娟、梅陈玉婵、陈华娟:《老年学与老有所为》,中国人民大学出版社2014年版,第58～78页。

或劳动。1990～2000年间，中国老年人总体就业率上升了约5个百分点。男性老年人的就业率远高于女性老年人，2010年，男性老年人的在业率达到37.8%，女性老年人不足30%。

由于中国城市和农村人口在劳动和就业方式上有巨大差别，城乡老年人在劳动就业方面往往存在明显差异。2006年，我国仅有5.9%的城市老年人从事有收入的工作，比2000年有所下降；但2006年却有45.5%的农村老年人干农活，比2000年还略有上升（见表2-4）。从在业老年人从事的行业构成来看，中国在业老年人的行业高度集中：农林牧副渔是主要的行业，近90%的在业老年人属于传统大农业的范围，3.7%的老年人从事制造业，从事第三产业的老年人比例非常小。

表2-4　中国城乡老年人的再业状况

	城市老人从事有收入工作的情况(%)			农村老年人干农活的情况(%)		
	没从事	从事	合计	不干	干	合计
2000年	90.4	9.6	100.0	55.7	44.3	100.0
2006年	94.1	5.9	100.0	54.5	45.5	100.0

资料来源：张恺悌主编：《中国城乡老年人社会活动和精神心理状况研究》，中国社会出版社2010年版。

2. 中国老年人就业和再就业的政策和措施

(1)中国老年人就业权利的法律和政策

自20世纪90年代以来，国家先后颁布了一系列鼓励老年人参与社会发展的政策法规，把发挥老年人作用、鼓励老年人继续参与社会发展作为加强老龄工作、发展老龄事业的重要内容。

1996年颁布的《中华人民共和国老年人权益保障法》（以下简称《老年人权益保障法》）对老年人的就业权利给予保证。该法规定："国家和社会应当重视、珍惜老年人的知识、技能和革命、建设经验，尊重他们的优良品德，发挥老年人的专长和作用。""国家应当为老年人参与社会主义物质文明和精神文明建设创造条件。""老年人参加劳动的合法收入受法律保护。"在成立全国和地方的老龄工作委员会后，中国陆续制定和出台了《关于加强老龄工作的决定》《中国老龄事业发展"十五"计划纲要》《中国老龄事业发展"十一五"规划》《中国老龄事业的发展》《中国老龄事业发展"十二五"规划》等一系列重要的老龄政策文件，其中都涉及老人参与、老人就业问题。2005年，中国有关部门联合发布了《关于进一步发挥离退休专业技术人员作用的意见》。2006年，国务院发布的《中国老龄事业发展"十一五"规划》把老年人参与社会发展作为未来老龄事业发展的六大领域之一。2011年发布的《中国老龄事业发展"十二五"规划》再次强调，要为支持离退休专业技术人员发挥作用搭建平台，重视老年人在社区服务、关心下一代、调解邻里家庭纠纷、维护社会治安中做出有益贡献，广泛开展老年志愿服务活动，不断探索"老有所为"的新模式。

(2)针对不同老年人群体的就业和退休政策

对于为了获得经济保障而从事劳动生产的农村老年人、贫困老年人，国家给予扶持和帮助。在农村，鼓励低龄健康老年人从事种植、养殖和加工业。2008年，《中国老龄事业的发展》指出："地方政府积极组织实施开发式扶贫，扶持低龄、健康、有劳动能力的贫困老年人从事种植、养殖和加工等项目，增强贫困老年人的生产自助能力。"

在退休规定方面，我国退休制度源于20世纪50年代以来建立起来的企业职工退休制度。该制度规定："国家法定的企业职工退休年龄是男年满60周岁，女工人年满50周岁，女干部年满55周岁。"另外，从事井下、高空、高温、繁重体力劳动和其他有害健康工种，并在这类岗位工作达到规定年限的职工，男性年满55周岁、女性年满45周岁退休。为引导老年人参与社会发展，一方面，政策鼓励有特殊领导和管理能力的人员延长退休年龄，省级、中央级的领导和有特殊贡献的科技人员可以工作到65～70岁，特殊岗位人员可以工作到80多岁；另一方面，政策还鼓励支持已经退休的老年人继续从事正式和非正式的工作。

在有关政策的引导下，一些以老年知识分子、老年技术人员为主体的群团组织发展迅速，如中国老教授协会、老科学技术工作者协会、老法律工作者协会等全国性老年社会团体及分会遍及全国各地。各地还成立了退休工程师协会、老教育工作者协会、离退休医务工作者协会等。各地支持城乡基层老年群众组织建设，截至2005年年底，城市社区和农村老年人协会发展到37万个。[①]

(3)地方政府的探索

为了加强政府和社区组织实施推动积极老龄化和健康老龄化的能力,通过促进基层老年人组织的建设发展,逐步解决城乡老年人在保健、健康和社会参与中遇到的实际问题,联合国人口基金援华老龄项目(2006～2010年)在中国6个县市区(上海市浦东新区、山东省新泰市、河南省扶沟县、湖南省浏阳市、贵州省凯里市和甘肃省敦煌市)开展了老龄行动计划项目。

这6个县市区老龄行动计划把促进老年人社会参与作为重要的指导思想。其制定的老龄行动计划提出:在城镇,为城镇老年人提供适合的就业机会,充分发挥老年人的优势和特长,鼓励和支持老年人继续参与经济社会发展,完善企业退休人员社区管理服务工作。这些行动计划还提到积极引导、鼓励和支持老龄民间社团和老龄协会,发挥老年协会"自我服务,自我教育,自我管理,自我维权"的作用,积极开展为老服务活动。

四、老年人就业历史演变对我国的启示

(一)加强老年人的经济保障和福利保障

目前正在就业的中国老年人更多是出于满足经济的需要,除少部分高级专家和技术骨干外,以延续中年期的工作模式、充实生活和自我实现为目标而选择推迟退休或再就业的老年人比例相当低。这一小部分老年人目前也是政策鼓励推迟退休或退休返聘继续为国家社会服务的焦点群体。帮助有经济需要的老年人寻找到合适的工作岗位,需要国家、社会和企业付出更多的关注和承担更多的责任。

(二)推动弹性退休及延长法定退休时间

传统社会并不存在强制退休制度,老年人根据自身生存状况、健康状况和意愿,自主决定是否继续参加经济活动。那时,人生大部分时间都在工作,直到不能工作倒下为止,工作阶段和养老阶段没有截然分开。进入工业化社会后,大部分国家实行了强制退休制度。强制退休制度有其弊端,它使那些仍然具有工作能力的老年人丧失了工作机会,对社会来说也是人力资

---

① 参见孙鹃娟、梅陈玉婵、陈华娟:《老年学与老有所为》,中国人民大学出版社2014年版,第74页。

源的一大损失，而且也增加了政府在养老方面的投入。进入高龄社会后，强制退休制度的弊端更加明显，各国都开始对此进行改革，推行新的退休政策。弹性退休即是新退休概念下的产物，弹性退休是弹性工作的延伸与极致表现，是各类弹性工作的合理延伸，只要身体允许，可以不受年龄限制地无止境工作。从某种程度上讲，弹性退休是向传统社会的回归。

实际上，许多提早退休的人并不想过纯粹休闲的生活，有些退休者对工作的投入仍停不下来，希望退休后维持部分工作或兼职工作，例如每周或每天工作几天或几个小时，他们享受对一个企业或机构做出贡献时的自我价值和成就感，企业应为此作出规划，让员工能够以某种弹性上班方式维持工作。对已达退休年龄者而言，这些弹性工作计划带来持续的财务来源，还能维持适当的社会接触与人际关系。因此，将工作与养老分开的概念已经不合时宜，愈来愈多的企业开始规划弹性退休计划，让员工既享有退休福利，又可为企业做贡献。

财政负担是高龄社会的最大冲击，不少国家提出延后退休、津贴延后发给、降低每年给付数额、缩减福利，以及对当事人进行资产调查；主要工业国家已设定未来延后正常退休年龄。依据 2009 年 OECD 的统计资料，因应人口老化和经济衰退，OECD 国家已加速进行退休金制度改革，主要手段包括：增加退休给付，鼓励老年人延后退休以减少退休金，从而降低提前退休的诱因、延后退休金申领年龄等。[①] 2012 年，部分国家或地区的法定退休年龄如表 2-5 所示。

表 2-5　　2012 年部分国家或地区法定退休年龄

国家或地区	法定退休年龄	
	男性	女性
中国	60 岁	机关事业单位 60 岁，企业 55 岁，其他 50 岁

① 参见吴老德：《高龄社会理论与策略》，（台北）新文京开发出版股份有限公司 2010 年版，第 239～240 页。

续表

国家或地区	法定退休年龄	
	男性	女性
美国	66 岁	66 岁 （将逐步提高到 2027 年的 67 岁）
加拿大	65 岁	65 岁
日本	65 岁 （领国民年金、雇主养老保险金是 60 岁，但将提高到 65 岁）	65 岁 （领国民年金、雇主养老保险金是 60 岁，但将提高到 65 岁）
印度	58 岁	58 岁
冰岛	67 岁	67 岁
挪威	67 岁	67 岁
英国	65 岁	60 岁 （将提高到 2020 的 65 岁）
法国	60 岁	60 岁
德国	65 岁 （2029 年提高到 67 岁）	65 岁 （2029 年提高到 67 岁）
意大利	65 岁	60 岁
巴西	城市 65 岁，农村 60 岁	城市 60 岁，农村 55 岁
澳大利亚	65 岁	64 岁 （2013 年提高到 65 岁）
中国香港地区	65 岁	65 岁

（三）排除高龄者就业歧视和障碍

为排除高龄者持续就业及再就业的障碍，应制定反年龄歧视法。同时，对于某些确实不适合高龄者从事的作业，例如飞机驾驶、公车驾驶等，定出适合的年龄上限，供雇主和劳工参考，及早进行转业的规划与训练。促进老年人就业还应重新审视按照年龄或服务年资之薪资制度，建立技能薪资制度。按照年龄及服务年资计算的薪资制度，对高龄者就业有负面影响，调整为按技能给付薪资有其必要性。可向雇主或劳工发放适度的工资补贴，以增加雇主雇佣高龄劳工的意愿，提高高龄劳工的就业比率。[①]

(四)建立支持老年人参与经济生活的伙伴关系

传统社会老年人参与经济生活主要依赖其家族、宗教团体、互助团体的协助。现代社会中，政府虽然已经成为推动老年人参与经济生活的主导力量，但也应注意到政府在政策的制定、执行和监督中存在的局限性，政府需要借助社会(家族、宗教团体、互助团体等非营利组织等)的力量实现老年人对经济生活的参与。英国所采取的构建伙伴关系的策略就是很好的例证。在英国，学校、雇主、民间团体都是政府的重要伙伴，负责大部分学习、训练与协助老年人建立就业计划的实际执行工作，使得劳动市场政策的推动深入社区、学校与社会的每个角落。雇主加入伙伴关系、提供劳动机会是推动老年人参与经济生活的关键。为说服雇主加入新协定计划，英国就业服务单位准备了极详尽且标准化的文件，有专人固定与雇主进行密切联系，积极促使雇主成为推动劳动市场政策的重要伙伴，促成中高龄者的雇佣。

(五)鼓励老年人参与社区服务或居家服务

传统社会中，劳动力的流动性较小，人们基本上是在一个相对熟悉的环境中生活和工作，工作场所与生活场所相距也不会太远，这些都为传统社会的老年人继续工作提供了有利条件。老年人在参与经济活动时毕竟有一定的局限性，陌生的环境和远距离的工作场所并不适合。鼓励老年人参与其所在社区的经济活动或者居家为他人提供服务较为适合，互联网等技术的发展也为老年人居家提供服务创造了条件。

(六)创造老年人的多元工作机会和就业支持系统

老年人有自身的特点，在工作时间、工作类型等方面不能像中青年一样同等对待。在传统社会中，老年人通常是根据自身的特点比较自主地选择工作时间、工作地点、工作类型等。为鼓励老年人参与经济活动，现代社会应当根据老年人的特点，营造多元的工作环境，开发短期服务、弹性工作时间服务、居家服务等，增加老年人参与经济活动的机会。此外，传统社会中

---

① 参见叶至诚:《老人福利服务》,(台北)威仕曼文化事业股份有限公司 2010 年版，第 280～286 页。

的老年人处于熟人环境，其获取就业信息主要是通过熟人之间的联系。但是，现代社会是陌生人社会，需要政府和社会为老年人参与经济生活提供职业训练、就业信息、就业规划等各种支持。

因此，应加强和扩展老年人口的职业训练以及其他训练课程，建立多元的职业训练系统；降低老年人口的工作时数，改善工作条件及工作安全，使其适合老年人的身心状态；公共部门应鼓励员工在机关内部及外部进行职务轮调，以增加员工的工作历练。政府应规划出适合中高龄劳工从事的行业，为高龄劳工开拓及积极寻找更多的工作机会，并加强与其他增加高龄劳工积极性的就业措施之合作，协助超过 50 岁的寻职者返回职场；结合民间资源和产业需求，依据老年人特性提供个性化就业规划服务和咨询服务；建立就业资讯的联系渠道以及雇主登记招聘资讯的多元渠道，提供招聘者与应聘者之间的对接平台。

（七）创办社会企业，拓展老年人就业的新思路

社会企业是一种创新性的商业活动，其目标是社会使命。社会企业可以成为促进老年人就业的创新性选择。可以利用年长企业家的专业知识、经验、网络资源、人力及社会资本来建立社会企业项目，鼓励年长的企业家参与社会企业的发展、支持年轻人；年长企业家可以成为年轻企业家的顾问或伙伴，支持和教导年轻企业家创业，给被忽视的弱势群体创造就业机会，支持他们开创有意义的社会企业项目。社会企业项目创造的就业机会，可以优先考虑培训和雇佣有一定能力的老年人。

第四节　老年人公益慈善参与的历史演变

老年人参与公益慈善活动古已有之。我国传统社会中，老年人通过参与社邑、义庄、善会善堂等参与慈善活动；老年人还参与调解纠纷、司法审判、基层社会治理等，典型的形式如明清时的申明亭制度。传统社会中参与公益慈善活动的老人比较有限，主要是士绅、商人、乡里、乡贤等精英老人；现代社会公益慈善活动的参与主体更为普遍，普通老人也可以参与到公益慈善活动中。现代社会的志愿服务非常发达，各国政府通过制定《国家与社区服务法案》（美国）等志愿服务法案，开展老年人志愿服务项目，发挥老年人在传承传统文化、照看儿童、教育青少年、照顾失能老人、调解民间纠纷等

方面的重要作用。

一、我国传统社会老年人的公益慈善参与

(一)老年人参与的主要形式

1. 老年人参与办理非宗族性的社邑

社邑的活动有三方面:一是丧葬互助,共济急难;二是居家信徒集资立社从事佛教活动;三是社员集资从事佛教以外的传统仪式或公共活动(修路、架桥等)。社邑在其发展中将救助对象逐步扩大到社员以外的人,并开始从事公益活动。

2. 老年人参与建立义庄等宗族性组织

义庄是由族人举办的、主要为一族之人提供帮助的组织。义庄的特点是有固定的用于特定目的的财产(义田),此基本财产不允许处分,能够使用的只是每年的收益。义庄存续期间,族人可以继续对义庄捐赠,扩大义田的规模,实现义庄的永续经营,从其运作经验来看,非常类似于现在的私人基金会。

3. 老年人参与善会善堂的办理

善会善堂是在明清时期繁荣发展的慈善组织,是个人自愿参加的、以善举为目的、以自由结社为基础的慈善团体。绝大部分善会善堂是长期性组织,由地方上的乡绅或其他有名望的士人、地方精英推动。明清善会善堂根据其救助对象的不同,有放生会、同善会、育婴堂、清节堂、恤嫠会、惜字会等多种类型。

(二)老年人参与纠纷处理——申明亭制度

传统社会的老年人不仅参与民间的各种慈善活动,也参与对民间纠纷的调解以及基层社会的司法活动,较为典型的是申明亭制度。明朝洪武五年,朱元璋正式建立申明亭制度,由本里百姓推举正直的里老人主持,亭内树立板榜,定期张榜公布本地有过错人的姓名及其过错行为,并由老人主持轻微诉讼的调解,以此申明教化。这一制度是在礼法结合、德主刑辅和明刑弼教的指导思想下,为了解决当时越诉、诉讼泛滥等情况应运而生的,后来逐步形成了一项重要的乡里制度。

里老人是申明亭制度中的重要角色。明洪武五年(1372 年)设申明亭,每里推选一年高有德之人掌其事,曰老人,里长襄助。里老人的职责主要有

二：一为"掌教化"，一为"理词讼"。里老人要定期向里中编户宣读并讲解《大诰》《大明律》《教民榜》，使全里人户知法畏法，不敢犯法。同时还宣讲《圣谕》六事，劝人孝顺父母，尊敬长上，和睦乡里。除执掌教化外，里老人还有权剖断里中人户争讼之事。明初法律规定，各州县都要设立申明亭、民间词讼。除了犯十恶强盗及杀人外，户婚田土等事，由里老人在申明亭剖决，并将不孝不悌和为恶之人的姓名写在申明亭内，能改过自新的再除去姓名。明代的乡里都建有申明亭和旌善亭，两亭普遍置有"善恶簿"，其中"劝善簿"为红面，"纠恶簿"为黑面，对于合于圣谕者记在劝善簿奖之，对于游惰、赌博、酗酒、打架、好奢、抗粮、唆讼等人，则记纠恶簿戒之。申明亭的两大职责并不是互相分离的，而是相辅相成、相互促进，教化是为了减少诉讼，诉讼本身也是在施行教化。

里老人剖理民间词讼，既要遵循国家法律，又要考虑民间规则，"老人听讼"奉行国家礼法与民间礼俗这两条并行的规则体系，而里老人则是协调贯通这一条规则体系的桥梁。因为老人的任务是行教化，理词讼，宣讲皇上的圣旨或谕旨，所以地方官员、坊里的百姓都隆礼以待，尊为"方巾御史"。

申明亭里老人理讼在严格意义上说，不是国家基层司法裁判权制度的创造，而是融礼仪法则为一体、道德说教与刑罚制裁相结合、国家司法权与乡里司法自治互为表里的基层裁判制度的具体运用。除了依靠国家法律和官府支持以外，里老人所具有的"众所信服，公正为事"的乡里威望，以及明初统治者试图在乡里社会建立"以良民治民"的政治目标也成为这一制度的重要依托。[①]

二、现代社会老年人的公益慈善参与

现代社会，随着人类平均寿命的增加，退休所带来的对个人的生理、心理以及社会的适应问题也变得越来越重要。退休生涯是人生的新历程，经常伴随着丧失工作身份及意义，失去固定的经济收入，闲暇时间增加，生活秩序变动，人际关系改变，等等。退休者通常需经历 10～20 年以上"无角色的角色"生涯，如果不善加规划，将导致老人面对许多挑战。因此，通过参与公益慈善活动，安排休闲又有意义的生活对老年人来说非常重要。退休者

① 参见刘志松、高茜明：《初申明亭考论》，载《天津社会科学》2008 年第 3 期。

可结合其知识、生活和实践,学习新事物,通过关注和解决社区问题,创造生活的意义,寻求社会的接纳与自我认同,协助其迈向成功老化。对社会来说,高龄者参加公益慈善活动有其优点,如经验丰富、服务时间充裕、维护传统规范、珍惜服务机会等,高龄者参加公益慈善活动的利他色彩浓厚,不期待财务上的报酬,与慈善精神不谋而合。但运用老人志愿者也有限制,如新知识的学习与运用相对困难、科学化的技巧学习不易、体力持久不易、行为习惯改变困难、容易健忘、受到挫折时容易撤退等。在规划老年人参与社会服务时应了解其个别差异,以及老年人心理逐渐退化之特质。

(一)美国的老年志愿服务

1. 美国老年志愿服务及政策发展历史

美国的志愿服务由来已久,发展至今已比较完善。志愿服务理念已渗入人们的思想观念中。美国志愿服务的历史源于殖民时代。从宗教文化的渊源来看,志愿服务深受基督教观念的影响,如基督教的“施比受更有福”“爱人如己”“与哀哭的人同哭”等。

19 世纪,美国红十字会、联合劝募会等志愿组织成立。从 20 世纪初开始,美国为了解决各类社会问题和满足民众的需要,通过各种政策鼓励国民参与志愿服务。1932 年,美国召开了全国社会工作会议,成立了国家志愿者委员会,目的是解决大萧条时期的失业、贫穷、社会动乱等问题。1933 年成立了公共资源保护队,来帮助解决就业问题和保护森林问题。20 世纪 60 年代,志愿服务成为解决贫困的有效手段,其中最著名、最持久的计划是约翰·肯尼迪总统于 1961 年建立的和平队(Peace Corps)。肯尼迪政府还组建了美国志愿服务队等帮助扶贫和解决社会问题。对于老年人,推行了由老年人照顾家庭有问题小孩的寄养祖父母方案(Foster Grandparent Program)和教师团(Teacher Corps)等。

志愿活动的背后有一系列的制度支持。美国分别于 1990 年和 1993 年通过《国家与社区服务法案》和《国家与社区信托服务法案》,并且依法成立国家与社区服务委员会。这些立法扩展了志愿服务主体,包括儿童、青少年、老年人的公民责任与服务内涵。1993 年,克林顿政府创立了美国国家和社区服务队,囊括美国国内所有的国家服务计划,并开始一项名为“美国军团”(American Corps)的全国服务运动,这一运动旨在使美国志愿者帮助国家解决教育、环境、人的需求和公共安全四个领域中最关键的一些问题。

2002年,小布什总统成立了新一届的白宫协调委员会——美国自由军团(USA Freedom Corps),旨在扩大和平队、美国军团、老年人军团中的志愿服务。

必要的资金往往是志愿组织发展的瓶颈。对老年志愿者组织和活动给予税收优惠无疑是推动其发展的重要力量。美国的一些地方政府已经采用税收激励的方法推广志愿服务,如果老年人参加了社区的志愿服务,达到一定的时间,就可以享受税收优惠。例如,马萨诸塞州的一个城镇,老年人如果提供了94小时以上的志愿服务,就可以减免750美元的财产税。再如,在宾夕法尼亚州的贝尔丰特(Bellefont)地区,如果60岁以上的居民为当地的公立学校提供志愿服务,就可以获得最高500美元的房产税减免。[①]

2. 美国的老年志愿服务项目

在美国,联邦和州都开展了大量的老年志愿服务项目。这些项目不仅为老年人提供了志愿服务机会,也使得有需要的群体,如儿童、病残老年人等获得了更多支持。比较有代表性的项目有以下几个:

(1)老人团项目(Senior Corp)

老人团项目是美国运作比较成功、影响较大、历史也较长的老年志愿服务项目。由联邦政府赞助的老人团成立于1960年,项目主要包括寄养祖父母(Foster Grandparents)[②]、老人陪伴(Senior Companions)[③]、退休老人志愿服务(The Retired Senior Volunteer Progress)[④]三项内容。老人团项目不仅为参与到该项目中的低收入老人提供薪水,还给55岁以上的老年人提供各种培训和支持,使老年人胜任各种服务。

在老人团项目基础上建立的爱德华·肯尼迪服务方案,被奥巴马总统签署写进法律后,各种老年志愿服务项目得到很大发展。该服务法案规定,

---

① N. Morrow-Howell, "Who Benefits from Volunteering? Variation in Perceived Benefits," *The Gerontologist*, 2009, pp. 37-42.

② 寄养祖父母方案:由60岁以上的祖父母义务照顾有特殊需求的儿童与青少年,其内容包括与提供被虐待或忽视儿童的情绪支持、教导儿童识字以及照顾身体障碍与行动不便的儿童。

③ 老人陪伴方案:为社区中生活无法自理的独居老人提供居家照顾服务。服务内容包括交通服务、家务照顾及情绪支持等。在服务过程中,老年人可以对有危机的家庭提供协助,并在协助的过程中丰富自己的经验。

④ 退休老人志愿服务方案:具有独特经验或能力的老年人,对社区中的特定议题提供服务,例如协助推动社区环保工作、为创业者提供咨询服务、为年轻妈妈示范如何照顾幼儿等。老年志愿者可以选择在何处及如何提供服务,可以运用自己原有的才能,也可以发展新的技能在新的领域提供服务。

参与老年团及有关项目的老年人最低年龄必须达到55岁，对于志愿服务可以给予适当补贴。如果老年人的生活水平低于联邦政府贫困线200%以下，每小时的补贴还将提高。该法案还通过建立银色奖学金计划，为参加志愿项目的老年人提供奖学金，用来提高他们的教育水平或帮助他们支付子女、孙子女的教育费用。

(2)经验团项目(Experience Corp)

该项目由一个公共和私人相结合的基金支持，为55岁以上的老年人提供辅导小学生的机会。每位老年人一般一学年提供10～15小时的服务，而项目只需为这些老年人支付很少的报酬。老年志愿者的招募、培训和支持由经验团和公立学校合作开展。在经验团项目中，小学生和志愿者双方都受益。

(3)跨年龄项目(Across Age Program)

这是一个老年人担任中小学生辅导老师的全国性大规模志愿活动项目。该项目始于宾夕法尼亚州费城，现已经在全国开展。跨年龄项目旨在让55岁以上的老年人担任青少年的辅导老师。这个项目一开始在学校的教学时间内开展，现在作为一种预防策略被广泛用于学校内以及学校外环境中。这些辅导老师主要帮助"有风险的"青少年或边缘青少年开发自我意识，增强自信和技能，帮助他们抵御药物滥用，并为他们排忧解难。该项目的目标群体是小学和初中学生，每年为每个地区的30～40名儿童、青少年服务，截至2007年，该项目已经在全美50个地区开展。

(4)家庭朋友喘息项目(Family Friends Respite Program)

家庭朋友喘息项目是在华盛顿地区开展的地方性小规模项目。这个项目由一支老年志愿者队伍开展，为有残疾或者慢性病的家庭提供一系列帮助，使家庭成员得到更多的休息时间或从事其他活动的时间。家庭朋友喘息项目使接受服务的儿童和家人以及提供服务的老年志愿者互惠互利。项目机构负责培训志愿者做家庭辅导员，在支持小组或者父母培训的基础上提供育儿支持，协助社区服务的介绍和推广，或者使用自己独特的技能和专业知识使志愿者与家庭成员结对。志愿者每周花几个小时与需要帮助和支持的儿童玩耍、读书或者交流。这种定期访问使家长得以有更多的时间做家务或者与其他家庭成员交流，特别是能够进行短暂的、必要的休息。

(5)社区志愿服务队项目

在美国,有老人关心社会的社区志愿服务队,只要社区有需要,服务队就展开工作,不分昼夜提供全天候服务。平时是两人为一组,在社区中与居民共同生活。其工作项目包括执行社区方案,主持日间托儿所和托老所,办理家庭服务,推广成人教育,实施医疗工作,提供法律指导,指导农业技术等,这些足以使银发族或社区居民了解生活意义与改善生活标准。老年人主要担任社区弱势者的辅导者、教练与陪伴,或者在社区和组织中,贡献其工作技能和专门技术。

(二)我国台湾地区的老年人志愿服务

台湾地区高龄人口与日俱增,在退休生涯中参与社会活动不仅可以充实生活,也可以保持社会联系,志愿服务即为一种重要的社会参与,可以协助高龄者适应退休生活。志愿服务是个人自愿、无偿地为他人提供帮助的工作。台湾地区于2001年通过《志愿服务法》,将志愿服务定义为:“民众出于自由意志,非基于个人义务或法律责任,秉诚心以知识、体能、劳力、经验、技术、时间等贡献社会,不以获取报酬为目的,以提高公共事务效能及增进社会公益所为之各项辅助性服务。”

有鉴于志愿服务运用的重要性,台湾地区相关部门于1995年起积极推动“广结志工拓展社会福利工作——祥和计划”,规划一系列政策,如统一制作志愿服务背心、发放志愿服务登记证、奖励表扬、落实志愿服务教育训练课程、发放志愿服务证明书等,凡参与服务工作满一年,总服务时数达200小时以上且成绩优良者,均可申请参与该计划。

截至2013年12月底,台湾地区已有100万余人投入志愿服务工作领域,志工人数达1002920人。以社会福利领域为例,截至2013年12月,地方政府社会局从事社会福利服务工作的志愿服务团队中,志工人数已超过20万人,志愿者遍及家庭主妇、青年学生、劳工、教师、退休人员及其他专门技术人员。其中以30～49岁最多(占23.3%),其次为55～64岁(占23.1%),65岁以上的志工也有28891人(占14.2%)。值得注意的是,50岁以上的志工已成为主力,共有109005人(占53.8%),超过志工总数的一半。①

---

① 参见李佳儒等编著:《老人福利》,(台北)华都文化事业有限公司2015年版,第108～109页。

(三)我国老年人志愿服务

1. 我国老年人从事志愿服务的基本状况

随着老年人健康状况的改善以及进入老年期的人越来越多,我国老年人以各种方式从事志愿活动的数量也日益增长。根据2006年中国老龄科研中心“中国城乡老年人口状况追踪调查”的数据,2000～2006年,城市老年人参加各项公益活动的比例由38.7%上升到45.1%。治安员活动、义务劳动、通过志愿组织或自助组织开展的志愿活动、青少年教育活动等是城市老年人从事的主要志愿活动类型。越低龄的老年人参加公益活动的比例越高。在各种社会互助活动中,老年人最愿意参加的活动依次为:为生活有困难的老人调解纠纷、为生活有困难的老人求医问药、与有困难的老人聊天解闷、做家务、照顾生活有困难的老年人。不同性别的城市老年人在参加各种社区活动的意愿上有差别,男性老年人在向上反映老年人困难、调解纠纷方面的意愿高于女性;而女性老年人在社区中帮助做家务、照顾生活有困难的老年人、聊天解闷等方面的意愿高于男性老年人。[①]

2. 我国老年志愿活动相关法律与政策

1996年颁布的《老年人权益保障法》第41条指出,国家应该为老年人从事一系列活动创造条件。这些活动包括:对青少年和儿童进行社会主义、爱国主义、集体主义教育和艰苦奋斗等优良传统教育;传授文化科技知识,提供咨询服务;依法参与科技开发及应用;兴办社会公益事业;参与维护社会治安,协助调解民间纠纷;参加其他活动;等等。2012年修订后的《老年人权益保障法》再次强调国家为老年人参与志愿活动、兴办社会公益事业等社会发展创造条件。2011年,国务院发布的《中国老龄事业发展“十二五”规划》提出,“支持老年人以适当方式参与经济发展和社会公益活动,重视发挥老年人在社区服务、关心教育下一代、调解邻里纠纷和家庭矛盾、维护社会治安等方面的积极作用”,“积极做好‘银龄行动’组织工作,广泛开展老年人志愿服务活动”,并明确提出“老年志愿者数量达到老年人口的10%以上”。

① 参见2006年中国老龄科研中心“中国城乡老年人口状况追踪调查”数据。

3. 我国老年志愿活动项目

由政府、非营利组织和各种机构组织开展的全国范围内比较有影响的老年志愿项目或活动主要有：

(1)"银龄行动"

从2003年起，国家开始组织以老年知识分子发挥科技知识和业务专长、援助西部地区和本地欠发达地区为主要内容的"银龄行动"。截至2013年，该行动已经覆盖全国31个省(自治区、直辖市)，援助内容涵盖医疗卫生、工业、农业、教育、科技等25个大项78个小项，开展大型学术讲座、知识讲座、培训1280余次，累计参加的老年志愿者达500万人次，参与讲座3万余人次。该行动在全国范围内实施"爱心助成长"志愿服务计划，以健康低龄老年人为主题组成志愿者队伍，广泛开展德育行动、宣讲行动、监察行动、护苗行动和关爱行动，帮助青少年解决学习、生活、心理等问题。

(2)老年人关心青少年儿童的各种活动

重视老年人在关心、教育青少年儿童中的作用是中国老年志愿者活动的一个重点。1990年，经国务院批准成立了"中国关心下一代工作委员会"(简称"关工委")。这是一个组织老干部等退休老年人对少年儿童进行关心教育的群众性工作组织。该组织设置在国务院机关事务管理局，在各省、市、区、县都设有关工委机构。"五老"(老干部、老战士、老专家、老教师、老模范)是关工委广泛动员和组织的主要力量。关工委开展的活动包括：组织"五老"到厂矿、农村、机关、学校和街道等基层单位对青少年开展教育；通过采取一对一、多帮一的方式，加强网吧监督，教育挽救失足青少年；在农村开办留守儿童寄宿学校，老年人做留守儿童的代理家长；在城市创办校外辅导站和家长学校。此外，关工委还通过调查研究，了解青少年问题，提出建议。截至2011年，全国已经建立90万余个基层关工委组织，有1250万"五老"老人参与到有关活动中。①

(3)各种老年协会和组织

在中国，各种老年群众团体在组织老年人从事志愿活动方面发挥了积极作用。老年协会是一种城乡基层老年群众组织。2013年年底，我国城市

---

① 参见顾秀莲：《在继续探索中不断创新发展——在2012年全国关心下一代工作会议上的讲话摘要》，载《中国火炬》2012年第1期。

社区和农村老年协会已发展到近48个。此外,中国老教授协会、老科学技术工作者协会、老法律工作者协会等全国性老年社会团体不断发展壮大,分会遍及全国各地。各地还有像退休工程师协会、老教育工作者协会、离退休医务工作者协会等一批以老年知识分子为主体的社会团体。

4. 我国老年志愿活动面对的问题

(1)地区发展不平衡

比较正式的、大规模的老年志愿者组织多集中在城市,城镇、农村地区的老年志愿者组织还非常滞后。

(2)志愿活动内容有限

老年人的志愿活动局限在义务劳动、治安员活动、聊天解闷、青少年帮扶等方面;"银龄行动"等政府组织的志愿活动又主要针对专业技能突出的老专家、老教授,大多数有一定知识、经验的老年人缺乏实现他们价值和专长的志愿活动。这无疑限制了老年人的参与渠道。从国际上来看,不但文化、教育、照顾是老年人从事志愿服务的主要选择,环境保护、帮扶年轻人创业、宣传活动、扶贫活动等也是老年人可以从事的志愿活动。

(3)老年志愿服务组织的独立性和自主性有待加强

我国社区志愿者组织在发展过程中逐步被纳入民政系统,接受街道、居委会的直接领导。这使得老年志愿组织的独立性和自治性较低,变成了准政府组织,难以体现积极性、灵活性和创造性。①

(4)民间自发的老年志愿服务组织少

在我国,志愿活动往往存在着自上而下的组织色彩,而很多国家的志愿活动多是民办性质,志愿活动更多的是由宗教、非政府组织或个人发起、主办。2001年年底,北京大学志愿服务和福利研究中心的中国志愿服务计量课题组对中国六个省市区——北京、上海、新疆、四川、黑龙江和广东的志愿服务状况进行的抽样调查显示,在中国志愿服务中,政府部门动员占绝大部分,由政府和单位组织的志愿行为占了60%~70%。②

---

① 参见王放:《人口老龄化背景下的中国老年志愿服务》,载《中国青年政治学院学报》2008年第4期。

② 参见陈铭、林志婉:《老年志愿活动的理论思考和实证分析》,载《人口学刊》2003年第4期。

三、老年人公益参与历史演变对我国的启示

传统社会中,老年人公益慈善的参与常发生在一个村落或特定区域之内,基本是在熟人社会内进行,其行为具有互助的色彩,参与公益慈善的方式更多的是非组织化的自发状态。在服务内容方面,传统社会侧重于铺路、架桥、教育和救助穷人等活动。而在现代社会中,老年人参与公益慈善已经突破了熟人社会和地域限制,进入到全国乃至全球的广泛领域。在服务内容方面,现代社会的志愿服务也扩展到教育、科技、医疗卫生、体育、环保等非常广泛的领域。现代社会对参与公益慈善事业也给予许多激励,如给予志愿者补贴、建立志愿服务工时系统并根据工时记录给予各方面的优惠等。但现代社会的志愿服务也存在不少问题:例如,大型志愿组织的管理成本过高导致其“无情抛弃”志愿者的局面;志愿者补贴和优惠措施使志愿服务远离奉献精神,志愿者成为廉价的劳动力或实习生;志愿服务对象与志愿者之间难以建立稳定关系;等等。在这些方面,传统社会中的志愿服务值得借鉴。

(一)发展适合老年人参与的小型和社区型公益组织

大型公益组织在信息提供、组织培训、外部联络方面有其优势,但是对于大多数老年人来说,小型和社区型公益组织更为适合。老年人长期生活在某一社区,参与社区公益服务有许多便利条件,也可以降低其从事公益服务的风险。老年志愿者与服务对象处于同一社区,可以建立长期的稳定关系,并产生感情上的共鸣。从长远来看,某一社区的老年志愿者极有可能成为未来的服务对象,服务他人最终也会得到他人的帮助,这种可能获得的回馈会激励老年人投入到志愿服务当中去。

(二)建立“老年志愿服务时间银行”等激励系统

在传统社会,老年志愿服务有组织化和非组织化两种形式。无论是哪种形式,由于志愿服务基本上是在熟人社会内进行,志愿服务很容易被公众知晓并获得声誉。熟人社会中的人员流动性弱,是相对静止的社会,提供志愿服务可能获得的回馈可以明确预期。也就是说,传统社会的志愿服务有目共睹,并不需要特别记录。现代社会是流动的陌生人社会,老年人提供志愿服务需要进行工时记录并加以宣传,才能被公众了解;老年人提供志愿服务可能获得的回馈(老人在丧失能力时获得社会帮助)也需要以工时记录为

前提。因此，可通过建立老年人志愿服务时间银行，记录老年人的志愿服务时间，以此为基础，对做出突出贡献者给予表彰，并在老人需要帮助时对其提供志愿服务。"返还工时"的回馈，对老年志愿者来说只是一种可能，老年志愿者并不必然会支取"时间银行"中的"时间"。这种方式可以避免将志愿服务和社会回馈作为直接交换，不致因功利需求损害志愿服务的奉献价值。

（三）建立志愿服务的安全保障机制

传统社会中，老人从事志愿服务的风险较小，无须建立特殊的安全保障机制。但现代社会是高风险社会，交通事故、火灾、爆炸等公共风险发生的概率远超出传统社会。再加上老年人特殊的身体状况，其从事志愿服务的风险远高于其他年龄段的志愿者。因此，老年志愿者的安全保障机制就格外重要。对老年志愿者要进行安全培训，使其充分了解志愿服务中可能遇到的风险，掌握基本的应对技能。老年人参加志愿服务还应投保意外伤害险，在遇到伤害时能获得一定补偿。老年人自己、志愿服务组织应对老年人参加志愿服务进行风险评估，选择适合老年人的志愿服务项目，防患于未然。

（四）建立老年志愿服务的支持系统

传统社会获得志愿服务相关信息（包括志愿者的信息、受助者的信息等）较为容易，服务内容也较为单一，服务技能依靠常年的生活经验和工作积累就可以获得，无须进行额外的培训。但现代社会是陌生人社会，志愿者和受助者并不一定处于同一社区，彼此的信息不易知晓。现代社会也是较为复杂的社会，知识更新换代较快，许多技能是老年志愿者不具备的（如互联网技术）。因此，老年志愿服务需要在专业培训、信息平台等方面得到社会和政府的支持。

老年人参与志愿服务应当具有一定的专业技能，有些技能是老年人已经具备的，而有些技能和老年人之前的工作与经验关联甚少，就需要进行专门的培训。志愿服务组织在朝着专业化的方向发展，但专业化并不意味着职业化，有些志愿者自身具备一定的专业技能；有些简单的技能，老年人虽然不具备，但经过培训也是可以获得的，例如对高龄者的家务帮助、简单的身体护理和情绪支持等。

政府对有意愿培育老年志愿服务的教育机构、社会服务机构、老人团体、医疗机构、环保单位应给予实质性的支持，提供各项资源和补助。政府也可以成立一些专门组织，负责甄选、派遣、给予老年志愿者福利补助、连接志愿者和服务对象等。可以参考美国退休人员协会所成立的“志工人才库”，以整合各类志愿服务组织，善用志愿者人力资源，为其提供更多的社会参与机会。

（五）发挥老年志愿者在文化教育、代际融合、调解纠纷方面的特殊作用

老年人在日常生活、社会交往方面具有丰富的经验，这些都是在学校教育中很难获得的。传统社会强调品德培养和知行合一，认为品德的塑造高于知识的传递。现代社会的学校教育过于强调知识的吸取，在品格塑造方面大大缺失，且过于强调创新的价值，忽略了传统对于人类的特殊意义。在品格塑造和保守传统价值方面，老年人是最佳的教育者。老年人可以建立学习社区服务民众；也可以组织终身义工团，对社区儿童和青少年进行品格教育和传统文化教育；还可以推动社会导师方案，让老年人凭借其丰富的生活经验，成为生活顾问和社会导师，协助解决家庭问题和社会问题。

在传统社会，家庭或社区基本上提供了不同世代间接触的机会，特别是最年长和最年轻族群之间，但现代化的结果之一是年轻人与老年人之间的年龄区隔（Age Segregation）。[①] 老年志愿者参与的代间计划可以满足老年人与年轻人融合在一起的需求。代间计划的一个成功案例是美国的寄养祖父母方案（Foster Grandparent Program），该方案由联邦政府出资，召集老年志愿者到学校、日照中心、医院及家中为残障人士提供服务。寄养祖父母对需要关爱和特别照顾的儿童提供一对一的照护。参加计划的祖父母受过训练并有人督导他们的工作。如果参与的祖父母是低收入户，还可以获得一份金额不高但多少有些助益的现金给付津贴、交通补助及餐点。代间计划一方面使其他年龄层的弱势者获得服务，另一方面也克服了老年人与年轻人之间的文化距离感，能有效减少老年歧视和对年轻人的部分偏见。[②]

---

① 老年人与其他世代分开居住已成为西方社会核心家庭的特征，但有意识地隔离住所则是最近的模式。典型的例子是亚利桑那州的太阳城和加州的休闲世界，这些社区都提供年龄区隔与休闲导向的生活形态，对某些老年人深具吸引力。年龄区隔需要解决的问题是：退休村如何维持有活力的生活形态。随着时间更迭，退休社区人口不断老化，会带来长期照护和其他支持性服务的问题。

② 代间沟通最成功的例子是匹兹堡的圆满剧场（Full Circle Theatre）以及纽约的树根与枝桠剧场（Roots and Branches Theatre），两者都同时采用老年和年轻演员来诠释代际问题、关系与态度。〔参见[美]哈里・R・穆迪：《老人学概念与议题》，陈慧姿等译，（台北）华腾股份有限公司 2013 年版，第 116～117 页〕

老年人拥有丰富的生活经验，在普通的民事纠纷中，老年人也可以发挥其独特的作用。传统社会中，尊老、敬老、爱老是普遍的价值观念。在乡村，乡贤等老人主持分家析产、调解家庭纠纷和家族纠纷，对于乡村秩序的维护有重要意义。现代社会虽然有专门的家庭法院、简易民事程序等处理类似纠纷，但普通民众对于打官司之类的事情还是避之三舍。因此，发挥老年志愿者在调解普通民事纠纷中的作用，对基层社会的稳定意义重大。

结　语

世界卫生组织在《活跃老化：政策架构》报告书中，将健康、社会参与和安全视为活跃老化政策架构的三大支柱。如何长期维持老年人的身心机能、使老人过上身心愉悦的老年生活、创造生命的另一个高峰，是老年人要面对的重要课题，也是社会和政府必须面对的课题。自有人类始，各个族群就要面对老年人的生存和社会参与问题，但在高龄化的现代社会，老年人的问题格外突出。在当下的中国，老年人面对着两个尤为迫切的问题，一是失能者的长期照顾（尤其是生命末期的照顾），这主要是生存问题；二是独居者和空巢者的精神慰藉问题。强调这两个问题的迫切性，是因为这两个问题是我国老年人自杀率不断攀高的主要原因。失能者的长期照顾需要通过建立长期照顾体系，尤其是建立长期照护社会保险来解决，而独居者和空巢者的精神慰藉问题则需要通过建立社会参与体系解决。建立社会参与体系的意义当然不限于解决独居者和空巢者的问题，强调这两类群体，是为了凸显社会参与对老年人的重要性。社会参与对老年人极为必要，是生死攸关之事，并非“锦上添花”、可有可无。活跃老化政策的三大支柱——健康、社会参与和安全三者相互关联。健康和安全是社会参与的基础，反之，社会参与又可以促进健康和安全。因此，我国在建立老年人长期照顾体系之际，也要关注社会参与体系的建设。在老年事业规划和财政支持上，长期照顾和老年参与需要兼顾，不能顾此失彼。

促进老年人的社会参与，谁应当担负责任？通常认为，老年人自己、家庭、社区、市场、非营利组织和政府对老年人的社会参与均负有责任。不同主体担负的责任有何不同？在这方面，社会参与历史提供的经验极为宝贵。从历史上来看，老年人的社会参与是由近及远的，从家庭出发，扩展到社区、市场、非营利组织和国家,社会参与的基本规律是由熟人社会扩展到陌生人社会。老年人的社会参与是自发自觉的行为,社会参与政策的基本目标是激发老年人自身的活力,而非越俎代庖。家庭是老年人的日常生活所在,它满足了老年人的基本需求,是老年人进行社会参与的基础。社区、市场和非营利组织提供了老年人社会参与的空间和平台。政府的职能是查漏补缺,制定老年人参与政策,弥补老年人参与所需资金的不足,激励市场接纳老年人参与,培育促进老年人社会参与的非营利组织。考虑到老年人社会参与的可及性,尤其要强调社区的重要性。社区是连接政府、非营利组织、市场的平台,也是老年人社会参与由熟人社会向陌生人社会扩展的平台。社区非营利组织是老年人社会参与的自组织,或者是促进老年人社会参与的志愿组织,发展社区非营利组织是促进老年人社会参与的重中之重。由于历史的原因,我国自发产生的社区非营利组织数量少,发育不完全,远远不能满足老年人的社会参与需求。此外,原有的工作单位已不能提供大多数退休职工的社会参与机会。居委会虽然拥有较多的政府资源,但对老年人社会参与所发挥的作用极为有限。在非营利组织走入社区的过程中,居委会甚至起到了阻碍作用。在这种状况下,迫切需要政府采取切实有效的措施,鼓励和支持社区非营利组织的发展。

老年人的社会参与方式,不限于老年人就业(经济参与)、老年人教育(文化参与)、老年人志愿服务等,还包括老年人的政治参与和老年人的休闲娱乐等。无论何种参与,都需要家庭、社会和政府协力为之,使老年人不但“老有所养”,而且“老有所为”,过上有尊严、有价值的老年生活。

第三章

我国老年人社会参与制度的现状

我国还没有做好准备迎接人口老龄化，人口老龄化时代已经悄然到来了，这为我们提出了更多的挑战。马斯洛认为，人类需求像阶梯一样从低到高有不同的层次，老年人亦不例外。但传统社会夸大了老年人弱势群体地位，一味地崇尚“敬老”，单纯地把老年人作为赡养、帮扶的对象，却忽视了老年人的精神和心理需求，忽视了“尊老”的价值所在。进入21世纪，人口老龄化问题凸显，伴随我国人口老龄化的不断加深，对老年人自身社会价值实现的关注不断增强。现今的老龄问题不再是单纯的照护老年人的问题，更深层次的问题是如何实现老龄群体的“独立、参与、照顾、自我充实和尊严”。《积极老龄化:政策框架》为人口老龄化的应对指明了方向。实现积极老龄化，老年人社会参与是重要途径。我国老年人社会参与缺乏权利导向和保障，维护老年人社会参与权，提升老龄群体的社会参与，制度是保障。老年人社会参与权需要通过现实中相应制度的建立得以实现，通过完善的制度得以保障。研究我国老年人社会参与制度现状，可以从我国既有的政策与立法层面来进行解读。老年人社会参与制度从零散的政策、法规到纲领性的政策和统一的立法，经历了从无到有，从特定主体、有限范围到普遍主体、普适范围，老年人社会参与制度开始走向成熟化和规范化。在“老有所养，老有所医，老有所为，老有所学，老有所教，老有所乐”的总目标指导下，越来越多的老年人希望投身社会、奉献社会、实现自身价值和社会价值。老年人社会参与权的实现需要良好的制度保障,但我国老年人社会参与的制度现状仍然存在诸多不足,需要从中央到地方逐渐地去完善。

第一节 我国老年人社会参与政策体系

伴随人口老龄化的进程,我国的老龄政策体系正在形成,老龄政策体系辐射养老保障、医疗卫生、老年教育、婚姻家庭、社会参与等。老年人社会参与政策从20世纪50年代发展到今天,亦初步形成了自己的政策体系。我们可以对老年人社会参与政策从纵向上即老年人社会参与政策体系的形成和横向上即老年人社会参与政策体系的构成来进行阐述。老年人社会参与可以促进社会发展,更是老年人自身社会价值的体现。老年人具有广泛的社会参与权利,老年社会参与具有多元化特征,老年人社会参与政策由宏观性、分散性逐渐向体系化、细致化发展。老龄社会的到来,使老龄问题凸显,老年人得到前所未有的关注,老龄工作成为了政府工作重点之一。为了应对人口老龄化时代的到来,政府需要根据时事发展适时地出台相关政策。积极老龄化要求老年人自尊、自立、自强,积极努力地去实现自我价值和社会价值。老年人自身的原因和社会的现实使然,老年人社会参与状况并不理想,需要政府通过一系列的政策去扶助老年人实现自身的社会参与权。我国老年人社会参与政策经过六十余年的发展已构成有机整体,并发挥着积极的作用。

一、我国老年人社会参与政策体系的形成

在一定时期,政党或政府制定和实施的各项政策依据一定的战略目标而构成有机整体。一个政治实体的全部现行政策,只有构成一个体系,才能有效地发挥作用,实现预期的目的。政策体系是纵横交错的立体结构。从纵向上看,政策之间具有层次性;从横向上看,政策之间具有相关性。政策体系有统一性、阶段性、相对性三个基本特点。统一性是指在整个政策体系中各项具体政策是统一的,不存在相互矛盾的政策;阶段性是指全部政策都是当时为实现某种战略目标而构成的历史阶段性政策;相对性是指政策体

系中不同类别的政策在总体统一性的前提下可以构成自己单独的体系。[①]从20世纪50年代至今,中央出台了多项涉及老年人社会参与的政策,经过半个多世纪的发展,初步形成了我国老年人社会参与的政策体系。我国老年人社会参与政策体系的形成大致可以分为以下几个阶段。

(一)第一阶段:20世纪50年代末到80年代初

该阶段为我国老年人社会参与政策发展的起步阶段,主要表现为以老干部为主的有限主体的有限参与。

目前可以查到的涉及老年人社会参与最早的文件是1958年的一项决定,即中央针对一些由于年龄和身体的关系不能继续担负繁重的工作任务,但仍然可以发挥很大作用的老干部,颁布了《关于安排一部分老干部担任某种荣誉职务的决定》。之后近二十年,老年人社会参与政策几乎没有向前发展。1978年,全国全民所有制单位中需要安置的老弱病残干部约有60万人,因基本丧失劳动能力,需要退休、退职的工人约有200万人。[②]考虑到当时的现实情况以及干部与工人的不同情况,1978年,经党中央和全国人大常委会原则批准,国务院分别颁发了《国务院关于安置老弱病残干部的暂行办法》和《国务院关于工人退休、退职的暂行办法》。

《国务院关于安置老弱病残干部的暂行办法》对老弱病残干部的安置问题进行了规定,其中包括当顾问、担任荣誉职务。《国务院关于工人退休、退职的暂行办法》规定工人退休、退职后,相关的街道组织和社队要注意发挥退休、退职工人的积极作用,街道、社队集体所有制单位对提供劳务的退休、退职工人可以付给一定的报酬,但该暂行办法对退休、退职工人所获报酬进行了限定。1978年的这两个暂行办法指引了部分老年干部和老年工人社会参与的路径。

同年,《中共中央组织部关于加强老干部工作的几点意见的通知》出台,对不同状态的老干部进行了不同的规定。该通知将老干部定位为"国家的宝贵财富"。关于老干部社会参与事项的规定中,"召开座谈会,征求意见的制度"具有现实意义,不仅在20世纪70年代需要面向老干部召开座谈会、

① 参见王蒿山等:《中国政府公务百科全书·基础理论知识》第1卷,中共中央党校出版社1994年版,第339页。

② 参见《老干部退休制度历史沿革和基本政策》,载"中共宁城县委老干部局网站"(http://lgbj.cfnc.gov.cn/html/2015-03/346.shtml),2015年7月5日访问。

征求意见,今天我们仍然需要这项制度,尤其是在相关重大决策的制定过程中。该通知为之后的老年社会参与相关政策的出台奠定了基石,老年社会参与相关政策在此通知基础上不断地完善、发展。

1980 年,中央提出干部"四化"方针,即干部队伍的革命化、年轻化、知识化、专业化。[①] 中共十二大把"实现干部队伍的革命化、年轻化、知识化、专业化"正式写入党章,之后的党章皆规定了干部队伍"四化"方针。此后中央大力推行干部制度改革,一大批老干部逐渐退居二线。干部"四化"方针使得大批的老干部从繁重的工作中解放出来,有了更多的精力和时间关心社会、关心民众,客观上促进了老年干部更深入、更广泛的社会参与。

响应中央干部"四化"方针,顺应干部退休、离职的大环境,1980 年,第五届全国人民代表大会常务委员会第十六次会议通过《国务院关于老干部离职休养的暂行规定》,中共中央发布《关于妥善安排军队退出现役干部的通知》;1981 年,国务院、中央军委发布《关于军队干部退休的暂行规定》;1982 年,国务院、中央军委发布《关于军队干部离职休养的暂行规定》。这些比较集中出台的政策对老干部离职、退休后的社会参与进行了相应的规定,主要涉及政治、文化、教育方面的参与。

从 1958 年《关于安排一部分老干部担任某种荣誉职务的决定》到 1980 年前后,中央在二十余年的跨度内出台了几项涉及老年人社会参与的政策,进行了比较原则性的倡导。受当时的历史环境的限制,其中多数有关社会参与的规定涉及老干部,参与主体受限,参与机会有限,参与的事项也不够宽泛。更值得关注的是,在社会参与过程中对老年人的权益保障不够,很难找到社会参与的保障性规定。

(二)第二阶段:20 世纪 80 年代初到 90 年代中期

该阶段为老年人社会参与的发展阶段,主要表现为专门负责老龄工作的全国性组织的出现、老年人社会参与问题意识的提高以及老年人社会参与主体和参与事项的逐渐扩大。

---

① 干部"四化"方针:革命化、年轻化、知识化、专业化。革命化主要是就干部思想、政治和道德素质而言的,它要求干部树立正确的世界观、人生观和价值观,具有坚定的政治信念和良好的道德品质。年轻化是就干部年龄、体力、精力而言的,它要求干部年富力强、精力充沛,能胜任本职工作。知识化是就干部科学文化素质而言的,它要求干部掌握本职工作所需要的比较丰富的科学文化知识。专业化是就干部业务水平、专业能力而言的,它要求干部具备做好本职工作的能力,成为所领导的那个领域的内行。

1982 年 7 月，联合国在维也纳召开了老龄问题世界大会。大会要求各成员国结合本国具体情况，提出相应的计划措施，并付诸实行。大会通过了《老龄问题国际行动计划》。[①] 同年，响应联合国老龄问题世界大会的号召，在中央积极筹备下，我国第一个领导全国老龄工作的组织——老龄问题全国委员会正式成立了。自此，我国的老龄工作开始有领导、有组织、有规模地开展起来，包括老年社会参与在内的各项老年制度得以确立并发展。[②]

以 1982 年老龄问题世界大会召开为契机，我国政府开始系统保护老年人的权利，老年人社会参与逐渐引起了政府老龄工作的重视。

1982 年，以中共中央《关于建立老干部退休制度的决定》发布为标志，我国老干部退休制度正式建立，存在多年的领导干部职务终身制终于被彻底打破。《中共中央关于建立老干部退休制度的决定》以制度形式确立了老干部退休机制，使得老干部退休正规化、常态化。该决定延续了《中共中央组织部关于加强老干部工作的几点意见的通知》的相关规定，鼓励老干部继续为党和人民做出贡献。一大批老干部随着中央和国家机关的机构改革退出领导岗位，退下来的老干部有了更多的时间和精力，加之中共中央的号召，老干部“老有所为”、奉献社会、发挥余热渐成了社会发展的趋势。

1982 年，中共中央组织部《关于发挥中央、国家机关离休老干部的作用的意见》出台，延续了之前的相关政策规定，并根据实际情况进行了进一步的细化。该意见中出现了离休老干部公益参与的相关规定，如协助基层组

---

① 《老龄问题国际行动计划》共分 4 个部分：导言、原则、行动和执行方面的建议。其中老年人关切领域的行动建议共 51 条，涉及保健和营养、保护老年消费者、住房和环境、家庭、社会福利、收入保障和就业、教育等 7 个方面。在前言部分提出，该行动计划应被视为是为了应付重要的世界问题和需要而制定的主要国际、区域和国家战略和方案的一个不可分割的组成部分。该行动计划的基本目的是加强各国有效处理其人口老龄化和年长者特殊的问题和需要的能力，并通过建立新的国际经济秩序的行动和增强国际技术合作，特别是增强发展中国家相互间的技术合作，来促进处理老龄问题的适当国际行动。为达此目的，制定了下列各项具体目标：(1)促进各国和国际了解人口老龄化在经济上、社会上和文化上对发展进程的影响；(2)促进各国和国际了解老龄问题所涉及的人道主义问题和发展问题；(3)拟订并鼓励面向行动的政策和方案，目的在于保证向年长者提供社会和经济保障以及向他们提供对发展做出贡献和分享发展成果的机会；(4)提出符合各国的标准与目标，以及符合国际公认的关于人口老龄化和年长者需要的原则的备择政策和可行办法；(5)鼓励发展针对世界人口老龄化的适当教育、培训与研究，并促进国际社会在这个领域的技能与知识交流。（参见《1982 年老龄问题维也纳国际行动计划》，http://www.un.org/chinese/esa/ageing/vienna_preface.htm，2015 年 8 月 20 日访问）

② 参见《联合国第一届世界老龄大会和中国老龄工作的开创阶段》，载“上海市老年学学会网站”(http://www.shanghaigss.org.cn/news_view.asp?newsid=918)，2015 年 7 月 10 日访问。

织兴办社会福利事业、教育青少年等，是老年社会参与政策发展过程中的一大进步。同年，《中共中央组织部关于妥善安排退出现职的老干部的意见》出台，促进了退出现职的老干部继续工作，发挥自身的力量服务社会。各种为老年人服务的社会团体相继成立。

1983年，国务院正式批准中国老龄问题全国委员会为常设机构，确认了中国老龄问题全国委员会的性质是“由有关部门和群众团体、科研机构组成的社会团体”，其于1984年和1989年两次召开了全国老龄工作会议，在相关会议上都一定范围内提到了老年人社会参与的问题。党的十三大报告也指出：“必须强调优生优育，提高人口质量。同时，还要注意人口迅速老龄化的趋向，及时采取正确的对策。”在整个80年代，我国主要关注离退休老年人发挥自己的余热、参加社会主义经济建设问题，并制定了一系列的政策规范文件。[①]

中国老龄问题全国委员会于1983年3月1日向国务院提交了《关于我国老龄工作中几个问题的请示》，其中说明了老龄工作的问题、情况和方针，提出了中国老龄问题全国委员会的性质和任务，并提出了几点建议。国务院于1983年4月22日批准了上述请示，并以国务院办公厅文件转发全国各省、自治区、直辖市和中央各部门，即《国务院办公厅转发中国老龄问题全国委员会〈关于我国老龄工作中几个问题的请示〉的通知》。该通知明确指出：“老龄问题主要是对老年人生活特殊需要的照顾和老年人参与社会发展作贡献的问题。”这是“老年人参与社会发展”首次在中央文件中出现，由老年人发挥作用到参与社会发展，更加强调了老年人的社会价值，突出了老年人在社会发展中的积极作用。上述请示文件针对城市、农村老年人的各自的特殊性提出了老年人社会参与的建议，将“老有所养”与“老有所为”并重，“基本养老”与“老年发展”并重，突破了传统上老年人为社会弱势群体、需要被照顾被赡养、忽视老年人作为社会发展力量的价值地位、忽视老年人的自我价值实现的理念。健康老龄化不再是唯一追求目标，在健康老龄化基础上更要积极老龄化。《国务院办公厅转发中国老龄问题全国委员会〈关于我国老龄工作中几个问题的请示〉的通知》是我国政府第一个关于老龄工作的指令性文件，对于整个老龄工作的开展起了极大的推动作用。

---

① 参见肖金明主编：《老年人权益保障法律制度研究》，山东大学出版社2013年版，第219页。

“为了进一步加强我国老年人的工作，遵照十二大指出的方向和国务院相关精神，参照联合国老龄问题世界大会通过的国际行动计划的要求，从我国老年人的实际情况出发，考虑到今后人口老化发展趋势和要求。”[①]中国老龄问题全国委员会于1983年印发《关于老龄工作情况与今后活动计划要点》(通知)，提出了1983～1985年期间活动计划要点，其中专门对老年人社会参与进行了相关规定。“为了适当地发挥老年人的作用，更好地组织老年人参与各方面的社会活动。要敦促各部门、各地区积极采取有效措施，适当满足老年人的特殊需要，并对具有科学知识、技术专长和领导经验的老年人，在力所能及的前提下，加以妥善安排。”以上规定扩大了老年社会参与群体的范围，不再局限于老干部。“有的可重新受聘于本地或外地企事业单位担任技术指导；有的按地段或行业组织起来，开展咨询、翻译、培训、合理化建议等技术服务；有的可带领待业青年举办集体生产、服务业务；有的可参加街道里弄居委会工作，直接为人民办好事；有学问的还可著书立说，使他们为社会继续做出贡献，争取推迟、缩小和避免老龄问题对经济和社会发展所引起的不利影响。”以上规定列出了老年社会参与的事项范围，较之之前的政策，老年人社会参与的事项范围扩大了。《关于老龄工作情况与今后活动计划要点》(通知)指出了老年人社会参与的方向，更好地指引了老年人社会参与。

1983年，为了充分发挥高级专家的作用，为国家建设多做贡献，国务院发布《关于高级专家离休退休若干问题的暂行规定》。按照该暂行规定，高级专家是指“正副教授、正副研究员、高级工程师、高级农艺师、正副主任医师、正副编审、正副译审、正副研究馆员、高级经济师、高级统计师、高级会计师、特级记者、高级记者、高级工艺美术师，以及文艺六级以上的专家”。该暂行规定要求各单位和各部门要积极主动地帮助他们继续进行科学研究、资料整理、著书立说等工作，为他们的业务活动提供必要的方便，体现了国家对高级专家发挥作用权益的保障和促进。同年，国务院发布了《关于延长部分骨干教师、医生、科技人员退休年龄的通知》，提出“要充分发挥现有骨

① 《中国老龄问题全国委员会印发〈关于老龄工作情况与今后活动计划要点〉的通知》，中老字[1983]2号。

干专业技术人员的作用，促进教育、卫生、科学技术事业的发展”。中央有关老年人社会参与政策规定中，老年人社会参与主体的范围进一步扩大。

1984年8月，我国老龄委召开了全国老龄工作会议。时任国家副主席王震代表党中央、国务院向大会作了《大家都来关心老龄事业》的讲话。第一任中国老龄问题全国委员会主任于光汉向大会作了三年来的老龄工作总结报告，第一次完整地提出了我国老龄工作“五个老有”即“老有所养，老有所医，老有所为，老有所学，老有所乐”的奋斗目标。“五个老有”是对联合国第一届世界老龄大会文件的高度概括，是国际文件的中国化，简单明了，易于理解、掌握、付诸行动。[①] 这次大会首次将“老有所为”确立为老年工作的核心奋斗目标，对全国老年人社会参与的进展起了很大的推动作用。

1985年，《中共中央关于进一步加强青少年教育预防青少年违法犯罪的通知》强调，“充分发挥离休退休老干部、老工人、老教师的作用，精心培育青少年”，将老工人置于同老干部、老教师同等的地位，体现了社会参与的平等性。

改革开放后，我国各项事业急需专业技术人员，但当时我国还比较缺少这方面的人才，使得离休、退休专业技术人员在当时仍是我国一支重要的专业技术力量。专业技术人员指已经聘任专业技术职务和原取得专业技术职称，现在机关、事业、企业单位从事专业技术和行政管理工作的人员，以及虽未聘任专业技术职务但现在专业技术岗位上从事专业技术工作的国家干部。包括：工程技术人员，农业技术人员，科学研究人员，卫生技术人员，教学人员，民用航空飞行技术人员，船舶技术人员，经济人员，会计人员，统计人员，翻译人员，图书资料、档案、文博人员，新闻、出版人员，律师，公证人员，广播、电视、播音人员，工艺美术人员，体育人员，艺术人员及海关专业人员。[②] 为了继续发挥离休、退休专业技术人员在现代化建设中的作用，1986年，中共中央办公厅、国务院办公厅发文《关于发挥离休退休专业技术人员作用的暂行规定》。该暂行规定对继续参与社会发展的老同志的保障较之前的政策有很大进步，主要表现为经济权益、知识权益的保障。改革开放

① 参见《联合国第一届世界老龄大会和中国老龄工作的开创阶段》，载“上海市老年学学会网站”(http://www.shanghaigss.org.cn/news_view.asp? newsid=918)，2015年7月10日访问。

② 参见郑家亨主编：《统计大辞典》，中国统计出版社1995年版，第1014页。

后，国家建设需要大量的专家、专业技术人员，他们在各自的领域发挥着积极的作用，离休退休后仍然是国家建设中不可多得的人才，仍然可以发挥自身的作用，积极参与社会的发展。

1990 年，《中共中央组织部关于进一步加强老干部工作的通知》下发，是对 1978 年《中共中央组织部关于加强老干部工作的几点意见的通知》的适时发展。《中共中央组织部关于进一步加强老干部工作的通知》强调有组织、有领导地推动老年人社会参与。

1994 年，在全国社会保险工作会议上，时任人事部部长宋德福第一次提出“第二次人才资源开发问题”，建议把老年人才资源开发纳入整体人才资源开发的系统工程。第二次人才开发是整体人才资源开发的重要组成部分，它不是一般意义上的发挥老年人的作用，而是将其提高到人才资源的高度来研究和运用。[①]

总之，进入 20 世纪 80 年代后，我国老年人社会参与制度有了更进一步的发展。社会参与的主体从老干部为主扩大到老年专家、科技人员、教师、医生、工人等广泛的群体，社会参与的事项也得以扩大，不再以担任荣誉职务、顾问为主。我国第一个领导全国老龄工作的组织——老龄问题全国委员会的成立，1984 年和 1989 年两次全国老龄工作会议的召开；老干部退休制度的正式建立；《关于我国老龄工作中几个问题的请示》和《关于老龄工作情况与今后活动计划要点》等老龄工作全局指导性文件的出台，都极大地促进了包括老年人社会参与在内的老龄各项工作的开展。

（三）第三阶段：20 世纪 90 年代中期至今

该阶段为老年人社会参与政策全面发展、渐成系统阶段，主要表现为中央针对老龄工作相继出台了几个纲领性文件，全面系统地指导我国老龄工作，对老年人社会参与的专门规定引起了社会对老年人社会参与的关注，推动老年人社会参与制度不断完善。

1994 年 12 月，国家计委、民政部等部门联合制定了《中国老龄工作七年发展纲要（1994～2000 年）》。该纲要是我国老龄事业发展进程中，第一个全面规划老龄工作和老龄事业发展的重要指导性文件。首先，该纲要在总则

---

① 参见熊必俊：《老龄经济学》，中国社会出版社 2009 年版，第 342 页。

部分提出:“老龄问题涉及政治、经济、文化和社会生活等诸多领域,是关系国计民生和国家长治久安的一个重大社会问题。全党全社会必须从改革、发展、稳定的大局出发,高度重视和切实加强老龄工作。”将老龄工作放到了影响“改革、发展、稳定”大局的战略高度,老龄问题得到了中央的高度关注。其次,该纲要提出了一段时期内我国老龄事业发展的主要目标,即“包括切实提高老年人的物质和精神文化生活水平,基本实现老有所养、老有所医、老有所教、老有所学、老有所为、老有所乐”。最后,该纲要针对切实保障老年人的合法权益专门规定了老年人社会参与的内容,即“重视发挥老年人的作用,坚持自愿和量力、社会需求同个人志趣相结合的原则,鼓励老年人从事关心教育下一代、传授科学文化知识、开展咨询服务、参与社会公益事业和社区精神文明建设等活动”。《中国老龄工作七年发展纲要》开启了老龄工作“计划”时代,使得老龄工作有计划有目标地展开。

1997 年,《中共中央组织部印发〈关于加强离退休干部党支部建设的意见〉的通知》,这是规范离退休干部思想政治工作的一个重要文件。该通知第一次把离退休干部党支部建设纳入老干部工作的职责范围,第一次把“做好老干部政治、生活待遇的工作”确定为离退休干部党支部的七项主要任务之一。老干部社会参与活动其中一部分是通过党的组织开展的,基层党支部在老干部工作中发挥着重要的作用。该通知针对离退休干部党员的思想政治工作和离退休干部党支部的制度建设、组织建设提出了全面要求。老干部退休并不意味着退党,加强基层党支部建设,密切联系老干部,对于老年人社会参与的发展有十分重要的意义。

1999 年,针对当时形势,根据党中央的指示精神,中组部、中宣部、人事部、劳动和社会保障部及时发出了《关于加强退(离)休干部思想政治工作的通知》。该通知指出,“对退(离)休干部不仅要老有所养,老有所乐,还要老有所教,老有所学”,强调“要用《党章》规范退(离)休干部党员的言行”,把退(离)休干部党支部建设“纳入本地区的党建规划”,“把退(离)休干部的思想政治工作纳入领导责任制”。该通知及时规范离退休老干部的社会行为,引导离退休老干部进行良好的社会参与。

1999年10月，党中央、国务院决定成立全国老龄工作委员会①。全国老龄工作委员会是国务院主管全国老龄工作的议事协调机构。自此，我国有了专门的机构来研究、制定老龄事业发展政策，协调和推动有关部门实施老龄事业发展规划，做好维护老年人权益的保障工作，加强对老龄工作的宏观指导和综合管理，指导、督促和检查各省、自治区、直辖市的老龄工作……②这对于老龄工作的开展、老年人社会参与的推进有着积极的意义。

2000年8月，党中央、国务院下发了《关于加强老龄工作的决定》，再次强调老龄问题是关系国计民生和国家长治久安的一个重大社会问题。延续了《中国老龄工作七年发展纲要(1994～2000年)》，有力地推动了包括老年人社会参与在内的我国老龄事业的发展。同年，中共中央办公厅、国务院办公厅转发《民政部关于在全国推进城市社区建设的意见》。该意见认识到了在社区建设中，老龄组织和老年人发挥着积极和重要的作用，提出要充分发挥工会、妇联、老龄组织等在推进社区建设中的重要作用。

2001年，中组部、文化部、教育部、民政部、全国老龄工作委员会办公室印发《关于做好老年教育工作的通知》。老年人进行社会参与，除了相关知识、技能、身体条件等，还需要与时俱进，跟上时代步伐，老年教育事业可以提升老年人社会参与的水平，让更多的老年人学到自己所需要的知识、技能，掌握更多的信息、资源。

2001年，国务院印发《中国老龄事业发展“十五”计划纲要(2001～2005年)》，指出了21世纪初老龄事业发展的方向，鼓励老年人继续参与社会发展。该纲要在“任务和措施”的“精神文化部分”提出“鼓励老年人继续参与

① 全国老龄工作委员会是国务院主管全国老龄工作的议事协调机构，成立于1999年10月。全国老龄工作委员会由中央组织部、中央宣传部、中直机关工委、中央国家机关工委、外交部、国家发展改革委、教育部、科技部、工业和信息化部、国家民委、公安部、民政部、司法部、财政部、人力资源社会保障部、国土资源部、住房城乡建设部、交通运输部、商务部、文化部、卫生计生委、国家税务总局、国家新闻出版广电总局、国家体育总局、国家统计局、国家旅游局、中国保监会、总政治部、全国总工会、共青团中央、全国妇联、中国老龄协会等32个单位组成。全国老龄工作委员会的主要职责是：(1)研究、制定老龄事业发展战略及重大政策，协调和推动有关部门实施老龄事业发展规划；(2)协调和推动有关部门做好维护老年人权益的保障工作；(3)协调和推动有关部门加强对老龄工作的宏观指导和综合管理，推动开展有利于老年人身心健康的各种活动；(4)指导、督促和检查各省、自治区、直辖市的老龄工作；(5)组织、协调联合国及其他国际组织有关老龄事务在国内的重大活动。(参见《全国老龄工作委员会》，http://www.cncaprc.gov.cn/contents/47/22770.html，2015年8月21日访问)

② 参见《全国老龄工作委员会》，载“全国老龄办官网”(http://www.cncaprc.gov.cn/contents/47/22770.html)，2015年7月10日访问。

社会发展。根据社会需要和自愿量力的原则,创造条件,积极发挥老年人在两个文明建设中的作用”,针对城镇和农村老年人的不同情况分别进行社会参与的引导。“十五”计划纲要配套《国民经济和社会发展第十个五年计划纲要》出台,立足我国经济和社会发展国情,立足人口老龄化的现实。《中国老龄事业发展“十五”计划纲要》实施以来,我国的老龄事业取得了较快发展,老年人的合法权益得到有效维护,老年人物质和精神文化生活日益丰富。“老年福利、教育、文化、体育等事业有了较大发展,敬老、养老、助老的道德风尚进一步形成;地方老龄工作体制基本理顺;老龄工作有效开展;老龄领域的国际交流与合作不断扩大,为加快我国老龄事业的发展奠定了良好的基础。”①

2003 年,《中共中央、国务院关于进一步加强人才工作的决定》出台,强调了人力资源开发在国家经济和社会发展中的重要性。该决定指明了什么是“人才”,强调“只要具有一定的知识和技能,能够进行创造性劳动,为推进社会主义物质文明、政治文明、精神文明建设,在建设中国特色社会主义伟大事业中作出积极贡献,都是党和国家需要的人才”。而且很多老年人经过大半生的人生阅历,积累了丰富的知识、经验和优秀的技能。该决定提出要“注意发挥老专家、老教授的作用”,在“推进人才资源整体开发,实现人才工作协调发展”的论述中再次强调要“注意发挥离休退休人才的作用”。

2003 年,全国老龄工作委员会办公室下发《关于印发〈组织开展老年知识分子援助西部大开发行动试点方案〉的通知》,即“银龄行动”。2002 年 9 月 2 日,原中共中央政治局常委、国务院副总理李岚清在中科院科普宣讲团座谈会上提出,老龄委可以研究开展以民间形式组织的发挥老年人才智力的活动。翌年 2 月,全国老龄工作委员会决定在全国组织开展“老年知识分子援助西部大开发行动”,鉴于老年知识分子大都已“华发如银”,因而行动简称“银龄行动”。“银龄行动”倡导并组织以东部地区为主的全国大中城市离退休老年知识分子以各种形式向西部地区开展智力援助行动,支援西部大开发。② “银龄行动”实施十多年来,已覆盖全国多个地方,活动内容包含农业、文化、教育、科技等社会各领域多方位援助。“银龄行动”是中央发

---

① 《中国老龄事业发展“十一五”规划(2006~2010)》,全国老龄委发[2006]7 号。

② 参见曹健、刘清瑞编著:《中国老龄事业发展概览》,华龄出版社 2012 年版,第 165 页。

起的重要的老年社会参与活动，其参加人数之多、影响之大，在老年社会参与发展历史上具有重大的意义。“银龄行动”是我国老年人参与的成功案例，其在多地如火如荼地开展。①

2004 年，我国关工委等八单位印发《关于发挥“五老”队伍在加强和改进未成年人思想道德建设中的作用的通知》。该通知要求充分发挥关心下一代工作委员会和老干部、老战士、老专家、老教师、老模范即“五老”在未成年人思想道德建设中的作用，开展有益于青少年健康成长的各项活动。

2005 年，中央组织部、中央宣传部等八部门作出《关于进一步发挥离退休专业技术人员作用的意见》。该意见指出了继续发挥好离退休专业技术人员特别是老专家的作用的重大意义，从发挥离退休专业技术人员作用工作的总体要求、积极支持离退休专业技术人员发挥作用、努力为离退休专业技术人员发挥作用提供必要的条件、切实维护离退休专业技术人员的合法权益、高度重视发挥离退休专业技术人员社团组织的作用、大力加强对发挥离退休专业技术人员作用的领导六个方面提出了意见。该意见是对 1986 年的《关于发挥离休退休专业技术人员作用的暂行规定》的发展。经过近二十年的发展，国家发生了翻天覆地的变化，社会经历了从未有过的快速发展，对人才的需求更加迫切，离退休专业技术人员在社会发展中的重要性在该意见出台的二十年前就引起了中央政府的高度关切。该意见进一步强调了离退休专业技术人员在现代化建设中的重要性，对于离退休专业技术人员发挥作用、参与社会发展提供了重要支持。

2006 年，全国老龄委提出了《中国老龄事业发展“十一五”规划（2006～

① 如 2014 年深圳“银龄行动”：(1)深圳“银龄行动”连续举办三年，奔赴新疆喀什、原特区外支教、支医、支科。(2)2014 年，50 名老年志愿者参加“银龄行动”，均为副高及以上职称，90 天无偿服务，年龄最大 75 岁，最小 56 岁，平均年龄 65 岁。(3)医疗保健组有 16 名内、外、妇等科副高以上职称的退休医生，前往 30 个社区及工业区开展义诊活动、健康讲座、保健咨询。义诊时间 1758 小时，服务了社区居民及企业员工 4162 人次，到行动不便的南坑社区居民家里上门义诊 96 人次，发放义诊保健宣传单计 15000 份。(4)教学辅导组有 16 名退休优秀教师、校长，定点帮扶了 10 所民办中小幼学校。听课 299 节，评课 303 节，指导教师 172 人，提教学管理建议 252 次，捐赠图书 12800 册，向社会募捐电脑 63 台。(5)科技项目组有 18 名工程技术、管理等方面的老专家，到 18 个中小微企业开展科技创新帮扶工作。成功开发新产品 1 种；申报专利 4 项，无偿赠送发明专利 6 项；完成技术改造 12 项；制定新产品方案 1 项，提供技术报告 1 份；协助 5 个中小企业申请成立了“企业科协”。取得了较好的社会和经济效益。[参见罗莉琼等：《“银龄行动”向社会传递正能量》，载“深圳新闻网”（http://sztqb.sznews.com/html/2015-06/26/content_3263073.htm），2015 年 8 月 22 日访问]

2010)》。该规划提出了我国老年社会保障、老龄事业基础设施建设、老年产业、老年精神文化生活等方面所要实现的目标和任务,针对作为总体目标组成部分的老年人社会参与,运用了三段文字大篇幅进行阐述,具体从努力营造老年人参与社会发展的社会环境、鼓励和支持老年人继续参与经济社会发展、大力开发和培育老年人才市场等三个方面进行了阐述。"十一五"规划较之"十五"计划纲要关于老年人社会参与的规定更为详细和深入。《中国老龄事业发展"十一五"规划》顺应了老龄社会的发展,并具有前瞻性,引领老年人更加积极地进行社会参与。"十一五"时期是老龄事业快速发展的五年。老年教育、文化、体育事业较快发展,老年精神文化生活更加丰富。全社会老龄意识明显增强,敬老爱老助老社会氛围日益浓厚,老年人权益得到较好保障。老龄领域的科学研究、国际交流与合作取得了新的进展。广大老年群众坚持老有所为,积极参与经济社会建设和公益活动,在构建社会主义和谐社会中发挥了重要作用。

2011 年,国务院印发《中国老龄事业发展"十二五"规划(2011～2015 年)》。这是新中国成立以来第一个经国务院常务会议讨论通过,并由国务院颁布的老龄事业发展规划。随着老龄化进程的加快,国家对老龄工作的认识逐渐加深,愈来愈重视老龄工作。"十二五"时期,我国人口老龄化进程进一步加快,与人口老龄化进程相伴随的是各种老龄问题,经济和社会发展滞后于老龄化进程需要,人口基数庞大,我国人口老龄化带来的风险和挑战较之其他国家更为复杂和严峻。"十二五"规划立足于我国老龄社会的基本国情,抓住人口老龄化进程中的主要问题和矛盾,提出了积极的规划,要求"扩大老年人社会参与。注重开发老年人力资源,支持老年人以适当方式参与经济发展和社会公益活动"。"十二五"规划的颁布实施,是我国老龄事业发展史上的一件大事,为我国发展新时期的老龄事业提供了根本性的行动纲领,是中央政府积极应对人口老龄化、统筹解决系列老龄问题的重大举措。

2012 年,党的十八大报告针对人口老龄化进程加快的战略部署,明确提出要积极应对人口老龄化,大力发展老龄服务事业和产业。十八大报告在我国历史上具有划时代的意义,其中关于老龄问题的阐述对我国老龄事业的发展必将起到积极的促进作用。

简而言之,20 世纪 90 年代中期开始,我国老年人社会参与政策逐渐成熟,纲领性文件的发布、具体政策的出台都将老年人社会参与制度向前推进。

二、我国老年人社会参与政策体系的构成

我国老年社会参与政策经过几十年的发展历程,初步形成了有我国特色的老年社会参与政策体系。老年社会参与政策体系规划了老年社会参与的发展方向、目标。政策可分为基本政策和具体政策。基本政策是党和国家在某一方面或领域开展工作所确定的根本指导原则,是具体政策的原则化。它所要解决的问题都是某一方面或领域重大的、全局性的问题,具有战略性的特点,有很强的稳定性。[①] 老年人社会参与政策体系中的纲要、决定等文件,提出了老年人社会参与的指导思想、任务目标、未来规划等,相当于老年人社会参与政策体系中的基本政策,对其他老年人社会参与政策的制定起着引领作用。具体政策是在基本政策的统领下,为解决特定时期或一定范围内的某类或某个特定问题所确定的具体目标任务和行动准则。这个概念表达三层意思:第一,具体政策制定的主要依据是基本政策的方针和原则,基本政策直接统帅和指导具体政策。第二,具体政策的对象是各部门各地区在特定时期和范围内的特定问题,在时间和空间上具体而明确。第三,具体政策的主要内容是为解决特定问题而确定的具体目标、任务、途径和方法。[②] 老年社会参与政策体系中存在大量针对特定时期或为解决特定问题而制定的具体政策,基本政策为具体政策的出台指明了方向,具体政策又促进了基本政策的发展、完善。

(一)我国老年人社会参与基本政策

从涉及我国老年人社会参与的相关政策中,我们可以找寻到其中起着纲领性作用或对其他老年人社会参与具体政策的制定具有指引作用的政策,即基本政策或相当于基本政策的政策。

1980 年,中央提出干部队伍的革命化、年轻化、知识化、专业化。其中,年轻化要达到的目标是实现新老干部的正常合作与交替,防止和消除干部

① 参见王蒿山等:《中国政府公务百科全书·基础理论知识》第 1 卷,中共中央党校出版社 1994 年版,第 339 页。

② 参见刁田丁、兰秉洁等编著:《政策学》,中国统计出版社 2000 年版,第 65 页。

队伍的老化和僵化现象，使干部队伍特别是领导班子成员能够形成以中青年为主体的梯次年龄结构。这种结构的优势在于它充满生机与活力，可以适应繁重艰巨的工作任务，造就一代又一代的革命事业接班人，保证党和国家的长治久安。[①] 干部"四化"方针并没有直接涉及老年人的社会参与，但其自从被提出就成为干部队伍建设的重要方针，其贯彻实施从党章高度予以规范，至今发挥着重要的作用，在我国干部队伍建设史上具有重要的意义。而其中一个重要意义就是从领导岗位上释放了一大批老干部，使得老干部有了更多的时间和精力关注社会、关注民众，这在客观上促进了老年干部更深入、更广泛的社会参与。

国务院于1983年批准了老龄委的相关请示，并以国务院办公厅文件转发全国各省、自治区、直辖市和中央各部门，即《国务院办公厅转发中国老龄问题全国委员会〈关于我国老龄工作中几个问题的请示〉的通知》。该通知作为我国政府第一个关于老龄工作的指令性文件，对于整个老龄工作起了极大的推动作用。"老龄问题主要是对老年人生活特殊需要的照顾和老年人参与社会发展作贡献的问题。"这概括了老龄问题的两个方面，说明了老年人参与社会发展在老龄事业中的重要性。同年，中国老龄问题全国委员会印发《关于老龄工作情况与今后活动计划要点》(通知)，指出了老龄工作的情况和一段时间内的老龄工作计划，第一次专段对老年人的社会参与进行了规定。作为全国老龄工作的规划性文件，其表明了老年人社会参与的重要性。

2000年8月，党中央、国务院印发了《关于加强老龄工作的决定》，有力地推动了我国老龄事业的发展。该决定对我国老龄工作的指导思想和加强老龄工作、发展老龄事业要遵循的原则以及今后一个时期我国老龄事业发展的主要目标都作了明确规定。《关于加强老龄工作的决定》是第一个国家系统出台的有关老年人社会参与的基本政策，其对全国包括社会参与在内的老龄工作有重要的影响。

在老年人社会参与政策变迁过程中，到目前为止有四个纲要和规划统领、规划着全国整个老龄事业的发展。我国政府先后颁布实施了《中国老龄

① 参见李新爱：《我国公共部门干部年轻化的利弊分析研究》，郑州大学2009年硕士学位论文，第5页。

工作七年发展纲要(1994～2000年)》《中国老龄事业发展“十五”计划纲要(2001～2005年)》《中国老龄事业发展“十一五”规划(2006～2010年)》和《中国老龄事业发展“十二五”规划(2011～2015年)》,引导国务院有关部门制定本部门老龄工作行动计划,引导地方各级人民政府制定本地方老龄事业发展规划。以上四个纲要和规划在老年人社会参与制度的发展中占据着重要的地位。

在我国老龄事业发展进程中,第一个全面规划老龄工作和老龄事业发展的重要指导性文件是1994年国家计委、民政部等部门联合制定的《中国老龄工作七年发展纲要(1994～2000年)》。该纲要的发布标志着我国老龄工作和老龄事业开始步入有计划的发展轨道。《中国老龄工作七年发展纲要》提出了一段时期内我国老龄事业发展的主要目标,在切实保障老年人的合法权益部分提纲挈领地规定了老年人社会参与的原则和领域,对于老年人社会参与政策的细化和实施具有指导意义。

2001年,国务院印发《中国老龄事业发展“十五”计划纲要(2001～2005年)》。“十五”纲要开启了老龄事业全面发展阶段,肯定了社会发展中老年人的积极作用。全国的老龄事业在“十五”纲要的规划下不断向前发展。

2006年,全国老龄委提出了《中国老龄事业发展“十一五”规划(2006～2010年)》。该规划提出了我国在老年社会保障、老龄事业基础设施建设、老年产业、老年精神文化生活等方面所要实现的目标和任务;提出“到2010年,基本建立相对完善的老年政策法规体系”,“为实现‘老有所养,老有所医,老有所教,老有所为,老有所学,老有所乐’的老龄工作目标创造更为有利的社会条件”。“十一五”规划共分为九个部分,其中“老年人的社会参与”作为单独一部分分三段进行了规定,由此,老年人社会参与的规定在我国老龄事业发展规划中的比重进一步加大。《中国老龄事业发展“十一五”规划》顺应了老龄社会的发展,符合经济社会的发展和老年人社会参与的实际情况。

2011年,国务院常务会议讨论通过《中国老龄事业发展“十二五”规划(2011～2015年)》。随着老龄化进程的加快,国家对老龄工作的认识逐渐加深,愈来愈重视老龄工作。“十二五”规划由背景,指导思想、发展目标和基本原则,主要任务,保障措施四部分构成。该规划指出,“十二五”时期,随着第一个老年人口增长高峰的到来,我国人口老龄化进程将进一步加快。

2011～2015年，全国60岁以上老年人将由1.78亿增加到2.21亿，平均每年增加老年人860万；老年人口比重将由13.3%增加到16%。第六次全国人口普查结果显示，截至2010年年底，我国60岁以上的老年人口已近1.78亿，约占总人口的13.26%。到2030年，老年人口规模将翻一番。人口老龄化加剧带来一系列的问题，“十二五”规划立足于我国老龄社会的基本国情，提出了积极的应对策略和措施。其在“主要任务”部分指出：“扩大老年人社会参与。注重开发老年人力资源，支持老年人以适当方式参与经济发展和社会公益活动。”“十二五”规划的颁布实施是我国老龄事业发展史上的一件大事，不仅指明了“老有所为”的方向，还提出要积极探索老年人社会参与的形式，为新时期老年人社会参与提供了基本的行动纲领。

(二)我国老年人社会参与的具体政策

从20世纪50年代到今天，国家相继制定了一系列有关老年人社会参与的具体政策。这些具体政策对于我国老龄工作和老年人社会参与制度的发展产生了重要影响。老年人社会参与的具体政策比较零散，我们可以对其进行大致的分类。

1. 按政策针对的对象进行分类

(1)老年人社会参与政策针对对象为老干部

1958年，《关于安排一部分老干部担任某种荣誉职务的决定》非常有限地涉及了老年人的社会参与，具体表现为主体有限、范围有限。该决定规定，老干部“虽然由于年龄和身体的关系不能继续担负繁重的工作任务，但是在联系和团结群众，向群众进行政治宣传教育，特别是教育青年一代发扬艰苦奋斗的革命传统方面，仍然可以发挥很大的作用。因此，安排他们担负一定的荣誉职务，并且鼓励他们继续为党和人民做一些他们所能够胜任的工作，这是完全必要的”。被安排荣誉职务的干部必须是1942年以前参加革命工作的县级以上的干部，或者是1945年以前参加革命的军队干部。[①] 1978年，《国务院关于安置老弱病残干部的暂行办法》和《中共中央组织部关于加强老干部工作的几点意见的通知》下发；1980年，《国务院关于老干部离职休养的暂行规定》指出，注意发挥离休干部的作用，鼓励离休老干部做些

① 参见石岩凤：《关于“中央顾问委员会”提出时间和首创者的考证》，载《福建党史月刊》2009年第2期。

力所能及的工作；1982 年，中共中央出台《关于建立老干部退休制度的决定》，中央组织部出台《关于发挥中央、国家机关离休老干部的作用的意见》和《关于妥善安排退出现职的老干部的意见》；1990 年，中共中央组织部下发《关于进一步加强老干部工作的通知》；1997 年，中共中央组织部印发《关于加强离退休干部党支部建设的意见》。以上文件均鲜明地体现了政策指向的对象，就老干部的相关事项作出了规定。

20 世纪 50～90 年代，中央出台多部有关老干部社会参与的政策，尤其是 20 世纪 70 年代末 80 年代初，老干部社会参与的相关政策比较集中。老干部在不同的历史时期有不同的内容。我们称的"老干部"是指在中华人民共和国成立前，在新民主主义革命的四个时期中，即在第一次国内革命战争时期、第二次国内革命战争时期、抗日战争和解放战争时期参加革命的干部。我们党的这批老干部，在各个革命历史时期，为党为人民做出了重大贡献，他们是我们党和国家的宝贵财富。[①] 老干部有丰富的人生阅历，很多老干部为新中国的建立和发展做出了积极的贡献。国家出台一系列有关老干部的政策体现了对老干部权利的保障，对老干部历史贡献和社会价值的认同，符合当时的历史环境。

(2)老年人社会参与政策对象针对军队老干部

1980 年，中共中央印发《关于妥善安排军队退出现役干部的通知》；1981 年，国务院、中央军委发布《关于军队干部退休的暂行规定》；1982 年，国务院、中央军委发布《关于军队干部离职休养的暂行规定》；等等。以上政策文件均涉及退出现役、退休、离职休养的军队老干部社会参与的规定。这些有关军队老干部社会参与的政策与前述老干部社会参与的政策规定是相符的。

(3)老年人社会参与政策对象针对老年专业技术人员

1983 年，国务院发布《关于延长部分骨干教师、医生、科技人员退休年龄的通知》《关于高级专家离休退休若干问题的暂行规定》；1986 年，国务院发布《关于发挥离休退休专业技术人员作用的暂行规定》；2005 年，中央组织部等八部门发布《关于进一步发挥离退休专业技术人员作用的意见》；等等。以上文件表明我国对继续参与社会发展的老同志的保障政策逐渐在加强。

---

① 参见向洪、薛斌主编：《领导干部辞典》，电子科技大学出版社 1992 年版，第 104 页。

改革开放后，国家建设需要大量的专家、专业技术人员，他们在各自的领域发挥着积极的作用，他们离休、退休后仍然是国家建设中不可多得的人才，仍然可以发挥自身的作用，积极参与社会的发展。

(4)老年人社会参与政策对象针对老年退休工人

1978 年，《国务院关于工人退休、退职的暂行办法》下发。该暂行办法规定，工人退休、退职后，要注意继续发挥积极作用，从事力所能及的工作，相关用人单位或部门可以给付一定的报酬。

2. 按老年人社会参与的内容进行分类

老年人社会参与的内容可以分为政治参与、经济参与、公益参与等，既有老年人社会参与的具体政策大致可分入上述几类参与的范围。

在有关老年人社会参与的具体政策中，涉及政治参与的主要是老干部担任荣誉职务和老干部党建工作。荣誉职务指享有名誉但不担任实职性工作的职务。一般是对党和国家做出重大贡献、威望比较高的老干部，因坚持正常领导工作(包括当顾问)有困难，或年事已高的曾担任领导职务的著名专家、学者和艺术家，安排其担任光荣名誉性的职务，如名誉主席、名誉校长、名誉院长等。担任荣誉职务，不属于离休退休，是一种退居二线的非实职性的职务，原则上一人一职。担任荣誉职务一般不再从事行政领导工作。[①] 如 1958 年《中共中央关于安排一部分老干部担任各种荣誉职务的通知》、1978 年《国务院关于安置老弱病残干部的暂行办法》、1980 年《关于妥善安排军队退出现役干部的通知》、1981 年《关于军队干部退休的暂行规定》、1982 年《关于军队干部离职休养的暂行规定》等均规定了老干部担任荣誉职务的相关事项。涉及老干部党建工作的如 1997 年《中共中央组织部印发〈关于加强离退休干部党支部建设的意见〉的通知》、1999 年《关于加强退(离)休干部思想政治工作的通知》等，均强调了老干部的党组织生活。

有关经济参与的政策主要是老年人离休、退休、退职的相关规定。如 1978 年《国务院关于工人退休、退职的暂行办法》、1983 年《关于高级专家离休退休若干问题的暂行规定》等涉及报酬给付、退休费提高等参与社会发展而获得待遇的相关规定。

有关老年公益参与的政策如 1985 年《中共中央关于进一步加强青少年

---

① 参见万福义主编：《中国共产党建设大辞典》，山东人民出版社 2001 年版，第 401 页。

教育预防青少年违法犯罪的通知》、2004 年《关于发挥“五老”队伍在加强和改进未成年人思想道德建设中的作用的通知》等，以上文件均涉及老年人开展的针对青少年儿童思想道德建设的公益活动。再如，2003 年全国老龄工作委员会办公室关于印发《组织开展老年知识分子援助西部大开发行动试点方案》的通知，即在全国有着巨大影响的“银龄行动”。

虽然既有的老年人社会参与的具体政策按内容大致可归入上述三类参与类型中，但相关政策还不够完善，规定还不全面，不能满足老年人政治、经济、公益全面参与的需要。

三、我国老年人社会参与政策总体现状

早在 2006 年，《中国老龄事业发展“十一五”规划》就提出，到 2010 年，基本建立相对完善的老年政策法规体系。虽然我国目前的老年人政策法规体系还不能称之为完善，但经过几十年的发展已形成了自己的一套体系。从 20 世纪 50 年代到今天，我国老年人社会参与政策历经六十余年的发展历程，也渐成体系。

通过前文描述，我们可以对老年人社会参与政策的脉络体系有个大致了解。20 世纪 50 年代末到 80 年代初，是以老干部为主的有限主体的有限参与阶段，老年人社会参与政策起步发展缓慢。20 世纪 80 年代初到 90 年代中期，专门负责老龄工作的全国组织——中国老龄问题全国委员会成立，中央政府对老年人社会参与问题的认识提高，老年人社会参与主体和事项得以扩大，老年人社会参与政策向前进了一大步。20 世纪 90 年代中期至今，中央针对老龄工作相继出台了数个纲领性文件，全面系统地指导着我国老龄工作，老年人社会参与政策开始全面发展，渐成体系。

虽然老年人社会参与政策取得了长足发展，但是我们依然不可否认相关政策仍然有待加强和完善。20 世纪 50 年代制定的涉及老年人社会参与的众多政策仍然有效，其中很多有针对性的政策是指向老干部、老专家、老专业技术人员，对更为广泛的普通老年人群体的社会参与政策导向不够，具体规定缺乏。无论是老年人的经济参与、政治参与或公益参与，具体、明确地就某一方面或某一领域作出规定的政策极少，使得老年人社会参与路径不明，社会参与过程中权益保障不够。作为老年人社会参与制度组成部分的老年人社会参与政策，关于其现状解读，本章第三节将进行详细论述。

第二节 我国老年人社会参与立法概况

根据全国老龄办发布的《中国人口老龄化发展趋势预测研究报告》，2001～2100年，我国人口老龄化发展趋势将经历快速老龄化、加速老龄化和稳定的重度老龄化三个阶段，21世纪的中国是一个不可逆转的老龄社会。与发达国家相比，我国是在尚未实现现代化、经济尚不发达的情况下进入老龄社会的，属于典型的未富先老，我们面临的人口老龄化挑战将比其他国家更加严峻。[①] 老年人权益需要法律层面的保障，应通过立法赋予老年人各项基本权利，用法律的强制力来保障老年人的权益。老年人立法在社会保障立法中占有重要的位置。关于老龄问题，早在1983年，我国老龄委在《关于我国老龄工作中几个问题的请示》中就明确指出："老龄问题主要是对老年人生活特殊需要的照顾和老年人参与社会发展作贡献的问题。""养老"与"参与"是老年生活的两大重要组成部分。老年人参与社会发展在积极老龄化过程中的作用不容忽视。我国从中央到地方对老年人社会参与都作出了相关立法，虽然没有形成完整的老年人社会参与法律体系，但已有立法对老年人社会参与权的实现切实起到了保障的作用。

一、我国老年人社会参与中央层面的立法现状

中央立法的直接任务就是以宪法、法律、行政法规等重要的法的形式和其他规范性法律文件，为国家、社会、公民生活的各个基本方面提供必要的法律规范。中央立法是一国立法体制中，具有前提性、主导性、基础性的重要环节。[②] 我国并没有老年人社会参与的专门中央立法，老年人社会参与的相关法律规定蕴含在基本法律和普通法律中。

宪法是国家的根本大法，以保障人权为目的。宪法规定了我国的政治制度、经济制度、公民的权利和义务、国家机构的设置和职责范围、今后国家的根本任务等。老年人社会参与制度作为老龄制度的重要组成部分，在宪

---

① 参见上海国际金融中心研究会、上海市职业能力考试院编著：《金融理财基础》第2版，上海人民出版社2008年版，第39页。

② 参见魏海军主编：《立法概述》，东北大学出版社2013年版，第269页。

法中也可以找寻到其渊源。我国宪法规定，国家尊重和保障人权，老年人权益亦应被尊重和保障，当然包括老年人社会参与权，这是老年人社会参与权得以保障的根本依据。宪法中规定的选举权与被选举权，言论、出版、集会、结社、游行、示威自由，劳动权，休息权，受教育权等都关乎老年人的社会参与权。宪法规范结构具有开放性，通过解释宪法的途径可以使老年人社会参与权获得更明确的宪法支持。

中央有关老年人社会参与的立法中，目前直接就老年人社会参与进行规定的是《老年人权益保障法》。《老年人权益保障法》于 1996 年经第八届全国人民代表大会常务委员会第二十一次会议通过，2012 年 12 月 28 日第十一届全国人民代表大会常务委员会第三十次会议修订，是我国第一部专门保障老年人权益的法律，在老龄事业发展中具有十分重要的意义。

《老年人权益保障法》总则关于国家保障老年人依法享有的权益中规定："老年人有从国家和社会获得物质帮助的权利，有享受社会服务和社会优待的权利，有参与社会发展和共享发展成果的权利。""积极应对人口老龄化是国家的一项长期战略任务。国家和社会应当采取措施，健全保障老年人权益的各项制度，逐步改善保障老年人生活、健康、安全以及参与社会发展的条件，实现老有所养、老有所医、老有所为、老有所学、老有所乐。""对参与社会发展做出突出贡献的老年人，按照国家有关规定给予表彰或者奖励。"这些规定明确了老年人的社会参与权，表明了国家对老年人社会参与的鼓励与支持。《老年人权益保障法》特设一章规定了老年人参与社会发展的内容。第 65 条作了老年人社会参与的概括性规定："国家和社会应当重视、珍惜老年人的知识、技能、经验和优良品德，发挥老年人的专长和作用，保障老年人参与经济、政治、文化和社会生活。"第 66 条引导老年人组织参与："老年人可以通过老年人组织，开展有益身心健康的活动。"第 67 条规定了老年人在涉老问题上的决策参与权："制定法律、法规、规章和公共政策，涉及老年人权益重大问题的，应当听取老年人和老年人组织的意见。老年人和老年人组织有权向国家机关提出老年人权益保障、老龄事业发展等方面的意见和建议。"第 68 条规定了老年人社会参与八个方面的内容，是我国中央立法中对老年人社会参与最为全面的表述。[①] 第69条体现了对老年人就业权和健康权的保护："老年人参加劳动的合法收入受法律保护。任何单位和个人不得安排老年人从事危害其身心健康的劳动或者危险作业。"第70条关于老年教育的规定是老年人社会参与的辅助条件："老年人有继续受教育的权利。国家发展老年教育，把老年教育纳入终身教育体系，鼓励社会办好各类老年学校。各级人民政府对老年教育应当加强领导，统一规划，加大投入。"第71条规定了老年人的文体活动参与："国家和社会采取措施，开展适合老年人的群众性文化、体育、娱乐活动，丰富老年人的精神文化生活。"修订后的《老年人权益保障法》中积极老龄化的精神贯穿始终。实现积极老龄化，老年人社会参与是重要的途径。老年人权益保障法在老年人社会参与制度发展史上具有重要意义。

全国人大常委会2015年8月21日在北京召开老年人权益保障法执法检查组第一次全体会议，正式启动对2012年修订后的《老年人权益保障法》实施情况的执法检查。此次执法检查将在全面检查老年人权益保障法实施情况的基础上，将老年人参与社会发展情况作为重点检查的内容之一。2015年12月下旬，执法检查组将向十二届全国人大常委会第十八次会议作关于检查老年人权益保障法实施情况的报告。[②] 立法与执法不可分离，再好的法律如果不能贯彻落实，也不能称之为"良法"。执法检查组的执法检查活动对于老年人权益保障法的真正贯彻实施是一次全面的检验，而且十分必要。

除宪法、老年人权益保障法外，其他单行法律中也有与老年人社会参与相关的规定，其中对老年人社会参与有直接促进作用的包括教育法、妇女权

---

① 老年人社会参与八个方面的内容具体为："国家为老年人参与社会发展创造条件。根据社会需要和可能，鼓励老年人在自愿和量力的情况下，从事下列活动：（一）对青少年和儿童进行社会主义、爱国主义、集体主义和艰苦奋斗等优良传统教育；（二）传授文化和科技知识；（三）提供咨询服务；（四）依法参与科技开发和应用；（五）依法从事经营和生产活动；（六）参加志愿服务，兴办社会公益事业；（七）参与维护社会治安，协助调解民间纠纷；（八）参加其他社会活动。"

② 参见《老年人权益保障法执法检查启动》，载"法制网"（http://epaper.legaldaily.com.cn/fzrb/content/20150822/Articel03003GN.htm），2015年8月25日访问。

益保障法、残疾人保障法等。[①]

我国《教育法》第40条规定:"从业人员有依法接受职业培训和继续教育的权利和义务。国家机关、企业事业组织和其他社会组织,应当为本单位职工的学习和培训提供条件和便利。"第41条规定:"国家鼓励学校及其他教育机构、社会组织采取措施,为公民接受终身教育创造条件。"老年从业人员是不可忽视的群体,教育法规定的职业培训、继续教育同样适用于老年人,因老年人的特殊年龄和地位,更应该强调对从业老年人的职业培训和继续教育。公民终身教育是使每一个公民在人生各个阶段都能持续地学习,以满足其在一生中各个时期各个阶段的各种学习需求。21世纪是飞速发展的时代,要跟进时代步伐,就必须不断地学习;21世纪的教育必须是终身教育,无论年龄有多大,都必须有机会学习新的理念、新的技能。终身教育为老年人社会参与提供了更好的支持。受教育程度的高低反映着一个人人力资本存量的多少,对个人的收入、生活等有着重要的影响。[②] 对于老年人更好的社会参与,教育法无疑提供了更进一步的保障。

老年人是个广泛的群体,按性别分包括男、女老年人,按身体状况分包括健全、残疾老年人。老年妇女、老年残疾人社会参与受到的阻力更多一些,其社会参与权更需要法律的特殊保障。与世界许多国家一样,我国急速增长的老年人口呈现出显著的女性化特点,即老年女性的规模显著超过男性,且越到高龄,女性所占比例越高,老年人口的女性化程度越显著。"六普"数据显示,2010年,我国大陆60岁及以上人口达到1.8亿,其中,老年妇

---

① 再如《选举法》《劳动法》《就业促进法》《社会团体管理法》等也与老年人社会参与权有关。如《选举法》第3条:"中华人民共和国年满十八周岁的公民,不分民族、种族、性别、职业、家庭出身、宗教信仰、教育程度、财产状况和居住期限,都有选举权和被选举权。"涉及老年人的政治参与。《劳动法》第3条:"劳动者享有平等就业和选择职业的权利、取得劳动报酬的权利、休息休假的权利、获得劳动安全卫生保护的权利、接受职业技能培训的权利、享受社会保险和福利的权利、提请劳动争议处理的权利以及法律规定的其他劳动权利。"第5条:"国家采取各种措施,促进劳动就业,发展职业教育,制定劳动标准,调节社会收入,完善社会保险,协调劳动关系,逐步提高劳动者的生活水平。"以上保障性条款适用于老年人的经济参与。《就业促进法》第3条:"劳动者依法享有平等就业和自主择业的权利。劳动者就业,不因民族、种族、性别、宗教信仰等不同而受歧视。"第5条:"县级以上人民政府通过发展经济和调整产业结构、规范人力资源市场、完善就业服务、加强职业教育和培训、提供就业援助等措施,创造就业条件,扩大就业。"以上均涉及老年人的经济参与。但综观选举法、劳动法、就业促进法,并未对年龄歧视进行规制,强调了民族、种族、性别、宗教信仰等差异,却忽视了老年人与青壮年的差异。另外,与老年人社会参与密切相关的慈善法、志愿服务法、社会团体管理法等也应尽快出台,保障和规范老年人的社会参与。

② 参见丁志宏:《我国老年残疾人口:现状与特征》,载《人口研究》2008年第4期。

女为9105万，占老年人口的51.3%。与2000年相比，十年间我国老年妇女的规模增长了2445万，略高于老年男性2321万的增幅。80岁及以上高龄人口中，女性约占58.2%。在未来几十年间，随着我国人口预期寿命的进一步提高以及老年人口高龄化程度的提高，我国老年人口的女性化程度还将会进一步提高。我国《妇女权益保障法》旨在保障妇女的合法权益，促进男女平等，充分发挥妇女在社会主义现代化建设中的作用。其中涉及政策参与、选举权与被选举权等政治权利，选拔女干部、妇女组织等，妇女的平等受教育权和科技、文艺权利，妇女的平等劳动权及相应的权利保障等，对老年妇女平等地进行社会参与提供了法律支持。2010年，在我国老年妇女中，70岁以下的低龄老人占54.4%，70～79岁中龄老人占32.2%，80岁及以上高龄老人占13.4%(比2000年增长了2.2个百分点)。相对人口老龄化程度较高的西方发达国家，当前我国老年妇女中80岁以下中低年龄组所占的比例较大(86.6%)，这意味着我国当前的老年妇女是一个相对年轻的群体，国家应该重视对老年妇女群体的人力资源的再开发利用，充分发挥她们在应对人口老龄化战略中的重要作用。[①] 老龄妇女在老年人群体中占据的庞大数量不容小觑，如何让老年妇女更积极乐观地安度晚年，除了基本的养老外，广泛的社会参与无疑是重要的途径。人的满足并不限于生理上的满足，更高层次更大的满足来自于心理上的满足，社会参与体现了自身的价值和对社会发展的贡献，以此可获得巨大的精神慰藉和鼓舞。妇女权益保障法在保障老年妇女社会参与的过程中应发挥更积极的作用。

为了维护残疾人的合法权益，保障残疾人平等地充分参与社会生活，共享社会物质文化成果，根据宪法，全国人民代表大会常务委员会制定了《残疾人保障法》。《残疾人保障法》第三章规定了残疾人的平等受教育权，第四章规定了残疾人的劳动就业权利，第五章规定了残疾人的平等参与文化生活的权利。2006年，国务院新闻办公室公布了第二次全国残疾人抽样调查结果，其数据显示，我国有各类残疾人8296万，占全国总人口的6.34%，其中60岁及以上残疾人约有4416万，比1987年调查时该年龄段残疾人数增

① 参见谭琳、贾云竹：《2000～2010年我国老年妇女的状况变化及主要特征》，载《老龄科学研究》2013年第2期。

加了 2365 万，占全国残疾人新增总数的 75.5%，占残疾人口的 53.24%。[①]我国各年龄组残疾人口的比例呈“倒金字塔”形。随着年龄的增长，残疾人口的比例也在不断上升，尤其进入老年后，上升非常迅速。[②]残疾老年人作为老年人中不可忽视的群体，作为老年人中相对弱势的群体，其权益的保障显得十分重要。保障残疾老年人的合法权益，促进残疾老年人的社会参与，残疾人保障法无疑是对宪法和老年人权益保障法的有力细化和补充。

中央有关老年人社会参与的立法以宪法为基础，以老年人权益保障法为核心，以教育法、妇女权益保障法、残疾人保障法等相关法律为配套，初步形成了老年人社会参与法律体系。但对于整个老年人社会参与制度的发展来说，已形成的法律体系还远远不够，如何更全方位地保障老年人的社会参与权、如何对老年人社会参与权遭遇的侵害进行救济等等，还需要国家从立法层面上进一步来完善。

二、我国老年人社会参与地方层面的立法现状

地方层面有关老年人社会参与的立法主要是老年人权益保障法的实施办法或老年人权益保障办法、条例中的规定，其中最早的是 1987 年《天津市保护老年人合法权益的若干规定》（现已失效），其中规定：“国家机关、社会团体、企业事业单位和基层群众性自治组织，要支持老年人发挥专长为社会服务。”在 1996 年《老年人权益保障法》制定之前，已有 23 个省、自治区、直辖市和 4 个经国务院批准的较大的市制定了老年人权益保护的相关立法。截至目前，地方 31 个省、自治区、直辖市均对老年人权益保障进行了立法。另外，13 个有地方立法权的市、县制定了老年人权益保障的规定，其中，《长阳土家族自治县老年人权益保障条例》是目前可查询到的全国首部自治县老年人权益保障条例。17 个省、自治区、直辖市，5 个市的规定在总则部分或

① 参见郁贝红、蔡素容：《老年残疾问题现状调查》，载《中国老年学杂志》2008 年第 19 期。

② 参见丁志宏：《我国老年残疾人口：现状与特征》，载《人口研究》2008 年第 4 期。

相当于总则的部分纲领性地对老年人社会参与进行了规定。[①] 在总则部分对老年人社会参与进行规定是十分必要的，凸显了老年人社会参与在整个法规中的重要地位。

《包头市老年人权益保障条例》《昆明市老年人权益保障条例》《济南市保障老年人合法权益若干规定》《新疆维吾尔自治区保护老年人合法权益条例》《上海市老年人权益保障条例》《长春市保护老年人合法权益条例》《云南省老年人权益保障条例》《太原市老年人权益保障办法》《甘肃省实施〈中华人民共和国老年人权益保障法〉办法》《福建省老年人保护条例》《四川省老年人合法权益保护条例》在总则或相当于总则部分均规定了"实现老有所养、老有所为、老有所医……""五个老有"或"六个老有"，积极响应了中央老龄政策，贴合积极老龄化的时代背景。《山东省老年人权益保障条例》《湖南省实施〈中华人民共和国老年人权益保障法〉办法》《浙江省实施〈中华人民共和国老年人权益保障法〉办法》《内蒙古自治区实施〈中华人民共和国老年人权益保障法〉办法》《云南省老年人权益保障条例》《上海市老年人权益保障条例》《济南市保障老年人合法权益若干规定》，在总则或相当于总则部分明确提出老年人"参与社会发展权"和"有权参与社会发展"，明确了老年人的社会参与权。

《湖北省实施〈中华人民共和国老年人权益保障法〉办法》第 36 条、《云南省老年人权益保障条例》第 31 条[②]、《江苏省老年人权益保障条例》第 45

---

① 具体为：1989 年，《四川省老年人合法权益保护条例》，1990 年《福建省老年人保护条例》，1991 年《长春市保护老年人合法权益条例》，1996 年《北京市老年人权益保障条例》，1997 年《黑龙江省实施〈中华人民共和国老年人权益保障法〉条例》，1998 年《天津市实施〈中华人民共和国老年人权益保障法〉办法》，1999 年《甘肃省实施〈中华人民共和国老年人权益保障法〉办法》《湖北省实施〈中华人民共和国老年人权益保障法〉办法》《山东省老年人权益保障条例》《新疆维吾尔自治区保护老年人合法权益条例》，2001 年《湖南省实施〈中华人民共和国老年人权益保障法〉办法》，《太原市老年人权益保障办法》，2002 年《青海省老年人权益保障条例》，《内蒙古自治区实施〈中华人民共和国老年人权益保障法〉办法》，2004 年《宁夏回族自治区老年人权益保障条例》，2007 年《云南省老年人权益保障条例》，2010 年《上海市老年人权益保障条例》《济南市保障老年人合法权益若干规定》《昆明市老年人权益保障条例》《河南省老年人保护条例》，2014 年《包头市老年人权益保障条例》《陕西省实施〈中华人民共和国老年人权益保障法〉办法》。

② 各级人民政府对老年人依法从事下列活动应当给予鼓励：(一)传授文化、科技知识；(二)提供咨询服务；(三)参与兴办社会公益事业、老年人福利企业；(四)参与兴办老龄产业；(五)参与科技开发和应用；(六)参与社区服务。兴办为老年人服务的非营利性公益事业的，依法享受国家有关税收优惠政策。

条[①]、《吉林省实施〈中华人民共和国老年人权益保障法〉若干规定》第22条[②]、《黑龙江省实施〈中华人民共和国老年人权益保障法〉条例》第39条[③]、《济南市保障老年人合法权益若干规定(2010修正)》第25条[④]、《包头市老年人权益保障条例》第44条[⑤],上述5省2市以列举方式明确规定了老年人参与社会活动的内容。列举式规定的优势在于使执行者更明了地知晓所规定的事项。尤其对于老年人社会参与这一内涵、外延规定有争议的事项,在相关规定中就其内容进行列举式规定很有必要。

《黑龙江省实施〈中华人民共和国老年人权益保障法〉条例》《陕西省实施〈中华人民共和国老年人权益保障法〉办法》《湖北省实施〈中华人民共和国老年人权益保障法〉办法》《江苏省老年人权益保障条例》《陕西省实施〈中华人民共和国老年人权益保障法〉办法》《上海市老年人权益保障条例》《云南省老年人权益保障条例》,上述6省1市专章规定了老年人社会参与,凸显了老年人社会参与在整个规定中的重要性。老年人社会参与作为老龄事业的组成部分之一,应在老年人权益保障的规定中专门作出规定。《北京市老年人权益保障条例》提出,各级劳动、人事部门应当开展老年人社会劳动咨询服务、老年人人才开发等工作,为老年人参与社会劳动提供方便。老年

① 鼓励和支持老年人在力所能及的情况下参与下列活动:(一)兴办公益事业,从事志愿服务等社会公益活动;(二)参与科学研究和技术应用,传播科学文化知识,提供咨询服务;(三)关心教育下一代;(四)参与维护社区治安秩序,协助调解民间纠纷;(五)其他社会活动。

② 各级人民政府应当为老年人参与经济和社会发展,从事下列活动创造条件,并在手续办理、税费征收等方面给予优惠照顾:(一)依法从事生产和经营活动的;(二)兴办老年社区服务业的;(三)依法参与科技产品开发和应用的;(四)兴办社会公益事业的;(五)传授文化和科学知识,提供咨询服务的。

③ 政府对老年人参与经济和社会发展,从事下列活动的,应当给予支持,在制定相关政策时给予优惠照顾:(一)传授文化和科学知识,提供咨询服务的;(二)依法参与科技产品开发和应用的;(三)兴办老年产业,开发、生产老年用品的;(四)兴办老年社区服务业的;(五)兴办社会公益事业的。

④ 各级人民政府和社会各界应当重视、珍惜老年人的知识、经验和技能。鼓励老年人发挥自己的专长和作用,从事下列活动:(一)对青少年和儿童进行社会主义、爱国主义、集体主义教育和艰苦奋斗等优良传统教育;(二)传授文化和科技知识;(三)提供咨询服务;(四)依法参与科技开发和应用;(五)依法从事经营和生产活动;(六)兴办社会公益事业;(七)参与维护社会治安、协助调解民间纠纷;(八)参加其他对社会有益的活动。

⑤ 各级人民政府应当为老年人参与社会发展创造条件。根据社会需要和可能,鼓励老年人在自愿和量力的情况下,从事下列活动:(一)对青少年和儿童进行社会主义、爱国主义、集体主义和艰苦奋斗等优良传统教育;(二)传授文化和科技知识;(三)提供咨询服务;(四)依法参与科技开发和应用;(五)依法从事经营和生产活动;(六)参加志愿服务、兴办社会公益事业;(七)参与维护社会治安、协助调解民间纠纷;(八)参加其他社会活动。

人从事社会劳动和公益事业的合法收入受法律保护。《甘肃省实施〈中华人民共和国老年人权益保障法〉办法》规定:“人才交流服务机构建立老年人才信息库,对有一技之长或者一定专业知识的老年人,根据本人意愿,向用人单位推荐。”《陕西省实施〈中华人民共和国老年人权益保障法〉办法》《江苏省老年人权益保障条例》《上海市老年人权益保障条例》也进行了相关规定:“人力资源社会保障部门可以在人力资源市场中建立有专长的老年人信息档案”;“本市建立老年人专业人才库,为有专业知识技能的老年人发挥作用创造条件”。

《黑龙江省实施〈中华人民共和国老年人权益保障法〉条例》《吉林省实施〈中华人民共和国老年人权益保障法〉若干规定》均对老年社会参与给予优惠照顾的条件进行了列举。老年人虽然生理上老化,但积淀下来的智慧、思想、技术等仍然可以为社会发展做出贡献。老年人在健康和精力方面不如年轻人,再加上社会长久以来形成的就业歧视,均会对老年人的社会参与造成阻碍,因此,对老年人的社会参与给予优惠照顾是应当的。

《陕西省实施〈中华人民共和国老年人权益保障法〉办法》规定,各级人民政府和基层组织可以定期和不定期组织有管理经验和有理论知识的老年人座谈,征求他们对本地经济建设、社会发展和改进工作的意见。重大行政决策应遵循公众参与、专家论证、信息公开、风险评估等制度。重大行政决策公众参与与老年人社会参与不尽相同,但有交融之处,相关老年人进行决策参与理所当然是老年人社会参与的一部分。一些老年人在各自的领域有所建树,仍有很大的能量为国家、为社会建设建言献策,贡献力量。

地方立法专门的老年人权益保障规定对老年人社会参与进行了相关规定,除此之外,地方还有一些促进老年人社会参与的相关立法。如2002年实施的《天津市老年人教育条例》,2007年实施的《徐州市老年教育条例》,2005年实施的《福建省终身教育促进条例》,2011年实施的《上海市终身教育促进条例》,2012年实施的《太原市终身教育促进条例》,2014年实施的《河北省终身教育促进条例》,2015年实施的《宁波市终身教育促进条例》,等等,对老年人社会参与有辅助和积极的促进作用。老年人社会参与的地方立法以老年人权益保障的立法为核心,辅之以老年教育相关立法,这些法规都推动了老年人社会参与制度的发展。但目前可查询到的能够促进老年人社会参与的地方相关立法还很有限,老年人社会参与制度体系还不够完善。

三、我国老年人社会参与立法的总体现状

对于老年人个体而言，老年人社会参与权的构建是理念上对社会参与的一种型构，为老年人关于自我资格、地位与能力判断提供依据，增强老年人社会参与的动机和自信，提高老年人社会参与的能力。积极的老龄化是老年人幸福的源泉，保障老年人的社会参与权，将强化老年人的参与意识，推动老年人积极走出家门并参与社会发展。老年人社会参与权维系着老年人的切身利益，关联着老年人的独立和尊严，将体现老年人在家庭、组织、社会和国家中的积极形象。因此，老年人社会参与权是一种能够支撑老年人个人生存与发展的重要权利。[①] 老年人社会参与权的实现需要法律的保障。我国宪法从人权保障到关乎老年人社会参与的具体规定条款，无疑是老年人社会参与权实现的首要法律渊源。《老年人权益保障法》1996 年经第八届全国人民代表大会常务委员会第二十一次会议通过，2012 年 12 月 28 日第十一届全国人民代表大会常务委员会第三十次会议修订，是我国第一部专门保护老年人权益的法律，其中特设一章规定了老年人参与社会发展的内容，从法律的层面界定了老年人社会参与的外延。除了根本法宪法和专门的老年人权益保障法律之外，中央层面还有一些法律与老年人社会参与制度的发展密切相关。其中对老年人社会参与有直接促进作用的法律包括教育法、妇女权益保障法、残疾人保障法等。地方层面有关老年人社会参与的立法主要是老年人权益保障法的实施办法或老年人权益保障办法、条例中的规定。截至目前，地方 31 个省、自治区、直辖市均对老年人权保障进行了立法，另外，13 个有地方立法权的市、县制定了老年人权益保障的规定。除此之外，一些地方出台了有关老年教育、终身教育的相关条例，成为老年人社会参与制度的组成部分。

我国从中央到地方均有老年人社会参与的相关立法，但已有的老年人社会参与立法还不够完善。中央层面没有形成完整的老年人社会参与配套体系，地方层面老年人权益保障的立法还不够完备，个别省和直辖市在老年人权益保障的立法中有关老年人社会参与的规定不明确，不得不说是个缺憾。老年人社会参与涉及政治、经济、文化、教育、科技等方方面面，相关领

---

① 参见肖金明主编:《老年人权益保障法律制度研究》，山东大学出版社 2013 年版，第228 页。

域都应有老年人社会参与的配套立法。中央立法自上而下辐射地方，或地方先行，自下而上推动中央。老龄化加重的现实，积极老龄化的趋势，无论哪条路径，老年人社会参与都急需立法保障。

第三节　我国老年人社会参与制度的现状解析

老年人社会参与制度是我国老年制度的重要组成部分。老年人社会参与权的实现除了老年人自身和社会因素外，与老年人社会参与的政策环境、法律规定等制度密切相关。我们应当结合当前我国老龄社会发展的现实状况，将老年人社会参与整体纳入政策和法律的保护体系中来。在积极老龄化理念的指导下，通过法律与政策形成的制度对老年人社会参与加以保障和促进，使老年人的社会参与权得到实现。经过六十年的探索发展，在应对人口快速老龄化的基础上，我国初步搭建了老年人社会参与制度，包括宪法，老年人权益保障法，其他配套法律以及法规、规章、规范性文件，初步形成了老年政策法规体系。在纵向上，形成了老龄基本政策和具体老年政策法规等纵向结构体系；在横向上，形成了关于老龄问题的经济、医疗卫生、政治、文化和社会政策等横向体系。老年人社会参与制度从零散的政策、法律到纲领性的政策和统一的立法，经历了从无到有，从特定主体、有限范围到普遍主体、普适范围的发展，老年人社会参与制度开始走向成熟化和规范化。从行为或者社会现象的角度理解社会参与容易使思维的触角局限于经验事实上，而忽视了“理念—制度”的内在逻辑关联。老年人社会参与是一项权利，需要通过现实中相应制度的建立得以保障，并通过相应的政策和法律规范加以规范、促动和实现。目前，我国老年人社会参与的现状不尽如人意，无论是理念、思路、认识等理论层面的认知，还是制度、体系等实践层面的建构，都对老年社会参与权保障和社会参与活动的实现构成了不小阻碍，暴露出理念不足、原则不全、制度不完善的现实问题，以下分析基本遵循“理念—原则—制度”的逻辑分析框架，从中探寻影响老年人社会参与的结构性障碍和制约因素。

一、老年人社会参与理念层面的缺陷

(一)老年人文化素质较低,参与能力不足

我国老年人受教育程度普遍不高,因历史原因和我国高等教育发展历史较短,且期间受到战争、政治运动等风波的影响,目前步入老龄的老人中的大多数人在青壮年时代不太容易享受到比较优质的教育资源,也没有太多系统、深入接受文化教育的机会,以文盲、小学和初中文化程度居多(图 3-1)。老年社会参与的前提和先决条件应是具备一定文化基础的老年人,我国大部分老年人的文化素养和受教育水平普遍较低,特别是自然科学方面的知识和对信息时代基本技能的掌握非常匮乏,不能独立读书看报、不会操作电脑的老年人为数众多,这也成为他们自主进行社会参与的重大制约。“如果依照国际通行的评判标准,我国老年人科学文化的水平仅处在‘中青年时期’这一层次,较国外老年人科学文化的平均水平还要低三十个百分点”①,差距非常明显,而文化知识的欠缺也很自然地影响了老年人对社会参与的思想认识和行为选择,很大程度上局限了他们的视野,限制了他们的社会参与能力。

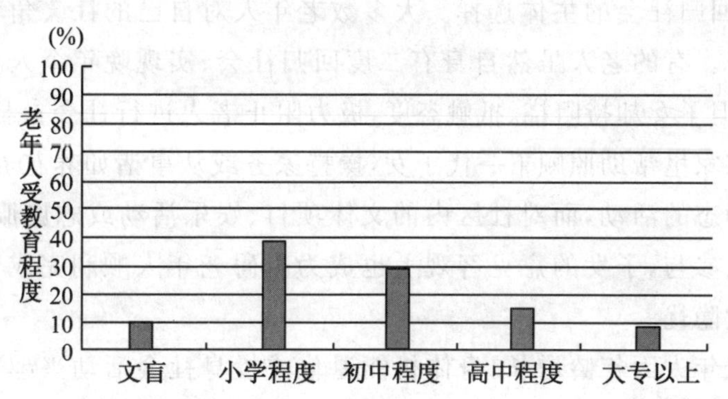

图 3-1 某社区老年人受教育情况

资料来源:李佳琦:《老年人社会参与制度研究》,长春理工大学 2012 年硕士学位论文,第 14 页。

(二)老年人自身角色转变不适,重新定位困难

老年人角色转变是指老年人进入老年期后不断地调整和转变自己的角

① 李佳琦:《老年人社会参与制度研究》,长春理工大学 2012 年硕士学位论文,第 23 页。

色以实现自己和社会环境的平衡与和谐。实现这一角色转变并非易事，它意味着老年人社会角色、身份地位、生活环境、人际圈子等多方面关联的深度变化和连锁反应，意味着老年人由主要角色转变为次要角色、由工作角色转变为休闲角色、由配偶角色转变为单身角色等。“个体的人在逐渐衰老的过程中，一定会经历两大变化：一是结束了某些持续了几年、十几年，甚至几十年的社会工作关系和中年人的生理角色；二是开始退休生活和扮演典型的老人角色，工作中所扮演的角色因退休而丧失，使他们在社会中无所适从，不知道自己还能做什么。”①老年人在退休后漫长的生活中要学会如何自处，并选择自己、家人和社会所认同的生活方式。在此转变中，很多老年人会因自己身体、脑力、精神、心态、情感维系等方面的退化而产生焦虑、迟疑、自卑等心理表现，容易情绪低落、精神沮丧、迷茫困惑，对未来生活踟蹰无望，失去信心和进取心，这些都是老年人无法正确、顺畅、自然地完成角色转变所带来的一系列负面效应，而这也成为老年人社会参与最直接的制约因素。

老年人的角色定位是与角色转变相伴相随的产物，它体现为老年人对自身价值、能力的评估和判断，并基于此生发对个人在家庭、社会和退休后再度融入、回归社会的主体选择。大多数老年人对自己的社会角色定位比较消极保守。有的老人虽然自身有二度回归社会、实现晚年个人价值最大化的愿望，但子女却持阻挠、抵触态度，极力阻止老人进行社会参与，主观臆断老人应在家里帮助照顾下一代子女，操持家务或从事诸如养花养鱼、写写画画等偏静态的活动，而对社区内的文体项目、娱乐活动或志愿服务，大都不同意老人参与，子女的意见客观上也成为阻碍老年人顺利完成自身角色定位的一大隐忧。

对于老年人因年龄增长、身体机能退化或投身社会活动兴趣减退等原因，中断、终止或转变自己原先扮演的社会角色，放弃之前承担的社会职责，从情感角度可以理解，但站在社会发展的长远趋势和老年人生命意义的角度，我们却不能苟同。拒绝、抵制有意义且身心能负担的社会活动，很明显不利于老年人的身心健康和晚年生活质量，也是与积极老龄化战略所提倡和引导的主动式社会参与相违背的。从与老年社会参与相关联的理论渊源

---

① 李佳琦：《老年人社会参与制度研究》，长春理工大学2012年硕士学位论文，第24页。

上来追溯，可从回归社会理论找到些许参照，该理论产生于20世纪中期，是针对残障者、老年人封闭供养和照顾的弊端而提出的。回归社会理论认为，社区服务可以让社会弱势群体重新回归社会生活，居住在社区内的老年人更加需要社区的照顾和服务，在自己熟悉的社区中生活，有利于他们获得最好的照顾和最大的利益。因此，老年人应尽早地完成角色转变，准确地实现角色定位，从而更好地适应和接受老年生活，主动、积极地从事社会参与，化封闭为开放，变悲观为乐观，调适心态，通过承担新的社会角色来减轻、缓解或抵消角色转变过程中的阵痛或角色丢失的怅然，并以新的社会角色来重新认识、发现自我，根据自身的文化素质、兴趣爱好和价值取向，选择一个适合的社会角色，承担起与之相匹配的角色使命。这是老年人实现角色转变、再度角色定位进程中应该去考虑和吸纳的可选路径。

（三）老年人社会参与的意愿和条件间存在较大冲突

从受访结果看，如表3-1所示，参加兴趣爱好活动的老年人仅占22.4%，而77.6%的老年人则没有参加任何活动或组织。但据了解，有许多老年人有再就业或参与社会的意愿，不过现实条件下，能继续就业或从事社会活动的仅占少数，这集中体现出老年人较为强烈的参与意愿与参与条件间的较大反差。老年人空有参与意愿，却缺乏社会参与的条件、途径和保障，具体表现在劳动力市场上存在明显的年龄歧视，尽管没有明文规定，但用人单位在招聘中却大多选择将60岁以上的老年人排除在外。尽管他们中有相当一部分人拥有丰富的经验、技能，可以继续在某些重要岗位发挥余热，但却因年老而无缘享有同等的机会和平台，很难再次进入劳动力市场谋得理想职位。同时，从老年人社会参与的场域和活动空间看，基本集中于居住的社区，但社区建设和发展的层次、水准、规模和基础化建设却参差不齐，有的还非常悬殊，这还牵扯到老年人社会参与保障水平和资源分布的地域不平衡问题。东南沿海经济发达地区相对较好，依托较为优越的区位优势、雄厚的政府财力支持和较规范的市场资本运作，部分规模较大、有品牌效应的社区都配套建立了老年活动室、老年社区服务中心、医疗诊所、日间照料中心等专业服务机构，给老年人从事社会活动提供了载体，可以实现较为充分的社会参与；但在养老储备不足、基础较薄弱的地区，社区管理混乱失控，缺乏政策引导和政策监管，很多社区要么没有专门的老年活动机构，要么设置了也挪作他用，环境脏乱差，只能把老年人活动的空间推向公园、商场，社区承担老年人社会参与的职能无从发挥。

表 3-1　　某社区老年人参加兴趣爱好调查情况

参加兴趣爱好活动的老年人		22.4%
其中	参加文娱活动的老年人	10.0%
	参加体育活动的老年人	6.7%
	参加教会活动的老年人	5.7%
没有参加任何兴趣爱好活动的老年人		77.6%

资料来源:李佳琦:《老年人社会参与制度研究》,长春理工大学 2012 年硕士学位论文,第 19 页。

老年社会参与意愿与其保障条件间另一尖锐冲突还体现在组织机构培育不足,法律保障依然缺位。社会参与的组织机构是老年人社会参与基本组织单元,也是一定社会关系的外在表现,它存在、维系和运行的基本目的就是将某种社会关系以组织的形式固化下来,从而通过机构力量来动员、组织群体内成员,更好地推动和汇聚老年人参与符合自身条件和意趣的社会活动。但从我国老年人组织机构的发展情况看,还未形成规模,仅在部分经济发达、养老基础好、资源保障充足的地区有零星的建立和分布,且面临权责不清、定位尴尬、生存处境艰难和法律规定模糊等诸多问题,机构履职和作用发挥日渐式微;而在落后地区,为保障和促进老年人社会参与而成立的专门机构更是难见踪影,老年人缺乏社会参与的路径,或者即便参与也多停留在水平低、联系少、缺少法律政策支持的处境,这不得不说是制约老年人社会参与的一大现实瓶颈。

(四)老年人社会参与的外部氛围尚待调整优化

老年人社会参与,除了老年人自身主动调适心态,找到正确的角色定位、个人坐标,顺利实现角色转变外,还有一个不容忽视的显性因素,那就是老年人社会参与所置身的社会环境、外部氛围以及与之相关的思维观念。

长期以来,受儒家思想的教化熏陶,尊老、敬老、爱老成为中华民族的传统美德,子女赡养老人,既是法律规定,又是道德约束。受此影响,大多数子女都希望老人从工作岗位上退下来后,能彻底放松休息,颐养天年。而且在潜意识中他们也认为父母老了,身体状况大不如前,已不能适应频率快、高强度的社会活动，留在家中享享清福，感受下四世同堂、儿孙绕膝的天伦之乐才是老人晚年生活的主题；很多子女也认为老人在参与社会活动中，有太多无法掌控和预判的风险，如果在此过程中受伤，无疑又增加了自己看护、照料、陪伴老人的负担，因此站在利己的角度，也不愿让老人投身社会活动。子女的认知和态度，很自然地会影响到老人对社会参与的意向和选择，有些老人迫于子女的压力便不再流露出渴望参加社会活动的需求，这一现实情况逐渐侵蚀着老人的参与意愿，减损了老人的主观热情。

对于老年社会参与外部氛围和集体认识有偏差的探究，也可从标签理论的内涵中找到映照。标签理论反对社会的强势群体给弱势群体贴标签的行为，认为弱势群体的偏差行为并非是真正的不正常，其根源是强势群体给弱势群体妄加标签而产生的。而且弱势群体被强加的标签会造成更加严重的后果，即可能会促成真正的弱势偏差行为。将该理论应用到老年人身上就是不能草率、轻易地给老年人加上各种“无能”“弱者”的标签，减少由于社会环境给老年人造成的不利影响。这恰恰是社会和其他群体对老年人的普遍印象。提到老年人，其思维惯性便会将其与“老弱”“无能”“无用”相联系，甚至还会给贴上“累赘”“包袱”“负担”的标签，由此所形成的思维定式、传统观念和社会环境，会对老年人的自我评估、角色界定和价值判断产生非常不利的影响，不自觉地会干扰老年人的心智，从而使老年人被传统观念、外部环境和绝大多数人的认知习惯所同化，进而自我否定，接受自己是无用的人，并作出远离社会、封闭逃避甚至停止自身发展的选择。长此以往，老年人的精神会愈加孤独寂寞，与人交流的愿望和诉求也会大大衰减，变得消极被动、无所适从，对晚年生活如何度过和个人价值的追索也会产生严重的怀疑和否认，最终演变为一个真正意义上的弱者和标签本身的模样，这是影响老年人社会参与中最隐蔽、最持久也最难改变的障碍。

二、老年人社会参与原则层面的缺陷

（一）老年人社会参与的社会认同度底，趋于边缘化

老年人在退休后，有些高级知识分子像科学家、工程师、医生、教授等，或凭借本领和技能立足的专业人员，能感受“越老越吃香”“年龄越大，越受人尊重”的职业荣耀，还能被原单位通过返聘、顾问、名誉教授等形式留在专业领域继续发挥作用。但对绝大多数劳动者而言，年老便意味着淘汰，被新

人接替，很难避免被放弃的命运。尤其在我国传统的思维模式和观念影响下，普遍认为老人退休就该主动转变角色，在家保证自己的基本健康，少给子女添麻烦；如果能在力所能及的范围内为子女分担些家庭压力，照顾子孙的饮食起居，那便是最理想的状态，自然不会主张老年人参与所谓的"社会活动"。但这仅是子女的自利想法，并不是老年人的内心体验。老年群体中的很多人还有强烈的再度回归社会、接受不太繁重工作的意愿，但社会对老年人社会参与的价值和主体意义的认识不足，使大量有能力、有兴趣参与社会活动的老年人被隔绝、排除在参与范围之外，客观上形成了老年人社会参与趋向边缘化、融合度低、参与地位不高的局面。

(二)老年人社会参与原则体系不完整，渠道不畅通

老年人社会参与的根本保障是要有一个完整健全的原则体系和顺畅无碍的参与渠道，但老年人社会参与的日常实践状况却不容乐观。[①] 一方面，缺乏齐全、完备、规范、明晰的参与原则，很多地区在此方面还是一片空白，即便是有的地方根据法律、政策要求和顶层设计，制定了政策性文件，出台了地方性老年社会参与的实践标准，但也大多流于形式，对现实中的老年参与指导和服务作用十分微弱，大多数老人仍然感觉找不到可以依循的明确、清楚的原则条例，处处碰壁，这极大地抑制了老年人参与的积极性，挫伤了他们的热情。另一方面，参与渠道单一、壅塞，老年社会参与基本只依赖于所在社区或居委会、街道办、老龄工会等少数几个机构的组织，有时一年可能都无法组织起一次像样的活动，除此之外再无比较方便、直接地享受社会资源，参与社会活动的选择路径，无形中逼迫老年人只能把大量时间花在家庭、子女身上，情感上产生过度依赖，自然对子女陪伴、家庭和谐的期许和要求更高，这并不利于老年人享受丰富、精神独立的高质量晚年生活。

(三)老年人主动参与原则难有保障

前期调查中，很多老年人对社会参与的认识比较模糊，有的仅局限于到老年活动中心打打牌、搓搓麻将、下下棋、跳跳舞。这无疑偏狭了老年参与应容纳的范围和辐射的场域，且多数老人由于身体、家庭、活动场所等条件的限制，对社会参与持有相对消极的态度，有的老人表示如果有合适的机会，也有同龄人邀请或作伴，自己会考虑参与，如果相关条件不成熟，即便这

---

① 参见李佳琦:《老年人社会参与制度研究》，长春理工大学 2012 年硕士学位论文，第 29 页。

个社会活动很有意义，自己也不会主动参加。目前，涉及老年人的社会参与活动，基本都由政府、街道、社区等官方或半官方机构一手包办，多是自上而下发起推动的。相关民间机构、社会组织或市场化力量，在组织老年社会参与中发挥的作用还不甚理想，有的是缺乏参与路径或受政策、机制的限制，有的则是得不到政府的扶持、激励而无组织动力，这些因素都造成老年人社会参与渠道的过度狭窄，态度上也易趋向被动消极。当前，要提高老年人的社会参与程度，就要改变老人被动等靠、社会参与活动数量少、组织渠道闭塞的状态，在自上而下的单一流向之外，增加自下而上的推动，形成双向流动、多向共促的社会参与格局，这将为老年人积极主动地投身社会参与提供实实在在的保障。

(四)老年人社会参与的区别保护原则体现不充分

老年人群体结构和人员组成有其多元性、复杂性和独立性的特点。“从年龄上划分，可分为低龄老年群体和高龄年龄群体；从分布区域上划分，有城市老年群体和农村老年群体之差别；从文化素质上划分，又能分出精英老年群体和普通老年群体。”[①]不同群体在社会参与的认识、意愿、能力等方面都有较明显的差异，也因群体间的分化差异，形成了多样各异的参与需求，所以应以区别保护的原则和细化分割的视角对不同群体的老年人社会参与权益提供保障和支撑，尤其对于高龄、农村和普通老年群体，要防止其因年龄、地区、素质等方面的弱势而受到排挤或歧视。区别保护原则重在有区别地为不同群体的老年人参与社会活动提供保护和扶助，重在了解特性，把握差异，谨防不顾客观实际盲目地决策和“一刀切”。

(五)老年人社会参与的公平性原则遭到破坏

老年人社会参与是老年群体的一项权利，是《老年人权益保障法》以法律法规形式予以确立的，在《中国老龄事业发展“十一五”规划》中对老年社会参与也有明确表述：“充分发挥老年人在构建社会主义和谐社会中的优势和特长，鼓励和支持老年人继续参与经济社会发展，鼓励老年人积极参与维护社会治安、社区建设等社会公益活动。”可以说，老年社会参与已成为实现“老有所为”的新形式。从老年人社会参与的现实来看，针对老年人社会参

---

① 毛旭：《我国老年人社会参与权保障的法理研究》，辽宁师范大学 2014 年硕士学位论文，第 26 页。

与的各种限制、歧视、忽视公平的现象还非常普遍。如有的用人单位在招聘中就只招收65岁以下的男性，将这一年龄段的女性和65岁以上的老人排除在外；还有的对老年人曾工作的单位、担任职务、政治面貌、学历状况、业绩履历一一作出限制；更有甚者指明“曾在某某单位”供职的优先考虑，有萝卜招聘的嫌疑，极大地伤害了老年人社会参与的公平性。考虑到老年人社会参与的现实性，应将平等、独立、满足与尊严作为考量和评估老年人社会参与权的四个基本价值维度，而其中平等是核心，只有实现参与机会和发展机会的公平，老年人社会参与的平等权才能真正确有保障，落到实处。

（六）老年人独立参与、自立自决的原则尚未确立

老年人的社会参与应是建立在自觉自愿、独立参与的价值选择基础上的，也就是说他们能根据自己的主观意愿、身体状况和现实能力自主地作出选择，而不需要别人的胁迫、怂恿或影响。1991年12月16日，联合国第46届大会通过的《联合国老年人原则》（第46/91号决议）将独立、参与、照顾、自我充实和尊严列为老龄行动国际计划的五项基本原则。① 其中独立、参与便是重要准则，这是捍卫和保护老年人权的本质体现，也是维护和彰显老年人尊严的内在需要。独立便意味着能对自己的决定和行为负责，能自立自决地作出判断。“参与是一种权力，权力则是一种保险，它是弱势群体改善自身地位和处境的根本之道。”②建立在独立参与、自立自决原则基础上的老年社会参与，是对老年群体社会参与权益的有力保障，是国家、社会关爱、呵护老年群体，为老年人积极融入社会所创设的机制便利，从中也能感受到社会文明和人权保护的实在变化，而这些却恰恰是我国在推进积极老龄化、发展老年社会参与中非常欠缺且矛盾突出的主要方面。

（七）老年人社会参与缺乏组织性原则

如前述“银龄行动”之所以在全国迅速发展并取得良好成效，其中关键一点是“银龄行动”的组织性。依靠老年人个体或一部分老年人群体推动老年人社会参与向前发展不现实，老年人社会参与形成规模，扩大领域和范围，并保持长久性，其中老年组织的统筹、规划、组织、领导必不可少。全国

---

① 参见《联合国老年人原则》，载“华东公共卫生论坛”（http://www.ecphf.cn/Elderly-Health/2012-02/1077.htm），2015年8月20日访问。

② ［美］洪朝辉：《论中国城市社会权利的贫困》，载《江苏社会科学》2003年第2期。

有多个老年人社会团体,但实际发挥的作用却很有限,缺乏主动性。要么与行政机关关系过于密切,带有上传下达的行政色彩,要么人员稀少、缺少资金支持,形不成规模。在老龄化严峻的今天,老年人社会团体的地位应得到加强,老年人社会参与的组织建设应得到提高。与行政机关关系过于密切的老年团体应将其与行政机关剥离,还原其社会组织的应有活力。对于人员稀少、缺少资金支持而形不成规模的社会团体,政府应视情形为其提供支持,引导企业、其他社会团体对其进行扶持。现实中还存在一些没有登记在册却在老年人社会参与过程中发挥积极作用的组织,政府应承认其社会地位,为其开展活动提供便利,并进一步规范、引导这些社会组织。

三、老年人社会参与制度层面的缺陷

老龄化与经济发展、社会稳定、人权保护、人民幸福等国家目标相关联,而老年社会参与对一国的政治、经济和社会发展影响重大。有效的人口老龄化应对政策,可以减少社会保障体制的压力,增加发展的人力资源,推动社会和谐,从而保证经济的平稳增长。通过保障老年人的社会参与权,有效协调代际冲突,释放政治压力,可以加强政治稳定。老龄化凸显老年人权利保障的重要性,需要整个社会正视老年问题、保障老年权利。因此,老年社会参与制度将关乎特殊群体的人权保障事业,关乎社会主义法律体系形成后宪法人权保障条款的实施,也会影响我国相关国际公约的履行。[①] 老年人社会参与制度存在的缺陷影响着老年人社会参与权的有效实现。

(一)老年人社会参与制度顶层设计不足

“顶层设计”,原本是一个系统工程学的概念,指的是一项工程“整体理念”的具体化。就是说,要完成一项大工程,就要以理念一致、功能协调、结构统一、资源共享、部件标准化等系统论的方法,从全局视角出发,对项目的各个层次、要素进行统筹考虑。第二次世界大战前后,这一工程学概念被西方国家广泛应用于军事与社会管理领域,是政府统筹内外政策和制定国家发展战略的重要思维方法。[②] 老年社会参与制度的顶层设计,实际就是对未

---

① 参见肖金明主编:《老年人权益保障法律制度研究》,山东大学出版社 2013 年版,第228 页。

② 参见周文夫、刘月主编:《科学发展观词语解》,人民日报出版社 2013 年版,第 65～66 页。

来我国老年社会参与制度的整体谋划，也是从老年人的整体利益出发，站在国家的层面，对制约我国未来老年人社会参与制度发展的全局性、关键性问题进行顶层判断，提出解决的整体思路和框架，以此作为制定具体制度的依据。① 对老年人社会参与起指导性作用的纲领性政策中，只有《中国老龄事业发展“十五”计划纲要》《中国老龄事业发展“十二五”规划》是由国务院或国务院联合其他部门颁布的。《中国老龄事业发展“十二五”规划》在“指导思想”和“主要目标”部分提出：“努力实现老有所养、老有所医、老有所教、老有所学、老有所为、老有所乐的工作目标，让广大老年人共享改革发展成果。”“建立应对人口老龄化战略体系基本框架，制定实施老龄事业中长期发展规划。”法律层面上，《老年人权益保障法》规定：“积极应对人口老龄化是国家的一项长期战略任务。”虽然在《中国老龄事业发展“十二五”规划》和《老年人权益保障法》中都将人口老龄化的应对上升到战略高度，但过于宏观，没有专门针对老年人社会参与的战略体系。社会参与是积极老龄化社会老年人的基本需求之一，其体现的是老年人的自尊、自立，实现的是老年人的自我价值和社会价值。老龄社会的到来是无法阻挡的趋势，是我们必须要面对的长期而紧迫的任务，宪法作为国家的根本大法，其中应该专门就老年人社会参与作出宏观的、原则性的规定。执政党、权力机关、中央政府等作为政治与政权的核心，应该从战略高度对老年人社会参与制度进行顶层设计，积极应对老龄化时代的到来，解决老龄化带来的一系列问题。

（二）老年人社会参与制度缺乏系统性

系统是指由若干相互联系和相互作用的要素组合而成的具有特定功能的整体，要素是组成系统的基本成分。系统与要素、要素与要素、系统与环境之间都存在着相互联系和相互作用。系统与要素的关系是整体与部分的关系，要素是组成系统的基础，系统是要素按一定结合方式组成的有机整体。系统的性质在很大程度上由要素的性质决定，但要素又受系统的支配和制约，作为组成系统的要素，已不是孤立的部分，而是系统的一个不可分割的有机组成部分。所以，系统不是各要素的简单相加和随意拼凑，系统的性质和功能也不同于各要素的性质和功能，它具有和各要素不同的性质。各要素之间相互联系、相互作用，按照一定的结合方式组织在一起，结构特

---

① 参见周文夫、刘月主编：《科学发展观词语解》，人民日报出版社 2013 年版，第 66 页。

性直接影响着系统的特性。[①] 老年人社会参与制度由政策与法律组成，其优良取决于组成要素，即政策和法律的优良。从20世纪50年代到2015年，经过六十多年的发展，老年人社会参与制度渐成体系，但还远远不够。老年人社会参与制度主要通过相关政策和法律来体现。从20世纪50年代的《关于安排一部分老干部担任某种荣誉职务的决定》，到20世纪90年代中期《中国老龄工作七年发展纲要（1994～2000年）》发布前，已发布的有关老年人社会参与的政策具有狭隘性，缺乏前瞻性和全局性。1994年《中国老龄工作七年发展纲要（1994～2000年）》、2011年《中国老龄事业发展"十二五"规划（2011～2015）》、2012年《老年人权益保障法》，以及地方老年人权益保障的法规、规章，将社会参与扩大到全体老年人，自上而下，初步形成了体系。但老年人社会参与制度向上缺乏顶层设计，向下具体制度不够具体，缺少层级性，无论是横向上还是纵向上，虽有相关性，但关联还不够密切，缺乏必要的相关制度，如老年人的就业保护制度、政治参与制度、社会参与救济制度等缺乏。老年人社会参与法规与政策、基本政策和具体政策之间以及具体政策之间存在规定不一致的现象，主要表现为延续几十年的政策依然在生效，与现今的法规、政策规定有矛盾，如《国务院关于工人退休、退职的暂行办法》中对于工人退休后从事工作给予报酬的限制规定与《劳动法》《社会保障法》相冲突。总之，整个老年人社会参与制度系统性不强，内容不够完备，功能不够完善。

（三）老年人社会参与制度实效性不够

老年人社会参与制度存在于宪法、法律、法规、规章和相关政策中。宪法效力最高，其中相关规定具有原则性和宏观性，其他任何规定必须依据宪法精神和原则进行制定，但宪法中的相关规定可操作性不强。目前我国有关老年人社会参与的规定是以《老年人权益保障法》为核心的法律规范，作为专门保护老年人特殊权益的法律，《老年人权益保障法》专门对老年人社会参与作出了规定，但具体执行时存在渠道不畅、途径不明、方式欠缺等问题。法规、规章是国务院、国务院组成部门、地方有立法权的人大及其政府制定的，效力低于以《老年人权益保障法》为核心的法律规范。老年人社会参与制度除以上述法律规范为表现形式外，更多的是通过相关政策来表现。

① 参见金炳华主编：《马克思主义哲学大辞典》，上海辞书出版社2003年版，第178页。

从20世纪50年代开始的一系列老年人社会参与政策如“决定”“通知”“意见”“规定”等，均具有指导性和倡导性，但效力较低，其贯彻实施还有赖于地方将具体的制度推行起来。自身建设的不完善，配套制度的不足，使得老年人社会参与制度实施的效果不尽如人意。

（四）老年人社会参与制度缺少配套制度

制度使人的行为可合理预期，并使社会保持一种秩序。制度是一个规则体系，其中有正式制度与非正式制度、基本制度与非基本制度之分。正式制度系人为通过一定程序制定，非正式制度则为自然演化而来。基本制度是一种制度体系中的核心部分，是一个制度体系的质的规定性所在，并规定了非基本制度的具体内容、发展方向及其相互关系。基本制度既是非基本制度的合理性根据之所在，又决定了一个社会的结构范型与人的基本交往方式；非基本制度则由基本制度依据特定程序、在一定具体条件下衍生而来，具有更多的技术性、工具性特征；基本制度具有更高的稳定性，非基本制度则相对更富有变化性。[①] 老年人社会参与制度并不是孤立存在的，如果在老年人社会参与制度中老年法和老年参与统领性政策是基本制度，那么其他与老年社会参与有关的法和政策则是老年人社会参与的非基本制度，其中的有关老年人社会参与的规定应不得与老年法和老年参与统领性的政策相冲突，老年法和老年参与统领性政策是老年人社会参与制度的核心。老年人社会参与涉及政治、经济、教育、文化、科技等诸多方面，此诸多方面的相关政策和法律规定应该将老年人社会参与囊括进去，形成配套体系。

（五）老年人社会参与制度不能满足多元需求

政策具有普适性，应当使政策客体公平享受政策分配的各项资源，但我国老龄政策在城乡之间、区域之间和部门之间发展极不平衡。[②] 我国老年人社会参与制度由最初的针对离退休老干部发挥余热，扩大到专业技术人员、科技工作者、知识分子等，再到面向全体老年人，老年人社会参与制度向普适性发展。但老年人社会参与制度在追求普适与公平时却忽视了客观上存在的不公平、不均衡，忽视了老年群体的多元化和老年群体需求的多元化。老年群体按性别分为老年男性和老年女性；按年龄分为高龄老人和低龄老

① 参见朱贻庭主编：《伦理学大辞典》，上海辞书出版社2002年版，第271页。

② 参见吴玉韶：《中国老龄事业发展报告(2013)》，社会科学文献出版社2013年版，第43页。

人;按身体状况分为健康老人和病残老人;按民族分为汉族老人和少数民族老人;按生活物质状态分为富裕老人和贫困老人;按居住区域分为发达地区老人与落后地区老人……不同群体老年人社会参与的现实和需求有所不同,包括社会参与在内的老龄法规、政策"一视同仁"的规定势必会影响到不同群体老年人的社会参与,以致影响整个老龄群体的社会参与的实现和发展。针对特殊老年群体,法规、政策应进行一些特殊的规定,以真正实现特殊老年群体的社会参与权。

(六)老年人社会参与制度滞后于现实需要

1991年12月16日,联合国第46届大会通过《联合国老年人原则》。依前述,老年人社会参与应包括政治参与、经济参与、公益参与等。但现有老年人社会参与制度多为原则性、概括性的规定,对于老年人社会参与应包括的政治参与、经济参与、公益参与等缺乏鲜明、具体的规定,而是散见于一些规定中。如老年人的政治参与大众化不足,老年人社会参与制度中对政治参与进行了简单、笼统的规定,关于政治参与的渠道、方式、救济途径等并没有具体规定,使得老年人的政治参与受限;老年人的经济参与保障不到位,老年人社会参与制度中缺乏年龄歧视的消除规定,缺乏经济参与中的人身保护、创业政策支持等;老年人公益参与促进不足,老年人社会参与制度中关于公益参与的规定过于强调专家、退休干部等的作用,部分老年群体被忽视,在公益参与中对老年人的尊重不够,缺乏对老年人公益参与的激励机制。另外,老年人参与的组织化不强,老年人社会参与制度中关于组织参与的规定极少,现实中我国自上而下各地均有老年组织,也确实发挥着积极的作用,但缺乏总体上的制度约束和规划,我国老年人的组织参与还是十分有限的。

结　语

积极老龄化强调为了提高人们的生活质量而使健康、参与和保障的机会发挥到最大的过程。其中,"积极"是指继续参与社会、经济、文化、精神和公益事务,而不仅仅局限于身体活动或者参与劳动。世界卫生组织在其《积极老龄化:政策框架》(Active Ageing: A Policy Framework)报告书中指出,积极老龄化的理念是由成功老龄化、生产性老龄化、健康老龄化逐渐发展而来的，积极老龄化的三大支柱是社会参与、个人健康和社会安全。[①] 积极老龄化政策框架为人口老龄化的应对指明了方向。作为积极老龄化三大支柱之一的社会参与在实现积极老龄化的过程中发挥着积极的作用。对于老年人个体而言，老年人社会参与权的构建是理念上对社会参与的一种型构，为老年人关于自我资格、地位与能力判断提供依据，增强老年人社会参与的动机和自信，提高老年人社会参与的能力。老年人社会参与权维系着老年人的切身利益要求，关联着老年人的独立和尊严。[②] 但现实社会中，部分老年人因自身原因和社会传统观念的禁锢，社会参与权实现程度还处于较低阶段，需要相关制度对老年人的社会参与权进行权利导向和权利保障。

老年人社会参与的政策和法律是老年人社会参与的重要制度。我国老年人社会参与制度历经六十余年的发展虽已初步形成体系，但其中仍有很多问题。目前，我国老年人社会参与的现状暴露出理念不足、原则不全、制度不善的现实问题，无论是理论层面的认知，还是制度、体系等实践层面的建构，都无法适应老年人社会参与权实现的现实需要。首先，老年人社会参与理念层面的缺陷影响了老年人社会参与的思想认识和行为选择，老年人对自身价值、能力的评估和判断以及对角色转变的认知，使得老年人很难享有同等的机会和平台。其次，老年人社会参与缺乏完整健全的原则体系和顺畅无碍的参与渠道，缺乏区别保护、独立参与、自立自决的原则理念。最后，老年人社会参与制度顶层设计不足，缺乏系统性，缺少配套制度，不能满足多元需求，实效性不够，滞后于现实需要。中国人口老龄化速度快，老年人口增量巨大，地区老龄化不平衡，未富先老。[③] 老年人社会参与权的实现面临着很多现实状况和困境，如何促进老年人更好的社会参与是应对老龄化的重要举措，完善老年人社会参与制度将发挥巨大的作用。如何针对老年人社会参与制度的现状去完善相应制度是摆在步入老龄化社会的中国面前一项迫切而艰巨的任务。

完善老年人社会参与制度，全面实现老年人的社会参与权，不可能一蹴而就。理念层面的改观需要社会整体尊老、重老环境的形成，需要老年人，

① 参见肖金明主编：《老年人权益保障法律制度研究》，山东大学出版社 2013 年版，第 254 页。

② 参见肖金明主编：《老年人权益保障法律制度研究》，山东大学出版社 2013 年版，第 228 页。

③ 参见姜向群、杜鹏主编：《中国人口老龄化和老龄事业发展报告(2014)》，中国人民大学出版社 2015 年版，第 6 页。

包括每一个未来成为老年人的社会个体对老年人自身价值和社会价值的认可，对老年人自身价值和社会价值实现的期待，需要真正对老年人社会参与权有清晰的认知。老年人社会参与原则层面缺陷的弥补需要从中央到地方的老年人社会参与的实践标准，需要老年人社会参与理念层面的改观，需要制度的保障。实现老年人社会参与权，制度是根本，老年人社会参与制度的完善需要老年人社会参与政策和法律体系的完备。无论是政策还是法律规范，制定出台均要符合中国国情。老年人社会参与除了要充分体现老年人的价值外，老年人社会参与的领域、内容、方向还要与社会发展和民众的现实需要相适应。不同行业、群体、层次的老年人社会参与的侧重点应有所不同，既要符合老年人的自身情况，也要符合社会需要。老年人社会参与要有一般规定和特别规定，既有普适于一般老年人社会参与的规定，也要有针对"特殊"老年人社会参与的特别规定，如对社会发展有突出贡献的专业技术人员、老年人中的弱势群体、落后地区和边疆少数民族地区的老年人等，对"特殊"的老年人的社会参与要进行更好的规范和引导。怎样让老年人有意愿、有能力参与，怎样让老年人有更好的社会参与渠道和方式，怎样让老年人在社会中无障碍、平等地获取社会发展的信息，怎样让老年人的政治、经济、文化、公益参与分别得以保障，怎样让老年人在社会参与中既能很好地实现自我价值又能体现其社会价值，诸多类似的问题摆在我们面前。积极老龄化，需要国家、社会、个人作出更加积极的反应，期待老年人社会参与权的全面实现！

第四章

老年人社会参与制度的完善

——社会政策视角

人口快速老龄化是当前中国社会面临的现实性问题。从“五普”和“六普”的数据对比分析来看，中国人口的老龄化、少子化趋势正在不断加速。截至2013年，全国老年人口比例已达14.9%。根据国内部分权威人口统计学专家的预测，2040年左右将是中国人口老龄化的高峰期。以黑龙江省为例，2012年年末，黑龙江省60岁及以上老年人口为569.8万人，占总人口的14.8%；65岁及以上老年人口为340.9万人，占总人口的比例为8.8%。1995～2012年间，黑龙江省60岁及以上和65岁及以上两个年龄段的老年人口比例均增长了2倍，60岁及以上人口比例从1995年的7.4%提高到2012年的14.8%，而65岁及以上人口比例则从4.4%提高到8.8%。2013年，黑龙江省65岁及以上老年人口达到358.9万人，占全省总人口的9.4%。据预测，2020年，黑龙江省60岁及以上老年人口将达765万人，老龄化水平将达19%；2045年，黑龙江省老龄化水平将达33%以上。[①] 面对这个棘手的社会问题，我们不仅要深刻反思其内在的历史根源与演化路径，更

---

① 参见《东北人口拉响警报》，载2015年7月14日《中国青年报》。

为重要的是拿出切实可行的措施来化解这一难题。人口老龄化是人类社会的常态。它不仅是人口再生产模式由传统型向现代型转变的必然结果，也是经济社会发展的必然趋势。[①] 与域外国家相比，中国人口老龄化的速度的确令人感到惊讶。客观而言，中国特殊的人口政策使老龄化进程大大加快。自20世纪70年代以来，中国推行的计划生育政策至今已有三十余年。虽然人口总量得到了控制，但是人口结构性失衡已经十分明显，老龄化、少子化以及民族之间的人口结构问题迅速放大。当然，上述问题的存在也充分折射出中国人口政策调整的必要性和紧迫性。2014年来，很多省份陆续启动了单独二孩政策。从表面来看，此项政策是为了应对少子化问题，进而实现人口结构的调整，但它更是对中国人口老龄化问题的现实性回应。毕竟在中国传统文化当中，老龄化问题的化解在很大程度上离不开家庭的有效参与。

从"老有所养"到"老有所为"，构建完善的老年人社会参与政策体系是化解人口老龄化与构建和谐社会的良方。从目前的情况来看，社会各界普遍把应对老龄化问题的重心放在养老、医疗和社会服务三个方面，而对老年人社会参与问题认识不足，学界对此的相关研究也并不多见。按照马斯洛层次需求理论来看，养老和医疗服务只是帮助老年人解决了"老有所养"的基础性需求，但是更高层次的个人发展、价值认同、情感归属和社会融入等需求只能在社会参与中逐步得到满足，通过与社会的交流与互动实现"老有所教，老有所学，老有所乐，老有所为"。事实上，老年人社会参与是个十分泛化的学术概念。首先，各国对于老年人的界定并不统一，但大都以退休年龄作为划分依据。因此，学界在研究老年人社会参与问题时必须充分考虑特定的目标指向。其次，社会本身就是一个宏大的学术概念。它既可以是共同生活的个体为实现共同利益而结成的集合体，也可以是指群体的相互依存状态。随着国家与社会的二元化，研究老年人社会参与问题必须要考虑"社会"概念的涵盖范围，即究竟是超越政治意识形态的纯粹社会集合体，还是包括国家政治体系在内的广义社会复合。最后，老年人社会参与研究还必须关注参与的广度与深度，具体而言就是渠道、方式和价值导向问题。社会概念的边界囊括了国家政治领域，这就意味着老年人社会参与不仅包

① 参见胡湛、彭希哲：《老龄社会与公共政策转变》，载《社会科学研究》2012年第3期。

括经济参与、文化参与、体育参与和教育参与等,同样也覆盖了政治领域的参与。对于人口快速老龄化的中国而言,老年人社会参与具有重要意义。对于老年人而言,物质的富足固然重要,但精神世界的充实同样必不可少。与前者相比,后者的获取更多需要回归家庭,融入社会,通过积极主动的社会参与实现自身的再发展。因此,老年人社会参与不仅能在一定程度上减缓老龄化对中国社会的冲击,而且也有助于和谐社会的建设。

老龄化问题的应对最终需要回归政策体系范畴,即如何利用政策工具导向科学、合理地分配有限的社会资源。老年人社会参与需要具备两个前置性条件:一是有意愿、有能力参与;二是有参与的具体支持,即渠道和方式。此外,研究老年人社会参与问题还必须考量社会性因素,因为这种参与最终是帮助老年人有效融入社会,消解由老龄化问题引发的老年人主动排斥社会和被动排斥。与公共政策概念表述相比,社会政策在老年人社会参与问题研究上的适用性和规范性无疑更强。实际上,很多学者在研究人口老龄化问题(尤其是老年人社会参与)时经常混淆两者之间的差别,最常见的就是将公共政策等同于社会政策。这显然有悖于学理意义上的政策概念边界。从一般意义上的涵盖范围上讲,社会政策和公共政策虽有着相似的内涵,但在具体面向上却呈现出明显的差异。社会政策是公共政策的一个领域,两者所提供物品和服务的性质、增进社会福祉的路径不尽相同。公共政策研究十分注重科学范式,通过科学方法来制定公共政策;而社会政策研究并不排斥实证研究,且受信仰体系和价值关系影响较大。当然,两者之间界限并非完全泾渭分明。但大多数政策科学研究者都将社会保障、公共住房、劳动就业和社会福利服务等纳入社会政策研究范畴。鉴于此,笔者选择采用社会政策的概念表述来剖析老年人社会参与问题,深刻探究老年人社会参与政策的基本走势、政策框架和实施机制。

第一节　老年人社会参与政策基本走势

与养老和医疗服务相比,老年人社会参与并未受到理论界和实务界的足够重视。“老有所养”“老有所医”一直是中国社会各阶层关注的焦点,政策供给重心也主要集中在这些领域。尽管自 20 世纪 80 年代以来,中国老龄事业逐渐开始与世界接轨,许多新的理论思想和社会观念越来越多地传入中国,但是老年人社会参与问题集中进入政策议程却是90年代中期以后的事情,其标志就是1996年颁布的《老年人权益保障法》。围绕着这部法律,各级政府及其职能部门相继出台了不同领域的老年人社会参与政策文件。但现实的情况是,中国老龄化社会的加速和人口结构的失衡进一步加剧了社会矛盾,老龄群体的社会参与问题就是其中之一。政策科学认为,问题是政策的逻辑起点,回应现实问题是政策存在的价值基础。因此,社会政策视角是研究老年人社会参与的理性选择。任何政策研究都必须充分回应以下三个问题:一是政策体系构成是什么,二是政策变迁路径如何,三是政策存在哪些问题。老年人社会参与政策构成解析旨在深入剖析其内容组成,以及具体的应用覆盖面;政策变迁路径诠释的目的在于准确把握老年人社会参与政策的阶段性变化,进而总结和归纳出一般意义上的发展规律;政策存在问题研究则是要找出其中的症结所在,进而为以后的政策改进奠定理论和实践基础。

一、老年人社会参与政策的构成及指向分析

就整体而言,我国老年人社会参与政策的构成主要有两个:一是国家层面的法律,二是规范性文件。在法律层面,主要是以老年人权益保障法为核心的相关法律法规。它们在很多方面都直接或间接地涉及了老年人社会参与问题。比如《老年人权益保障法》(1996)专门设置了"参与社会发展"一章,详细阐明了老年人社会参与的活动范围、方式和途径。这是迄今为止我国关于老年人社会参与问题最直接、最明确的政策和法律依据。此外,宪法、教育法、妇女权益保障法、残疾人保障法、城市居民委员会组织法、村民委员会组织法、就业促进法、公益事业捐赠法等虽不是直接关于老年人社会参与的法律,但其部分条款亦有所涉及,或者其立法目的和原则同样适用于老年人社会参与活动。因此,学界在研究老龄化问题时往往也从上述法律条文中寻找依据。在规范性文件层面,又可以划分为两个政策群:一个政策群是《中共中央国务院关于加强老龄工作的决定》和《中国老龄事业发展规划》等综合性老龄政策文件中关于老年人社会参与的规定。此类政策的对象指向覆盖了全体老年人,通常强调老年人社会参与的价值认同,具有较强的原则性和倡导性。另一个政策群是有关部委联合下发的各种"意见""通知""规定"等规范性文件。这类规范性文件的对象指向的是离退休干部、老

年知识分子、专业技术人才等特殊群体，内容也相对具体，其操作性也更强。[①]

《老年人权益保障法》是目前我国与老年人社会参与相关度最高的一部法律，具有明确的主体对象。该法第七章“参与社会发展”分别对老年人社会参与的原则导向、组织方式、权利保护和活动范围作出了规定。例如，第65条规定：“国家和社会应当重视、珍惜老年人的知识、技能、经验和优良品德，发挥老年人的专长和作用，保障老年人参与经济、政治、文化和社会生活。”这从整体上奠定了老年人社会参与的基调，即鼓励参与，保障权利。第68条规定：“国家为老年人参与社会发展创造条件。根据需要和可能，鼓励老年人在自愿和量力的情况下，从事下列活动：(一)对青少年和儿童进行社会主义、爱国主义、集体主义和艰苦奋斗等优良传统教育；(二)传授文化和科技知识；(三)提供咨询服务；(四)依法参与科技开发和应用；(五)依法从事经营和生产活动；(六)参加志愿服务、兴办社会公益事业；(七)参与维护社会治安、协助调解民间纠纷；(八)参加其他社会活动。”这一条款限定了老年人社会参与的范围。对此，很多社会学者认为这种“七加一”式的表述实际上束缚了老年人社会参与的边界。从某种意义上讲，老年人社会参与主体在这里被大大限缩了，毕竟不是所有人都能从事这些社会活动。当然，它从另一个侧面也折射出老年人继续教育与技能培训的必要性。因此，第70条规定：“老年人有继续受教育的权利。国家发展老年教育，把老年教育纳入终身教育体系，鼓励社会办好各类老年学校。各级人民政府对老年教育应当加强领导，统一规划，加大投入。”这更加凸显出它的价值。从这一条，我们至少可以解读出以下三重含义：一是继续受教育是老年人的一种社会参与形式；二是这种参与是一种权利；三是政府承担的责任和扮演的角色。从制度渐进变迁的角度而言，上述条款对于我国老年人社会参与政策的理论和实践都具有重要意义。它不仅使我国老年人社会参与政策研究有了明确的法律依据，而且指导了我国老年人社会参与实践。这一点在中国老龄事业发展“十五”“十一五”和“十二五”规划中体现得淋漓尽致。除了老年人权益保障法以外，我国宪法、教育法、妇女权益保障法等部分条款也涉及老

① 参见吕晓莉：《老年人社会参与政策研究》，载魏礼群主编：《社会体制改革与科学发展(2012年第2届中国社会管理论坛)》，北京师范大学出版社2012年版，第228页。

年人参与问题。比如，宪法中规定的选举权与被选举权、言论、出版、集会、结社、游行示威自由、人格尊严、劳动权、休息权、文学创作自由等都涉及老年人社会参与的权利保护。《教育法》第41条明确规定："国家鼓励学校及其他教育机构、社会组织采取措施，为公民接受终身教育创造条件。"《妇女权益保障法》第二章"政治权利"中涉及与男子平等的政治权利、政策参与、选举权与被选举权、选拔女干部、妇女组织等以及第三章规定的妇女平等受教育权和科技、文艺权利等。与《老年人权益保障法》有限的覆盖面和内容的丰富不同，这些法律的适用范围显然更加广泛，而且都侧重于社会参与权的保护和救济。近年来，有关老年人权益保障的地方性法规也纷纷出台，但是对老年人社会参与的保障多以《老年人权益保障法》为基准，缺少实质性的创新和突破。这也反映出我们对于老年人社会参与内涵和政策导向的理解还不够全面。

《关于老龄工作情况与今后活动计划要点》《中国老龄工作七年发展纲要(1994～2000年)》《中国老龄事业发展"十五"计划纲要》《中国老龄事业发展"十一五"规划》和《中国老龄事业发展"十二五"规划》等五个老龄工作计划属于我国老年人社会参与政策体系中规范性文件层面上的第一个政策群。与宏观层面的《老年人权益保障法》相比，它们更多偏重于政策理念和参与渠道，是对老年人社会参与政策的中观诠释。通过对上述五个文本的分析，我们发现它们对于老年人社会参与的理解和认识呈现出逐步深化的趋势。《关于老龄工作情况与今后活动计划要点》关注的是老年人参与的领域，强调人尽其才，其目标指向有一定的局限性。比如，"对具有科学知识、技术专长和领导经验的老年人，在力所能及的前提下，加以妥善安排。有的可重新受聘于本地或外地企事业单位担任技术指导；有的按地段或行业组织起来，开展咨询、翻译、培训、合理化建议等技术服务；有的可带领待业青年举办集体生产、服务业务……"《中国老龄工作七年发展纲要(1994～2000年)》则在指导方针中强调了"老有所养，老有所医，老有所为，老有所学，老有所乐"的目标，大力开展"老有所为"，倡导"老有所学，老有所乐"。从总体上来看，这两个文件的重心还是放在了养老和医疗方面，对老年人社会参与的界定过于宽泛。相比之下，中国老龄事业发展的"十五""十一五"和"十二五"规划在此问题上的把握明显更胜一筹。其中，"十五"规划指导原则中声明，要从物质和精神两方面提高老年人的生活质量，重视老年人才资源的开发利用，对城乡老年人社会参与的领域和渠道进行了说明。“十一五”和“十二五”规划开始强调社会力量的介入，积极开发老年人人才市场，不断扩大老年人社会参与范围，努力探索“老有所为”的新形势。从其对老年人社会参与的表述来看，这三个文件实际上把《老年人权益保障法》第七章“参与社会发展”的内容更加细化（尤其是第68条对于老年人社会参与范围的规定），旨在通过具体的政策设计将其付诸实施。

第二个政策群是以中央组织部、国务院或各部委名义联合下发的关于老年人社会参与的规范性文件，属于微观层面上的政策落实。它们大都以意见、通知和规定的形式展现在我们面前，其对象和内容指向都非常具体，具有很强的执行性。例如《中共中央组织部关于发挥中央、国家机关离休老干部的作用的意见》（中办发[1982]30号）提出，发挥离休老干部的作用，应从每个同志的具体情况出发，根据他们的精力、专长和志趣，采用多种形式，因人制宜地安排。老干部可以根据自身情况和组织需要参加文件宣讲、检查政策落实、撰写回忆录、从事学术研究、指导技术改造、建议咨询、协助基层组织兴办社会福利事业、教育青少年等。《国务院关于延长部分骨干教师、医生、科技人员退休年龄的通知》（国发[1983]142号）通过延迟退休的方式拓展了老年人社会参与的时间和空间。该政策的初衷是充分利用老年人在教学与科研岗位上积累的经验和技术优势，尤其是在年轻人人才储备不足、青黄不接时。实际上，这个政策对于当前我国探索弹性退休政策设计、破除老年人社会参与的政策性制约具有重要的参考意义。《关于发挥离休退休专业技术人员作用的暂行规定》（中办发[1986]32号）则进一步拓宽了老年人（专业技术人员）社会参与的范围，并在获取报酬、依法纳税、表彰奖励、社会组织协同等方面作出了新的规定，规范了老年人社会参与的组织管理和权利保护。通过对此类文件的梳理分析，我们发现，与宏观层面的法律规范和中观层面的政策诠释侧重原则性和倡导性不同，这些规范性文件往往立足于政策执行过程，强调适用目标，突出政策工具，聚焦执行效力。

上述政策文本分析有助于我们得出以下结论：

第一，我国老年人社会参与政策体系由法律和规范性文件两种形态构成。其中，规范性文件又可分为中观层面的政策诠释文本和微观层面的政策执行文本。前者是对宏观层面关于老年人社会参与法律的进一步细化，而后者则是根据法律和中观层面政策诠释作出微观层面的执行，主要涉及适用群体、工具选择和参与范围等要素。

第二,从宏观层面而言,《老年人权益保障法》是目前我国与社会参与关联度最高的一部法律。其他的法律规范虽有个别条款直接或间接涉及老年人社会参与,但并不专门面向老年人,而是覆盖所有公民。从中观层面而言,前述五个老龄工作计划纲要基本囊括了1983年以来我国老年人社会参与政策的动态变迁,适用对象由窄变宽,参与领域也更加开放。从微观层面而言,这些规范性文件有着清晰的内容和具体的适用对象,实用主义价值取向明显,且经常表现为党政多部门联合发文。

二、老年人社会参与政策变迁路径及其动力

(一)老年人社会参与政策变迁路径

按照覆盖对象范围,我国老年人社会参与政策变迁大体可分为以下四个阶段。

第一个阶段是1949～1982年,即"有限参与政策"阶段。新中国成立初期,我国就建立了退休制度。1958年,中央颁布《关于安排一部分老干部担任某种荣誉职务的决定》被认为是新中国成立以来最早涉及"老有所为"思想的规范性文件。它为老干部参与社会建设开辟了新的渠道,具有强烈的创新色彩。1978年,《国务院关于工人退休、退职的暂行办法》(国发[1978]104号)第11条规定:"工人退休、退职之后,不要继续留在全民所有制单位。他们到城镇街道、农村社队后,街道组织和社队要加强对他们的管理教育,关心他们的生活,注意发挥他们的积极作用。街道、社会集体所有制单位如果需要退休、退职工人从事力所能及的工作,可付给一定的报酬……"这实际上是对退休退职工人社会参与的渠道进行了说明,并明确规定了因劳动获取报酬的合法性。1980年,《国务院关于老干部离职休养的暂行规定》(国发[1980]253号)第8条①、第9条②对离职休养老干部社会参与的范围和方

---

① 《国务院关于老干部离职休养的暂行规定》第8条规定,各级领导和有关部门要关心离休干部的政治、文化生活,采取具体措施,保证他们能按同级在职干部规定的范围看文件、听报告,及时了解党和国家的方针政策。要定期召开离休干部座谈会或看望离休干部,倾听他们的意见和要求。

② 《国务院关于老干部离职休养的暂行规定》第9条规定,注意发挥离休干部的作用。凡是能写革命回忆录的,要为他们口述或撰写提供必要的条件。鼓励他们发扬革命传统,关心国家大事,关心人民生活,反映情况,提出建议,做些力所能及的工作。

式进行了详细说明。1982年,《中共中央关于建立老干部退休制度的决定》(中发[1982]13号)对老干部退休后的社会参与活动作了原则性的规定。这一时期,我国老年人社会参与政策的主要特征就是覆盖范围有限,主要面向离退休干部和工人。在当时的历史背景下,老年人社会参与机会是一种稀缺资源,在某种程度上成为体制内党的高级干部或离退休干部的专属“福利”。除了适用对象的狭隘以外,这一时期我国老年人社会参与政策内容也十分单一,主要是国家关于干部离退休政策。

第二个阶段是1983～1996年,即“扩展参与政策”阶段。老年人社会参与政策的适用对象由此前的离退休干部扩展到老年知识分子、专业技术人员。[①] 1986年9月19日,中央组织部、中央统战部、劳动人事部、中央宣传部、国家科委、中国科协、总政治部在《关于发挥离退休专业技术人员作用的暂行规定》中提出:“支持和帮助离休、退休专业技术人员继续发挥作用,要从工作需要和他们的实际出发,坚持自愿和量力而行的原则,形式要多样。离休、退休专业技术人员应聘从事专业技术活动,可以取得报酬,其离休、退休费照发,并继续享受应享受的生活待遇。个人收入达到纳税数额的,应依法纳税。”这个规范性文件进一步拓宽了老年人(专业技术人员)社会参与的范围,并在获取报酬、依法纳税、表彰奖励、社会组织协同等方面作出了新的规定,规范了老年人社会参与的组织管理和权利保护。此外,国家人事部提出了第二次人才资源大开发的号召,主要面向离退休人员(尤其是专业技术人员)的开发与利用。1994年12月14日,《中国老龄工作七年发展纲要(1994～2000年)》(中老联字[1994]70号)对“老有所养,老有所医,老有所为,老有所学,老有所乐”的目标进行了详细说明,并强调,要“充分发挥离退休医务人员在建立老年医疗服务网络中的作用……实现老有所为,发挥老年人作用。鼓励、支持低龄和健康老人在自愿量力的前提下,参与社会发展,推动社会精神文明和物质文明建设。到2000年,城镇的低龄、健康老年人参与老有所为的人数由目前的35%提高到50%以上……保障老年人受教育的权利”。可以说,老年人劳动资源和智力资源的全面开发、面向群体逐步扩大是这一时期老年人社会参与政策的主要特点。

---

① 参见吕晓莉:《老年人社会参与政策研究》,载魏礼群主编:《社会体制改革与科学发展(2012年第2届中国社会管理论坛)》,北京师范大学出版社2012年版,第227页。

第三个阶段是1996～2010年,即"开放参与政策"阶段。这一时期,老年人社会参与政策适用对象的限制逐渐放开。1996年,《老年人权益保障法》的颁布实施标志着我国老龄事业法治化、老年人社会参与政策发展更上一层楼。与以往的政策文件对于老年人社会参与笼统的界定不同,《老年人权益保障法》专门设置了"社会参与"一章,明确了老年人社会参与的渠道、方式、范围和权利保护原则。中国老龄事业发展"十五"和"十一五"规划都对老年人社会参与和老龄人才开发作出了详细说明,其政策措施也愈发细化,为微观层面的政策落实提供了指导。在此期间,老年人社会参与政策的内容和对象比以往更加开放,鼓励和提倡所有老年人积极主动参与社会。但必须说明的是,这种开放参与还只是体现在法律和规范性文件的基本导向和价值原则层面,老年人社会参与政策歧视被完全打破,但还并不是真正意义上的"全面积极参与",因为很多老年人社会参与积极性尚未被充分调动起来,且参与领域和渠道还是受到诸多条件的限制。

第四个阶段是从2010年至今,即"全面参与政策"阶段。与"开放参与政策"只是打破了法律和规范性文件层面对于老年人社会参与的政策歧视不同,全面参与政策不仅体现在参与理念的进一步创新,而且实现了真正意义上的"全面覆盖"。2010年以来,学界对于老年人社会参与政策的研究成果开始逐渐受到政府管理部门的关注,并成为指导我国老年人社会参与实践的重要理论依据。通过对《中国老龄事业发展"十二五"规划》的文本分析,我们发现其内在的政策体系设计基本上围绕着"介入视角""角色参与""需求层次"和"资源交换"理论展开①,政府、社会和老年人在社会参与问题上的政策共识达到了新的高度。全面参与政策除了体现在适用对象的全面性之外,更体现在政策内容的广泛性。与以往相比,老年人社会参与的领域、保障机制更加健全。

"银龄行动"是中国老年人社会参与政策实践逐渐走向"开放"和"全面"的标志性事件。十二年来,"银龄行动"已由最初的5个省试点,发展到覆盖全国31个省区市,活动内容由医疗卫生专项援助扩展为文化、教育、农业等经济社会各领域多方位援助,由试点援助转为常态援助。从城市间援助到

---

① 参见王莉莉:《中国老年人社会参与的理论、实证与政策研究综述》,载《人口与发展》2011年第3期。

城乡互助、从知识技能支持到资金项目帮助、从有形援助到网络援助,“银龄行动”的形式不断创新,成效不断显现,影响不断扩大。到目前为止,在全国范围内开展“老有所为”活动的全国性老年社会团体已发展到14家。全国开展社区志愿服务的基层老年协会近45万个,老年志愿者人数近2000万人,老年志愿服务涉及为老服务、治安维稳、环境保护、社区共建、卫生绿化、宣传教育等各个方面。全国老龄办副主任吴玉韶认为,基层社区是“老有所为”和“银龄行动”的广阔天地。各级老龄机构要依托基层老年组织等载体,鼓励更多的老年人加入志愿服务队伍;要积极开展老年互助志愿活动,通过结对帮扶、志愿服务等形式,鼓励低龄老年人服务高龄老年人、健康老年人帮助失能老年人,组织老年互助队,为老年人提供志愿服务,为积极应对人口老龄化做出贡献。

从上述四个变迁过程来看,我国老年人社会参与政策理念从“照顾安抚性的有限参与”,到“无私奉献的扩展性参与”,再到“平等开放参与”,最后到“权利强化的全面型参与”。老年人社会参与主体范围也由“特权”向“普惠”转变,从最初的高级干部或离休老干部,扩大到老年科技工作者、知识分子,最终惠及全体老年人。

(二)老年人社会参与政策变迁动力

政策变迁从本质上而言还是社会需要和人口老龄化问题相互交织作用的结果。社会公众的需要及其表达形式在不断变化,进而使问题的焦点也呈现出阶段性的转移。因此,研究老年人社会参与政策变迁路径依然需要溯本追源,回到需要和问题的出发点。老年人社会参与是一种需要,同时它也是应对人口老龄化问题中的一项子课题。客观而言,政府对于人口快速老龄化的研判是滞后的。人口老龄化是各国社会发展中的正常现象,但中国人口老龄化速度要远远超过域外国家。在人口计划生育政策大规模实施的同时,关于老龄化问题的前瞻性预测和配套政策并没有实现同步化。学界和政界真正开始大规模关注和研究老龄化问题始于20世纪90年代。1991年,联合国大会所通过的《联合国老年人原则》确立了关于老年人地位五个方面的普遍性标准:自立、参与、照料、自我实现、尊严。其中,参与原则要求老年人应能参与政策制定、向后代传播知识技能、参与志愿发展、组织老年协会等。[①] 1992 年,《2001 年全球老龄目标》和《老龄问题宣言》指明了进一步执行《维也纳老龄问题国际行动计划》的方向,并重点关注老年人的处境、终身的个人发展、代与代之间的关系以及发展与人口老龄化之间的关系。从国内老龄化问题的应对实践来看,我们只是把重点放在了养老和医疗等基础领域,对老年人社会参与的关注度明显不高。1996 年,《老年人权益保障法》的出台才真正从法律意义上确认了老年人社会参与的权利保护。从政策变迁路径来看,老年人社会参与从"专属福利"到"普惠权利",从"有限覆盖"到"全面参与",人口快速老龄化是关键的驱动力量。简言之,老龄化的加速是老年人社会参与政策变迁的直接动力。在社会演化进程中,日益增强的民主权利参与意识才是老年人社会参与的根本动力。

三、老年人社会参与政策存在的问题与根源

(一)老年人社会参与政策存在的问题

1. 政策理念的两个误区

一个误区是:长期以来,很多人把老年人社会参与同老年人再就业画上等号,认为只有老年人从事有报酬的社会劳动才算社会参与。特别是在当前我国经济转方式、调结构的关键阶段,劳动力供求失衡的问题被无限放大。2015 年,全国高校毕业生总数将达到 749 万人,比 2014 年再增加 22 万人,创下历史新高。如果再加上此前未就业的毕业生,那么总数将突破千万。这还仅仅是来自高校的就业大军。如果把农村劳动力转移和第二、三产业释放出的多余劳动力算在内,这个数字还会更高。在巨大的就业压力之下,老年人社会参与的主动排斥和被动排斥逐渐成为新的社会问题。然而,再就业只是老年人社会参与的一个微小的组成部分。从调查结果来看,城市老年人再就业主要集中在科研、医疗和咨询等行业,而这些行业往往需要长期的专业知识积累——老年人在此方面无疑更具竞争力。农村老年人再就业比例也不高,他们很多都已转移至城市从事第二、三产业的生产经营。绝大多数留守老年人要么已失去劳动能力,要么长年维持自家农田生产建设。

另一个误区是将老年人社会参与概念泛化,将其与老年人所有融入社

---

① 参见肖金明:《老年人权益保障法律制度研究》,山东大学出版社 2013 年版,第 217 页。

会的活动混同起来，认为老年人参加体育锻炼、娱乐活动以及家庭看护都应纳入老年人社会参与范围。这种错误的政策理念误区导致老年人社会参与政策内容的泛化，降低了社会各界对于老年人社会参与功能和效益的正面积极认识。以上两种对于老年人社会参与的认识陷入了两个极端：一个是最大化地缩小老年人社会参与范围，另一个则是概念的泛化。

2. 政策法规之间的冲突

政策法规冲突方面，现有法律体系对老年人社会参与（比如再就业）的“收入”和“劳动”保护并不对称。因为我国劳动力市场现行的法律规范针对的是劳动年龄内的劳动力，离退休人员的参与劳动并不在保护之内。换言之，它并不承认离退休人员的参与劳动是劳动关系，不受到劳动法律的保护，只作为一般的民事关系处理，从而使老年人再就业处于不规范的状态。这在一定程度上阻碍了老年人社会参与的积极性。[①] 例如，《老年人权益保障法》第 68 条明确规定：“老年人参加劳动的合法收入受法律保护。”根据 2008 年 1 月 1 日正式施行的《劳动合同法》第 44 条：“劳动者开始享受基本养老保险待遇的，劳动合同即行终止。”对于老年人这个特殊群体而言，这是否意味着他们的劳动权利和劳动义务不再受法律保护了呢？这显然又与《老年人权益保障法》相矛盾。这种政策法规之间的冲突是老年人社会参与的隐患，极大地阻碍了他们通过再就业等劳动形式参与社会建设。

3. 政策的滞后性

老年人社会参与政策的滞后性表现在部分政策已经无法满足老年人社会参与能力的实际和经济社会发展的现实需要。以退休政策为例，我国现行退休政策是根据 1953 年修改的《劳动保险条例》制定的，即男 60 岁、女 50 岁方可办理退休。1958 年，这一政策更加细化，即男 60 岁、女性工人 50 岁、女性职员 55 岁方可办理退休。时至今日，我们仍在实践中严格执行这一政策。然而，随着社会转型的加速和经济发展的腾飞，这一政策越来越成为阻碍老年人社会参与的绊脚石。因为工作、劳动条件的改善使得男女体质的差异对工作和劳动效率的影响日趋弱化，低龄老年人完全可以胜任退休时的工作强度。另外，人口平均预期寿命大幅提高。随之而来的就是社会保

---

① 参见吕晓莉：《老年人社会参与政策研究》，载魏礼群主编：《社会体制改革与科学发展（2012 年第 2 届中国社会管理论坛）》，北京师范大学出版社 2012 年版，第 229 页。

险基金缺口越来越大。我国社会保险基金总体上还是以现收现付制为主，而老年人口数量的激增加大了社会保险基金的支付成本，从而导致企业社保基金缴费成本快速上涨，在职员工不得不需要为此支付更高的社保基金费率。对此，理论界和实务界提出了诸多应对之策，社保基金入市就是其中之一。然而，社保基金的保值增值固然有助于缓解资金压力，但并非治本之策。问题的源头还在于如何能够在增加社会财富创造的同时降低社保基金的支付成本，要做好两者之间的平衡并非易事。延迟退休、提高法定退休年龄就显得尤为必要。与域外国家相比，我国目前的退休年龄明显偏低。例如，英国、奥地利、德国男性退休年龄为 65 岁，女性为 60 岁。到 2024 年，英国领取退休金的年龄均提升至 66 岁，2034 年提升至 67 岁，2044 年提升至 68 岁。德国目前女性的退休年龄已经提高到 65 岁，将在 2012～2029 年之间逐渐提高到 67 岁。① 考虑到我国目前的现实状况，弹性退休政策应成为未来老年人社会参与政策改革的着力点。现实生活中，有很多具有劳动能力的老年人在享受社会保障基金的同时，过早地被排除在社会财富创造之外，不仅造成老年人力资源的巨大浪费，同时也在政策层面限制了老年人社会参与的机会。例如，在教学科研、医疗卫生和咨询服务领域，老年人丰富的知识积累和从业经验是其参与社会财富创造的核心竞争力。国内很多科研院所、高校实验室、决策智库和医学机构都采取高薪返聘或延迟退休政策招揽高端人才。

4. 政策缺乏体系性

老年人社会参与政策体系性表现在两个方面：一是形式上的体系构成，二是内容上的体系构成。形式上的体系构成取决于组成部分的完整性，内容上的体系构成体现在各部分政策之间的严密性和逻辑性。从形式体系结构来看，老年人社会参与政策主要由法律和规范性文件组成，基本形成了宏观、中观和微观三个层面的架构。从目前来看，《老年人权益保障法》扮演了核心角色。如果以 1996 年为时间分界点，我们会发现，中国老龄事业“十五”“十一五”和“十二五”规划大体上是围绕着《老年人权益保障法》有序展开。在老年人社会参与政策方面，它们只不过是把该法第 68、69 和 70 条加

① 参见吕晓莉：《老年人社会参与政策研究》，载魏礼群主编：《社会体制改革与科学发展（2012 年第 2 届中国社会管理论坛）》，北京师范大学出版社 2012 年版，第 230 页。

以细化,并付诸实践活动。从整体上看,《老年人权益保障法》与两个政策群形成了有力的呼应,但从整个老年人社会参与政策形式构成体系上看,党的中央组织机构和国务院各部委制定实施的意见、通知和决定等规范性文件占据了大多数,其效力等级显然不如法律层面的《老年人权益保障法》。目前,国务院行政法规和部门行政规章以及地方立法层面,尚缺少关于老年人社会参与的专项政策法规。从内容体系上看,《老年人权益保障法》和老龄事业发展规划等综合性政策文件仅对于老年人的政治、经济、文化和社会层面的参与作了原则性和倡导性的规定,而部委出台的规范性文件的目标指向又过于狭隘,大都是面向离退休专业技术人员、老干部等。此外,老年人社会参与政策缺少组织管理、价值评估、权益维护、激励机制、技术支持和监督考核等环节的规定,基本构成要素尚不健全。

(二)老年人社会参与政策存在问题的根源

在政策科学看来,问题是政策研究的逻辑起点。但如果政策本身存在问题,又当如何解决呢?用新的政策来解决旧政策遗留的顽疾吗?按照政策过程论的视角,政策存在的问题可能发生在过程中的每一个环节,例如问题界定、政策议程、政策设计、政策执行、政策监督与评估、政策反馈等。如果将问题聚焦在老年人社会参与政策本身,那么其存在的问题很可能来自任何一个环节,但是它们对问题产生的影响程度肯定不一而同。也就是说,对于老年人社会参与政策存在问题的剖析不能仅仅囿于政策过程本身。老年人社会参与并非是一个严谨的学术性概念,如“老年人”“社会边界”和“社会参与”都是非常宏观的概念术语。老年人群体的界定因各国退休年龄标准的差异而有所不同,其政策具体面向也因人而异、因地而变。社会边界究竟如何来描述,它仅仅是指一般意义上的社会领域,还是涵盖了国家范畴的大社会概念?这个问题的答案又关系到我们对于社会参与及其范围的解析。因此,与以养老和医疗为主的老龄社会保障体系相比,老年人社会参与的概念本身就具有很大的模糊性[①],而这种模糊性只能随着社会变迁而逐渐消解。客观来说,党和政府在应对老龄化问题上付出了很大努力,也取得了一些成果。但总体而言,我们对于人口老龄化的速度和社会参与的认识还远远不够,这体现在政策理念和价值导向方面。积极应对人口快速老龄化

---

① 参见李宗华:《近30年来关于老年人社会参与研究的综述》,载《东岳论丛》2009年第8期。

当然需要建立完善的养老和医疗卫生服务体系，适时调整人口政策，但更需要在老年人社会参与方面有所建树。前述老年人社会参与政策存在的问题表面上来看是政策工具问题，比如政策法规滞后性、冲突性、缺乏体系性，但从深层来看却是政策理念和政策思维的偏差，而它们又直接导致了问题界定的偏离，最终造成老年人社会参与政策的局部失灵。

老年人社会参与政策基本走势研究包含三个议题：一是老年人社会参与政策的构成体系及指向分析。主要回应的是“政策是什么”的问题。二是老年人社会参与政策变迁路径及其动力。这一议题立足于阶段论视角来详细描述此项政策的演化进程，并从中探究其政策变迁的动力，旨在勾勒出老年人社会参与政策的历史变迁过程。三是老年人社会参与政策实施过程中所产生的问题与根源。开展这一问题的研究以期能为今后的政策改进与完善提供理论依据和实践基础。这三个议题并非彼此孤立，而是环环相扣，层层递进，呈现出清晰的论证逻辑。要想完整地描绘出老年人社会参与政策的整体基本走势，必须首先从“老年人社会参与政策是什么”这个议题切入。这里有三点需要作出特别说明：一是整个研究重点关注的是当代中国老年人社会参与政策问题。因此，所用的资料全部是1949年新中国成立以后的老年人社会参与政策文本和相关案例。时间节点的选取对于上述三个议题乃至整个章节的研究至关重要。二是本章研究采用的是广义的政策概念，即把法律和党中央以及各级政府出台的各类规范性文件都纳入政策范畴。这种广义性的界定大大拓宽了老年人社会参与政策的研究视阈，为我们详细了解和审视老年人社会参与政策体系奠定了坚实的理论基础。三是对老年人概念的聚焦严格按照国家法定年龄进行整体性的类化处理，并未作进一步的细分，例如低龄老年人和高龄老年人等。既然社会参与作为老年人的基本需要和法律赋予的基本权利，那么目标对象的细分很可能导致社会参与需要和权利的割裂，进而导致政策体系构建的混乱。

老年人社会参与政策的研究不能脱离整个社会的大背景，必须结合与该主题密切相关的人口政策、就业政策和劳动政策等全面展开。客观而言，中国老年人社会参与问题并没有得到普遍的关注，即便1996年《老年人权益保障法》的出台也并未从根本上改变这种状况。老年人社会参与真正引起社会各界的重视不过是近几年的事情。中国的老龄化问题之所以棘手，很大程度上是因为人口结构的断裂和地区分布的巨大差异。换言之，中国的老龄化与少子化、社会经济转型、政治层面的深化改革交织在一起。尤其前两者的出现,使得老龄化问题更加突出。即便如此,各级政府依然没有把老年人社会参与问题提上议事日程,而是把更多的资源投入到了养老、医疗等基础保障领域。当然,这种做法本无可厚非。毕竟,"老有所养"和"老有所医"是所有老年人非常看重的社会保障。但是,随着老龄化问题的加剧,"老有所教,老有所学,老有所乐,老有所为"的问题愈发显性化。面对错综复杂的老年人社会参与问题,政策的介入和调节就显得格外重要。随着中国社会民主和法治化的推进,任何政策议题的产生和议程的启动必将面临广泛的公众参与,价值多元取向和决策成本压力也会越发明显。最近,延迟退休和提高社保缴费比率问题一直是各大新闻媒体的头条,两大阵营的分歧显而易见。以往不是问题的问题现在却成了最大的难题。或许,人们尚未意识到,老年人社会再就业参与是必然的;否则,我们现有的社会养老和医疗保险机制将陷入前所未有的困境。所以,未来渐进式地提高退休年龄很有可能逐步付诸实践。再就业只是老年人社会参与的众多内容之一。目前,对于老年人而言,社会参与的方式和渠道日趋多元。再就业、社会公益慈善、志愿者服务、社区管理和体育休闲等均属于老年人社会参与范围。当然,它与老年人社会参与的内涵与外延密切相关。既然是社会参与,那么必然需要老年人打破传统家庭空间的束缚,积极融入社会,参与社会价值创造,获取社会认同。

第二节　完善老年人社会参与政策框架

探求老年人社会参与政策问题的化解之道,必须从整体政策框架上寻求突破和创新,而不是仅囿于局部调整的政策思维。从当代中国老年人社会参与政策构成及其变迁路径来看,政府和社会似乎已经习惯于政策数量的线性增长,或期冀某项具体政策能够彻底根治历史顽疾。比如,有关老年人社会参与政策的规范性文件越来越多,但是真正能够发挥实效的并不多。有的政策只是给出了宏观的理念,却缺少具体可操作的措施;有的政策尽管有着明确的目标对象,但却没有与之相适应的政策工具作为依托;部分政策之间甚至缺乏有效的体系衔接;等等。实际上,政策问题的表现形式和产生原因不一而同。如果只是就某个环节的问题而全面展开很容易陷入无休止的问题陷阱中去，非但无助于问题的解决，反而会使问题更加泛化。鉴于此，从社会政策视角来研究我国老年人社会参与制度必须从整体着眼，立足于政策框架的结构性变革。目前，学界对于政策框架的研究总体上沿着两条路径展开：一是以过程论为基础剖析政策框架结构与演变；二是以构成论为基石对政策框架内容进行诠释。过程论的政策框架分析覆盖了从问题界定到政策终结的全过程，侧重于动态的结构体系研究；构成论主张从政策供给者、政策目标对象、政策理念、政策工具等要素来解析政策嬗变及其未来的预期改革。然而，对于我国老年人社会参与政策变迁的四个阶段而言，各阶段政策框架的侧重并不相同，这显然不利于我们从整体上完善和丰富政策框架体系。因此，本书选择以构成论研究路径剖析老年人社会参与政策框架创新。与以往老年人社会参与政策侧重于增量改革、强调阶段性政策的局部调整不同，笔者希望通过政策框架的结构性变革来完善我国老年人社会参与政策体系，进而为老年人社会参与事业寻找到一条切实可行的发展道路。这种政策框架的结构性变革不是对原有政策内容的小修小补，而是要通过政策理念创新、政策工具适用性和政策体系协同性的学理研究来完善和丰富我国老年人社会参与政策。

一、老年人社会参与政策框架的结构性变革

一般而言，政策框架主要应包含政策供给者、政策适用对象、政策理念、政策工具以及政策体系之间的协同性等基本要素。就老年人社会参与政策而言，政策供给者和政策适用对象是十分清晰的。从前文对于老年人社会参与政策构成分析结果来看，其政策供给者或为单一主体，如老龄委、组织部、统战部、劳动人事部等；或为复合主体，如《关于发挥离退休专业技术人员作用的暂行规定》就是由中央组织部等七个部委联合下发。这种政策供给主体的差别主要还是政府各部门职能分工的结果。单一主体和复合主体的政策供给对于政策涵盖范围（尤其是政策适用对象）的影响十分明显。单一主体供给的老年人社会参与政策大都较为宏观，参与领域和适用对象更加宽泛；而复合主体供给的老年人社会参与政策相对微观一些，涉及事项和适用对象比较具体。从我国老年人社会参与政策路径变迁和政策实践来看，政策供给主体和政策适用对象都是清晰而明确的，而政策理念创新、工具选择和体系协同的构成要素却非常匮乏。以《关于进一步加强新形势下

离退休干部工作的意见》(中组发[2008]10号)为例,此规范性文件系统阐述了面向离退休干部的社会参与政策理念,并将其概括为"老有所养,老有所医,老有所教,老有所学,老有所乐,老有所为"。应当说,这个政策理念表述与我国老年人社会参与实践是相契合的,但是问题在于如何才能贯彻"教""学""乐""为"相统一的原则呢?"老有所为"的宏观目标如何界定并将其细化?具体的政策工具指导体现在哪里呢?这些基本要素在与其相关的政策文件中都很少提及,从而导致政策理念十分宏大,目标过于宽泛,缺少具体的实施机制,政策内容泛泛而谈,且政策之间难以发挥合力,甚至部分政策还存在相互冲突的情况。因此,本节关于老年人社会参与政策的结构性变革集中体现在政策理念创新、政策工具适用性以及政策体系间的协同性三个方面。之所以将其称之为"结构性变革",是希望在政策框架体系明确政策供给者和政策适用对象的同时强调政策理念的价值认同和行动指引,凸显政策工具在政策理念与政策实践之间的衔接,减少政策运行成本,充分发挥政策体系的协同效应,构建科学规范的老年人社会参与政策实施机制。

第一,老年人社会参与政策理念创新旨在化解理念滞后和虚化问题。长期以来,政府、社会和老龄群体对老年人角色定位和价值认同、老年人社会参与的必要性以及参与领域和方式的认识都存在着一定的偏差,进而导致老年人社会参与政策理念落后于现实需要,或者政策理念过于笼统。在传统农耕社会中,老年人在维护家庭伦理与社会文化传统、参与宗族内部事务决策和社会生产中扮演着重要角色,基本被排除在社会参与之外,其活动范围被限制在家庭和宗族内部。这一方面是因为在传统家国理念支配下的农业社会具有浓郁的宗族色彩,老年人的家长权威和经验主义决策在宗族和家庭内部受到普遍尊重;另一方面是由于生产力水平较低,很多老年人不得不参加一定的家庭生产。随着传统农耕社会的没落和工业社会的崛起,老年人突破家庭束缚参与社会的需求愈发强烈,社会参与权利保障意识更加浓厚。与之相对应的是,这些社会参与需求和权利保障意识并未在政策理念中得到充分展现。从老年人社会参与政策变迁的四个阶段来看,"价值贡献"一直是政策理念的主要内容,但是对"价值"的涵盖内容缺少界定,加上"贡献"的单向输出意味,导致老年人社会参与的政策理念长期泛化。另外,对于老年人社会参与认识的局限性也是政策理念偏差的重要原因。例如,把老年人社会参与和老年人再就业相混淆,或者限定老年人社会参与的领域。这实际上是老年人社会参与“有偿劳动论”的观点。毫无疑问，此观点极大地限缩了老年人社会参与的范围。老年人社会参与政策理念是工具选择、体系协同的基础，必须全面考量老年人参与层次、参与内容和限制性条件等因素。

第二，政策工具适用性分析的目的在于拓展老年人社会参与事业政策工具选择的种类。从政策过程视角来看，政策执行本身就是政策工具选择的过程，是实现政策目标的基本途径。如果按照强制性程度来划分，政策工具可以分为自愿性工具、强制性工具和混合性工具。自愿性工具的特点在于政府干预较少、成本较低，需要发达的民间社会作为基础；强制性工具主要是借助国家或政府权威迫使目标团体采取或不采取某种行为；混合性工具允许政府在一定范围内涉足非国家行动者的活动，而将最终的决策权留给私人机构，结合了自愿性工具和强制性工具的某些特征和优势。通过对有关老年人社会参与法律和规范性文件的文本分析可发现，我国老年人社会参与政策对自愿性工具的使用较多，而对强制性工具和混合性工具的使用相对较少。而在自愿性工具选择中，家庭与社区、志愿者活动又占据了绝大多数，而市场化工具介入不多。与此同时，国内老年人社会参与政策实践也基本印证了上述判断。近年来，家庭与社区一直是我国老年人社会参与的主要场所，而志愿者服务则是老年人社会参与的主要领域。如果以政策适用性作为评判标准来看，家庭与社区、志愿者服务显然还不足以支撑我国老年人社会参与实践，仍然需要积极开拓其他政策工具潜力，例如市场化手段（例如民营化、用者付费、政府购买公共服务等）、混合性工具（补贴、信息传播、规劝、用者付费）和强制性工具（政府直接供给）。

第三，老年人社会参与政策体系协同性研究关注的是政策体系之间的兼容与协作，旨在通过各领域有关老年人社会参与政策的调整与修订，理顺政策体系的完整性与连续性，从而发挥出政策体系的协同效应。老年人社会参与政策是一个广义的学理概念，它涵盖了各个领域关于老年人社会参与的法律和规范性文件。例如与老年人社会参与事业关系密切的就业政策、教育政策、文化政策、公益慈善、退休政策等都可纳入到这个庞大的体系中来。此外，以《老年人权益保障法》等为代表的涉及老年人社会参与的法律法规同样是这个政策体系的重要组成部分。面对这样一个涉及领域众多、内容复杂、结构多元的老年人社会参与政策体系，如何确保其能够最大程度上发挥出系统的协同优势是一个不容忽视的问题。目前，国内学界对于老年人社会参与政策体系协同性的研究仍处于真空状态。然而，现实中老年人社会参与政策体系之间的冲突与矛盾导致其政策效果大打折扣。这也告诉我们一个事实，广域性的老年人社会参与政策体系必须将协同性作为衡量政策效果的绩效指标之一。这种协同性指的是老年人社会参与政策体系内的有序运行和体系外的相互配合。体系内部的协同表现为老年人社会参与法律和规范性文件之间的耦合性，体系外部的协同表现为老年人社会参与政策与其他相关政策的兼容性。当然，这种协同性还体现在政策与现实需求之间的同步，例如老年人社会参与政策与弹性退休政策之间的衔接与配合。

老年人社会参与政策框架的结构性创新除了上述三个层面之外，还要力求在政策构成和政策内容方面有新的突破。从政策构成来看，国内关于老年人社会参与的专项立法较少，普遍把社会参与作为老年人权益保障的一个构成部分，且主要以国家层面的法律和规范性文件为主。随着 2015 年新修订的《立法法》的实施，地方政府（尤其是较大的市）应在老年人社会参与专项立法工作方面加大实践探索的力度，进一步充实老年人社会参与法律体系框架；在政策内容方面，应在原有的政策理念和工具基础上丰富老年人社会参与的组织管理、绩效考核与监督反馈等构成环节，不断提升完善老年人社会参与政策的可操作性。

二、老年人社会参与政策理念创新

（一）老年人社会参与政策理念偏差及其创新必要性

政策理念是政策制定者面对客观对象进行问题界定、政策设计、政策执行、政策评估与反馈等过程中所持的基本思想和价值观点，是政策目标、行动原则和工作方式等的思想集合。从某种意义上讲，政策理念是政策生命的起源，它清晰地体现在政策过程的各个环节。正是由于理念的不断进步，我国老年人社会参与政策才有了变迁的动力。可以说，老年人社会参与政策覆盖对象的逐步扩大、参与领域的渐进延伸和参与方式的日益多元正是理念转变的结果。一直以来，社会各界对于老年人社会参与的价值褒贬不一。很多人往往倾向于从价值财富创造的角度来审视老年人社会参与，继而将再就业与社会参与画上等号。这不仅曲解了老年人社会参与的内涵，也在无形中矮化了老年人在社会参与中的地位和作用。2015年两会期间，清华大学就业与社保研究中心主任杨燕绥在两会专栏发表了一篇名为《中国延迟退休难在哪里?》的署名文章，系统阐述了对延迟退休及其配套措施改革的看法。文章一出立刻引发了各界的普遍争论，人们关注的焦点莫过于养老金公平和年轻人就业这两大问题。争论的背后也折射出人们对于老年人社会参与(尤其是延迟退休和再就业)的排斥，问题的本质还在于社会传统理念对于老年人角色定位和价值创造的贬低。当这种理念反射到老年人社会参与政策上面时，就出现了政策之间的冲突以及政策体系之间的排斥。因此，化解老年人社会参与政策存在的问题，最终还要回归政策理念层面。

从目前来看，我国老年人社会参与政策理念偏差主要体现在理念滞后、理念短视和理念模糊三个方面。首先，理念滞后，表现为老年人社会参与政策理念落后于社会现实需要。随着中国人口老龄化的加速，未来老年人口的数量会大大增加，社会保障和医疗体系将不得不面临前所未有的压力。因此，老年人社会参与已经是一个不容回避的现实性问题。一方面，老年人有着强烈的社会参与需求；另一方面，老年人社会参与的权利亦得到了法律层面的认可。可以预见的是，未来老年人社会参与的领域和渠道必将更加广阔。与此相对应的是，很多人仍然坚持老年人有限社会参与的观点，比如把参与范围局限在再就业、邻里看护、休闲娱乐等领域。毋庸置疑，这些从政策理念层面而言已经无法跟上时代变化的脚步了。其次，理念短视，主要表现为把老年人社会参与看作是应对老龄化的权宜之计。1991年的《联合国老年人原则》和2002年的联合国世界老龄大会提出的“积极老龄化”战略都把“参与”作为各国应对老龄化问题的行动导向。受此影响，国内各界也常常把老年人社会参与问题置于应对人口快速老龄化挑战的理论和现实语境中。这种做法虽然契合了当前全球范围内积极老龄化的推进，但问题在于，当老龄化危机尚未到来前或已消解后，我们是否还会把老年人社会参与上升到国家战略高度呢? 既然社会参与是老年人的基本需要和重要权利，那么它理应需要社会各界的普遍支持和认同。如果仅仅把老年人社会参与看作是积极老龄化战略中的内容构成和应对人口老龄化的应然之举，那无疑在一定程度上贬低了老年人社会参与的价值。基于中国老年人社会参与实践来看，老年人社会参与之所以能够进入政策议程，在很大程度上应归功于人口快速老龄化问题。各级政府在面对老年人社会参与问题时大都从积极老龄化视角切入，缺少对老年人社会参与系统工程的长期规划。无论人口老龄化演变趋势如何，老年人的社会价值、老年人融入社会的需要和参与社会的权利都应得到全面的认可和保障。可以说，老年人社会参与是一个永恒的焦点问题，绝非只是应对老龄化的短期举措。从政策理念层面而言，老年人社会参与政策更应着眼于未来的长期规划，强调社会包容、价值认同与自我发展，回应老年人群体需要，保障参与社会的权利。最后，政策理念偏差还表现在将理念与目标混为一谈，即理念模糊。目标是将理念付诸行动的分解与细化，是基于过程的价值选择导向，而理念的视阈范围要高于目标界定范畴。对于老年人社会参与而言，政策理念与政策目标的混淆很容易导致政策工具的选择性失误，进而影响政策实践的顺利进行。2008 年 3 月，《中共中央组织部、人力资源和社会保障部关于印发〈关于进一步加强新形势下离退休干部工作的意见〉的通知》(中组发[2008]10 号)明确提出了“老有所养，老有所医，老有所教，老有所学，老有所乐，老有所为”的工作目标。近年来，国内老年人社会参与政策文本大体上采用或借鉴了“六个老有”的表述方式。值得注意的是，不少地方性的老龄工作文件常常把“老有所为”定义为“基本政策理念”，并在此基础上设定工作目标和选择政策工具。实际上，“六个老有”在中央层面的规范性文件中一直是作为老龄化工作目标而频繁出现在社会政策文本中。不仅如此，部分学者在实证研究中也倾向于把“老有所教，老有所学，老有所乐，老有所为”当作政策设计的理念指导，从而导致老年人社会参与概念的内涵与外延被极大地限缩了。理念与目标的错位使整个政策失去应有的针对性和连续性。

政策理念的上述偏差凸显出理念创新的必要性和紧迫性。科学、合理、人性化的理念定位是老年人社会参与政策取得成功的关键，它对于政策工具选择和政策体系协同性研究具有重要的理论指导意义。因此，我国老年人社会参与政策的完善首先在于是否拥有与时俱进的政策理念，以及它的定位是否科学、设计是否合理、导向是否体现出对老年群体的人性化关怀。

(二)树立“积极融入、价值认同与自我实现”的政策理念

1. 积极融入的老年人社会参与政策理念

随着年龄的增长，绝大多数老年人在精力和体力上都会呈现出明显的衰退，没有人能够抗拒这种自然规律。因此，老年人的离退休是不可避免

的。尽管现实生活中也存在拥有超长职业生涯的老年人群体，但这毕竟是极少数。即便是这有限的少数对象，最终也会面临所有老年人同样的结局，即离开自己曾经熟悉和从事的行业，开启新的退休生活。在这转变的过程中，老年人将不得不面临巨大的思想和精神压力，它体现为老年人离休后思想上的迷茫和精神上的空虚。对于他们来说，要想在短期内突然改变自己几十年如一日的生活和工作节奏并非易事。这需要老年人具有一定的生活适应能力，及时调整自己的思想状态。在实地走访过程中，我们发现很多老年人因无法面对突如其来的转变而陷入困境，进而主动排斥社会参与，其主要表现为老年人有意识地拒绝与外界社会的交流与互动，刻意缩小自身的社会交际圈。社会参与的主动排斥将使老年人的日常生活逐步与社会脱节，思想和精神上的压力也会使其不堪重负，最终导致个体的社会孤立。

积极融入的老年人社会参与政策理念强调主动参与和家庭与社会的衔接。所谓的"积极"是指通过外界宣传和家庭劝说激发老年人社会参与的需求，使其主动参与社会，摆脱老年群体的"社交恐惧症"。"融入"描述的是老年人走出家庭、进入社会、参与社会的动态过程，主张家庭与社会的紧密衔接。对于老年人而言，退休意味着他们必须从此前的职场空间回归家庭本位。长期的赋闲生活使老年人的活动范围仅局限在家庭看护和社区层面的休闲娱乐，其社会角色被日趋边缘化。因此，推动老年人的社会参与必须借助外界宣传和家庭引导的方式，唤起他们参与社会的需要，提升其主动参与的意愿。积极融入的政策理念正是对老年人社会参与主动排斥的有力回应，它倡导通过社会参与的需求刺激和意愿提升，使老年人能够积极主动地融入社会。

2. 价值认同的老年人社会参与政策理念

长期以来，老年人社会参与价值并没有得到公允的评价，其根本原因在于人们对老年人的角色定位、能力优势和参与必要性抱有很深的偏见，这也导致老年人社会参与一直被限定在有限的领域和狭窄的适用对象。很多人认为，随着老年人体力和精力的衰竭，其社会参与的价值是有限的。因为他们已经完全度过了其人生价值的巅峰阶段，其智力和体力资源的开发潜力早已不复存在。即便他们在退休后选择再就业，也只能更多地扮演辅助角色，而非社会参与的主力。对于老年人而言，安心享受清闲的退休生活才是其最好的归宿。这种观点在政策实践中似乎也得到了很好的印证。在有限性政策参与阶段和拓展性参与政策阶段，许多关于离退休老干部和科技工作人员的规范性文件中几乎都把“发挥余热”作为其政策理念。显而易见，政策制定者在潜意识中认为老年人社会参与价值有限，“发挥余热”的话语表述颇有些挖掘剩余价值的意味。此外，这两个阶段的老年人社会参与政策普遍侧重于价值奉献，缺少理性的人文关怀和价值认同。

如果仅以可投入的时间和精力来比较分析老年人和年轻人社会参与的价值，那么其结果难言公平。但实际上，与年轻人相比，老年人一般有着更为丰富的人生阅历、工作经验和扎实的专业技术功底，这些都是老年人社会参与的核心竞争力。近年来，有越来越多的老年科技工作者、大学教师、医疗人员和退休老干部活跃在科技研发、高等教育、行业咨询、志愿者服务和公益慈善等领域。他们通过广泛的社会参与逐渐获得了价值层面的认同，真正实现了“老有所为”的政策目标。由于多种主客观条件的限制，老年人已不可能像年轻人那样凭借广阔的职业平台赢得社会层面的价值认同，如果再失去了退休后的社会参与渠道，那么他们将很难再有机会证明自己的价值和获取社会认同。所以，价值认同的政策理念旨在呼吁全社会对老年人社会参与给予更多的包容，尊重老年人社会参与的价值。

3. 自我实现的老年人社会参与政策理念

根据美国社会心理学家马斯洛的层次需求理论，人类的需求按照从低到高的顺序可依次划分为生理需求、安全需求、社交需求、尊重需求和自我实现需求。对于老年人而言，如何能够在退休后充分发挥自身潜能、实现更高层次的发展目标具有重大意义。在自我实现、全面发展的全新理念支配下，老年人社会参与政策目标必须完成从“老有所养”“老有所医”到“老有所为”的跨越，全面拓展老年人社会参与的渠道、方式。老年人社会参与必须立足于能力和意愿两个前置性条件，即老年人有能力(身体、精神)和意愿(主动积极的个人需求)进行社会参与。从“六个老有”依存关系上看，“老有所养”和“老有所医”是老年人社会参与的基础，“老有所教”“老有所学”和“老有所乐”是老年人社会参与的具体形式，而“老有所为”则是老年人社会参与的终极目标，是老年时期的价值追求目标。因此，新时期的老年人社会参与在逐步完善养老和医疗服务的基础之上，不断拓展“所教，所学，所乐”的渠道和方式，重点围绕“老有所为”的目标进行政策设计。

积极融入、价值认同和自我实现的政策理念设计呈现出清晰的层次性。

如果说积极融入回应的是基本社会交往需求，价值认同是在其基础上对尊重需求的凝练与概括，那么自我实现则是老年人社会参与理念的最高点。从具体实践层面来看，这种阶梯式的理念层次构建与目前我国老年人社会参与事业的总体发展是相匹配的。对于政府和社会而言，下一步的工作就是如何在“老有所教，老有所学，老有所乐，老有所为”的目标下选择适宜的政策工具，不断推进老年人社会参与政策的实施。

三、老年人社会参与政策工具适用性分析

（一）老年人社会参与政策中的自愿性工具

1. 家庭与社区治理的基础支撑

家庭与社区治理是老年人社会参与政策应用最为广泛的自愿性工具。政府往往只作为制度供给者的角色出现，鼓励和倡导家庭与社区积极主动地介入老年人社会参与事业。从我国老年人社会参与实践来看，家庭与社区基本上承担了老年人社会参与的大部分内容，受到了政府和社会各界广泛支持。这一方面是因为家庭与社区是老年人主要的活动场所；另一方面则是由于它们熟悉和了解老年人群体的心理和行为活动规律，更有可能在老年人社会参与中发挥主体作用。我们经常能够在社区卫生、安全、文化教育、体育休闲、慈善捐赠等活动中看到老年人的身影。当然，这些活动大都具有志愿者服务性质。虽然有时社区管理机构会向参与活动的老年人提供少量的货币报酬，但总体上仍属于老年人公益活动范畴，其主要目的还是为了帮助老年人融入社会、“老有所为”。但家庭与社区的自愿性政策同样也存在一定的缺陷，它们在解决复杂经济问题时常常力不从心，在基层社会参与服务的供给方面难以实现规模经济。因此，家庭与社区范围内的老年人社会参与活动呈现出规模小、成本低的特点。总体而言，家庭与社区治理未来依然是我国老年人社会参与政策工具的主要选择。

2. 志愿者服务

志愿者服务可以在某些领域有效填补市场和政府管理的真空。它的优势在于方式灵活并具有回应性，能够迅速满足被服务者的需要，其服务可靠且成本较低。与其他政策工具相比，志愿者服务是建立在平等和自愿基础之上，有力地推动了社区精神、社会团结和政治参与。正是基于上述优势，近年来志愿者服务在老年人社会参与中扮演着越来越重要的角色和地位。

老年志愿者在“银龄行动”、北京奥运会、上海世博会等大型公益慈善活动中的突出表现得到了社会各界的高度评价，真正体现出了老年人社会参与的正能量。但是我们也要看到志愿者服务工具适用的范围是有限的，很多经济和社会问题无法通过这种方式来解决。此外，志愿者服务还受到组织机构属性的影响。官方和半官方志愿者组织很容易蜕变成准官僚机构，进而降低其服务效率；而民间志愿者组织又面临激烈的生存危机，且能够动用的资源也十分有限。与此同时，自愿者服务也面临着社会公众的信任问题，它必须在涉及公平、公开和透明化问题上作出有力的回应。

3. 民营化

民营化是市场化政策工具的重要组成部分，它把市场在资源配置中的效率优势用于某些社会服务领域，通过私有化经营提升和改进服务供给效率，减轻政府社会服务的供给压力，并与其形成有效的互动。事实上，随着公众需求的日益多元和公共服务领域的延伸，政府有限的财政资源不得不分摊到多个关系国计民生的重要领域。以老年大学教育为例，各级政府在老年人大学教育项目上的投资呈逐年增加态势，但依然无法满足老年人广泛的教育参与需求。在此情况下，很多地方老年大学机构在资金使用和人员配置上常常陷入捉襟见肘的困境。一直以来，老年人大学教育一直依赖政府财政拨款和学员缴费性收入，缺少社会资金的支持。从目前实际情况来看，老年人大学教育仅靠政府财政资金还远远不够，必须引入社会资本，充分发挥公私协同优势，提升其在资源配置方面的效率优势。政府在此方面必须加强配套措施建设，为其民营化发展提供良好的政策和舆论环境。此外，老年人社会参与活动的监督和评估也离不开工商管理技术的支持，例如绩效管理技术和顾客导向技术等。与理论预期相比，市场化工具在老年人社会参与政策层面应用并不多见。随着全面深化改革的推进，我们相信民营化在老年人社会参与事业中必将大有可为。

4. 用者付费

用者付费是指政府对某种物品和服务确定价格，由使用者支付这种费用。现实生活中，很多由政府出资建设的设施场馆对老年人都是免费开放或半价开放，充分考虑其目标对象的支付和购买能力。用者付费政策工具在老年人社会参与政策实践中具有一定的参考性，因为老年人往往对价格波动表现出较强的敏感性。对于老年人社会参与而言，用者付费虽然能够收回一定的使用成本，确保公平性，但同样也面临以下三个问题：一是老年人的价格承受能力；二是政府对老年人社会服务和公共物品供给的定价机制；三是老年社会组织机构实际的成本收益情况。因此，用者付费在老年人社会参与实践中的应用受到很大的限缩。然而，未来用者付费工具依然有存在的必要性。面对资源有限性和需求无限性的永恒矛盾，我们必须通过用者付费的方式来维系社会最基本的公平与正义，同时这也是促使老年人社会参与有效分流的重要手段，以免造成人力、物力和财力的浪费。鉴于此，政府和社会必须将用者付费工具纳入法治轨道，确保其公开和透明化的运作经营。

(二)老年人社会参与政策中的混合性工具

1. 信息传播和规劝

信息传播是指由政府向个人和社会发布或提供信息，以期待所期望的行为发生。人们在大量信息刺激的情况下，有可能采取更加理性的行动选择。信息传播工具是政府处理那些尚未有明确解决方案的问题的出发点，它的优势在于具有强烈的民主色彩，容易使用且比较稳定，与崇尚自由和个人价值实现的民主规范相契合。但如果没有其他政策工具的配合，信息传播很难有所作为，因为目标对象完全可以将这些信息置之不理，从而导致信息传播工具的失灵。就我国老年人社会参与实践来看，电视、广播和互联网一直是政府传播老年人社会参与理念、目标和方式等信息的主要载体，其中又以公益慈善、志愿者服务和社区治理为主要内容，旨在通过信息强化提升老年人社会参与的主观意愿，进而改变老年人社会参与的主动排斥和被动排斥行为，最终实现“老有所为”的政策目标。

规劝是指政府通过说服的方式寻求改变目标对象的价值偏好和行为方式，而不只是寄希望于信息传播。从某种意义上讲，规劝是信息传播的进一步强化，两种工具通常相互配合使用。在老年人社会参与政策实践中，规劝工具的应用主要是通过家庭与社区层面发挥作用，即借助家庭内部亲属和社区工作人员的说服，努力使老年人以更加积极主动的心态参与社会。此外，规劝工具的应用必须立足于老年人社会参与意愿和能力的现实状况。

2. 财政补贴

财政补贴是政府或政府机构向个体或社会组织提供财政资助的转移支付形式，其目的在于使受资助者采取政府所希望发生的行为。它的优势在于能够运用强大的财政资金支持迅速实现短期内的价值目标，但也容易给受资助者造成严重的发展路径依赖。老年人大学教育与再就业培训一直是老年人社会参与的重点，尤其是老年人大学教育以其低廉的收费和新潮丰富的课程赢得了许多老年朋友的青睐。但现实中，老年人大学的发展却时常遇到资金短缺问题，究其原因还在于政府投入不足。既然老年人社会参与是一项基本权利，那么政府在老年人社会参与问题上除了呼吁社会力量的介入和资源整合之外，也必须切实履行自身的职责，为老年人社会参与政策的顺利实施提供必要的配套资金，推动老年人社会参与事业的全面发展。

（三）老年人社会参与政策中的强制性工具

政府直接供给是老年人社会参与政策工具的重要选择，由政府直接向社会公众提供社会服务和产品，规避了间接提供的效率损失；同时，由于允许交易内部化的存在，其成本能够得到一定程度的控制。与自愿性工具和混合性工具不同，政府直接供给的强制性工具在老年人社会参与中的应用集中体现在老年人技能培训、休闲娱乐场所建设以及各种老年文化教育设施等方面。政府直接供给强制性工具的应用基于两方面的现实。一是政府职责所在，尤其是在法律和政策意义上的清晰诠释令政府在老龄化问题上必须有所建树，而老年人社会参与政策机制正是其中之一。二是逐利性的社会资本非常注重老龄化产业的远期规划，以此确保长期稳定的资本收益，最大限度地规避市场风险，老年人社会参与的公益性常常使寻利资本望而却步。

四、老年人社会参与政策体系之间的协同性

政策协同是当代政府治理和解决复杂性问题的重要方式，更是国家政策机构和政策关系安排的基本目标。面对日趋复杂的社会性问题，政策协同能够在最大程度上消除政策间的外部性，降低政策执行成本，充分利用有限的政策资源。[①] 对于老年人社会参与政策体系而言，政策协同突出体现在理念协同、目标协同和工具协同三个方面。理念协同指的是老年人社会参与政策理念、价值导向的连贯性和进步性；目标协同则着重于不同阶段各领

---

① 参见朱光喜：《政策协同：功能、类型与途径——基于文献的分析》，载《广东行政学院学报》2015年第4期。

域老年人社会参与政策目标的衔接与配合;工具协同关注的是市场化工具、社会化工具和工商管理技术手段等在老年人社会参与政策运作实践中的综合利用。从三者的地位关系与研究路径来看,政策理念协同是基础,它直接决定着政策价值导向、目标设置和工具选择,其分析应立足于政策历史变迁过程;政策目标协同是连接理念协同与工具协同的枢纽,其研究要借助政策系统分析,从目标体系层次性作为切入点;政策工具协同是核心,它需要建立在实证分析基础上的类型比较研究作为技术支撑。

(一)政策理念的协同

从历史变迁视角来看,我国老年人社会参与政策总体上保持了良好的连贯性和稳定性。尽管在不同阶段,政策的覆盖面、价值导向和工具选择有所差异,但政府始终把社会参与看作是老年群体离开工作岗位后融入社会、体现价值和赢得认同的基本途径。从有限参与政策、扩展参与政策,到开放参与政策和全面参与政策阶段,老年人社会参与由最初仅面向少数群体的特定福利供给逐渐过渡至惠及全体老年人的公共服务,其制度性依据从一般意义上的规范性文件上升到国家法律层面,活动属性由一般意义上的抽象行为提高到基本需求层面,即把社会参与看作是全体老年人的基本需求之一。在这个过程中,我们对于社会的概念和社会参与的界定也有了更深刻的理解。当然,这种认知与当代中国社会变迁是紧密联系在一起的。此外,老年人社会参与政策理念协同还集中体现在连续性的创新层面,这种创新是建立在政策的连贯性和稳定性基础之上。近年来,随着老年群体越来越多地参与公益服务活动,政府相关职能部门也愈发关注老年人公益服务的政策供给。全国老龄委办公室印发的《组织开展老年知识分子援助西部大开发行动试点方案的通知》(全国老工委发[2003]1号)明确把参与主体定位于:“主要是70岁以下,身体健康、愿为西部做贡献的离退休医生、教师、科技工作者和文艺工作者等老年知识分子。”类似的政策实践有很多,它们的颁布和实施清晰地折射出政府和社会各界对于老年人社会参与理念的认知变化,从以往“老有所为”的口号式宣传逐渐落实到基本的社会行动中,这也从另一个侧面反映出老年群体智力资源的开发潜力。

(二)政策目标的协同

从政策系统分析角度而言,老年人社会参与政策协同存在于国家治理的宏观、中观和微观层面,依据协同程度不同可分为政策合作、政策协调和政策整合。[①] 政策目标的协同主要体现在宏观和中观层面的政策合作、协调和整合中的层次性和逻辑性。长期以来，"老有所养，老有所医，老有所教，老有所学，老有所乐，老有所为"一直是我国老龄事业的发展目标。从目标指向来说，"老有所养"和"老有所医"侧重于基础社会保障，"老有所教，老有所学，老有所乐，老有所为"则更多是作为老年人社会参与目标而提出的。然而，无论是"所教""所学"，还是"所乐""所为"，都是对各领域老年人社会参与事业发展愿景规划的抽象表述。在实践操作环节，政府相关职能部门还需要将这些宏观政策目标不断细化，从而建立起与之相适应的中观和微观层面的目标。老年人社会参与政策目标协同需要兼顾各个层面的预期目标，合理配置政策资源，进而使各领域的老年群体社会参与政策能够实现无缝对接，降低政策之间冲突的可能性，提升具体政策间的兼容性和自洽性。老年人社会参与的广域性是本章反复提及的观点，正是由于社会参与涵盖了多个领域，与其相关的政策供给主体来自不同的政府职能机构，如果缺少老年人社会参与目标的协同，那么这些分散在各个领域的老年人社会参与政策就很难形成合力，政策主体也会因缺少组织间的目标协同而陷入各自为政的局面。从学理角度而言，政策目标协同是建立在理念协同基础之上，是政策价值导向下的理想建构。老年人社会参与政策目标协同必须充分考量共识性的达成，因为政策共识是确立政策目标的前提条件，它既包括相同政策领域的横向目标协同与纵向协同，也涵盖了跨领域间的横向协同。

(三)政策工具的协同

关于政策工具的类型划分，学者们基于不同角度给出了多元化的理论阐释。比较有代表性的有罗威、达尔和林德布罗姆的规制性工具和非规制性工具，萨拉蒙的开支性工具和非开支性工具，施耐德和英格拉姆的激励型工具、能力建设型工具、符号与规劝型工具和学习型工具。著名政策分析专家狄龙将政策划分为法律工具、经济工具和交流工具。[②] 实际上，虽然上述分类标准各有不同，但其具体所指都或多或少地存在一定的交集。从某种意义上而言，政策实施就是政策工具效应的传导，政策工具选择的偏差直接

① 参见朱光喜：《政策协同：功能、类型与途径——基于文献的分析》，载《广东行政学院学报》2015年第4期。

② 参见曹原：《政策工具发展历史及其分类探讨》，载《现代商贸工业》2009年第13期。

影响到最终的政策效果。故此，工具协同是政策协同的核心构成。如果政策工具缺少协同与呼应，无论政策理念多么先进，政策目标多么科学，最后的政策绩效肯定会大打折扣。本节对于政策工具类型的剖析借鉴了林德布罗姆的政策分类研究成果，以强制性程度将老年人社会参与政策工具分为自愿性工具、混合性工具和强制性工具。这种分类方式也最大程度地考虑了社会化和市场化工具的指引作用。毕竟，老年人社会参与事业仅靠政府单一化的政策资源供给还远远不够，适当引入社会和市场资源和力量，不仅有助于缓解政府财政压力，同时也利于推动公民社会的成长。这就需要政府合理开发和运用市场化和社会化政策工具作为基础性保障。政策工具协同有三重含义：一是自愿性工具、混合性工具和强制性工具的协同，形成与社会和市场的有力呼应；二是不同领域政策工具的横向协同，以消解跨域政策间的潜在冲突；三是相同领域政策工具之间的横向协同，其目的在于有效弥合政策之间的裂痕。以老年人再就业政策为例，它实际上需要退休政策、养老金政策、劳动合同法和技能培训机制等作为坚实的制度基础，涉及经济、法律和社会等诸多政策工具。政策工具协同的匮乏必将导致政策体系之间的潜在冲突显性化，而老年人再就业政策实践现状也印证了我们上述的判断。

问题是政策的逻辑起点，这是政策科学者们的普遍认同。而问题的变化，必然引发政策的变革。新中国成立以来，老年人社会参与问题一直存在，但老年人社会参与政策变迁的四阶段分析却告诉我们，问题的影响因素、表现形式和产生结果，甚至问题的本质都发生了局部性变化。量变积累到一定程度必然引发质变。因此，老年人社会参与政策同样要与时俱进，及时化解实际中存在的问题。未来以问题为导向的社会政策设计应当成为我国各级政府治理体系和治理能力现代化的重要内容。鉴于老年人社会参与政策变迁过程中出现的新问题、新情况，其政策框架亦需要健全和完善。它并非是对原政策的微观调整，而是着眼于宏观层面的结构性变革。它集中体现在老年人社会参与政策的理念创新、工具创新和协同性创新，这三个方面的结构性变革分别回应的是理念偏差、工具单一化和政策间不兼容问题。

长期以来，很多政府职能部门在老年人社会参与政策方面存在理念滞后或者将其与“六个老有”目标相混淆的问题。理念创新的根本任务就是要重塑老年人社会参与的基本价值，即追求积极融入、老年人价值认同和自我实现。作为一种基本需求，社会参与理念创新研究当然离不开马斯洛需求层次理论的支撑。无论是积极融入，还是价值认同和自我实现，都是对老年人社会参与理想愿景的规划内容。工具单一化极大地束缚了老年人社会参与的方式和途径。如果仅仅依靠政府顶层设计和财政驱动，那么老年人社会参与局面很难有根本性的改变。政策工具必须要考虑社会整体变迁需要，从单一向多元拓展，充分利用家庭与社区治理、志愿者服务、民营化、用者付费、信息传播和规劝、财政补贴和直接供给等非强制性、混合性和强制性政策工具。既需要政府各职能部门的强力推进，也离不开社会组织的积极介入；既需要政府的财政配套资金，同时更需要社会资本的高效参与。多元共治的格局将有力推动我国老年人社会参与事业的发展。老年人社会参与政策体系间的矛盾与冲突是目前急需解决的问题。因此，课题组针对此问题提出了政策体系间的协同性，分别从政策理念、政策目标和政策工具层面展开了详细的论述。这种协同最终的目的是把分散在各领域的老年人社会参与政策按照一定的框架体系进行优化组合，努力消解政策之间的相互抵触问题。

老年人社会参与政策框架的创新与变革亦需要考虑社会公众的认可程度。老年人是一个动态化的概念群体，因为每个人终将老去。这意味着没有人能够一直游离于这个政策框架体系之外。清华大学教授秦晖认为，三十多年的计划生育制度摧毁了中国的家庭养老机制。不仅如此，中国人口结构也因此而扭曲，它集中表现为老龄化和和少子化。[①] 令学者们感到惊讶的是，中国人口老龄化的速度远超欧美国家，而适龄劳动人口的缺额却在不断扩大。这就意味着中国目前以现收现付制为主的养老保险体制面临严重的收不抵支问题。换言之，养老金的入不敷出或许将成为新常态。这样一来，老年群体的再就业，或者提高养老金缴费标准和延迟退休等政策就显得尤为必要了。中国社会科学院人口与劳动经济研究所发布的《人口与劳动绿皮书：中国人口与劳动问题报告》中明确建议按照并轨先行、渐近实施和弹性机制的原则逐步延迟退休年龄，并给出了具体的规划进程。从政策供给主体角度来看，这一切似乎合情合理。但是，社会公众却并不买账。从最

① 参见秦晖：《中国家庭“南非化”严重　无法回归家庭养老》，载“搜狐财经”（http://business.sohu.com/20151205/n429868578.shtml），2015 年 9 月 5 日访问。

新的互联网问卷调查数据来看，有九成以上的被调查者反对上述政策建议，而这些内容又正是老年人社会参与政策的重要构成部分。因此，未来老年人社会参与政策框架的改进必须充分考量社会公众的认可和接受程度。我们预测最有可能的结果就是，政府与社会公众在这个互动过程中不断调试目标距离，并作一定的折中和妥协，最终实现渐进式的政策改革。

第三节　老年人社会参与政策实施机制

老年人社会参与政策实施机制应立足于三个平台建设，即以政府为主导的老年人社会参与政策保障平台、以社会为依托的老年人社会参与驱动平台和以群体为核心的老年人社会参与反馈平台。从本质上而言，老年人社会参与政策的实施就是政府与社会协同治理的过程。政策能否顺利推进，关键取决于两者之间的协同治理水平。此外，老年群体也是一个必须要考量的重要因素。近年来，老年人在社会参与中的主动排斥和被动排斥现象时有发生，这在很大程度上是缘于反馈机制的缺失。老年人社会参与的需求和评价与政府和社会的政策供给存在失衡，即供非所需、求非所及。因此，围绕政府、社会和老年群体为中心构建老年人社会参与政策实施机制平台是此项研究的基本逻辑进路。还有一点需要提前说明的是，老年人社会参与政策实施的前提在于其能否获得社会普遍的价值认同，这就不能不提及政策本身的必要性、科学性和有效性，因为政策价值认同通常是建立在这三者基础之上。只有老年人社会参与的价值得到了社会的认可，其政策支持才会因此而显现出价值认同。如此一来，老年人社会参与政策实施机制平台建设的价值基础就得以确立。

一、老年人社会参与政策的价值认同

政策的价值认同体现在它的必要性、科学性和有效性。政策必要性与其产生背景密切相关，以问题为逻辑起点的政策是否能够回应现实的无序状态是其最基本的价值认同。科学性是政策价值认同的关键所在，它贯穿于从问题界定到评估与反馈的政策全过程，体现出的是政策制定者的理性思维，它的目标在于客观全面地反映事物的本质和内在规律。有效性则更多体现在政策的执行环节，即政策是否能够真正消解其目前存在的问题，满

足社会公众的需求，它是政策价值认同的最终落脚点。政策的必要性、科学性和有效性呈现出明显的周期性变化，所以其价值认同与政策周期高度相关。研究老年人社会参与政策的价值认同就必须从理论和实践方面对其必要性、科学性和有效性作出彻底的剖析和诠释。

老年人社会参与政策的必要性在于它是否回应了当前中国严峻的老龄化危机所引发的社会性问题。从宏观层面而言，中国的人口快速老龄化与少子化交织在一起，给养老、医疗、社会保障和就业带来了沉重压力；而这些问题在转型时期又被无限放大，即大家经常提到的"未富先老"现象。从微观层面来说，中国传统的家庭人口结构和生活方式日趋瓦解。受少子化和年轻人外出工作的影响，许多老年人基本上都是独居生活，或者与隔代亲属相处，承担起家庭看护者的角色。以空巢老龄群体为例，截至 2014 年年底，山东省 60 岁以上（含 60 岁）老年人口达到 1752.6 万人，约占全省总人口的 17.9%。其中，65 岁以上（含 65 岁）老年人口为 1131.56 万人，约占全省总人口的 11.56%。空巢老人数量已超过 870 万人，即平均每两个老年人就有一个空巢在家。最近五年间，山东省空巢老人数量每年以 35 万人的速度激增。[①] 从空间分布来看，空巢老人激增地区为菏泽、德州、临沂等外出务工大市，而青岛、烟台、威海等东部城市乡镇人口向市区集中，出现农村空巢化程度高于城市的现象。未来 15～20 年，空巢化带来的问题会达到顶峰。不过也有不少老人是主动空巢，不愿跟儿女住在一起。对于这些老年人而言，除了基本的养老和医疗保障服务之外，最为关切的就是社会参与问题。因为长期的空巢生活很容易阻碍其与社会互动的机会和空间，从而逐渐被社会边缘化。然而，面对老年群体现实的迫切需求，政府和社会并没有给予社会参与太多的关注，而是把政策供给的重心放在了基本的养老、医疗和社会保障等领域。从现有的社会参与政策构成来看，主要集中于再就业和文化休闲领域，且政策供给结构单一，缺少系统性，个别政策之间甚至存在明显的冲突和矛盾。导致这些问题的根本原因在于我们对老年人社会参与内涵和外延的理解存在一定的偏差，进而造成社会参与政策供给的短视效应。从现实来看，随着独居老年人和空巢老龄群体的日趋增多，社会参与将越来越成为一种极为迫切的现实性需求。对于这些老年人而言，他们已经很难再

---

① 参见《人口流动加剧东西部家庭空巢化》，载 2015 年 10 月 22 日《齐鲁晚报》。

像以往那样可以从家庭中获取精神上的慰藉，因为现代家庭结构和生活方式的巨大变化，极大地压缩了传统意义上老年人能够依赖的家庭存在空间。因此，老年人回归社会、融入社会，在社会参与中寻求自我价值的认同就成为一种必然。为了实现老年人社会参与的有序健康发展，政策的介入与支持就显得弥足珍贵。

老年人社会参与政策的科学性在于其是否抓住了事物发展的本质和内在规律，它集中体现在短期的政策制定和长期的政策变迁方面。从政策制定来看，老年人社会参与要想进入政策议程，首先要面临的就是问题界定环节，这就涉及问题的边界设置，即把老年人社会参与放在科学合理的视阈下进行清晰描述。然后，在此基础上厘清政策适用的主体、客体和工具选择，设定备选方案。最后是确定政策方案。在这个过程中，任何一个环节的纰漏都可能导致政策制定者以外的群体对于政策科学性的质疑。这些内容都属于政策内容层面，而科学性不仅需要体现内容构成的合理，同样要反映出程序的合法化。从学理层面而言，科学性亦需要合法性的支持。老年人社会参与政策的合法化体现在其是否经过了公众参与、专家论证、风险评估、法制审查和集体讨论决定等必要程序环节。对于政府、社会和公民而言，这恰恰是法治思维和法治方式的充分体现。内容的合理性和程序的合法化共同构成了老年人社会参与政策科学性的内涵。从政策变迁来看，老年人社会参与政策的科学性呈现出循序渐进、螺旋上升的态势。从其路径变迁来看，老年人社会参与政策的适用群体日趋广泛，从起初的离退休老干部，扩大到科研、教育工作者，最终惠及全体老年人；政策工具由单一走向多元化，从初始阶段的强制性政策工具，逐渐拓展至自愿性政策工具（如社区治理、志愿者服务和民营化等）和混合性政策工具（信息传播和规劝等），越来越注重国家、政府与社会三者协同治理中的政策均衡；政策价值导向由少数群体的福利供给向一般意义上的公共服务转变。特别是在有限参与政策阶段，由于社会参与机会的匮乏，老年人社会参与政策常常被视为是少数群体的专属福利。相比于普通老年人而言，这一时期的老年人社会参与政策具有清晰的覆盖面，只有那些离退休老干部才享有政策意义上的社会参与资源。而在开放参与和全面参与政策阶段，这一政策的导向已经发生了彻底的转变，即把老年人社会参与视为必不可少的公共服务。从源头上来说，这种政策导向的转变应归功于政府和社会对于老年人社会参与理念认识的进步。适用群体的扩大、工具的多元、价值导向与理念的与时俱进无不折射出老年人社会参与政策科学性的增强。

老年人社会参与政策的有效性在于其是否消除和化解了现实中存在的问题,它集中体现在政策的执行过程。政策有效性的研判需要借助于审慎的专业性评估来实现,其关键在于评价指标体系的建构。就老年人社会参与政策个案而言,其有效性取决于社会价值充分性、政策之间的协调性、政策效果与效率、公平性、回应性和适宜性。按照这个逻辑进路,我们完全可以在此基础上设置出二级和三级指标体系,进而形成一个相对比较完备的老年人社会参与政策有效性评估体系。以政策之间的协调性为例,它的二级指标应涵盖上位政策、关联政策和历史政策三个层面,即与上位政策一致、与关联政策协调、与历史政策连贯。这实际上就回溯至本章第一节所分析的政策体系变迁路径问题,它需要从宏观视角把握老年人社会参与政策渐进式演变过程。老年人社会参与政策之间的协调一直是社会法学专家们关注的焦点,但问题是基于法学视角的学理分析大多停留在质性研究方面,缺少计量统计的支撑。因此,老年人社会参与政策间协调性指标乃至整个有效性评估体系必须充分借鉴和使用定量方法,努力从已有的数据体系中获取研究资料。无论是质性研究还是定量分析,最终的目标都是要提升老年人社会参与政策有效性评估的客观性和准确性,而这又恰恰是科学性的重要构成元素之一。

二、以政府为主导的老年人社会参与政策保障平台

(一)部门协同机制

部门协同机制是老年人社会参与政策保障平台的组织基础,它包括横向协作和纵向衔接两个方面,旨在打破机构之间因职权和层级关系而产生的组织壁垒。老年人社会参与涉及诸多领域,其参与的政府机构往往关系到众多职能部门,如教育部、民政部、文化部等。因此,如何能够在具体问题上有效协调各部门的协作与配合已成为一个我们无法回避的现实性问题。目前,我国直接与老龄工作对口的机构仅有全国老龄工作委员会。从角色定位上而言,它只是国务院主管全国老龄工作的高层议事协调机构,其办公室设在民政部,现成员单位包括中组部、中宣部、外交部、国家发改委、教育

部、民政部、公安部、住房和城乡建设部、文化部、全国总工会、总政治部、中国老龄协会等。2005 年 8 月，经中央编委批准，全国老龄工作委员会办公室与中国老龄协会实行合署办公，在国内以全国老龄工作委员会办公室名义开展工作，在国际上主要以中国老龄协会的名义开展老龄事务的国际交流与合作。这种交叉融入式的组织架构决定了全国老龄工作委员会很难在实际的老龄工作中发挥主导作用，它更多扮演了一种政策咨询研究和协调联络者的角色。然而，在具体的老年人社会参与实践中，全国老龄工作委员会很难有效地协调和介入各部门的实际工作，从而导致这些成员单位的很多政策呈现出碎片化、分散化。以广场舞活动为例。广场舞本是老年人社会参与的一个重要渠道，很多参与者都是退休老年人，但是广场舞的组织与管理却常常招致社会舆论的指责与批评。为此，文化部、体育总局、民政部、住房和城乡建设部联合下发了《关于引导广场舞活动健康开展的通知》，旨在规范和强化对广场舞活动的管理。从这份政策文本中，我们可以清晰地发现，政策适用对象被大大泛化了。换言之，很多政策内容只是停留在具体的工具主义层面，缺少对具体活动对象的考量。广场舞活动不单单是一个具体的管理问题，更是深层次的老年人社会参与问题。它反映出老年人试图通过一个门槛相对较低的平台参与社会，以此获得身心上的愉悦。全国老龄工作委员会在很多具体政策议程中的缺席直接导致了政策对象与内容的泛化，其根本原因还在于部门协同机制的缺失。未来在老年人社会参与问题上，全国老龄工作委员会应被赋予更多的职责内容，至少应在一定阶段内采取定向赋权的方式丰富其权利结构，使其从一个虚化的协调议事机构成长为真正具有一定职能权限的决策执行部门。跨部门的横向协作和纵向衔接在很大程度上取决于全国老龄工作委员会角色的重新定位。

联席会议与定向赋权是打破横向部门壁垒、弥补纵向层级裂痕的重要途径。由于老年人社会参与涉及内容广泛，多部门联合行动将成为常态化。在横向层面，可建立以各级老龄工作委员会为核心的跨部门联席会议制度，同时根据具体的参与内容和领域确定参加联席会议的政府部门和机构。当然，跨部门联席会议制度的前提是老龄工作委员会必须拥有充足的赋权，即能够根据相应的权责对其参与部门进行监督与评估。在纵向层面，各级老龄工作委员会必须完善自身协同机制。利用跨部门的横向协调与上下级之间的职能对接介入老年人社会参与具体实践。那么，如何能够既实现横向和纵向的部门协同,同时又不会对现有的组织架构产生较大的冲击呢?事实上,定向赋权是一个值得考虑的工具选项。国务院和各级地方政府可根据具体的老年人社会参与事项赋予全国老龄委和各级地方老龄委一定的决策与行动职权,使其能够在一定范围内有效制约其成员单位的行为。当然,这主要体现在事后的部门组织绩效评估方面。

(二)资金支持机制

资金支持机制是老年人社会参与政策保障平台的运行基础。政策实施离不开财政资金支持,其在运行的过程中往往是以政府补贴和拨款的形式体现出来。如果没有配套资金支持,那么再好的政策也只是摆设而已。政策实施中所耗费的人力、物力和财力都可纳入政策成本范畴。从某种意义上讲,资金支持力度也体现出了政府对于不同领域的老年人社会参与活动的重视程度。由于老年人社会参与的广域性,资金支持的绝对数量又与政府各部门的财政实力和年度预算安排密切相关。尤其是后者,从近年来老年人社会参与实践来看,各级政府投入不足已成为普遍现象,从而致使许多好的政策难以完全发挥其应有之收益,这突出体现在老年人教育参与、文化参与、再就业参与和休闲娱乐参与等领域。一直以来,老年大学是很多老年人社会参与的主要渠道。很多空巢老人把老年大学视为参与社会的第一选择,不仅摆脱了枯燥的家庭生活,而且在这个过程中逐步实现了"老有所教,老有所学,老有所乐,老有所为"的社会参与目标。可以说,老年大学是适应社会老龄化、建设终身学习的学习型社会以及满足和谐社会需要而发展起来的时代产物。以山东省济南市为例,济南每 100 个 60 岁以上老年人里只有 8 人能进入老年教育机构。供需矛盾的突出从另一个侧面反映了政府投入的有限。当然,政府也在积极寻求化解问题的办法。2014 年,槐荫区南辛庄街道办事处北街社区试点成立老年大学,陆续开设了书法、舞蹈学习班等课程,受到老年群体的青睐。2015 年,济南市槐荫区又选取四所有强烈办学愿望且办学条件成熟的社区作为第二批试点社区。[①] 面对这样一个良好的发展态势,政府应逐步加大对老年大学教育的配套资金支持。通过实际调研走访,我们发现政府在老年人社会参与事业中往往倾向于采用社会化工具,而市场化手段和工商管理技术应用较少。尽管这在一定程度上有助于

① 参见宋振东:《社区老年大学大有可为》,载 2015 年 9 月 15 日《齐鲁晚报》。

减少政府成本支出，但同时也直接导致基层社区组织在政策中的被动性。它们毕竟需要在有限的预算支出中面对老年群体广泛的社会参与需求。很多老年人社会参与的领域和行业具有强烈的社会公益性，属于政府公共服务范畴。由于经营收益较低，企业机构介入程度不高，即便有所涉及，也只是通过一定的公益慈善形式参与其中。因此，并非所有的老年人社会参与都会得到市场资本的全力支持。对此，政府的财政拨款和补贴就至关重要。这些资金常常是以政府各职能部门年度预算形式出现，涉及诸多具体的支出项目。从部门协同角度而言，各级老龄工作委员会应积极参与到与老年人社会参与事业密切相关的政府职能部门预算工作中去，确保其能够为老年群体社会参与安排充裕的资金支持。为了使预算具有科学性、合理性和规范性，全国老龄工作委员会和地方各级老龄工作委员会，有必要充分利用人口普查和其他政府职能部门关于老年群体的项目数据，并在此基础上建立起老年人社会参与大数据系统，最终使横向和纵向层面的政府部门都能够共享这些数据信息，为决策行为提供必要的数据支撑。

（三）弹性退休机制

弹性退休机制为老年人社会参与政策保障平台提供了建构基础。这里的弹性退休有三层含义：一是退休年龄的可选择性，二是适用对象和岗位的差异性，三是建立在政府倡导与个人自愿基础之上。与很多域外国家相比，中国的弹性退休机制仍处于实践论证和个别试点阶段。随着中国人口快速老龄化的到来，弹性退休政策逐渐受到了社会各界的持续关注。从当前社会舆论反应来看，绝大多数人对弹性退休政策持否定态度。尽管政府鼓励地方积极尝试出台相关的弹性化退休政策，但结果却是应者寥寥。上海市从 2010 年 10 月 1 日起开始实施柔性延迟办理申领基本养老金手续。根据《上海市人力资源和社会保障局关于本市企业各类人才柔性延迟办理申领基本养老金手续的试行意见》，延迟年龄男性一般不超过 65 岁，女性一般不超过 60 岁。在参加上海市城镇养老保险的企业中，具有专业技术职务资格人员，具有技师、高级技师证书的技能人员和企业需要的其他人员，均可纳入柔性延迟退休行列。与柔性退休秉承自愿的原则不同，渐进式退休则是政府通过立法形式确定相关的法律和政策，然后在全国范围内实施推广。上海市的做法显然属于前者。从实践来看，无论是柔性退休机制还是渐进式退休机制，都没有得到社会公众的广泛认同。前者之所以饱受各界质疑，更多是由于政策自身的缺陷，例如柔性退休激励机制匮乏，养老金并没有随着退休年龄的延迟而显著增加。此外，柔性退休缺少配套政策保障，已经享受养老金的退休人员完全可以采取再就业的方式增加收入来源。如此一来，这部分群体的收入可能要比那些延迟退休且尚未领取养老金的老年人更高。渐进式退休机制未能得到大家的认可则凸显出社会公众对于个体生命周期和养老保险制度的担忧。此外，也有人认为，这将会给年轻人就业带来沉重压力。这实际上是一个十分牵强的说辞，缺少有力的数据分析。许多老年人担心渐进式延迟退休政策很可能使自己无法充分享受养老金收益，即个人实际养老金收益远低于交纳总额。再者，现收现付制的养老金运行模式，在一定程度上加剧了老年群体对于这项政策的抵制情绪。从目前的实际情况来看，尽管学术界和政府一直大力倡导渐进式退休政策，但似乎并未取得预期的效果，反而在社会舆论中造成了一定的恐慌。例如，很多企事业单位人员甚至采取提前退休或扎堆集体退休的方式试图搭上政策的末班车。事实上，导致这种状况出现的根本原因在于政府和老年群体对于弹性退休政策的理解和认知有偏差。

如前所述，弹性退休政策与渐进式退休政策是两个截然不同的概念。前者强调自愿选择，对适用对象的行业与岗位有一定的限制；而后者则是政府依据相关法律法规实施推广，具有普遍的适用性。对于老年人社会参与而言，弹性退休机制无疑具有重要意义，至少它使老年人社会参与政策的适用群体有了清晰的指向。从最初的老干部离退休政策，到如今的适度延长教育、科研和技术专业领域的退休年龄，我国已在弹性退休政策方面形成了一套行之有效的机制与规范。随着未来老龄化问题的加剧，政府应加大弹性退休机制的创新，例如健全弹性退休激励机制，完善相关配套政策措施，对已经领取养老金的老年人的再就业行为进行必要的规制。当然，弹性退休机制只是化解老龄化问题的第一步，最终还是要平稳过渡到渐进式退休机制上来。这既是化解中国当前人口快速老龄化的应然之举，同时也是全球各国人力资源发展的大势所趋。对于目前我国老年人社会参与保障平台的完善和发展而言，弹性退休机制应逐步在教育、医疗、科研和文化等行业中有序展开，在尊重个体选择与集体决策的基础上适度延长其退休年龄；而对于体力劳动行业和公权力机构领域的延迟退休问题，政府和社会必须坚持审慎原则。很多行业的体力劳动会给劳动者本人造成一定的不可逆转的损伤，而公权力机构的运行也需要不断注入新鲜血液。政策制定者在研究上述领域的延迟退休问题时，必须要充分考量这些影响因素。

(四)技能培训机制

技能培训机制为老年人社会参与政策保障平台提供了能力基础。长期以来，中国老年群体的人力资源潜力一直没有得到完全的开发。政府和社会鲜有专门针对老年群体的人力资源开发项目，同时也缺少与之相关的配套政策措施。这在很大程度上要归咎于价值理念的偏差。很多人都认为，随着体力和智力的衰减，老年群体的人力资源潜力已经失去了挖掘的价值空间，处于离退休状态的老年人理应安度晚年，尽享天伦之乐。正是这种认识误区导致了老年群体的人力资源优势与潜力被长期忽视，进而在无形中限缩了老年人社会参与的领域。很多老年人在社会参与过程中往往选择那些与职业生涯具有一定关联的行业，从而最大程度上延续自身的技术能力优势。例如，部分教师、科研人员和医护工作者，在退休后常常通过返聘或再就业的形式继续从事相关领域的工作。当然，这一方面是因为这些岗位往往需要长期的经验积累和知识储备，而老年群体在上述方面无疑具有更大的竞争优势；另一方面，它也反映出老年人社会参与对个体技能的要求，因为并非所有老年人都能有机会继续参与和其职业相关的活动。面对全新的社会参与领域，老年人是否具备其参与的专业能力呢？这就涉及老年群体的技能培训机制问题。所以，必须将构建适合老年群体的技能培训体系提上议事日程。值得特别说明的是，老年大学教育与技能培训之间虽有交集，但是两者的理念、目标和具体行为导向却有明显的差异。老年大学教育的功能定位在于帮助老年群体增长知识、丰富生活、陶冶情操、促进健康，而老年人技能培训机制侧重于开发老年群体人力资源。然而，令人遗憾的是，目前无论是政府部门还是民间社会，都缺少对老年群体技能培训问题的关注。

老年群体技能培训机制不仅有助于深入挖掘老年群体人力资源的潜力，而且将大大拓宽老年人社会参与的边界。未来老年群体技能培训机制的构建应立足于政府与社会的协同创新。政府应积极鼓励老年群体参与技能学习，不断优化财政资金支持和组织管理服务，尤其是通过基层社区自治组织为老年人提供必需的技能培训，组建专门的人力资源档案库，使其能够在适合的岗位上发挥个人价值，实现“老有所为”的人生追求。社会层面的协同主要体现在民间组织的积极介入,例如组织社会技能培训机构深入社区开展专门的老年群体技能培训服务,通过专项的技能培训服务项目推动与基层社区和老年人的交流互动。与此同时,为了鼓励社会组织积极参与老年人技能培训工作,政府相关部门可以给予一定的政策倾斜,例如补贴、购买公共服务、税收优惠等。从某种意义上而言,老年人技能培训本身就是一种社会参与,老年群体不仅能够从中获取专业知识,提升个人技能,为将来的社会参与奠定坚实的能力基础,同时也可以通过与社会互动,实现个人角色的重新定位。从具体操作层面而言,老年人技能培训机制的内容和形式应当走多元化创新道路,重在满足老年群体需求,实现个体、家庭与社会的有序衔接。

三、以社会为依托的老年人社会参与驱动平台

(一)社会资本的介入机制

社会资本的介入是老年人社会参与平台发展的重要动力。目前,学术界对于社会资本的概念尚未形成统一认识,但这并不妨碍我们从特定的学科范畴和研究范式方面对其进行诠释。与纯粹逐利性的经济资本不同,"社会资本"是一个颇受社会学者青睐的概念术语,泛指社会主体间密切的互动状态及其表现形式,例如社会网络、规范、信任、权威、行动共识和社会道德等诸多方面。社会学者们普遍认为,社会资本高度依存于与之相适应的社会结构之中,它的价值在于通过人与人之间的合作来提高社会生产运作效率和社会整合程度。无形的社会资本和有形的物质资本、人力资本一样,都能够给个体和组织带来一定的外部收益,比如声誉、口碑等软实力要素。与市场资本的短期集聚效应不同,社会资本则需要相对较长时间的积累与沉淀。在老年人社会参与问题上,部分理论界和实务界专家选择性忽视了社会资本的介入,而是把政策重心全部放在了经济资本的介入方面。当然,市场经济资本的支持对于推动老年人社会参与事业的价值和意义不言而喻。老年人社会参与内容、形式和领域的广泛性决定了仅靠政府财政支撑并不能完全解决问题,必须有效利用市场经济资本,不断充实老年人社会参与事业的财力。例如,在老年大学教育和专门面向老年群体的活动场所及其设施等方面,决策机构通过必要的政策工具引入经济资本,不仅可以在一定程度上缓解政府财政压力,同时也能够推进老年人社会参与的空间场域。市

场经济资本虽具有逐利性，但这与老年人社会参与的公共性并不矛盾。政府决策阶层完全可以利用税收优惠、公私协作等政策补偿机制实现上述目标。与理论和实践预期不同的是，市场经济资本的参与并没有彻底消解老年人社会参与的全部问题，比如治理主体间的协同推进、参与主体间的沟通渠道和信任机制等，而这些问题的存在恰恰凸显出社会资本在老年人社会参与中的价值。社会资本所包含的社会网络、信任机制、社会权威、行动共识等对于拓展老年人社会参与具有不可估量的价值。

社会资本介入老年人社会参与需要通过社会组织的载体来实现。对于老年人社会参与事业而言，社会组织不仅带来了物质资本和人力资本，更为其提供了必不可少的社会资本。因此，社会资本介入机制研究在某种程度上就是关注社会组织介入老年人社会参与事业的方式、渠道及其相关的社会政策。改革开放以来，中国社会转型速度不断加快，公民社会得到了日益广阔的成长空间，社会组织受到的政府管制越来越少。特别是在政府向社会购买公共服务的过程中，社会组织将获得更多发展机遇，其运作机制不断完善，与其相关的政策法规也逐步健全。这些都为社会组织在老年人社会参与事业中发挥社会资本优势创造了客观条件。社会资本的介入机制同样需要政府相关部门的政策支撑，这实际上为前者提供了有力的合法性支持。社会资本介入老年人社会参与事业映射出当前中国国家权力向社会回归的演进趋势。在上述问题上，政府将越来越需要社会组织的协同治理，借助民间力量的经济资本、人力资本和社会资本优势，最终实现老年人社会参与的多元共治。

(二)社会组织的协同治理

协同治理是协同学和治理理论交叉衍生的社会科学理论体系。[①] 它将协同学的支配原理和自组织原理用于当代国家、社会和政府治理实践，同时吸收和借鉴治理理论精华，清晰地勾勒出社会系统协同框架。该理论主张治理主体多元化，强调各子系统间的协同性和自组织间的协同，呼吁制定共

① 协同学是德国理论物理学家赫尔曼·哈肯(Hermann Haken)于 1971 年创立的，它的基本假设在于："甚至在无生命物质中，新的、井然有序的结构也会从混沌中产生出来，并随着恒定的能量供应而得以维持。"(参见李汉卿：《协同治理理论探析》，载《理论月刊》2014 年第 1 期)作为一门研究普遍规律支配下的有序的、自组织的集体行为科学，协同学逐渐被国内外公共行政学者引入社会科学领域，表现出了很强的解释力量。

同规则。客观而言,这些理论观点与当代中国治理实践呈现出高度的契合性,因而也受到了理论界和实务界的广泛青睐。与此同时,国家与社会的二元化迫使政府不得不重新审视和评估自身的角色定位。面对公众诉求和价值理念的多元化,政府单一主体的治理模式已经难以为继,必须积极寻求社会力量的支持与协同,从而有效整合政府与社会的资源,充分发挥两者的协同优势。面对内容丰富、形式多样、渠道多元的老年人社会参与,政府机构与社会组织必须进行有效的协同治理,在政策理念、目标和工具等方面达成普遍的共识,进而为老年群体的社会参与活动创造良好的政策条件。从广义上讲,老年人社会参与中的协同治理包括政府内部协同治理、政府机构与社会组织的协同治理以及社会组织之间的协同治理。其中,政府内部协同治理旨在理顺老年人社会参与的管理机制,消除阻碍部门间协作参与的壁垒。政府机构与社会组织的协同治理则是要在政府与社会之间建立起有序的衔接机制,实现人力、物力和财力的高度整合。此外,老年人社会参与事业的社会性和公共性也决定了两者间协同治理的必然性。简言之,老年人社会参与的社会性体现在老年群体的存在状态,即老年人在社会参与中的相互依存关系。老年人社会参与的公共性表现为多元价值、协商民主和法治精神。因此,政府和社会在老年人社会参与中的协同治理有着坚实的理论基础。与前两者相比,社会组织间的协同治理却被忽略了。如前所述,由于社会参与的广域性存在,各领域的社会组织都有机会进入老年人社会参与事业。即便是某一项具体的老年人社会参与活动,也会涉及多个社会组织,它们在老年群体社会参与活动的管理与协调中扮演着重要角色。从某种意义上而言,社会组织间的协同治理体系和治理能力直接影响着老年人社会参与的绩效。

社会组织的协同治理包括政府与社会组织之间的协同治理和社会组织间的协同治理两个方面。沿着这个基本的逻辑思路,我们不难发现,社会组织协同治理水平的提升取决于其组织内部的自身建设,即治理体系和治理能力的现代化,具体而言就是社会组织内部的决策机制、执行机制、监督机制和评估反馈机制等能否适应科学化、民主化和法治化的时代发展要求,这些内容正是完善社会组织治理体系和提升其治理能力的关键。长期以来,人们之所以对社会组织抱有种种偏见,很大程度上是由于其内部运作流程的不透明和暗箱操作所致。从表面上看,它们似乎仅仅关系到社会组织的诚信和声誉;但从深层次分析,这些问题恰恰映射出社会组织治理体系的缺陷和治理能力的滞后。显而易见,上述因素已经成为制约社会组织协同治理水平的瓶颈,这些问题的消解从根本上还是要依赖于社会组织自身建设和政府的监管机制。从社会组织自身而言,必须与时俱进地推进内部治理结构的科学化、民主化和法治化建设,健全和完善内部治理体系,不断提升其对于老年人社会参与的治理能力。就政府职能部门而言,应努力为社会组织的成长和发展创造良好的政策空间和舆论环境,建立公权机构与社会组织之间的高效衔接机制,从而使政府与社会之间形成紧密的交流与互动。当然,无论是政府职能部门还是社会组织机构,最终的落脚点还是要切实提升社会组织治理体系和治理能力的现代化,从而为老年人社会参与事业贡献自己的一份力量。

(三)基层社区的衔接机制

基层社区在老年人社会参与中有着得天独厚的优势。一方面,作为基层自治单位的社区是建立在民主选举、开放监督和透明运行基础之上,它比政府相关部门更加熟悉和了解居民的实际需求,尤其是老年人社会参与的能力与现状,并且可以根据居民需求的变化作出及时的反馈和调整;另一方面,由于身体状况、家庭归属和社交网络等原因,老年人的生活与休闲空间大都以社区为主,例如社区举办的各种文化、体育、公益、慈善和科技等活动就是老年人社会参与的重要内容。因此,社区也成为老年人社会参与的枢纽和载体。作为基层群众的自治组织,社区居民委员会在老年人社会参与中起到了四个方面的衔接作用,即政府与社会协同的聚焦点、老年群体与政府部门交流的连接点、老年群体与社会组织互动的支撑点、老年群体与家庭和谐的关键点。

首先,社区是政府与社会在老年人社会参与问题上协同治理的聚焦点。政府关于老年人社会参与的政策机制最终要传导至基层社区层面,并需要明确社区治理在其中的作用。社区要将宏观层面的政策规划落实到具体的执行层面。与此同时,社会组织的介入也需要从社区层面着手。从诸多老年人社会参与的实际案例来看,社区一直是社会组织参与老年人事业的基础平台,由它们发起的公益慈善、技能培训、安全教育、文化休闲等活动大都将社区老年群体作为主要的参与对象。

其次,社区是老年群体与政府部门交流的连接点。老年人社会参与覆盖多个领域，且参与需求和满意度也因人而异。从法律意义上而言，他们当然有权利通过合适的渠道表达自身参与诉求和个人观感。政府同样也需要对其制定、实施的老年人社会参与政策及其相关领域的工作进行评估和总结，进而为下一步的政策调整和工作改进提供数据支撑。因此，无论是对政府还是老年群体来说，社区都是最理想也是最现实的选择。

再次，社区是老年群体与社会组织互动的支撑点。与其他年龄阶段群体不同，老年人活动空间范围相对固定，并呈现出一定的规律性。这与老年群体生活习惯、身体状况和社会参与内容有着紧密联系。当然，这仅仅是一般性的规律总结。对于社会组织而言，目标对象的活动场域范围直接关系到其介入内容、形式和工具的选择。毫无疑问，社区为两者之间的交流与互动创造了平台。

最后，社区还是老年群体与家庭和谐的关键点。老年人社会参与虽然是一项群体需求且受法律保障的基本权利，但它同样需要获得家庭的理解与支持。从实际的调研情况来看，有相当一部分老年人的社会参与（如再就业、公益慈善）因受到家庭的阻挠而只能扮演代际看护者的角色。这个问题虽然不属于社会参与范畴，但却是影响老年人社会参与的绊脚石。此时，社区居民委员会的主动介入是解决问题的关键，它不仅能够有效化解家庭内部的纠纷，同时也在客观上推动了老年人社会参与事业的发展。

基层社区衔接机制的构建应从宏观、中观和微观三个层面入手。宏观层面，不断完善基层民主自治监督，推进社区协商民主，从顶层制度设计层面加速社区治理现代化进程，切实提升基层社区党组织建设，强化社区居民委员会的服务意识。从中观层面，政府各职能部门和社会组织机构应逐步健全社区老年群体社会参与工作机制，建立定期的交流互动论坛，将老年人社会参与情况纳入绩效考核范围，实现政府部门、社会组织和基层社区工作的无缝对接。从微观层面而言，基层社区要继续完善社区重大事项决策程序，健全社区换届选举工作流程，明确各组织成员在老年人社会参与工作中的具体责任，主动接受社区居民的监督，探索和完善社区专业社工队伍建设，使其在老年人社会参与中发挥积极的引导作用。

（四）社会舆论的引导机制

老年人社会参与的舆论引导机制旨在提升政府和社会各界对于老年人及其社会参与的价值认同。中国历来有尊老、爱老和敬老的优良传统。特别是在传统的农耕社会中，老年人的资历和经验备受推崇。不仅如此，他们在很多情况下也是封建社会伦理和道德的捍卫者。然而，这种角色担当更多体现在家庭内部事务当中，例如重要事务的决策参与和家庭秩序的维护。对老年人的“尊”“爱”和“敬”只是囿于家庭内部的孝敬、赡养层面。这与我们本书所指的老年人社会参与有着天壤之别。在老年人社会参与理论和实践中，老年群体的角色担当早已超越了传统意义上的家庭范畴，其社会参与的广度也更加宽泛，而不只是限缩在“孝为先”的狭义指向。因此，老年人社会参与舆论引导的目标定位在于展示自身的价值和传递社会正能量，呼吁各个界别的组织和人士积极参与到老年人社会参与事业当中。从这个意义上讲，老年人社会参与的舆论引导应当有两个基本面向的目标群体：对于老年人而言，这种舆论引导机制应立足于激发其社会参与的意愿，提升社会参与能力，强调主动积极融入社会，实现“老有所为”的人生价值追求；对于老年人以外的其他年龄群体，舆论引导机制应定位于关爱老年人社会生活，承认和尊重老年人对社会发展所做出的贡献，弘扬老年人社会参与的优良传统，扫除老年人社会参与的观念障碍。

从社会舆论引导机制涉及的领域来看，文化、教育和传媒发挥着重要作用。文化氛围是老年人社会参与舆论引导的基础，教育是老年人社会参与舆论引导的关键，传媒则是平台工具。老年人社会参与事业仅靠传统意义上的“尊老”“爱老”和“敬老”还远远不够，必须在社会主义核心价值观基础上寻求文化层面的突破与创新，从而使老年群体能够走出家庭空间，积极主动全面地融入社会各个领域，为老年人社会参与构筑起丰富的文化平台。教育是文化的传播载体，推动老年人社会参与事业必须将其融入各阶段的教育之中。很多人认为，老年人社会参与的舆论引导机制需要将更多的工作放在公益宣传方面。但如果没有文化和教育的支撑，这种舆论引导机制只能是空中楼阁式的泛泛而谈。教育在推动老年人社会参与方面所起的作用是不言而喻的。然而，不同阶段的教育在其中所扮演的角色也各不相同。例如，学前教育和基础教育阶段更应侧重于传统文化中的尊老、爱老和敬老教育，注重“老吾老以及人之老”的人文关怀，从而使学生树立起正确的价值观；中等教育和高等教育则需要明确老年人社会参与价值，为老年人社会参与提供理论和实践层面的支持；老年大学教育将进一步丰富老年人社会参与的内容和方式。这些都是社会舆论引导机制中的重要构成部分。文化和教育层面的引导最终需要通过传媒工具的扩散效应影响到整个社会的舆论导向。对于老年人社会参与舆论引导而言，传媒工具平台更多属于技术应用范畴，这需要根据不同的目标对象选择合适的媒体工具。当然，这其中也涉及基本的价值观念问题，它们往往是长期的文化熏陶和教育培育的结果。

四、以群体为核心的老年人社会参与反馈平台

（一）老年人社会参与能力和意愿评估

老年人社会参与能力和意愿评估是其政策制定与执行的前提条件，同时也是政策走向科学化、民主化和规范化的基本保障。对于老年群体来说，社会参与既是一项基本需要，也是法律所赋予的一项基本权利。但是，这种需要和权利的实现是建立在参与能力和参与意愿基础之上。研究老年人社会参与问题必须要充分考量年龄背后的能力和意愿因素。低龄老年人和高龄老年人因其自身情况的差异，对于社会参与内容、方式和渠道的选择也各不相同。从实践调查结果来看，低龄老年人更倾向于选择再就业、公益慈善和志愿者服务的方式参与社会建设，而高龄老年人则青睐文化、娱乐和体育休闲等社会参与活动。因此，老年人社会参与反馈平台建设必须将实际的参与能力和参与意愿纳入评估范围。从具体内容来看，老年人社会参与能力评估至少应包括身体条件、学习认知、人际交往和职业技能等四个方面。第一，身体健康状况是老年人社会参与能力评估的首要内容。随着年龄的增长，老年人的生理和心理承受能力都将在一定程度上呈现出衰退迹象。很多老年人之所以主动排斥社会参与，主要还是受困于身体条件限制。第二，学习认知指的是老年人接受和理解新鲜事物的能力。在思想、文化和科技日新月异的今天，老年人社会参与的宏观视阈比以往更加广阔。因此，对于那些已处于离退休状态的老年群体而言，能否主动接纳和学习新事物就显得至关重要。第三，人际交往是衡量老年人社会参与的重要指标之一。它关注的是老年群体的社会交际边界，从中亦可以观察出老年人的心理状态、情绪波动和兴趣爱好等。良好的人际交往有利于促进和推动老年人的社会参与，从而更加积极地融入社会生活圈。第四，职业技能评估侧重于对老年人工作经历和技术能力方面的考察，这对于老年人在社会参与中进行科学的规划定位和清晰的角色参与具有重要的指导意义。许多老年人在社会参与具体实践中更愿意选择自己所熟悉和擅长的领域。职业技能评估不

仅有助于全面了解老年人社会参与实际能力，而且为深入挖掘老年群体人力资源的潜力和优势提供了方向性的指引。

可以说，上述四个方面基本涵盖了老年人社会参与能力评估框架。能力和意愿是老年人社会参与的一体两面。仅有能力要素并不能构成有效的社会参与。老年人社会参与意愿属个体主观偏好范畴，从具体的评估方法来看，由于个体差异的存在，我们很难对其进行具体的量化评估。当然，如果只是以“是”或“否”的绝对划分也并不科学。相比较而言，设置等级差异化的描述性指标或许较为可靠，即根据老年人对社会参与的态度将其划分为若干等级。

老年人社会参与能力和意愿的调查与评估将为问题界定、确定政策导向和选择基本工具提供基础性的数据支持。由于绝大多数老年人社会活动空间和时间相对稳定，因而评估可采用入户调查、公开面谈、电话采访等方式进行。评估主体应以基层社区机构和社会组织为核心，政府相关机构可根据具体情况提供相应的前期数据支持。之所以采取这种方式，主要还是基于确保评估数据准确性和客观性的现实考量。实际上，基层社区机构和政府相关职能部门本身就掌握着大量关于老年人社会参与的数据信息。例如，社区医疗服务单位、人力资源和社会保障机构及其相关企事业组织完全可以在其职权范围内为老年人社会参与能力和意愿评估提供数据服务。如果能够实现政府相关职能部门在这一问题上的协同治理愿景，那么我们完全能够将以往那些彼此独立的数据库整合起来，进而构建起面向老年人社会参与事业的大数据库。老年人社会参与能力和意愿评估就是在不断更新和充实这个庞大的信息平台。

（二）老年人社会参与满意度调查

满意度调查旨在从过程和结果两个方面评估老年人社会参与绩效，同时也为后续的政策改进与完善提供咨询和决策依据。满意度是一种主观层面的心理状态，它在这里所强调的是老年人社会参与需求被满足后的愉悦感，是事前预期与事中体验和事后反馈的比较过程。如今，满意度调查已经广泛地应用在市场营销、企业管理、公共管理和公共政策等学科领域，并初步形成了比较完善的评估和计量体系。从评估项目来看，老年人社会参与满意度调查应涵盖主体介入、参与内容、参与形式等三个方面。主体介入评估是对政府相关职能部门和社会组织在老年人社会参与过程中所提供的政策保障、资金支持和管理协同服务等内容的考核；参与内容和形式评估则关注老年人社会参与的项目组织、活动方式和互动渠道等。按照这个划分体系，我们就可以初步构建起老年人社会参与满意度评估指标体系，它应当有效覆盖以政府为主导的老年人社会参与政策平台和以社会为依托的老年人社会参与驱动平台。毕竟，老年人社会参与事业的推进实际上就是政府与社会协同治理的过程。因此，老年人社会参与满意度评估应沿着政府与社会两个方向同步进行，指标体系的选择与设置也要涵盖政策保障、部门协同、社会组织介入、价值认同与社会评价等。从调查方式而言，问卷、实地考察和面谈都是获取老年人社会参与满意度评价数据的理想工具。对于大规模的群体性调研，问卷调查无疑是一个不错的选择。当然，这涉及问卷整体设计、指标选取、权重分配、问题结构化等。客观而言，上述技术工具层面的问题并不复杂，关键在于如何能够确保评价各层级指标之间的逻辑性和评价体系的整体性。从调查主体来看，基层社区、非营利组织和政府相关职能部门应当成为老年人社会参与满意度调查的主要力量。如前所述，基层社区机构在老年人社会参与问题上具有巨大的空间距离优势。也正是因为如此，它在老年人社会参与中发挥着不可或缺的重要角色，是老年群体社会参与能力、愿景和满意度调查评估的首要担当者。从某种意义上而言，满意度调查需要以客观性和公正性为基础；否则，这种满意度调查就失去了权威性和公信力。故此，非营利组织与政府相关职能部门的协作在老年人社会参与满意度调查方面就显得尤为必要。两者可以根据自身特点，在方案制定、资料收集、数据分析与处理、决策咨询等环节发挥各自优势，实现组织间的社会治理协同。非营利组织的加入也促使政府职能部门根据满意度调查的反馈结果改进和完善老年人社会参与政策，进而推动我国老年人社会参与事业的持续、健康、快速发展。

我们有理由相信，随着中国老龄化人口高峰的到来，老年人社会参与将成为一个极具现实性的问题。与以往的养老和医疗服务相比，老年群体社会参与不仅有助于其追求基本的物质需求，也是满足更高层次精神需求的必要途径。老年人口数量的激增势必会把社会参与问题进一步显性化。对于老年人而言，社会参与是一项基本需求和法律权利。人的客观存在只有在社会群体中方能显示出其价值，而且这种社会性是永远无法磨灭的。换言之，人一旦脱离了社会，也就因此而失去了其存在的意义。与此同时，老年人社会参与需求又受到国家法律的保护，其合法性、合理性和正当性不容置疑。对于政府而言，如何确保老年人社会参与政策供给的科学、合理与规范是当务之急。这里既涉及多元主体协同治理、政策协同推进、价值认同，也关系到和谐社会美好愿景的实现，可谓意义重大。对于社会组织而言，老年人社会参与同样为其提供了展示自身治理能力和治理体系的平台。作为公民社会成长的元动力，社会组织本身也是社会参与多元共治的主体之一。它的介入有利于缓解政府在老年人社会参与问题上的财政压力，也为合理配置有限社会资源提供了创新空间。最后还要特别说明的是，中国老年人社会参与问题研究必须要从自身实际情况出发，全面考量政治、经济和社会变迁等诸多因素。当然，学术研究并不反对参考和借鉴域外国家在类似问题上的治理经验，但绝对不能盲目地进行泛泛的理论移植或实践嫁接。

结 语

老年人社会参与政策研究最终落脚点是老年人社会参与政策实施机制，它回应的是“政策如何实施”的问题，即为了确保老年人社会参与政策框架体系的顺利实现，需要构建哪些基础性的制度安排。按照这个学理逻辑，笔者运用国家治理理论作为分析工具，分别从政府、社会和老年群体角度对老年人社会参与实施机制进行了全面的阐释，主张建立以政府为主导的保障平台、以社会为依托的驱动平台和以群体为核心的反馈平台。新中国成立以来，老年人社会参与政策的目标、工具、适用群体以及涵盖的领域等日趋丰富，政策供给主体也更加多元化，从以往的单一组织管理到现在的多部门联合。显然，如果没有强有力的政府内部机构的有效协同，那么老年人社会参与或许就会陷入部门利益之争。此外，老年人社会参与政策的有效实施还需要政府与社会之间的有效互动。社会组织的介入不仅能够带来充裕的资金支持，在一定程度上弥补政府财政的缺口，同时亦能为其带来宝贵的社会资本。所以，老年人的社会参与问题最终还是要回归社会场域，充分发挥社会多元主体的力量。对于政府而言，它的任务就是为这些社会组织和个人积极介入老年人社会参与事业提供政策性保障。简言之，政府保障机制和社会驱动机制应当成为老年人社会参与政策实施的两大基石。既然是老年人的社会参与，那么我们肯定无法回避特定主体的参与意愿和能力要素。对于不同年龄阶段的老年人来说,他们的参与意愿和能力显然也不一而同。反馈平台正是基于这个考虑而构建,即政府职能部门和社会组织有必要通过实际调研来了解老年人社会参与的基本诉求。否则,那些拥有美好愿景规划的政策很可能因为不接地气而难以推行。为此,分析与论证上述三个平台构建之前特别强调了老年人社会参与政策价值认同,即政策制定者们必须充分考量政策的必要性、科学性和有效性。它们同样也是我们衡量老年人社会参与政策绩效的基础性指标。

解构—实证—建构是老年人社会参与政策研究的基本方法论指引。解构部分涵盖了三个议题,即老年人社会参与政策体系构成、变迁路径与动力以及存在的问题和根源。政策的改进与完善首先是因为问题的存在而削弱了政策应有的效果,而要全面归纳出这些问题只能寄希望于从政策变迁过程中寻找线索,从而看清老年人社会参与政策的“庐山真面目”。这正是第一节论证的基本主题。第二节老年人社会参与政策框架的完善则是对第一节第三个议题的延续。既然老年人社会参与政策变迁过程中暴露出诸多问题,那么接下来的议题就是如何化解问题,重构老年人社会参与的总体框架,其实证分析基本围绕着政策理念、政策工具和政策体系间的协同性分析而渐次展开。老年人社会参与政策理念、工具和体系协同创新构成了其政策变革的主要内容。具体政策的创新变革与政策框架体系间的优化组合如何才能在实践中得到有效的贯彻实施呢?这就需要一定的制度设计来加以保障。因此,第三节老年人社会参与政策实施机制实际上是一个重新建构的关键议题,其基本观点是政府、社会和老年群体的共同介入、多元治理。具体来说就是,政府要在部门协同、财政资金、弹性退休、技能培训方面给予保障;而社会则需在社会资本介入、组织协同、社区衔接、舆论引导方面提供动力支持;老年群体是反馈平台建设的目标对象,反馈的目的在于对老年人社会参与能力、意愿和满意度形成全面、准确和客观的评估,从而为后续政策的改进提供理论与实践指导。

迄今为止,学界对于老年人社会参与政策的关注可谓少之又少,真正有影响力的研究成果更是凤毛麟角。与之形成鲜明对比的是,老年人养老和医疗保障领域的研究却是硕果累累。遗憾之余,我们也不禁开始深刻反思中国老年人社会参与事业的未来道路,尤其是从政策创新视角来重塑老年人社会参与政策框架体系。以青岛市为例,“十二五”期间,岛城老年人口进入快速增长期,60 岁以上老年人口已达到 157 万人,占总人口的 19.6%,高出全国平均水平 4.1 个百分点。[①] 这只是中国老龄化社会的一个缩影而已。对于这些老年人来说,社会参与是其始终无法回避的现实性问题。就微观层面的个体而言,社会参与是老年人融入社会、展现自身价值、获取社会认同的基本途径;就宏观层面的社会来说,社会参与不仅有助于充分释放老年群体中蕴藏的人力资源潜力,而且对于和谐社会建设有着重大的现实意义。此外,老年人社会参与对于提升国家治理能力和治理体系的现代化也有着不可估量的价值。老年人社会参与政策研究的顺利进行得益于前期老年法专题调研所积累的大量一手资料,同时又借鉴了其他相关领域的前沿性研究成果,在政策框架完善与实施机制构建方面提出了若干创新性的规划和建议。但囿于篇幅所限,很多内容只是浅尝辄止,并没有全面铺开。例如在老年人社会参与政策问题与政策议程模型方面,如能运用约翰·W·金登(John W. Kingdon)的多源流分析模型或许能更全面地解析老年人社会参与政策的形成过程,但前提是要抓住问题流、政策流和政治流这三个独立变量,并描绘出政策窗口打开的时机和具体的政策效果。我们也衷心期望未来能有对此项研究深感兴趣的专家学者弥补上述缺憾,进一步丰富我国老年人社会参与政策研究体系。

① 参见张同顺:《医养结合难题的青岛答案》,载 2015 年 12 月 13 日《半岛都市报》。

第五章

老年人社会参与制度的完善

——社会法视角

在国家应对老龄化的进程中，应当加强积极应对人口老龄化的法律与政策研究，构建中国特色的老年法制体系。自中国进入老龄化社会以来，老龄化进程造成的社会问题不断凸显，在对政府能力提出挑战的同时，“老年人”“老龄化”等问题也得到社会各界越来越多的关注。在学术界，对老年问题的关注也与日俱增，“老年学”的研究也由传统的“老年医学”发散到老年生物学、老年心理学、老年社会学等方方面面①，其中就包括了对“老年人社会参与”的理论与实践问题研究。在经济生活市场化和全球化、国家政治民主化和法治化快速进展的同时，我国人口老龄化的严峻形势和较为滞后的

① 一般来说，“老年学”的研究经历了从“老年医学”到“系统研究”的过程。1909 年，维也纳医生伊格内茨·L·纳希尔(Ignatz L. Nascher)首次提出了“老年医学”一词。1939 年，英国科学家组建了“老年研究会”，帮助美国开展相关研究，老年学逐渐扩展到心理学、社会学等各个部门，并于第二次世界大战后发展起来，且随着政府计划推动和高等教育研究的深入进一步发展。(参见[美]戴维·L·德克尔：《老年社会学》，沈健译，天津人民出版社 1986 年版，第 2～5 页)就我国而言，老年学(Gerontology)也是一门对老龄问题进行综合研究的新兴的多学科性的边缘科学(交叉科学)，包括老年生物学、老年社会学、老年心理学和老年医学等。随着社会生产的进步，对“老年”问题的研究已不仅仅限于传统医学模式向现代医学模式的转变，也包括老年学研究内容从医学向生物学、心理学、社会学等学科的拓展。(参见钱信忠、邱保国等主编：《中国老年学》，河南科学技术出版社 1989 年版，第 2～4 页)

老年法制体系状况形成了突出的矛盾。国家应当确立积极应对老龄化的基本国策，健全完善包括老年人社会参与制度在内的一系列老年人权益保障制度。与此同时，"社会法"作为中国特色社会主义法律体系中一个较为年轻却发挥着越来越重要作用的法律部门，对老年人社会参与这一问题能够进行较为全面的规制。在"老年人社会参与权—老年人社会参与制度"的逻辑进路中，尽管老年人社会参与问题中的老年人政治参与、老年人就业保障等问题在传统上属于行政法、民法的内容，但其本质上是老年人权益保障法的一部分，具有社会法的属性。

综上所述，老年人社会参与作为构建中国特色老年法制的重要组成部分，需要我们从社会法的角度依据"理念—原则—制度"的进路尝试解决老年人社会参与权的保障问题；老年人社会参与制度的发展完善，也能够为社会法相关理论的发展提供给养。

第一节　老年人社会参与的社会法理念

所谓理念，是指理想和信念，具体到法律领域，即法的理念，一般指法所固有的法律精神和规则诉求。法律制度是人类社会维持秩序运行的规范体系，是人类为了过有规则的生活而防止无序与放任的必然选择，蕴含着深刻的价值精神。法律理念作为法律精神和价值追求的载体，既是法律制度的基石，又是法律实践的先导。相应的，社会法的理念也就是社会法所固有的法律精神和规则诉求。[①]

尽管学界对"社会法"的概念、理念、原则等基本理论问题尚有诸多分歧，但我们希望通过努力在大家相对认可的范围内通过运用社会法理论，解决老年人社会参与的现存问题。老年人社会参与权有平等、独立、充实、尊严四个价值维度，其核心维度是平等；同时，和谐也是社会法之所以产生和发展的合理性依据，包括对基本人权的保护和对弱势群体的保护。老年人社会参与权保障的法律与政策措施的制定与实施应当遵循五个基本原则，即平等性原则，差异性原则，人性尊严原则，政府主导与市场、社会、家庭参与相结合原则，适宜性原则。在理念与原则的指导下，我们应以宪法法律为

① 汪习根主编：《法律理念》，武汉大学出版社 2006 年版，第 15 页。

依托构建老年人社会参与的具体制度,即基于宪法和法律的规定,在法律、法规、规范性文件和其他的政策文件层面细化的具有可操作性的对老年人社会参与权的各类保障与促进措施。

一、社会法基本理论概述

(一)社会法的概念

"社会法"一词,由德国学者 Hermann Rosier 于 1870 年提出。然而,究竟什么是社会法? 则是至今也没有统一认识的问题。

在普通法法系的英国和美国,社会立法被解释为对具有普遍社会意义的立法的统称,例如涉及教育、居住、租金的控制、健康福利设施、抚恤金以及其他社会保障方面的立法。大陆法系的法学研究者们对社会法持有不同的理解。在德国,社会法主要是指社会安全法,包括社会预护法、社会补偿法、社会促进法与社会扶助法;在法国,一般法学研究者所称的"社会法"意指以研究劳动关系为主要内容的劳动法和研究社会安全法。

二战后,日本的社会法理论有了较大的发展,其对社会法有如下几种大致相近的看法:比如,相对于以个人权利义务为核心的"个人法",社会法是以个人利害从属于社会的统一整体利益为基本法理的法;又比如,作为对传统民法的修正,社会法是"基于社会正义,为维护生存权而建立的法律制度";再比如,社会法是对古典民法的修正,是"追求具体的、实质意义上的自由、平等和独立"的法律制度。① 还有,"作为一个法域的社会法,其除了劳动法及社会保障法这些保护'反资本主义的社会集团'的法之外,还包括了与'生存权的保障'并无关联的社会行为法、社会组织法、社会诉讼法以及社会财产法等"②。

目前,在我国学术界,对社会法的概念也无统一的说法,但主要有法域、法群和法律部门三种大的类型。所谓"法域说",是与公法、私法相对应的社会法的概念。所谓"法群说",是指社会法只是劳动法、社会保障法等以解决劳动问题、社会问题、保护公民权益为立法主旨的一群法律的统称或类称,不是一个法律部门。而法律部门说,则是指社会法是我国法律部门体系中

---

① 王为农:《日本的社会法学理论:形成与发展》,载《浙江学刊》2004 年第 1 期。

② [日]桥本文雄:《社会法与市民法》,有斐阁 1957 年版,第 200、325 页。

一种独立的部门。

2001 年九届全国人大四次会议上，李鹏委员长在其工作报告中，提出了法律部门的划分问题，这份报告将社会法界定为调整劳动关系、社会保障和社会福利关系的法律，并作为一个法律部门而存在。2003 年 4 月，吴邦国委员长在十届全国人大二次会议中再次把中国特色社会主义法律体系分为宪法和宪法相关法、民商法、行政法、经济法、社会法、刑法、诉讼和非诉讼程序法七个法律部门。换言之，社会法是独立的法律部门。

我们认为，三种说法都有其合理性，但法群说不是严格法律意义上的说法，而只是对一群没有严格界定其部门属性的法律的方便称呼，故我们拟采用法域说和法律部门说。其中法域说为广义上的社会法，而法律部门说为狭义上的社会法。本章所讨论的社会法属于狭义上的社会法，即作为我国法律体系中独立部门的社会法。在这种限定之下，社会法就是保护社会弱势群体的法律。

（二）社会法的产生与发展

社会法是随着市场经济和竞争社会的形成和发展，随着社会的结构性矛盾及社会问题的形成和积累而逐渐产生和发展起来的。

在自由资本主义时期，国家立法和社会政策对资本是关怀备至的，对资本的经营与发展奉行不干预主义，在劳资关系领域，实际上对资方这种强势当事人是偏袒的，放任资本主义的剥削行为。因此，在自由资本主义、殖民主义时期，劳资关系处于高度的不平等、不公平和过度剥削状态，英国甚至有很多工厂雇佣了 10 岁以下的童工，工人每天的劳动时间达到 14 个小时以上。劳资冲突、社会矛盾、阶级斗争的激化，导致社会总效率受损害、合格劳动力减少。资产阶级面对尖锐的社会矛盾，采取了适当妥协的理性化策略。1802 年，英国制定了《学徒健康和道德法》，对资方的雇佣行为实施一定的限制和约束，对劳工利益开始确认和保护。该法律被看作是社会本位立法的先声。

德国在 19 世纪后期逐步实现了统一，建立了新兴帝国。为了缓和社会矛盾，动员更多的人参与国家对外扩张，刺激经济和人口发展以壮大国力，德国政府自 1883 年起逐步颁布了《劳工疾病保险法》《劳工伤害保险法》《残废和老年保险法》等。

继德国首倡劳工保险立法后，一批欧洲国家以及少数美洲、大洋洲、亚洲国家开始了社会保障立法。随着社会的发展，社会法对整个社会的完善构建作用日益明显，越来越受到国家、学者和普通社会成员的重视。

日本于第一次世界大战前后引入了"社会法"这一概念，并用汉字将其翻译。开始，它是建立在垄断资本主义的基础之上，用以调和垄断资本主义内在矛盾的产物。其中，劳工运动成为了社会法立法的一大直接原因。日本政府为减轻社会压力和缓解社会矛盾，制定的社会法案大多是慈善、抚恤、安抚等性质的。第二次世界大战后，日本旨在推行政治经济民主化的立法和制度改革，相继出台了《劳动关系调整法》《劳动基准法》《厚生年金保险法》等具有本国特色的社会法案。1987年，修订了《劳动基准法》，增加了职工代表制度等。2007年，制定了简约实用的《劳动契约法》。

"社会法"一词于20世纪三四十年代被引入我国，在20世纪90年代以来逐渐引起关注。1992年，中共十四大确立了社会主义市场经济改革目标，完善法律体系的制度需求空前强烈。此后，我国先后制定了《中华人民共和国劳动法》(以下简称《劳动法》)等大量的与劳动、社会保障相关的法律法规和规章，形成了社会法部门。可以预见，在改革和转型的关键历史时期，社会矛盾较为复杂，社会政策与社会法将具有越来越重要的地位和功能，社会法学也同时成为热点学科。

(三)社会法的价值与功能

从社会法产生和发展的历史可知，社会法是随着市场经济的发展而产生的。几乎可以肯定地说，没有健全的社会法体系，就没有规范意义的市场经济。市场经济有两大同等重要的轴心关系：一是所有权人之间的结合，即资本结合的关系，二是资本所有者与劳动者之间的关系。新旧自由主义把后者置于产权及其运行关系的从属者地位，仅把劳动视为资源配置关系中的生产要素之一；而社会法的基本立足点则是把劳动者视为与资方同等重要的权利主体，主张通过分配正义和校正正义的理念，来追求一种公平的社会运行的法律机制。这就决定了社会法至少具有以下几种基本的价值取向、功能特征和社会意义。

第一，以人为本，保障基本人权。我们国家正在倡导和实践以人为本的发展理念，这个理念如果上升到法律层面，就是保障人的基本权利，即人权。有关人权的理念，不仅包括人的政治权利和公民权利，而且包括人的经济、社会、文化权利。我国已经签署并经全国人大常委会正式批准的联合国《经济、社会及文化权利公约》中所规定的工作权、同工同酬不受歧视权、体面生存权、休息休假权、社会保障权、住房权、改善环境权、受教育权等基本人权，都属于社会法保障的范畴。毫无疑问，这些权利的实现需要其他部门法的支持，但它更是社会法的本分，需要社会法通过平衡协调各方利益，对社会资源进行再分配来实现。因此，完善社会法是落实以人为本理念、完善人权保障制度必不可少的法律途径。

第二，追求公平，实现社会正义。社会公平有两类：一是纯形式上的公平，即任何人不论其个体差异都同等对待，强调机会、资格、地位的平等。显然，这种纯形式上的公平，不能解决个人之间因为财产继承制度、成长过程中的教育程度等差异所导致的事实上的不平等。二是实质上的公平，即在尊重形式公平的前提下，根据不同人群的不同情况，采取不同的政策制度，在实现资格公平的同时，实现结果上一定程度的公平。

在这方面，社会法正是考虑到不同人之间在家庭背景、社会环境、个人禀赋条件以及其他方面实际上存在的差别，为了矫正"机会、资格、地位平等"这些纯形式公平的弊端，以便区别对待、适度校正而产生的。它突出公平的理念，主张保护所有人的生存与发展权利，尤其主张对社会弱势群体的权利提供更多的法律保护，以同时实现社会运行机制在形式上和实质上的正义。

第三，维护安全，构建和谐社会。安全与风险相对应，而风险既可能是自然的，也可能是社会的。特别是在社会的转型时期，来自社会自身的风险对社会自身安全的威胁则更为常见。在这方面，国家建立应急方案、完善应急机制确实是必要的，但更根本的则是要解决社会自身的心理失衡问题，使社会的根基本身就扎在安全的地基之上。从我们国家的现实来看，社会矛盾之所以突出，一些群体性事件的频发，医疗、教育、住房保障等问题日益成为维护社会安全所应关注的重要领域，其实质就是社会弱势群体的权益需要得到更多的保护。因此，社会法的重要价值、功能定位和社会意义，就是通过保障社会弱势群体的权利，化解社会矛盾，防范社会风险，以便构建起一个和谐的稳定的安全的社会秩序。

第四，共同富裕，促进社会发展。我国进行的改革从打破"大锅饭"开始，但改革的价值目标则是为了"实现共同富裕"。一个绝对平均主义的社会是没有活力的，但一个贫富差距过大的社会则不仅仅涉及人权保障、社会正义和社会安全问题，也会影响到社会、经济发展本身。

社会发展需要经济发展的支撑，经济发展需要广阔的市场，而市场又来源于社会需求。当贫富差距过大，普通百姓购买力下降，不能形成持久稳定的内需市场时，仅靠外需来拉动或政策性的投资拉动，是很难形成健康、良性、可持续的经济发展动力的。从这个意义上讲，社会法的价值就在于通过保护社会弱者的权益，实现社会分配的基本公平，从制度上为社会经济的发展提供稳定持续健康的需求动力。

(四)社会法的体系

社会法是我国法律体系中一个重要的法律部门。参照九届、十届全国人大的法律文献和学者们的研究，社会法自身的体系可包括以下三个方面：

第一，劳动法。劳动法是调解劳动关系的一类法律制度。它包括劳动就业、劳动合同、工作时间与工资福利、劳动安全与卫生、劳动保护、职业培训、劳动争议、劳动监督、工会等几个方面。比如，就业促进法、劳动合同法、矿山安全法、职业病防治法、安全生产法、职业教育法、劳动争议调解仲裁法、劳动保障监察条例、工会法等。

第二，社会保障法。社会保障法是调解劳动保障关系的一类法律制度。它包括社会保险、社会救济、社会福利、优抚安置和社会互助、个人储蓄积累保障等方面。

第三，弱势群体保障法。弱势群体保障法是调解弱势群体保护关系的一类法律制度。它包括有关特殊社会群体权益保障方面的法律，如残疾人保障法、未成年人保护法、归侨侨眷权益保护法、妇女权益保障法、老年人权益保障法、红十字会法、公益事业捐赠法等。

二、老年人社会参与中的具体社会法理念

尽管我国学者对社会法的定义和具体范围还存在许多争议，但大家都不否认社会法是以社会利益为本位的法，其基本功能是保障社会的安全运行和可持续发展。由此可见，保障社会公平、促进社会和谐是社会法所蕴含的主要法律精神，也是社会法的最高诉求，是社会法的基本理念。

(一)社会法的公平理念

公平的理念指：公平，公正，不偏不倚；公平合理；对一切有关的人公正、平等地对待，公平分配。

改革开放初期，我国为打破计划经济下的平均主义——“大锅饭”，鼓励一部分人先富起来和强调“效率优先，兼顾公平”是必要的。但在发展市场经济过程中过分追求效率忽视公平的结果是收入差距不断扩大，出现了种种的社会问题，导致民生问题被提上了日程。

当然，导致“中国收入差距扩大的原因是多方面的，而不重视初次分配的公平问题就是其中的重要原因。初次分配领域如果不重视公正问题会增大再分配的难度，从而形成严重的社会问题”①。收入的不公，贫富差距的拉大，也是滋生其他社会问题的根源。所以，在初次收入分配中要兼顾公平，再次收入分配中更要体现公平，目的在于从根本上减少或杜绝导致不公平的经济根源。这就把社会问题提升到了一定的认识高度，体现了新时期党对社会公平的足够重视。

公平是和谐社会的核心内涵和价值取向，社会公平是实现社会安定有序、充满活力、民主法治、诚信友爱、人与自然和谐相处的基础和前提，而我国目前的社会问题也起源于社会的不公正。所以，构建和谐社会需践行公平理念，要处理好效率与公平的关系，保障机会平等，并保护社会弱者权益以实现实质公平。

1. 公平理念是社会法的本质使命

在经济发展中，经济法曾经或正在发挥着巨大的作用，经济发展离不开经济法的保驾护航。经济作为社会的基础，作用无疑是最重要的。但是任何社会都是一个全面发展的社会，经济的发展不可能取代其他社会的问题，也不意味着是社会的全部。在鼓励少数人、部分人先富起来的同时，社会中已经存在严重的其他问题，尤其是公平问题、贫富差距问题急需解决。所以，十七大提出的效率与公平的理念，对构建和谐社会具有导向的意义和作用。而在现有的法律部门当中，最能体现社会公平的法是社会法。社会法以社会整体利益为本位，以全社会的公平为己任，以济富救贫为使命。作为独立法律部门的社会法，正处于成长和逐步构建与完善当中。

当然，社会法的发展以社会的经济发展为基础，没有经济的充分发展，就不可能暴露出更多的社会问题，在生存问题解决的同时，人们才有更多的精力去关心其他问题，尤其是公平问题。“学有所教，劳有所得，病有所医，

① 张义华：《构建和谐社会需践行公平理念》，载《河南省政法管理干部学院学报》2006年第6期。

老有所养，住有所居……”“教育、就业、收入分配、社会保障、医疗卫生、社会管理……改善民生，推进社会建设。”十七大报告更加强调保障人民权益和社会公平正义，明确提出让“社会主义核心价值体系深入人心”的要求，更加强调了人人享有基本生活保障、基本医疗卫生服务等公平权。在注重效率的社会，应该充满人文的关怀与温暖，多给老百姓以实惠。这不仅是构建和谐社会的应有之义，也为社会法提供了良好的发展环境和明确的发展方向。社会法这一大的法律部门，可以逐步建立和完善自己的子部门法，主要包括教育法、就业法、医疗保障法、社会管理法、社会保障法、劳动法等。

对初次分配也要体现公平的强调，意味着老百姓不仅能从再分配中得到好处，在初次分配中也能保证自己的权益，而不仅仅是获得政府救济。社会保障法应该旨在救助特殊人群，包括老弱病残孕、遭受自然灾害者、失业者、军烈属等，而全社会民众的实质公平还需要靠民众自己的收入来保障。社会保障法应该是救急不救穷，国家应该尽量为其提供良好的生存环境。

劳动法应该全面地保障每一个有劳动能力的劳动者可以找到工作，虽然说还不能达到每一个人所理想的劳动状态，最起码，使每一个人有所养，有所靠，在体现贡献差别、收入差别的同时，还要缩小收入差距，保障全社会的公平。医疗保健法应该着力改善和提高医疗条件，降低药价和收费标准，为老百姓创造一个好的就医环境和条件。教育法应该保障公民受教育的权利，义务教育法使处于适龄的儿童和青少年可以得到免费的义务教育，同时强调保障孩子的受教育权是家长、学校和社会的共同责任。在保障义务教育的条件下，应该提高本科教育的条件，同时为那些没考上大学的孩子提供职业教育和技能教育，以培养其就业生存的条件和能力，在保障教育权的同时，真正提高全民素质。国家应严格控制房地产市场，调控房价，把房价降下来，使房子不再是生活的奢侈品，同时严格限制购买第二套住房，加大限制的力度，以均衡市场上房子的配置，防止或严禁炒作。尤其是加大经济适用房的投入，注重对低收入人群民生问题的解决与社会公平的保障。

社会法对人们权利的保障正在或将会起到足够的支持与平衡力量的作用。在追求经济又好又快发展的同时，更注重人们的生活质量、生活环境和条件的改善与提高；在追求形式公平的同时，更注重实质的正义和公平；在追求形式人权的同时，更注重对老百姓实质人权的保障和支持；强调经济的发展是基础条件，社会整体公平才是永恒的追求目标。

2. 社会法存在和发展的社会基础

政治高度的社会法，是现实生活中社会法存在和发展的必然结果。社会法的空前发展，还需要经济背景和社会背景作为后盾。社会法的产生、存在和发展，以社会问题日益凸显为前提。

何谓社会问题，通说应包括四个要素：第一，它们对个人或社会造成物质或精神损害；第二，它们触犯了社会里一些权力集团的价值观或准则；第三，它们持续很长时间；第四，由于处于不同社会地位的群体会作出不同评判，对它们的解决方案也往往多种多样，因而在如何解决问题上难以达成一致。[①] 所以，社会法的社会基础具体包括以下三方面。

一是解决民生问题的需要。在经济飞速发展的同时，会带来许多负面的影响或伴随性的问题，这些问题同样需要得到解决或关注。比如，犯罪、毒品、教育体制中的缺陷、环境问题、无家可归者、人口增长、贫穷、性别歧视、单亲家庭、城市设施陈旧或落后、暴力、农民工问题等（现阶段有时也把这些问题称为“民生问题”）。日益凸显的民生问题单靠社会学家们的努力已经远远不能得到解决，需要国家出面，制定相应的法规来对其进行有效的规范约束，这为现有法律的发展提出了新的挑战。

二是建设和谐社会的需要。社会主义和谐社会，是民主法治、公平正义、诚信有爱、充满活力、安定有序、人与自然和谐相处的社会。和谐社会必然是整体和谐，各方利益都尽可能得到满足的社会。社会法的建设，为和谐社会提供了法治保障。

三是缩小贫富差距的需要。一部分人先富起来，虽然搞活了经济，起到了带头作用，但是也造成了贫富差距、城乡差距、地区差距的日益扩大，导致了各个阶层矛盾冲突。立足现实，社会的全面发展不但需要经济的发展，更需要人心的稳定以及社会整体利益的平衡与协调。社会法的发展，无疑对缩小差距、解决社会的整体公平提供了制度保障和发展平台。

3. 社会法存在与发展的理论基础

作为一个新兴的法律部门，社会法的存在也有其坚实的理论基础。虽然其理论发展还在探索和完善之中，但是，从社会发展规律来看，社会法更

---

① 参见[美]文森特·帕里罗、约翰·史汀森、阿黛思·史汀森：《当代社会问题》第4卷，周兵等译，华夏出版社2003年版，第6～7页。

强调社会责任本位观、公平发展理论和倾斜保护理论，作为其发展的理论基石，强调各理论之间的相互协调与合作。

第一，社会法的社会责任本位理论。与经济法的社会责任本位不同，社会法更注重对社会整体利益的维护，如果说经济法的社会本位则侧重于社会整体经济利益的话，社会法的社会本位则更侧重和更强调对经济利益以外的其他利益的维护，或是对经济利益的不平衡所引发的其他利益的平衡与维护。因此，这两种社会本位应该是一种并列和补充关系，而不是对立关系。

但是，同为社会责任本位，社会法与经济法的本位都强调"人"的全面发展，强调以人为本，对人负责，强调社会和经济的发展离不开人的主观能动性和创造性。社会法的发展，无论是从内容还是方式上，更应该体现人性化的管理，体现人的主体地位。虽然在整个法律体系中，人的主体地位已得到很好的体现与维护，但是社会法比任何法都要更加鲜明地强调人的重要性，因为社会法存在和发展的前提就是为了维护社会的整体公平，弥补社会发展中的不平衡和不协调缺陷，从而实现真正的实然的平等。所以，在解决民生问题时积累的行之有效的管理经验，需要用社会法的形式加以巩固和维护。

第二，社会法的公平责任理论。自古以来，公平就是法的一大原则，也是法所追求的终极目标。社会法对公平的追求绝不是法对社会的一般性要求。譬如民法的公平原则，要求稍稍超出民事法律关系当事人的地位和权利义务之形式平等，在微观层次上略微实现某种实质的平等；经济法从宏观层次追求充分、适当的市场竞争，通过抑制微观之正当、公平的竞争以实现宏观的自由公平竞争。[①] 以上二者的公平竞争更注重市场经济发展的环境。而社会法对公平的追求才是法对社会的终极目标，是那种生活领域和发展领域的全面的公平、实然的公平、结果的公平。

公平理念的实现需要社会法的主体，主要是国家或政府，从社会整体利益与全局出发，通过各种方式平衡各方利益，解决各种矛盾与冲突，使百姓安居乐业、秩序井然、社会和谐安定。"学有所教，劳有所得，病有所医，老有所养，住有所居……"这一谐社会的蓝图，正是社会法公平理念所追求和保

① 参见史际春、邓峰：《经济法总论》，法律出版社1998年版，第167、217页。

障的结果。

第三,社会法的倾斜保护理论。尽管以社会责任为己任的社会法旨在实现全社会的最大公平。但是,事实上,由于种种的主客观方面的原因,每个人所拥有的社会资源不同,因而在社会中,总有一些人处于劣势。一些人处于强势。对于强者,主要靠他们自身的能力,社会不必过多地去介入。但对于弱势群体,社会应该向其伸出援助之手,通过各种各样的政策、法律来改善他们的弱势地位,以与强者相抗衡。比如对残疾人、鳏寡孤独的人、未成年人、老人、妇女儿童、劳动者等的法律保护,对五保户、低收入人群、受灾群众的援助等,目的都在于帮助他们克服种种困难,渡过难关,在于追求社会的整体公平。所以,倾斜保护原则在社会法中得到了很好的发挥。

总之,社会法的三大理论基础相辅相成,作为一个整体,共同为社会问题的解决提供支持。如果说公平是社会法的最终目标的话,倾斜保护就是实现最终公平的手段。而社会责任的本位,则是社会法存在的理论前提,正是在追求社会整体利益的平衡中,才产生出了倾斜保护和公平责任这两大理论。

对于以老年人为代表的生理弱势群体的倾斜保护,是社会法精神的应有之义。从人权保障的角度来看,法律对弱势群体作特别的保护,是出于一种对弱势群体的人道主义关怀。老年人由于年龄的增长,在体力、精力等方面有所衰弱,参与的能力降低,相对于其他群体而言处于一种社会参与权能较低的不对等状态。在这种不对等状态中,弱势群体往往受到不公平对待而导致自身权益被违法者不合理侵害,如遭遇就业中的年龄歧视等。因此,政府和社会应当给予弱势群体更多的保护,在老年人权益保障法等社会法规范中,体现了公平原则和平等原则对保护弱势群体的要求,也体现了相关立法对实现实质正义的追求。[①]

(二)社会法的和谐理念

和谐,是人类孜孜以求的一个社会理想。古往今来,人们一直把实现社会的平等、安定、和谐作为美好的追求。在中国传统文化中,有关“和谐”的思想源远流长。从孔子的“和为贵”“和而不同”,“到墨子的“兼相爱”“爱无差等”,再到孟子的“老吾老以及人之老,幼吾幼以及人之幼”,都表达了社会

① 参见张明、朱爱华、徐成华:《城市老年人社会服务体系研究》,科学出版社 2012 年版,第167 页。

和谐的主张。[①] 随着社会的发展，和谐的内涵也在不断地得到充实，及至现代社会，使社会中每一个人各得其所、安居乐业，社会安定有序，并能可持续地发展便成了和谐的主要内容。

1. 和谐理念的基本内涵

和谐贯穿于社会法的全部并指引着社会法的发展方向，同时和谐也是社会法之所以产生和发展的合理性依据。无论是社会法的发展历史，还是我国社会法立法背景都清楚地表明：和谐是社会法的基本理念，是社会法理应具备的法律精神和最高法律诉求。

任何法律的产生和发展都有其深刻的社会背景，社会法亦不例外。通常认为社会法不过是保护经济弱者福祉的法，但这种说法并不能理解社会法发展的真相。毋宁说社会法是基于社会结构的变迁和法律思想的推移、所构成的人间概念之法。[②] 因此，对于社会法的理念，首先应当将其置放在社会发展背景中去考察。从社会法的历史来看，其产生的大背景是19世纪末和20世纪初以工业革命为重要特征的重大社会变迁。工业革命产生了难以置信的财富，同时却造成了更大的贫困。竞争产生了严重的贫富分化，资本家对工人的剥削形成了劳资对立冲突，社会阶层的分化使穷者愈穷、富者愈富，自由放任的经济政策成为富者榨取穷人的依据，一般大众并不能享有真正的自由和实质上的公平，终于造成严重的社会问题及冲突，危及社会的稳定和安全，这成为当时最大的一个社会问题。[③] 为维护社会秩序，国家开始采取社会保障制度对劳工进行扶助，并逐渐形成社会法，主要有德国1883年制定的《疾病保险法》，1884年和1889年分别制定的《工伤保险法》和《养老、残疾、死亡保险法》，1911年上述三部法律加上《孤儿寡妇保险法》而成为著名的《社会保险法典》；英国1905年的《工人失业法》、1920年的《失业保险法》等法律也相继颁布。随着社会进一步分化，需要国家干预的社会问题也远远不止社会保障这一个，劳动问题、人口问题、健康问题、社区问题、环境保护问题等都纳入社会法调整的视野，并且随着国家社会公共事业职能的扩张，教育、卫生、体育、文化等社会事业也纳入了社会法的调整

① 参见朱铭佐：《以和谐理念做和谐文章》，载《新闻战线》2006年第1期。

② 参见何勤华、辛秀清主编：《民国法学论文精萃·基础法律篇》第1卷，法律出版社2003年版，第18页。

③ 参见覃有土、樊启荣等：《社会保障法》，法律出版社1997年版，第48页。

范畴。

可见,社会法的产生直接导源于社会问题。社会问题如果没有得到很好的控制和预防就可能演变为社会冲突,进而破坏和阻碍社会发展。社会法的主要作用就是通过控制和预防社会问题来维护社会稳定、安全和有序的发展,所以,促进社会和谐一直是社会法的基本法律精神和规则诉求。

我国所面临的社会问题也要求社会法应当把和谐作为基本理念。我国已进入改革发展的关键时期,经济体制深刻变革,社会结构深刻变动,利益格局深刻调整,思想观念深刻变化。这种空前的社会变革,给我国发展进步带来了巨大活力,也必然带来很多的矛盾和问题,比较突出地表现在:城乡、区域、经济社会发展很不平衡,人口资源环境压力加大;就业、社会保障、收入分配、教育、医疗、住房、安全生产、社会治安等方面问题突出,严重影响了社会的稳定和可持续发展。正是意识到上述问题的严重性,我国将构建和谐社会作为社会主义建设新阶段的主要任务,并明确提出我们要构建的社会主义和谐社会,应该是民主法治、公平正义、诚信友爱、充满活力、安定有序、人与自然和谐相处的社会。然而,我国现有的法律制度还很不健全,特别是对社会和谐的关注程度较低,远远不能满足构建和谐社会的要求。在这一背景下,为我国和谐社会建设提供法律保障的重任自然而然地就落在了以关注社会稳定、有序和可持续发展为目标的社会法上。因此,将和谐作为社会法的基本理念有着广泛的现实依据,是我国构建和谐社会的必然要求,也是我国社会历史发展的必然选择。

2. 我国社会立法对和谐理念的践行

和谐作为社会法的基本理念,始终贯穿于社会法的全部发展过程,其为社会法所注入的哲学思想,一直引导着社会法的发展方向。每一部社会立法,可以说都是对和谐理念的制度安排,社会法的每一个领域,无不闪耀着社会和谐的光芒。

第一,对基本人权的保护——人与人的和谐。人与人的和谐是社会和谐的基础,真正的人与人的和谐不是社会个体之间简单的相安无事,而是在公平正义基础上的人的全面发展、有序竞争和各得其所。可见,要实现人与人的和谐,一个公平正义的社会氛围不可或缺。公平首先是每一个社会个体所面临的机会公平,社会个体的发展水平取决于发展机会的分配,而机会分配又取决于社会成员获取机会的实力。就社会成员机会实力的原始分配状态而言，因智力、体能、性别、年龄等各方面的自然差异，社会成员的原始机会实力是不平等的，而社会分化中的弱、贫现象，已经成为常态性和结构性的社会病态现象，进而使社会个体所面临的社会发展机会也同样出现巨大的不公平，显然有悖于社会正义所指向的保障社会成员具有基本的发展机会实力的要求。这就需要社会成员的基本人权必须得到保障性的法律制度支持，这些基本的人权可以分为生存权和发展权两种类别，其中生存权主要指医疗卫生、劳动、社会保障和社会福利等方面的权利，发展权指文化教育权利以及参与社会发展和对发展成果享受的权利。

在保障上述权利方面，较之其他部门法而言，以和谐为理念的社会法有着独特的优势。就我国社会立法而言，我国已经有卫生法、劳动法、工会法、职业病防治法、安全生产法、劳动合同法等社会立法，分别保障我国公民的生命权、健康权、获取社会救助权和发展权，并且在一些没有全国性立法的领域，地方性实践也一直在进行，对保障基本人权，维护和促进人与人的和谐起着重要的作用。尽管如此，由于这些立法系统性不强，相关配套法律不完备，多数立法位阶较低，还不能满足我国现阶段保障基本人权、促进人与人的和谐的需要，我国社会法律体系还有待进一步完善。同时，对社会法的理论研究仍然较为薄弱，还难以为立法提供十分充足的支撑，甚至在某种程度上出现了实践超前于理论的情况，未能有效发挥理论的指导作用，这也意味着对社会法的深入理论研究将更为重要。[①]

第二，对弱势群体的保护——人与社会的和谐。人与社会的和谐关键在于不同社会群体的和谐相处，特别是社会弱势群体能得到倾斜的保护，使其也能享受社会发展的成果。随着市场经济、科学技术、人口流动程度等的发展，社会或国家中产生或凸显了许多的弱势群体或弱势对象。在我国，弱势群体出现的具体原因却是多方面的，归纳起来主要表现在以下几个方面：一是妇女、儿童、老人、残疾人作为社会上的弱者出现。其所以处于不利的地位，主要是由于其生理方面的自然原因或是由于自身生理上的缺陷或是由于衰老等生理因素，而边远地区的农民、灾民等则是由于自然条件恶劣或自然灾害等自然原因造成的。二是下岗工人、农民工等成为弱势群体是由于深层次的社会原因造成的，这些社会原因又涉及体制转换、结构调整和国

① 参见杨旭:《经济法与社会法关系考察》，载《河北法学》2004年第9期。

家政策等因素，他们承担了很多社会转型的代价。三是形式上的平等掩盖事实上的不平等，从而使一部分人处于不利地位，沦为了弱者。劳动关系最初是以雇佣关系的形式出现的，人们认为雇工和雇主之间只存在着平等的交换关系，雇工出卖劳动力以换取雇主所给的工资。然而真正的平等并不存在，雇工出卖劳动力使得雇主获得了劳动力的支配权，也使雇工与雇主之间形成了隶属关系，二者之间的平等关系已经被打破。在某些社会关系中尽管不存在隶属关系，但由于信息不对称，造成两者之间实际地位的不平等。例如，在消费关系中，消费者和经营者是合同买卖关系，双方是平等主体，然而，信息在两者之间的分布并不均衡，经营者对其商品、服务信息的提供占据着主动，消费者则由于精力、知识的限制，只能被动地接受这些信息。因此，双方地位实际并不平等。上述这些弱势群体或弱势对象仅靠自己的力量往往不易、不愿或不能有效地改变自己的境况。面对弱势群体自救性差的现实状况，人们逐渐意识到如果任其发展下去，将对整个社会的和谐造成严重的危害，并希望社会能对弱势群体进行保护或提升。正是在这种背景下，我国提出了让人民享受发展成果的目标，以促进社会的和谐。对弱者的保护的利益倾斜观，其目的在于避免利益的边缘性，控制利益边缘群落的形成，使社会利益控制在道德与秩序的承受底线之内，从而保持人与社会的和谐。

为保护社会弱势群体，我国已经制定了残疾人保障法、残疾人就业条例、残疾人教育条例、老年人权益保障法、妇女权益保障法、未成年人保护法、预防未成年人犯罪法、工会法、消费者权益保护法等法律法规，对残疾人、老年人、妇女、未成年人、工人和消费者的权利作了一定的倾斜性保护，使上述弱势群体得到了社会的救助，在一定程度上维护了社会的公平，促进了人与社会的和谐。然而，我国对弱势群体的保护还远远没有达到足以维护人与社会和谐的要求：一方面，现有立法的保护力度较小，且没有有效的执行和监督机制。无论残疾人、妇女、儿童，还是老年人、消费者，其法定权利都没有得到社会充分的尊重，侵害他们利益的事情还时常发生，且难以得到法律的充分救济。另一方面，当前我国社会存在的两大主要的弱势群体农民工和下岗工人都没有专门的法律予以保护。随着这两大群体的权利被侵害日益严重，也带来了越来越多的社会问题。近年来发生的恶性群体性事件多与此有关，已经严重影响了我国社会的和谐发展。尽管这些问题已经得到了政府部门和社会的关注,如"总理讨薪"和舆论的监督,但这些只能是权宜之计,也从另一个角度折射了问题的严重性。为了较彻底地对他们进行保护,亟须专门的法律予以规范。可见,在保护弱势群体、促进人与社会和谐方面,我国社会法任重而道远。

从社会经济发展的角度来看,通过保障老年人社会参与,维护老年人合法权益,涉及政府提供公共服务、保障公共利益实现的问题,这正是社会法相关立法所要解决的核心问题。据此,可以对老年人社会参与的"社会性"特征作两个层面的理解:一方面,老龄化社会进程中的许多问题与风险是源于老年人社会角色的转变,由于老年人年龄增长,既有社会参与能力方面的下降,也面临着退休等变化造成的社会参与机会的降低,这就导致了老年人社会参与的客观困难,造成了老年人与社会的割裂,亦即老年人社会性的相对缺失;另一方面,保障老年人社会参与权的社会法规范调整对象广泛,涉及全体社会成员的权利与义务。除人人都会变老,可能因此成为老年人社会参与权的直接权利主体之外,老年人社会参与权的社会性还表现在该制度对社会整体利益的追求。弱势群体对社会的贡献也是不应忽视的,因此应对其进行特殊保护。从社会稳定的角度来看,如果弱势群体权益保障困难致使一部分人达到无法正常生活的程度,尤其是当这部分人的基数众多时,社会就会畸形发展,政府治理就将陷入危机。[①] 政府有责任保障社会全体成员的安全,相关立法通过保障老年人社会参与权利的方式,应对社会风险与危机,维持社会稳定。老年人社会参与行为产生的经济社会效益也由全体社会成员享有,而且随着参与水平的提升,这种效益的质量与水平也会越来越高。保障老年人社会参与的社会法规范不仅对国家设定了责任,也对社会层面提出了要求,即老年人社会参与权利保障需要整个社会的参与,通过如用人单位与老年人就业者的关系,慈善组织、志愿服务组织与参加慈善活动、志愿服务活动的老年人的关系等。社会法上这些老年人社会参与的具体制度需要国家、社会、家庭、个人的高效协同,以实现老年人权益保障体系的正常运作。

综上所述,社会法的历史及我国社会法的立法背景都清楚地表明:和谐是社会法的基本理念,这一理念贯穿于社会法的各个方面。每一部社会立

---

① 参见高灵芝:《社会保障概论》,山东人民出版社 2011 年版,第 77 页。

法，都可以说是为实现和谐理念的具体制度安排。我国的社会立法已经初具规模，在一定程度上起到了促进人与人、人与社会和人与自然的和谐的作用。但是，由于各方面的条件不成熟，我国的社会法体系还不完善，已有的立法也存在诸多问题，亟须以和谐理念为指导，加快立法速度和执法强度，完善社会法体系。

第二节 我国老年人社会参与权实现的基本路径

人口快速老化与人口平均寿命的延长使我们越来越注重老年生活，老龄化问题成为21世纪世界各国需要面对的重要问题。我国人口老化趋势更加明显，老龄化给政治经济发展造成的压力更加显著，积极应对老龄化、寻找我国老年人社会参与权保障的基本路径就更加必要了。

目前，我国已经把积极应对人口老龄化作为长期战略任务，在今后的一段时间里，“积极应对人口老龄化”有必要上升为我国的一项基本国策，提高对包括老年人社会参与权在内的老年人权益保障程度。就老年人参与权的保障而言，我国已经初步形成了立法保障与政策完善相结合的制度保障框架。宏观层面，老年人社会参与需要构建以宪法为指导，以老年人权益保障法为核心，相关法律法规较为完备，法律与政策良性互动的制度体系。具体说来，要以平等性、差异化、尊重和保障人权等原则为指导，构建和完善老年人社会参与权保障的具体制度，为老年人社会参与创造良好的政策法律环境。

老年人社会参与权的实现依赖于主观与客观、宏观与微观层面诸多要素的实现，具体说来，包括老年人社会参与的意愿强度，老年人社会参与的法制状态、政策环境、设施状况等。既关系到老年人应对老年生活的态度，又关系到老龄社会中的其他主体看待老年人的方式与视角，这需要法律和政策的制定者准确把握老年人社会参与的实际情况，为他们提供及时、充足的法律与政策供给。应对这一系列的问题呼唤着宏观的老年人社会参与权保障基本战略，“积极老龄化”正是解决这一问题的总体性对策。实际上，积极老龄化涵盖了老年人社会福利、社会参与、社会救助等老年人权益保障的各个环节，有必要上升为一项基本国策，以应对日益显现的我国加速老龄化进程中的种种问题。[①]

一、我国老年人社会参与权保障的基本战略

随着跨入21世纪的第二个十年，中国的老龄化趋势也更加明显。最近的第六次人口普查的结果显示，目前我国的总人口为1370536875人，其中，0～4岁人口为222459737人，占16.60%；15～59岁人口为939616410人，占70.14%；60岁及以上人口为177648705人，占13.26%，其中65岁及以上人口为118831709人，占8.87%。与2000年的第五次人口普查调查数据比较，0～14岁人口的比重下降6.29个百分点，15～59岁人口的比重上升3.36个百分点，60岁及以上人口的比重上升2.93个百分点，65岁及以上人口的比重上升1.91个百分点。[②] 按照通行的国际标准，一个国家中60岁及以上人口占总人口的10%，或者65岁及以上人口占总人口的7%，即进入老龄社会，而我国目前老龄社会已呈现加速发展趋势。

在目前中国老龄化问题日趋严重的情况下，采取何种对策应对老龄社会问题，成为当前中国面临的现实挑战。在国际上，成功老龄化、健康老龄化、积极老龄化一路走来，理念的变化实际上反映了人们对待老年群体态度的转变和认识的深入，而积极老龄化所体现的社会参与理念将成为未来各国的选择，同时也应当成为中国应对老龄社会问题的基本战略。从国家决策层的角度来看，一种战略的提出意味着一项社会系统工程的发展，涉及立法、行政、司法多个部门，涉及法律、政策措施多个领域，涉及中央、地方两大层面，涉及政府、社会、个人多个方面，而最终意旨则在于利国利民，既使老龄社会下的中国稳定、福利、安全，又使老龄社会中国的老人平和、幸福，还使其他年龄群体满足、受益。显然，系统性地提供老龄社会法律政策框架是必需的，而其中关乎老年人社会参与领域的则是构建一个体系化的老年人社会参与法律政策框架。

在“积极老龄化”或“积极应对人口老龄化”的总体战略引导下，老年人社会参与权保障的社会法规范要与这一领域的政策、道德等调整手段紧密

---

① 参见肖金明：《老年人权益保障法律制度研究》，山东大学出版社2013年版，第19页。

② 参见中华人民共和国国家统计局：《2010年第六次人口普查主要数据公报》，载“中华人民共和国中央人民政府网”(http://www.gov.cn/test/2012-04/20/content_2118413.htm)，2015年9月9日访问。

配合。就道德层面而言，社会道德状况的变化受社会经济文化发展变化状况的影响与制约，而法律、政策手段既有直接指向提升道德水平的文化、教育调整规范，又有作用于社会经济文化发展以间接影响道德水平的措施。就老年人社会参与的法律规范而言，其是社会法与道德配合的典型，它通过法律的宣教、弘扬作用，倡导和促进社会形成尊重老人、追求六个"老有"等保障老年人权益的风气，矫正对老年人的歧视与偏见。

二、我国立法保障与政策完善

我国的老龄立法早已展开，1996 年颁布《老年人权益保障法》就是一个里程碑式的事件。老龄社会的到来，使老龄工作在政府的工作中更加具有了优先地位。而通过我们的梳理，无论是在立法中，还是在政策文件和计划纲要中，都不能够使我们获得对老年人社会参与保障的清晰认识，相关领域的政策文件存在着内容简单、缺乏体系、措施不明的弊端。是否可以制定专门的老年人社会参与文件，在相关立法中确立老年人社会参与权，并在相关配套法规中明确鼓励和支持的措施，将影响到老年人社会参与权利是否能够得到有效保障。如果从宏观角度综合来看，为了保障老年人社会参与权，需要构建以宪法为指导，以老年人权益保障法为核心，以选举法、劳动法、就业促进法、慈善法、志愿服务法、社会团体管理法等为关联法，以这些法律的实施细则、规范性文件等为重要内容的老年人社会参与权保障法律政策体系。

首先，从宪法层面来说，宪法规范直接涉及老年人的有三处，分别涉及老年人的退休权利、社会保障权、人身权和财产权。《宪法》第 44 条规定，国家依照法律规定实行企业事业组织的职工和国家机关工作人员的退休制度。退休人员的生活受到国家和社会的保障。第 45 条规定，中华人民共和国公民在年老、疾病或者丧失劳动能力的情况下，有从国家和社会获得物质帮助的权利。国家发展为公民享受这些权利所需要的社会保险、社会救济和医疗卫生事业。第 49 条第四款规定，禁止破坏婚姻自由，禁止虐待老人、妇女和儿童。而从社会参与权的角度来看，《宪法》第 33 条规定的国家尊重和保障人权也是老年人社会参与权保护的根本依据。此外，宪法中规定的选举权与被选举权，言论、出版、集会、结社、游行和示威自由，人格尊严，劳动权，休息权，受教育权，文学艺术创作自由等都涉及老年人的社会参与权，可以作为老年人社会参与权的宪法依据。由于宪法规范结构的开放性，可以通过解释宪法的途径使老年人社会参与权获得更加明确的宪法支持。

其次，从以老年人权益保障法为核心的，劳动法、选举法等为关联立法的这一层级立法来说，应当以老年法中的“社会参与”一章为中心，合理设计老年法相关条款，以对应其他的部门法，使其相互嵌套；同时，其他部门法也要适当补充和修改涉及老年人社会参与的法律规定，从而形成合理的老年人社会参与法律体系。目前，老年法规定的老年人社会参与条款集中于“参与社会发展”这一章中，但存在“参与社会发展”含义不明、缺乏权利依据、可操作性差等几个问题。在老年法的层面上，应当就其中老年人社会参与一章进行系统的修订。我们认为，可以将老年人社会参与权作为一项基本的权利规定到老年人权益保障法中，在此基础上增加老年人政治参与、政策参与(单独列出)、公益参与、组织参与等专门的条款，构建对老年人社会参与领域的一般性指导条款。另外，相关立法也要与老年法进行衔接修订。就业促进法是我国新时期对就业权保障的重要法律，但是对年龄歧视的规制却不见踪迹，因此就业促进法在修订时应当加入禁止年龄歧视的内容，并对其进行细化。此外，还应当在劳动法和劳动合同法中对老年人就业权进行指引性的规定，如设计适当条款将其转入一般民法雇佣关系的调整范围。在老年法完善的基础上，还可以根据社会发展的现实需要，制定高龄就业促进法等专门法律规范，以及在制定慈善法、修改有关政治参与的法律时对老年慈善、老年政治参与问题进行系统的规定等。

最后，要构建老年人社会参与权保障的具体政策与法律措施体系。例如，目前我国已经制定和颁布了一系列老龄事业发展规划，都包含了丰富的老年社会参与的内容。从系统性的角度看，老年人社会参与权保障的政策法律措施体系从领域上可以划分为政治参与、经济参与、社会参与、组织参与四大方面，由内核及外围又可以分为三个层次：以反年龄歧视为核心的法律与政策规制框架，以完善具体领域促进措施为核心的法律与政策促进框架，以完善具体设施环境为核心的法律与政策保障框架。

在“积极老龄化”战略的实现中，社会法的理论与实践发展发挥着至关重要的作用，既表现在社会法与传统公法、私法部门的连接，也表现在社会法与社会政策的互动。宪法是包括老年人社会参与权的老年人权益存在的价值基础与制度渊源，社会法对老年人作为社会弱势群体的倾斜保障原则也源于宪法的精神与原则，选举法等宪法性法律则直接规定了老年人政治参与方面的权利和义务。公法既明确老年人权利，又规范国家、政府、社会、公民个人的责任，可以说，其在老年人权益保障法制体系中居于核心地位。由于调整对象的系统性，行政法与社会法在老年人社会参与权保障层面存在大量交叉，涉及行政许可、行政给付、行政规划、行政指导，这意味着社会法的实施需要借助公权力的引导、促进和保护。社会法的守法主体是所有的社会参与者，保护涉及公共利益的老年人社会参与权，公法是必要的手段。老年人权益保障法通常被归于社会法范畴，社会参与的专章规定也体现出明显的社会法特征，但涉及老年人权益保障的社会关系在不少情形下具有私法特征，它与私法存在很多关联点，甚至有些内容存在重叠，也因此产生了两者的协调和衔接问题。[①] 老年人社会参与权保障的社会法规范至少涉及与婚姻、家庭、继承等民事法律制度的关系，尤其是在人口老龄化、家庭结构变化等情况的影响下，传统的养老模式和老年人的生活状态发生了巨大变化，使得老年人社会参与出现了一些新的难题。在社会法与社会政策的互动层面，应当注意到老年人社会参与领域事务的复杂性与发展变化的多样性，法律很难面面聚到与及时回应，需要政府依法提供更多的公共服务，即体现"民族国家功能的变迁:从补缺或'夜警'国家到'从摇篮到坟墓'的福利国家"[②]。

三、我国老年社会参与权保障的具体法律与政策措施

所谓具体法律与政策措施，是指基于宪法和法律的规定，在法律、法规、规范性文件和其他的政策文件层面细化的具有可操作性的对老年人社会参与权的各类保障与促进措施。老年人社会参与权保障的法律与政策措施的制定与实施应当遵循五个基本原则，即平等性原则，差异性原则，人性尊严原则，政府主导与市场、社会、家庭参与相结合原则，适宜性原则。

1. 平等性原则

老年人社会参与权的核心是平等，既意味着老年人群体与其他群体在

---

① 参见肖金明:《老龄社会应对法律问题研究》，山东大学出版社 2013 年版，第 114 页。

② [英]卡罗尔·哈洛、理查德·罗林斯:《法律与行政》上卷，杨伟东等译，商务印书馆 2004 年版，第 44 页。

社会参与政策支持上平等，又意味着老年人群体内部的平等。平等原则要求相似情况相似对待，因而在老年人政治、经济、公益和组织参与中，任何有悖于平等原则的制度和措施都是不合理的。具体来说，平等原则指导着老年人社会参与相关法律与政策规范的制定，是这类规范的价值归依；平等原则约束着老年人社会参与相关法律与政策规范的解释，使其符合立法和制定政策的目的；平等原则还能够在法律适用的过程中出现法律规范缺位的情况下，成为老年人社会参与权保障相关判罚的直接依据；平等原则亦应当指导着老年人社会参与权保障的行政执法过程，使老年人社会参与权的行政保障符合平等原则的要求。总之，平等原则在立法、司法、执法等不同的阶段都可以发挥重要作用。

2. 差异化原则

老年人群是一个非常复杂的群体，有低龄老年人与高龄老年人的差别，有健康老年人和非健康老年人的差异，也有城市老年人和农村老年人的区分，等等。不同的老年群体，对于老年社会参与法律与政策的敏感性不同，对于老年社会参与法律与政策的需求内容也不尽相同。例如，低龄老年人在经济参与方面有身体和年龄的相对优势，其经济参与的积极性与主动性要高于高龄老年人，那么对这部分群体的政策应当更多地强调参与经济发展，尤其是做好老年人退休政策与老年人社会参与，促进政策之间的衔接。又如，农村老年人在当前中国的整个社会经济结构中处于相对劣势，那么农村老年人的社会参与渠道和社会参与能力相较于城市老年人就存在差距，再加上农村老年人中部分处于流动状态，在城市边缘求生存，那么其社会参与的状态也就更加具有特殊性。因此，老年人社会参与法律与政策制定的一个原则是差异化原则，要针对不同的老年人群体制定相应的老年人参与法律与政策，避免一刀切带来的不利后果。

3. 人性尊严原则

老年人社会参与的相关保障措施应当遵循人性尊严原则。法律与政策制定要尊重老年人的人格，重视老年人的内心意愿和诉求，而非一味地将老年人视为法律规制与政策促进的客体。制定的法律与政策要符合宪法上尊重和保障人权的原则，符合保障人格尊严的要求。具体参与实践中，政治参与不以老年人的出身、年龄、性别等而有差别待遇；经济参与不能不合理地拒绝老年求职者或者辞退老年人；公益参与中要尊重老年人的公益参与角色，保证老年人公益参与的正向态度；组织参与中要给予老年人必要的尊重，结合老年人的意愿，让老年人从事适合自己能力的工作。在司法救济时，对于老年人社会参与中遇到的人格尊严受损的情况，要发挥能动司法的作用，对符合案件受理条件的，案件保证老年人诉权的实现，对不符合案件受理条件的，也要通过司法建议等方式向社会表明司法的关怀态度。

4.政府主导与市场、社会、家庭参与相结合原则

老年人社会参与权的保障从另一个角度看也是对老年人的福利，而且是具有积极意味的福利，它更加符合现代社会自助与他助相结合的理念，更加因应社会发展中参与、分享理念的要求。正因为如此，政府在老年人社会参与权保障中占据核心地位，其负有老年人社会参与文化之宣导、老年人社会参与法律与政策之颁布、老年人社会参与法律与政策之实施与督导等一系列带有顶层设计和上层构架的基础性工作。但是老年人是社会中的老年人，每个人都会成为老年人，每个人也都希望老年时能够像年轻时一样充满活力，具有社会参与的意愿和能力。从自助性与他助性的关联来看，现在帮助老年人也就是帮助未来的自己。那么整个社会中的经济体、社会组织和家庭成员都担负着老年人社会参与保障与促进的一定义务，这种义务包括一般层面的对老年人社会参与权的尊重，对老年人各项社会参与事业的保障与机会提供，以及更高层面地帮助老年人更好地进行社会参与。因此，老年人社会参与的各项促进措施的制定和实施一定是全民的、多层次的、全方位的，政府、社会中的所有组织体、个体都有参与相应的促进与保障的义务。

5. 适宜性原则

老年人的社会参与权保障需要考虑老年人自身的参与意愿与社会的政治经济发展条件，也就是说，老年人的社会参与必须适应社会发展要求。在现代工业化国家的前提下，老年人参与社会发展的意愿受到现实条件的制约。比如，在经济参与领域，老年人因为自身能力的下降和知识结构的不适应，不能满足很多工业企业的用工要求。因此，老年人自身在选择社会参与的时候，应当尽量选择适合自身能力和条件的企业，同时国家和社会也应当为老年人提供适应老年人特殊身心条件的工作岗位。这体现了老年人与社会的双重选择要求，符合代际冲突的处理原则，适应社会上所有人发展的需要，也是老年人社会参与权保障的法律与政策措施的制定与实施必须坚持的基本原则。

在明晰老年人社会参与权保障相应法律与政策措施制定的基本原则之后，我们认为老年人社会参与权的保障措施应当基于三个方面展开：年龄歧视规制、具体领域促进、设施环境保障。

1. 以反年龄歧视为核心的法律与政策规制框架

禁止年龄歧视的首要措施就是制定和颁布有关反年龄歧视的法律，老年人社会参与领域最重要的是就业领域的反年龄歧视，同时还要对复合性歧视进行规制，例如基于年龄和性别的双重歧视。在我国，有必要制定统一的《反歧视法》，该法将老年歧视作为歧视的一种加以列明。因为老年歧视不同于性别歧视、种族歧视等，它不具有固定性，也就是说任何人只要进入老年阶段都可能面临着年龄的歧视，所以，老年歧视不但要加以列明，在我国更要置于歧视类型中靠前的位置加以规定。

老年歧视规制最关键的问题是，判断老年歧视的标准是什么，在反歧视法中可以参考西方国家的经验，将年龄歧视分为隐性歧视和显性歧视两种。歧视的具体标准根据政治、经济和社会等不同领域而不同，对政治经济领域的歧视从严掌握，对社会领域的歧视可以相对弱化，以体现社会领域的自治性特征。在反歧视法立法的基础上，要运用法院的判例来完善老年人年龄歧视的解释，以应对现实中多样的歧视现状。目前，我国的一些研究机构已经开展了老年人年龄歧视的研究，而且一些学术团体还召开了相关会议。在政策的层面上，国家可以开展一系列旨在防止老年人在各个领域和地区遭到歧视的项目，既包括研究项目也包括实践项目，以促进老年人社会参与中歧视现象的研究，并实际地减少老年人社会参与的歧视问题。除此之外，包括宣传、教育、反歧视培训等手段都可以用来推动老年人社会参与年龄歧视问题的解决。

2. 以完善具体领域促进措施为核心的法律与政策促进框架

不同于老年人的人身权、财产权保护主要强调国家和他人消极的不侵犯，老年人社会保障权与社会参与权则更着重强调国家的积极的作为，因此两者皆强调各种促进措施。不同之处在于，老年人社会保障权主要保障老年人基本的身体、心理需要，同时关联社会安全的价值；而老年人社会参与权更关联老年人的独立、尊严与自我实现，并同时关系社会发展与共享的价值。基于此认识，老年人社会参与权促进的措施应当以老年人的独立、尊严和自我实现为终极目标。正如学者所言："创造有利于老年人口社会经济参与的制度环境与为老年人口提供良好的经济保障和社会服务同样是保障老年人口基本人权的重要方面。"[1]具体来说，按照前文划定的框架，要从政治参与、经济参与、公益参与和组织参与四个方面进行促进。

(1)吸收老年人参与决策进程，推动老年人的政治参与

从宏观层面来说，老年人政治参与有两个层面：一是与老年人利益密切关联的老龄政策与方案的制定与执行；另一个是老年人对一般的政治生活的参与。就第一个层面而言，政府有关老年人的政策制定应当着重听取老年人的意见，畅通听取意见的渠道。全国人大制定有关老年人的法律、作出有关老年人的决议、进行有关老年人事项的执法检查时，也应当更多地鼓励法律和政策涉及的老年人积极发表意见。就第二个层面而言，保障老年人的选举权与被选举权应当重视流动票箱的运用，深入老年居户家中，以方便老年人投票；保障老年人参与政治渠道畅通，全国人民代表大会制度、政治协商制度应当为老年人参政议政提供特别的优待措施；提高老年人的政治参与能力，要加强对老年人的政策宣导，建立相应的培训机构，健全老年大学对于老年人政治参与课程的设置等等。事实上，根据有关的实证研究，老年人的政治参与热情不一定低于青年人，甚至大部分时候要高于青年人。[2]根据华中师范大学中国农村研究院"中国农民状况发展报告"课题组的调查，农村青年农民的政治参与度低于农村老年人。[3]虽然这种情况的出现与我国当前农村的空巢化、青年政治淡漠等问题有关联，但是至少说明了中国的农村老年人的政治参与意愿相对而言还是比较高的。此外，还可以通过程序和技术的措施，为长期残疾的老年人等弱势群体提供投票的机会，从而使他们的社会参与权得到保障。

(2)提高老年人社会团体的地位，加强老年人社会组织建设

对老年人社会组织的建设要置于老龄社会应对的整体框架下，将老年人社会组织建设提升到相应的优先位置。具体来说，其一，要改革老年社团管理体制，实现社团与管理机构的分离。例如，将目前全国性的具有重大影响力的老年人社会组织——全国老年人协会、全国老年教师协会等与政府

---

① 彭希哲、胡湛：《公共政策视角下的中国人口老龄化》，载《中国社会科学》2011年第3期。

② 参见谢湘：《农村青年政治参与度明显低于老年人》，载2011年11月30日《中国青年报》。

③ 参见赵健：《华中师范大学中国农村研究院〈中国农民状况发展报告〉成果介绍》，载"中国高校人文社会科学信息网"(http://www.sinoss.net/2011/1129/38017.html)，2015年9月9日访问。

机关进行剥离，回归社会组织的本源，以此带动整个老年人社会组织建设的活跃。按照《中国老龄事业发展“十二五”规划》，“十二五”期间要“加强老年社会管理工作。各地成立老龄工作委员会，80%以上退休人员纳入社区管理服务对象，基层老龄协会覆盖面达到80%以上，老年志愿者数量达到老年人口的10%以上”。其二，要制定推动老年人社会组织建设的优待措施和促进办法，加强老年人社会组织的资金保障，并建立政府与老年人社会组织的良好合作关系，必要时通过政府采购的方式购买老年人社会组织的社会服务。其三，要推动老年人社会组织积极参与老年人健康与福利事业、社会参与事业，为老年人社会组织的发展提供良好的政策和法律环境。其四，对于草根型的未进行登记的老年人组织，要在当前社会团体管理体制大变革的背景下，做好草根型老年社会组织的登记注册和规范管理工作，完善其内部治理结构，促进其工作的开展。其五，要加大对老年人社会组织的引导，尤其是对带有宗教倾向和其他政治色彩的老年人社会组织，要夯实信息基础，了解相关组织在中国的实际状况，做好服务和规范工作，避免引发社会安全隐患，造成矛盾和纠纷的发生。例如，美国的实际调查显示，美国老年人参加的组织种类因性别和少数民族地位而异，老年人妇女更可能参加宗教和文化组织，而老年男子则倾向于参加工会、同行福利俱乐部和互助组织[①]，这类调查为其政策制定提供了坚实的基础。那么，形成中国的类似调查数据之后，我们也应在政策与法律措施上分类、规范和引导。

(3)完善制度措施，促进老年群体的经济参与

促进老年群体经济参与制度措施的基本立足点是保障权利优先，减少刚性要求，增加柔性选择，做足经济调整。其一，要确立老年人的经济参与权利的地位，使创业权与就业权在立法中得到更加明确的保障，从而具有保护顺序上的优先性。其二，要通过立法和相应的政策措施，推动经济的发展，增加老年人工作的机会；同时，要促进适合老年人就业的产业的发展，在结构上优化老年人的工作岗位，避免和年轻人直接形成竞争，减少代际冲突，从而在根本上保障老年人的经济参与权。其三，延长老年人的法定退休年龄。强制性退休政策是造成城市老年人就业率偏低的主要原因，强制提

① 参见[美]霍曼、基亚克：《社会老年学——多学科展望》，冯韵文、屠敏珠译，社会科学文献出版社1992年版，第410页。

前退休的规定实际上剥夺了老年人在原岗位继续参与经济发展的权利，虽然名义上可以给年轻人提供就业的机会，但是实际上造成了人力资源的浪费。根据有关统计，“为减少名义下岗和失业数量，一些地方单位强制或鼓励职工提前退休的情况比较普遍，这使得国内城市户籍人口的实际平均退休年龄仅为53岁左右”[①]。而自愿提前退休在当前老龄化的现实下也遭到了质疑，在欧洲的现实情况是，工人可以提前退休，但是却要享受少于正常退休年龄的退休金待遇。在这种情况下，提前退休固然是一种权利，但是也是一种代价高昂的权利。

另外，在更为具体的促进措施方面也要加以强化。其一，可以推出激励老年人就业的具体措施，制定老年人职业发展推动计划，通过立法和相关政策设立从事老年人职业开发的机关、从事老年人就业指导与援助的机关和老年人就业中介机构。其二，建立针对老年人就业的分类指导机制。对于老年人从事销售小食品、报刊等活动提供优待，促进其就业；对于负有丰富经验的老年医师、教师、技术工人等，应当通过提供相应的中介指导信息充分发挥其作用。其三，加强对老年人雇主的优惠政策措施。如匈牙利自2007年起，开办被称为“START EXTRA”的计划，在2008年实行“劣势人员就业下放方案”；塞尔维亚在其2011～2020年新的就业战略中，列人老年人就业目标，还豁免雇用老年人的雇主的社会保险缴纳金。[②]

(4)要通过各种手段鼓励和推进老年公益参与

老年人公益参与促进措施的核心点在于避免“强制公益”，应建立教育、培训、激励制度，健全动员机制。其一，公益参与选择权是老年人公益参与权的核心，因此要通过完善立法和制定措施禁止公益“摊派”或者强加公益活动，以避免对老年人公益选择权的侵害。另外，也要注意引导和扭转很多老年人消极参与的价值观，推动老年人积极参与活动。其二，建立老年人志愿服务教育、培训和激励制度等，为老年人公益参与权实现提供具体的制度支持，以提高老年人公益参与的热情。例如，当下流行的老年人“时间储蓄银行”，推动低龄老年人为高龄老年人服务，以实现代际老龄公益活动的有

① 彭希哲、胡湛：《公共政策视角下的中国人口老龄化》，载《中国社会科学》2011年第3期。

② 参见穆光宗：《老年发展论——21世纪成功老龄化战略的基本框架》，载《人口研究》2002年第6期。

效循环。其三，建立老年人才储备库，为老年人志愿参与提供网络支持。例如，据调查，“很多中国的老年人都愿意在原有岗位上多待一段时间，甚至可以义务工作不收取任何报酬；而在那些非政府组织和志愿者团体中，老年人的比例很高，而且相当活跃，他们已经成为社会进步的巨大推力”①。如果建立有效的人才库和动员网络，那么老年人的志愿服务动员将会更加有效，很多具有充分公益参与意愿的老年人也会因此而有更多机会参与到公益活动中。

3. 以完善具体设施环境为核心的法律与政策保障框架

所谓的保障框架，主要是直接的规制与促进之外的辅助性措施，以下所列包含了几类主要的保障措施，包括老龄信息收集、传媒利用、年龄友好环境建设、司法环境完善等。当然，因“保障”含义过于广泛，这仅仅是部分列举。

(1)构建老年社会参与的数据信息基础

在本书分析中，中国老龄及老年人社会参与的相关实证材料十分缺乏，相较于西方发达国家详细且高密度的调研存在着明显的差距。我国最近只在2001年和2006年进行了两次专门的针对老年人的调研，成果如《中国城乡老年人口状况追踪调查》(2006年，每五年一次)，但有关老年社会参与权的项目数据十分有限，在其他的统计如人口普查中，有关老年人的调查项目也过于局限。没有调研就没有发言权，在基本的统计上缺乏依据，中国的老年人社会参与状况就大多处于定性研究阶段，政策制定也很难保证科学性。因此，国家统计部门有义务加强对老龄状况及老年社会参与的普查数据的收集，相关部门如财政部、老龄办，也应当提供有效的人财物支持。

(2)通过法律与政策措施对传媒进行引导和规范

在如今的传播时代，媒体的作用不容忽视，基于心理学和传媒学，相关媒体对老年人形象的报道将会影响到公众对老年人的观念认识，因此需要在老年人形象尤其是老年人社会参与的宣传方面制定相应的法律和政策措施。一方面，要采取措施改变媒体和其他领域对老年人的种种基于消极偏见的报道；另一方面，要通过法律和政策杠杆推动新闻媒体为老年人塑造积极的正面形象。

---

① 彭希哲、胡湛：《公共政策视角下的中国人口老龄化》，载《中国社会科学》2011年第3期。

(3)建设年龄友好型环境,包括住房、基础设施、公共设施和和谐环境

老年人社会参与的法律和政策措施有的是直接促进老年人社会参与的,而有些则是间接保障了老年人社会参与的机会。如,老年友好型的城市规划、老年社区的设计与建设、惠及全体社会成员但又特别关注老年人群体的卫生保健模式等。又如,通过政策推动相关的社会组织加强对老龄工作的支持,既包括相关企业对老年人就业的经济支持,也包括社会组织对老年人的接纳和包容。

(4)构建良好的有助于老年人社会参与权救济的司法环境

司法的救济使老年人的社会参与权在最低限度上不至于沦为国家的恩赐,而进一步的,司法救济为老年人提供了一个机会,虽说不一定能够实现自己的利益诉求,但是可以挑战自己主观上认为侵害自己的社会参与权的行为,甚至包括挑战国家的相关政策。例如,欧洲的一些司法机构提供了一些这样的机会,虽然老年人并不总是胜诉,因为司法往往要进行利益的衡量。在德国的彼得森一案中,欧洲联盟法院(Court of Justice of the European Union,CJEU)认为,虽然德国立法允许就年满68岁的牙医强制离开牙医行会(Panel System)有年龄歧视的嫌疑,但是"考虑到劳动力市场中的现状,并鉴于牙医职业的世代之间分享机会,那么这样的措施就是合适而且必要的",该措施符合欧洲《雇佣平等法》(The Employment Equality Directive)的规定。[①] 由此可见,司法对于老年人社会参与权的最大意义是,司法救济的途径的畅通提供了一种程序,老年人社会参与权因此有了衡量的可能,也使其摆脱浮于空中的命运。

为了能够全面保障老年人社会参与的司法救济权,国家可以采取如下措施。第一,为在司法领域对老年人社会参与中的歧视进行有效规制,可以考虑将年龄歧视的举证责任倒置,由侵害者进行举证。第二,国家应该为那些贫困的老年人提供免费的律师支持和免费的法律援助,为他们的社会参与权提供保障。第三,国家应该为构建多层次的纠纷解决机制而努力。例如,针对经济参与权的侵害问题,可以通过完善的劳动仲裁方式加以解决;对于老年人因为社会参与问题而与家庭产生的纠纷,可以发挥调解的力量;

---

① FRA,"Fundamental Rights: Challenges and Achievements in 2010," http://fra.europa.eu/fraWebsite/attachments/annual-report-2011_EN.pdf, p.98.

等等。第四，针对老年人权益司法保障趋势的扩大，应当制定律师业及相关法律行业对老年人进行权益保障的专门职业道德规则，从而使老年人的合法权益不受二次侵害，并为老年人社会参与权的保障创造和谐的救济空间。第五，针对老年人为保障社会参与权而产生的策略性诉讼案件，国家要予以关注，如果不能获得司法的解决，那么应当积极关注其利益诉求，调整国家的相关政策，改变不合理的法律制度。第六，为了避免普通法庭容易产生的对老年人的偏见（也可以是怜悯等因素），确保客观中立，程序公正，同时也考虑到老年参与诉讼的特定因素，可以通过"老年法庭"的制度设计来使老年人司法程序的特殊性得以体现。

第三节 老年人社会参与具体法律制度的探索

在社会法的视角下，老年人社会参与具体制度的构建，仍然要围绕着"保障老年人社会参与权"这一核心命题展开。如上文所述，要落实老年人社会参与权，首先要从法律关系的角度明确该权利的概念内涵与外延。"老年人社会参与权"作为权利的集合，这些权利聚之则可以老年人社会参与权统称，其散之则可以表现为具体的四类权利，主要包括政治参与权、经济参与权、文化参与权与公益参与权，这些权利在共性之外又同时具有个性，反映了它们不同的发展历程、权利理念、制度体系和目标追求。更进一步而言，这四大子权利也各自具有其明确可辨析的实际成分，在具体的领域内形成特定的权利主体、权利内容、子权利体系、义务主体等。由此，老年人社会参与权形成了一个倒金字塔形的体系，越在底部越抽象，越在顶层越具体而且多样。但无论如何，这些权利都根本地体现了老年人社会参与权的性质、地位与特性。构建老年人社会参与的具体制度应当从建立健全这些子权利保障制度入手，自下而上、自微观到宏观，最终形成中国特色的老年人社会参与制度的体系架构。

一、政治参与权保障制度

(一)政治参与权概述

老年人政治参与强调老年公民以合法方式对政治生活的参与,而老年政治家或者具有特定身份的老年国家公职人员对政治的参与不属于本书论述的老年政治参与的范围。其实质,笔者认为,政治参与强调的是公民的权利,这些职业政治家等的政治参与实际上是运用政治权力、政治权术的过程,从而不具有权利的意味。政治参与权仅仅意味着一种参与的资格和对参与权保障的请求资格。

政治参与权既是一项人权,同时也是其作为一国的公民而享有的参与政治的公民权。历史发展进程也证明,政治参与权从天赋人权的道德权利走向了法定权利,并受到大多数国家宪法的保障。我国的宪法规定了涉及政治参与的一系列权利,包括消极意义上的政治自由(如言论、出版、集会、结社、游行和示威自由等)和具有积极意义的选举权与被选举权以及知情权、参与权、监督权等内容。随着我国民主政治的发展和政治文明的提出,政治参与权在我国的权利体系中占据了越来越重要的地位。党的十七大报告指出,要"从各个层次、各个领域扩大公民有序政治参与,最广泛地动员和组织人民依法管理国家事务和社会事务、管理经济和文化事业……健全民主制度,丰富民主形式,拓宽民主渠道,依法实行民主选举、民主决策、民主管理、民主监督……保障人民的知情权、参与权、表达权、监督权"等等。当前,我国的政治参与呈现出政策引导、制度规范、理念普及、意识觉醒和实践深化等多方面并进的情形,成为整个社会深化民主的重要体现。

老年人的政治参与权从消极意义上是指老年人具有言论、出版等自由而不受相应的干涉。在中国,古代知识分子有在年老后"立言"或者"著书立说"的传统,在政治观点的表达方面相较于其他群体更为热切和突出,那么老年人对于国家来说,享有这种政治参与的自由,国家应当给予充分的尊重。而在积极的意义上,老年人的政治参与权是指老年人只要有政治参与的意愿和能力,就应当保证其参与国家政治生活,保障和促进包括知情权、表达权、选举权、决策权、监督权等在内的权利的实现。

老年人的政治参与形式与机制主要包括选举参与、组织参与、政策参与和接触式参与。[①] 其实，国家在积极意义上的促进，在老年人政治参与权保障中，相对于其他群体更有特殊的价值。因为老年人只是精英政治参与中的重要力量，但是对于一般的大众政治参与而言，老年人限于自身的身体条件、知识结构、信息渠道等，政治的参与能力受到很大的影响，容易被边缘化，那么国家在此负有为老年人的政治参与提供包括物质支持在内的多种措施的义务，以利于老年人参与政治，比如在选举参与中对老年人给予特别措施、在知情权保障方面对老年人给予特别照顾等等。在直接的辅助之外，对于我国的老年人而言，限于公民知识的有限性，现阶段老年人的政治参与能力教育培训也显得格外重要，这些从广义上可以纳入国家为保障老年人政治参与权所负担的责任之中。

综合来看，老年人政治参与权的种种保障措施中一个关键点是老年群体相对于其他群体在行使社会参与权方面的平等性，这是老年人政治参与权相对于一般的政治参与权的一个重大差别。从政治学和社会学的视野分析，与政治参与相对应的是政治排斥，是与社会参与相对应的社会排斥的一个类型，一旦有政治排斥的产生，便从根本上违反了政治参与的平等性。而老年人在社会中面临政治排斥的可能性相对较大，故国家应当避免老年人在现实的政治参与中受到排斥，由于自身的条件和能力而被拒之于政治参与之外。衡量政治排斥的指标包括以下几种：缺乏授权，缺乏政治权利，选举登记率低，投票率低，社区活动水平低，没有或者缺乏对政治过程的信心，社会动荡或者社会失序。[②] 老年人的政治参与权在现实中容易面对的社会排斥表现在：老年人选举登记率偏低，投票受到现实身心条件制约；老年人缺乏获取政治信息的有效途径，即知情权相对于年轻人来讲受到的挑战更为严峻；老年人的结社权的保障较为缺乏，没有较权威的全国老年人组织；老年人的监督权缺乏有效的途径而难以得到落实；等等。

老年人的政治参与权保障从属于一国的政治发展进程，受制于各国政治参与的现实国情，但无论如何，老年人政治参与权在所有的老年人社会权利体系中都具有优先的位置，这主要是因为老年人政治参与权对老年人整

---

① 参见房宁主编：《中国政治参与报告(2011)》，社会科学文献出版社 2011 年版，第 72～73 页。

② Janie Percy-Smith, "Introduction: The Contours of Social Exclusion," in Janie Percy-Smith (ed.), *Policy Responses to Social Exclusion: Towards Inclusion?* Buckingham, Philadelphia: Open University Press, 2000, pp. 1-2.

个社会参与权的最终实现具有重要的意义。如果将权利的实现作为一项系统工程,那么老年人社会参与权的实现就应当是老年人自身、社会其他群体、国家立法者之间多元合作与协商机制下进行的系统工程。其中,政治参与在过程意义上维护老年人社会参与中与其他群体的力量均衡,在结果意义上实现着老年人这一群体特有的部分政治利益,而这些都将成为经济的、社会的或者其他方面参与的基础。只有通过老年人的政治参与特别是制定与自己相关的政策与措施决策进程的参与,形成实质意义上的多群体博弈,才能充分地构建自己的社会参与权利,共享社会发展。

(二)政治参与权保障具体制度

1. 法律与制度是最有效的保障

以美国为例,在 20 世纪 50～70 年代,美国社会经历了“第二次重建”(The Second Reconstruction)。在这期间,通过国会的一系列立法和联邦法院的裁定,对成年公民选举权的一切限制几乎全部被扫除,联邦政府真正承担起了保护和保障公民权利的职责。美国老年人的政治参与权利及其活动得到了法律最有力的保障。

宪法是老年人权利最根本的法律保障。《美国宪法》第 26 条修正案规定,年满 18 岁和 18 岁以上的合众国公民的选举权,不得因为年龄而被合众国或任何一州加以拒绝或限制。虽然此修正案主要是针对 18～22 岁青年人选举权而言的,但是从另一个侧面保障了老年人权利的合法性。老年人的政治权利并不会因为其年老而丧失。

1965 年的老年人法是最直接的法律保障。该法是美国以老年福利问题为核心的专法,对于老人福利与服务给予全面考虑,颁布之初,相当简单,但经历年不断修正补充,内容日趋完备。该法鼓励老年人的社会参与,是老年人政治参与最直接的法律保障。

1965 年的选举法是有益的补充。实际上,该法主要是基于对少数族裔(尤指黑人)选举权的保护考量制定的,但对属于弱势群体的老年人同样具有保护作用。由于老年人受身体健康等方面的影响,认知水平可能会有所下降,这在一定程度上影响了其参与投票的能力。但选举法禁止对投票能力进行任何限制,这客观上起到了保护老年人尤其是失能老年人的投票权的效能。

1975 年,文化测验作为选民的条件几乎全部被废除,多数州的法律规定，文盲可以由他人帮助投票。这对老年人的投票参与影响极大，因为20世纪初或先前出生、成长的一批人，其受教育程度仍是相对低的，当他们年老时，文化测验的废除使他们获得了投票的自由，提升了他们的参政热情及政治影响力。

2. 物质的丰裕是老年人参政的经济保障

公民参与受到许多社会因素的影响，最重要的就是社会经济地位。当人们在等级体制中上升到更高层时，其政治参与率就会增加。体现社会经济地位变化的主要因素有教育水平、家庭收入等的变化。

战后历届美国政府均致力于福利国家的构建，为老年人的生活提供了保障。1959～1987年间，随着美国老年人群体贫困率从35%降至12%，老年人经济上之弱势群体地位的形象已然过时。60年代是美国历史上改善贫困状况最具有实效的十年。在这十年间，美国老年人的投票率也是最高的。因研究选举行为、种族态度和生活特性而闻名于世的美国心理学家、政治学家安格斯·坎贝尔（Angus Campbell）进而分析道："社会保障的存在促使老年人形成了对公共事务的兴趣，提升了他们对总统选举的感情。"[①]可见，经济状况的好坏与政治参与能力的强弱不无关系。

3. 教育程度的提高有助于老年人参政

战后影响美国老年人政治参与的一个至关重要的因素是老年人群体普遍提升的受教育水平。受教育水平的提高既得益于早期的教育，也受益于老年后接受的继续教育。

由于二战后的历代老年人大多出生于1880～1940年间，而这一时期恰恰是美国教育大发展的时期。1890年后，美国的中学得到了极大的发展。原来在全国14～17岁的人口中，上中学的不到7%，1920年就达到了1/3，1950年达到3/4，上中学的人数逐渐增加，到70年代，将近90%的14～17岁人口上中学。20世纪中期，美国的学院和大学几乎在所有知识领域都达到优秀标准，超过了其他先进国家的学院和大学。而且，美国普通民众一致认为，任何公民如果不能进入某个高等院校，他/她就是被剥夺了最大限度发展的机会。

---

① A. L. Campbell, *How Policies Make Citizens: Senior Political Activism and the American Welfare State*, Princeton, N. J.: Princeton University Press, 2003, p. 63.

美国教育在这一时期的另外一个特点值得关注——教育慈善事业达到了史无前例的规模。约翰斯·霍普金斯、安德烈·卡内基、利兰·斯坦福、约翰·D·洛克菲勒、詹姆斯·B·杜克等纷纷慷慨解囊，为教育投入大量资金。正如布尔斯廷概括的那样："从内战结束到一战开始这一段时间，是美国私人大慈善事业的时代。"[①]这一时期的慈善家很少受过正规教育或者根本没有受过正规教育，他们对教育的支持，无非是出于各种理念，其中一项重要的理念便是支持普通民众的参政事业。正如托克维尔所讲："在美国，对人们所进行的一切教育，都是以政治为目的的。"[②]

总而言之，早期良好的教育使这一时期出生的人一生受益匪浅，在促使其掌握基本工具的同时，恪守了公民应有的权利与义务，提升了国民的民主素质，有助于其进入老年后开展政治参与活动。20 世纪 50 年代以来，教育不再是随着青年时代结束而结束的事情，在今天，它已经被看作是终生学习的过程。随着老年教育的兴起，老年人再一次获得学习、提升技能的机会。举例来说，纽约大学每一学期都为 65 岁以上的老年人提供免费课程以及每两周举行一次当前热门话题的讨论；北卡罗来纳大学在它的创造退休中心开设了历史、社会结构、健康等方面的课程，为的是帮助老年人成为社区里活跃的领导人；在全美，几乎每一所高等教育机构都像纽约大学和北卡罗来纳大学一样开设了类似的课程。

综上所述，美国民众早年接受的教育使其一生受益无穷，为晚年的政治参与活动打下了良好基础；晚年接受的再教育为其老年阶段的角色适应提供了指导，大大延续和活跃了老年群体的参政热情与参政活动。

二、经济参与权保障制度

（一）经济参与权概述

如果从一般意义上来理解"经济参与"，其含义是比较广泛的。我们在一定的政治、经济制度下，可以通过多种方式来参与经济生活。比如，通过签订各种契约来进行交易，从而实现经济参与；通过参与经济组织赚取利润

---

① ［美］布尔斯廷：《美国人：民主历程》，中国对外翻译出版公司译，美国驻华大使馆新闻文化处 1988 年版，第 467 页。

② ［法］托克维尔：《论美国的民主》，董果良译，商务印书馆 1988 年版，第 354 页。

来进行经济参与;参与经济论坛表达观点;等等。这样一来,经济参与就成了一个没有边际的概念,经济的广泛性足以使各种与经济发生关联的参与都被视为经济参与权的内容。因此,必须对经济参与作必要的限定,这个限定的标准正是作为主体的老年人所具有的经济参与中的特殊性,而这种特殊性主要落脚于老年人的经济创业和经济就业这两大领域。因此,本主题下的经济参与仅包括老年人的经济创业权和经济就业权两大权利。

无论是创业还是就业,老年人在传统社会中一般不会产生权利需求问题,因为老年人完全可以自欲自为地从事农业、手工业生产,就像人吃饭和喝水那样自然,这种权利或者自由并不彰显。但是进入工业时代后,社会中大部分人被连带吸纳入工业社会的运行之中,于是形成了制度性的进入和制度性的退出,也就是经济参与或者退出的问题。有进有出是经济参与的应有状态,但是正因为制度的整齐划一性剥夺了不少老年人继续从事经济生活的权利,从而使经济参与权因为被剥夺而更加彰显。另外,老年人的制度性退出当然是国家以支付退休金为代价的,可这一方面不能保证退休金能够完全保障老年人的晚年生活,另一方面也并不妨碍老年人自己寻求新的就业机会。于是,老年人在退休(以一般退休的人已经是老年人为前提)时是否具有再就业的意愿与能力便成为一个重要的问题,而一旦老年人有意愿而且自身的条件允许,那么这种老年人经济参与权就有了现实的意义且具有保护的必要。

现实的情况是,老年人的再就业权利对于一国政府是利好还是不好,很大程度上取决于经济的形式和人口的结构,如果经济衰退或者是年轻人所占比例极大,而市场所能容纳的就业容量有限,老年人再就业就会形成所谓与年轻人“抢饭碗”的局面;如果经济形势良好或者人口结构老化、劳动力不足,老年人的再就业反倒会成为政府乐于看到的情形。这说明老年人的经济参与权这个命题容易受到各种政治、经济和社会条件的影响。笔者认为,将老年人的经济参与做权利的考量,就要依据过程论的视角来探讨这个问题,将权利相对地置于结果衡量所难以碰触的位置,或者虽然有所限制或者克减,却不能剥夺,在最低的限度内也要承认这种经济参与权的存在。事实上,在可预期的今后一段时期,随着全球人口结构的逐渐老化,特别是中国人口红利时代的结束,这种保障年轻人就业的考虑将不再是一个限制老年人经济参与权的理由。从功利主义的视角或者权利工具论的角度看,保障甚至促进老年人的经济参与权，对于应对人口老龄化、解决养老金危机、解决部分老年人的经济贫困问题等具有积极的意义。

当前，老年人的经济参与正在成为老年人社会参与领域一个令人瞩目的话题，在生产性老龄化（Productive Aging）、积极老龄化（Active Aging）的框架下，老年人被视为重要的人力资源，或者被视作“老龄生产力”（Productivity in Later Life），是经济生产中不容忽视的一支力量。随着这些理念被逐步地推广，老年人的经济参与权利的内容也会更加丰富。但需要注意的是，生产性老龄化并非是一个与经济参与严格对应的概念，包括家庭参与、代际交流等具有正向促进作用的都可以被包括在内，而积极老龄化更是包括了健康、安全等更广泛的领域。在老年人经济参与权这一主题上，这些概念所提供的主要是老年人经济参与理念方面的变革以及保障与促进措施方向上的指引。

在对老年人经济参与权的复杂背景进行简单介绍后，最终需要落脚于老年人社会参与权的实际内容上。经济参与权的核心是工作权，而对于老年人来讲，工作权的核心则是就业权。为了阐释老年人经济参与权的概念，有必要对劳动权、就业权和工作权等不同的表述进行澄清。这些权利在国际法规范渊源上的表述均是《经济、社会和文化权利国际公约》中所使用的术语“The Right to Work”，但是，经济参与的过程是复杂的，涵盖的内容是多元的，各国的国情也是殊异的，那么就出现了不同学者、不同法律对于相关概念的不同理解，总体看来主要集中于三个层面的问题：第一，劳动的核心权利与劳动的保障权是否进行分割以及如何进行分割；第二，劳动前的就业选择、劳动中的劳动保护、劳动后的解雇防卫等不同的过程是否区分以及如何区分；第三，劳动、就业、工作三个词在何种语境中使用，是道德还是法律，如果是法律，是宪法领域还是劳动保障法领域等。劳动权是最为广泛的一组权利，涵盖了职业选择权、劳动保障权、解雇防卫权等不同的具体权利；而工作权和就业权概念近似，主要包括请求就业权、平等就业权、报酬请求权、辞职自由权等。从权利的规范分析角度来看，老年人的就业权主要是指老年人相对于国家和社会（主要是企业），享有获得与其他群体类似条件类似对待的权利、获得就业帮助和就业培训的权利、在就业的过程中获得同等晋升机会和与自身能力相应的报酬的权利以及在符合法律规定的条件下退出职业的权利。

经济参与权的另一内容是创业权，如果不从严格意义上来界分，创业也是工作，完全可以被吸纳进去，但是因为创业所形成的权利义务关系不同于工作权的权利义务关系，因此，需要单独加以讨论。所谓的创业权，主要是指老年人自己寻求获得经济利润的机会而谋得生存发展的权利。老年人创业所寻求的主要是来自于国家的政策、金融、土地等方面的支持，因此，就老年人的创业权来讲，其消极的含义是国家不能为老年人的创业设置相较于其他群体特别的门槛，否则就会产生政策的歧视；从积极的层面来看，老年人相对于国家，有要求国家提供创业政策、金融、土地等支持的权利。国家负有不侵犯老年人的创业权，同时积极采取措施辅助老年人创业的义务。

在理论上阐释老年人经济参与权内容的基础上，我们需要现实地分析老年人经济参与权所面临的重要挑战。与政治参与权相类似，在老年人经济参与权的保障方面，老年人面临的最大的问题是经济排斥和歧视，这同样涉及老年人与其他群体的平等权这一深层次的问题。因为老年人的自然生理和心理条件，老年人与年轻人相比似乎在工作中难以实现高效率，甚至会产生一些负效果，而这在一定程度上已经形成了心理学上所谓的社会刻板效应。[①] 老年人作为社会重要的一部分成员，应当受到平等的对待，享有就业权与创业权，享受经济繁荣，这也是老年人经济参与所体现的重要价值。

（二）经济参与权保障具体制度

老有所养是人口老龄化过程中必须解决的首要问题，老年经济参与最基本的是收入保障（Income Security），即经济供养问题。[②] 在欧美社会老年学的文献中，通常将养老方式分为非正式支持（Informal Support for the Elderly）和正式支持（Formal Support for the Elderly）两种方式。非正式支持又称作“非正式制度安排”，是指由家庭成员、亲属网络、朋友、邻里和志愿者服务所提供的支持和帮助；正式支持又称作“正式制度安排”，一般是指对老年人实施的社会保障，主要来自于政府行为中的社区支持和机构支持行为，是社会发展到一定阶段的产物。[③] 具体制度如下：

---

① 参见吴帆：《认知、态度和社会环境：老年歧视的多维解构》，载《人口研究》2008 年第 4 期。

② 参见李超：《老年维权之利剑——老年人法律保障制度研究》，上海人民出版社 2007 年版，第 127 页。

③ 参见陈功：《我国养老方式研究》，北京大学出版社 2003 年版，第 42 页。

1. 实施弹性的退休制度

在制定退休政策时需要考虑政治、经济、文化多方面因素，而其中最主要的因素是国民的平均预期寿命。从世界范围看，经济相对发达的国家其人均寿命也相对较长，而相应的，该国职工法定领取退休金的年龄也较大。由于国民平均预期寿命的延长，西方许多发达国家都提高了法定领取退休金的年龄。[①]

从平均预期寿命角度考虑，中国应当提高职工的平均退休年龄。唯物辩证法告诉我们，世界是永恒发展的，它要求我们必须学会用发展的观点去观察和分析问题，当思想陷入停滞时，就会被不断进步的时代所抛弃。退休政策亦是如此。改革开放三十多年以来，经济社会发生了翻天覆地的变化，人民的物质文化水平不断提高。随着生活水平和医疗、卫生状况的提高，人口的平均预期寿命较 20 世纪 50 年代上升将近 20 岁，但我国退休制度却仍然沿用五十多年前制定的标准，这显然是无视客观规律的变化。另外，当前的退休制度无法充分照顾到个体的差异。无论老人是否有劳动能力与劳动意愿，到达退休年龄就被“一刀切”，这很显然是不科学的做法。因此，现有的退休制度应当作出适当的调整。

当然，我们也不能仅仅因为平均寿命提高就延长退休年龄，还需要考虑其他方面的因素。首先，要考虑到劳动者自身的意愿。人不同于机器，工艺提高了就可以多运行几年。劳动者是具有主观能动性的，有劳动意愿的年长者即使被强制退休，他也会积极寻找劳动的机会；相反，当一个人不愿再工作时，就算未到退休年龄，他也会不思进取、消极怠工。其次，社会进步的标志之一就是人们可以不像以前那样辛劳而拥有更多的闲暇与享受，单纯提高退休年龄的做法无异于剥夺劳动者休息的权利，这与社会的发展潮流背道而驰。再次，应充分考虑到各地的具体情况。中国幅员辽阔，人口众多，各个行政区之间发达程度、教育水平、健康状况都不相同。东部沿海地区与中西部地区无论是老龄化状况、人均预期寿命还是劳动参与率都有很大差异。因此，调整退休年龄也要结合具体情况因地制宜。最后，退休制度

---

① 德国根据 1992 年实施的养老保险改革法案，2000～2012 年期间，将目前法定退休年龄从 63 岁逐步提高到 65 岁；2003 年又规定从 2011 年起逐步将退休年龄从 65 岁推迟到 67 岁。美国 1983 年通过有关法案，2002～2024 年期间逐渐将法定退休年龄从 65 岁提高到 67 岁。英国将在 2020 年前全面实施 65 岁退休的政策，并将在 2024～2046 年间将退休年龄提高到 68 岁。

改革是一项复杂的工作，需要相关机制的协调。退休年龄与社会保障、退休金、养老保险等诸多事物相互联系，可以说牵一发而动全身。如果贸然统一延长退休年龄将会给其他部门带来困难，届时如果相关机制并未协同，也会给退休制度改革造成障碍。

综上所述，现阶段实施弹性的退休制度较为可行。弹性退休制是在规定的一个退休年龄段区间(比如58～65岁)，员工可以根据自身的情况在这个年龄段选择合适的时间点，办理退休手续，领取养老金的退休模式。一方面，因为弹性退休制是以劳动者自愿为前提条件的，因此可以充分照顾到每一位员工。身体条件较好，具有很强工作积极性，经济上需要或将工作当成精神寄托的，可以选择继续为社会做出贡献；身体条件较差，不愿继续工作，以及想要早点领取退休金的下岗职工可以选择离开工作岗位。另一方面，弹性退休制度对用人单位来说更加灵活。弹性退休制度是一个双向选择行为，不但要考虑劳动者的意愿，还要照顾到雇主的想法。实施弹性退休制度后，渴望高级人才的雇主可以聘用中意的人才，而从事相对低端产业等不适合老年人的部门，则不会被硬性要求继续聘用老年职工。各级用人单位可以依据自身人才需求状况和职工工作能力情况选择性续聘人才。

事实上，上海市自2010年10月1日起就已经试行了弹性退休制度，老年职工可以延迟办理申领基本养老金的手续。上海市公布的有关试行意见提出，延迟年龄男性一般不超过65周岁，女性一般不超过60周岁。试行意见将企业各类人才均纳入弹性延迟申领养老金实施范围，即参加上海市城镇养老保险的企业中，具有专业技术职务资格人员，具有技师、高级技师证书的技能人员和企业需要的其他人员均可弹性延迟退休。现在看来，该措施尚有诸多不完备之处，不过这是我国政府向退休制度改革迈出的第一步，具有重大的现实意义。

2. 建立健全老年人再就业机制

德国的老年人力资源开发行动已经给予我们以启示：开发老年人力资源并不是某一个部门的事，也不是出台几部法规就能够做到的，它需要一个综合性的战略，从方方面面进行努力。改革退休制度仅仅是开发老年人力资源的第一步，只能解决一部分老年人的劳动诉求，对于已经退休的、未能续聘的、不愿续聘的尚具有劳动意愿的老人，为了使其人力资源得到开发，还要建立一整套促进老年人再就业的机制。

首先，应当从法律上保障老年人再就业的权益。美国、日本等发达国家在20世纪五六十年代就出台了保障老年人就业的法律法规，明确规定就业机会不因年龄而受到歧视。法律是人民生活的准则，是人与人之间关系的规范，任何行为都需要以法律制度为基础，一套完备的法律制度可以使得开发老年人力资源事半功倍。我国《宪法》规定，公民有劳动的权利与义务，《中华人民共和国老年人权益保障法》也规定，老年人参加劳动的合法收入受法律保护。尽管老年人拥有就业的权利，但是还没有与之配套的法规，所以广大老年人再就业的权利无法得到落实。因此，立法机构应当制定和完善保护老年人就业权利与老年人合法收入的法律法规，禁止以年龄为条件歧视或阻碍老年人再就业，保护再就业人员的劳动所得，并禁止原用人单位以再就业取得合法收入为由减发再就业人员的退休金。

其次，应当设立专门负责老年人再就业的管理部门。在日本，涉及老年人问题的政府部门有高龄者对策本部、劳动省、厚生省、经济企划厅、总务厅老人对策室、老人保健部等，这些专门机构将老年问题纳入政府议事日程，保证了问题得以顺利解决。因此，中国应当充分发挥政府的主导作用，设立专门负责老年人相关问题的职能部门，协调各级组织、人事和劳动部门的工作，为开发老龄人才资源创造条件。同时，建立老龄人力资源信息网络，规范有序地进行老龄人力资源开发与管理活动。

最后，应当充分发挥市场以及社会的作用。老年群体不是与众不同的群体，老年人力资源也不是特殊的资源，而是与其他劳动力资源一样具有创造性、能动性、开发性、社会性和资本性的资源。中国改革开放三十多年来取得的成就是社会主义市场经济的伟大胜利，是充分发挥了市场在资源配置中基础作用的结果。因此，开发老年人力资源就要将老年人才推向市场，让市场自主选择，避免其被行政化。随着社会人口结构的逐渐老化，青年劳动力资源开始匮乏，同时用人单位也愈发注意到老年人才的巨大回报，在追逐获利最大化的市场规则下，老年人力资源将得到良好的开发。各地火爆的老年人才市场已充分证明，走市场化道路才能最好地解决老年人的再就业问题。

在政府与市场之外，开发老年人力资源还需要第三方力量的支持，那就是社会的力量，即许许多多非政府组织与非营利机构的参与。日本的银色人才中心向我们展示了社会组织的力量，这种力量一直被我们所忽视。《中共中央国务院关于加强老龄工作的决定》(中发[2000]13号),明确鼓励社会力量兴办老年福利服务设施。不但如此,还应当积极鼓励越来越多的社会团体、公益组织参与到老年事业中来,作为开发老年人力资源主体的重要补充。

3. 建立和完善老年教育体系

教育是一种对人类认识和改造客观世界及自身的积极的影响,其首要功能是促进个体发展,包括个体的社会化和个性化。1991年,联合国通过的《联合国老年人原则》明确规定:"老年人应能享用社会的教育、文化、精神和文娱资源,并能够追寻充分发挥自己潜力的机会。"1996年,中国通过的《老年人权益保障法》也规定:"老年人有继续受教育的权利。国家发展老年教育,鼓励社会办好各类老年学校。各级人民政府对老年教育应当加强领导,统一规划。"老年教育是成人教育的一种,与其他形式的教育一样从根本上说是人的建设,核心是全面提高老年人的素质,使老年人的身体素质、心理素质、人格、智力、能力、创造力全面协调发展,成为现代老年人。为此,必须从经济社会发展的实际出发,建立和完善老年教育体系。

一要构建终身教育体系。人在一生中都需要发展,因而人总在自觉或不自觉地进行有意识的或无意的学习;同时人又生活在动态的社会环境中,社会无时无刻不在变化,人要适应社会变化,要促进社会发展,要与社会在动态中达到平衡,学习必然会贯穿于人一生的全过程。目前,面向老年人的教育机构主要是老年大学。截至2010年,全国共有地市级群众艺术馆、文化馆馆办老年大学88个,县市级群众艺术馆、文化馆(站)馆办老年大学686个,远远不能满足老年人的需求。一方面,应该加大地方老年大学的建设,争取做到老年大学入社区;另一方面,应该充分利用现有的教育资源,各级各类高等院校和教育机构要以终身学习的价值取向为指导,向老年人开放,实现教育资源共享,要改变社会成员接受教育的年龄限制,改变传统的教育评价规则,形成不受特定年龄限制的开放式入学制度,为社会不同人群提供再学习再教育的公平机会。

二要完善技能和知识培训体系。开发老年人力资源不仅要利用老年人既得的人力资本,还要继续开发老年人身上潜在的能力。当前老年大学只是向老年人传授琴棋书画的技艺,而开发老年人力资源不应只培养老年人的"闲情逸致",更应该提高老年人的知识和技能水平。要联合职业技术培训学校，提高再就业老年人的专项技能；利用高等院校提高老年人的文化水平。搞好老年人力资源培训，对提高老年人的智能、挖掘老年人的潜能具有重要意义。要健全老年技能和知识培训网络，使老年人不断更新知识，适应新科技的发展，为参与社会劳动创造条件。

三要创新教学内容和形式。《中国老龄事业发展"十二五"规划》指出，创新老年教育体制机制，探索老年教育新模式，丰富教学内容。积极支持社会力量参与发展老年教育，扩大各级各类老年大学办学规模。人类社会正处在前所未有的人口老龄化浪潮之中，没有历史经验可供借鉴，因而有关老年人的一切行动都不应该拘泥于旧形式。老年教育也不应当有固定模式，要与时俱进，求实与创新结合，需求与实际结合，不断提高质量和档次。要坚持"学以致用，有的放矢"的原则，教学手段可因势利导，采取讨论交流式、活动式、解难讲座式、调研式、个别辅导等，不断提高教学水平。

四要规范办学体制。老年教育是一项带有公益性的朝阳事业，要健康、稳定、持续地发展，必须走规范化建设之路。这就需要纳入政府规划，建立科学管理体制和保障机制，要充分利用各种教育资源发展老龄教育，努力形成全社会支持老龄教育事业发展的局面。

三、公益参与权保障制度

(一)公益参与权概述

政治和经济一直是人类社会参与的主题，但是随着公民社会的发育，社会建设的发展，社会组织、第三部门的新兴，在政治和经济领域之间的社会领域越来越大，纯粹基于公益的参与而非政治与经济目的的行为也逐渐增多，其中，老年人已经成为了社会领域参与的重要主体。公益参与的类别包括治安巡逻、义务劳动、志愿者活动、互助活动和青少年教育等。[①] 老年人公益参与的扩展不仅使整个老年人群体的公益参与意识日渐提升，同时，也在形成权利意识，并逐渐上升为一种自由权与要求权混合的权利形态。

公益参与权是指老年人参与社会公益活动并受到相应保障的权利。从消极层面上说，公益参与是一种排斥国家干涉的自由，这种自由根植于社会

① 参见张恺悌、郭平主编:《中国人口老龄化——老年人状况蓝皮书》，中国社会出版社 2010 年版，第 237 页。

的自组织性，而对政治国家天然地产生了防御意识，排斥公益的政治化、利益化。同时，公益参与权亦需要国家层面的制度支持和保障，在积极层面上是一种要求国家有所作为的权利，亦即意味着国家要为老年人参与公益活动提供机会。要认可老年人的价值，尊重老年人的要求，鼓励老年人参与志愿服务活动，并为促进老年人的终身教育提供必要的智力支撑。对于社会来讲，也负有类似的义务。我国《老年人权益保障法》第40条规定："国家和社会应当重视、珍惜老年人的知识、技能和革命、建设经验，尊重他们的优良品德，发挥老年人的专长和作用。"第41条规定："国家应当为老年人参与社会主义物质文明和精神文明建设创造条件。"公益参与权同样形成了一个权利体系。

首先，老年人具有公益选择权，老年人是否参加公益活动以及参加什么类型的公益活动，应当由老年人自主选择，国家、政府、相关单位都不得干涉和强迫。现实中存在着老年人被"动员"参与或者"强迫"参与社会志愿服务活动的状况，对老年人的公益选择权产生了侵害，也使老年人参加公益的热情受到了影响。

其次，老年人具有公益参与保障权，公益参与并非仅凭一时热情，而往往是长时间的、系统的志愿服务活动，那么就需要有相应的人身和财产保障，通过提供人身保险、医疗救助等方式保障老年人公益参与的安全。从直接的义务主体来说，组织老年人参与公益活动的组织应当为老年人的公益参与提供人身和财产方面的保障，并对做出突出贡献的老年人进行必要的物质奖励；从间接义务主体来，国家和社会应当通过政策和法律为老年人的公益参与提供制度保障。

再次，老年人作为一类比较特殊的公益参与群体，其自身参与公益的目的可能并不同于其他群体，更加注重参与中获得的快乐感受和精神满足，因此，基于老年人自身的身心特点，在从事公益活动时应当尽量参与力所能及的活动。作为使用老年人志愿服务行为的组织和个人，应当充分理解和尊重老年人的这一生理和心理需要，为老年人参与公益活动提供良好的环境。

最后，老年人具有公益参与平等权。平等是老年人社会参与权的核心，公益参与同样离不开平等。老年人与其他年龄群体的平等是公益参与平等权的应然之义，而且这种平等权不仅具有形式的要求，更有实质的内涵。从形式上说，老年人应当被提供和年轻人相似的机会，不得歧视老年人参与公益活动;从实质意义上来说,老年人的平等参与必须建立在老年人自身特殊性的考量基础之上,要在充分保障老年人实质平等的基础上,使老年人参与到公益活动中。

老年人的公益参与权保障具有两个层面的重要意义,包括个人层面和社会层面。从个人层面来说,社会学的角色理论、活动理论等说明,老年人通过一定角色的扮演参与到社会活动中,对于避免老年期的孤独及其他消极情绪具有实质影响。尤其是老年公益活动,既体现老年人的自我追求,又反映老年人对社会的价值,对于老年人积极度过老年生活具有重要的意义。而且,由于老年人的生理功能随着年龄的增长而越来越趋于衰减,更早地参加社会公益活动意味着更好地适应老年期生活,能够更有效地对抗衰老。从社会层面来讲,公益不仅仅是现代社会的潮流、一种现代公民的生活方式,而且因老年人具有相对年轻人的经验优势和熟练技能,老年人更多更广泛地参与公益,会使得社会的公益进入良性循环,具有更强大的智力和经验支撑。“在美国,65 岁及其以上的老年人从志愿服务的比例已从 1974 年的 14.3%增至 2008 年的 23.5%,其年服务时间的均值为 96 小时,比其他年龄组高出 17 个小时。”[①]

显然,通过法律的、政策的多种手段促进老年人公益参与,将使老年人的参与权得到充分实现,也将使老年个人和整个社会获益。

(二)公益参与权保障具体制度

从积极老龄化政策的角度分析,社会既要解决“老有所养,老有所医,老有所为,老有所乐,老有所学”的问题,也要探讨“老有所为”的具体实现途径,为他们的参与提供机会。社会各界就积极开发老年人资源、保障其社会参与权利等问题给予了广泛关注。[②] 不同的群体往往会选择不同的参与形式。老年人如何参与,应该根据个人的身体、经济、能力状况以及社会需求等选择不同的参与方式。

从参与的动力看,一是政府发起的参与。各级政府出于政治或出于减轻财政压力的考虑,也极力整合慈善资源,推动民间慈善事业的发展,而老

① 赵怀娟:《“生产性老龄化”的实践与启示》,载《安徽师范大学学报》(人文社会科学版)2010 年第 3 期。

② 参见赵宝爱:《从慈善角度看老年人的社会参与问题》,载丛晓峰、杨士林主编:《社会法与和谐社会建设》,中国人民公安大学出版社 2008 年版,第 143 页。

年人可以起来响应。二是慈善组织等发起的组织化参与,诸如参与慈善活动的规划设计、募捐等活动的进行、项目的实施以及监督等。这种行动的计划性、稳定性和持续性比较强,体现了社会互助、互济原则。不过,这也往往意味着参与的被动性、间接性,缺乏与受助者、社区或者社会的互动,老年人的参与成就感并不强烈。有时,慈善组织出于所谓对老年人的尊重,往往不愿意对老年人发号施令,加之数量少,也不可能顾及老年人的参与需求,老年人则不愿意接受其"指导"和命令。三是老年人自发地参与。社区或者单位的老年人群体,可以自发地组织起来,组成慈善自组织,也就是人们常说的"草根组织"。它不同于官办的慈善组织,完全是老年人为争取社会事业参与权而滋生并发展的,是不受官方干预的,是一种根据自己利益和公共利益需求自愿组合并可持续的组织形式。在这种组织中,老年人都是组织的主体,身份上都是平等的,并无领导者和被领导者之分,可以根据自身的特点和优势,共同拟定参与的领域和行动计划等。因此,慈善自组织可以最大限度地把老年人组织起来。当然,老年人也可以选择一对一的慈善参与模式,或帮助他人,或从事社区公益活动。

慈善就是将时间和精力转移给没有关系的人、组织、社会等。捐献为慈善事业的立身之本,没有捐献就没有慈善事业。捐献包括有形的捐赠如款物,以及劳务性捐助如做志愿者。老年人若经济能力达不到,那么从事志愿者则是最佳的选择。

1. 开展慈善教育、宣传和募捐等

所谓慈善教育,就是通过各种形式开展的慈善意识方面的教育和灌输。它属于道德教育的范畴,与国防教育、环境教育等属于并列关系,其目的就是培养、挖掘人们的善心,激发人们爱的情感。历史上,无论是西方的基督教,还是中国的道教、佛教,还是民间宗教等,无不把劝善列入主要的善举之中。当前,我国的慈善文化氛围还不够浓厚,人们的慈善意识还比较淡薄,就是在于缺乏基本的慈善教育。虽然有关部门也规定在学校开展慈善方面的教育,但学校或因升学压力而无暇顾及,或把慈善等同于募捐,忽视了学生内在善心的培养及行善的情感体验。老年人身体力行,宣传慈善事业,如此可以感染社会各界,取得意想不到的效果。毕竟老年人参与社会活动,本身就是一种精神,中青年人等受到感染和鞭策,进而作出参与的举动,或捐款或从事志愿者行动等。这样,老年人通过自身的努力,最终推动浓郁的慈善风气的形成。

与其他群体相比,老年人还有自己的特殊优势,即社会资本,就是社会的信任,这也是他们能够开展慈善募捐的最大砝码。当前,中国的市场经济缺乏基本规则,似乎市场经济就是不择手段,欺诈事件层出不穷,陌生人之间相互欺骗,"杀熟"声音不绝于耳;形形色色、林林总总的诈骗令人防不胜防,信任似乎已成为一种奢侈。在慈善领域打着募捐的幌子,四处招摇撞骗的也大有人在。在这种情况下,人们只好把自己的善心禁锢起来,即使做善事,也宁愿直接进行资助,却不肯把款物交给一些慈善组织等。这固然提高了善款的使用效果,降低了善款的使用风险,但也加大了社会募捐的难度,并造成了慈善供给与需求的脱节现象。如有的人或地区受惠过度,有的则无人问津。其实,通过慈善组织等开展救助,就可以解决这种矛盾。问题是慈善组织的社会公信力不高,或者人们还不熟悉,制约了其影响力的提升。因此,西方国家普遍流行的街头和上门募捐等形式,在中国就难以开展。总体而言,老年人的宽容和信誉,则是青年人所不具备的,也是开展募捐的最大优势所在。

2. 开展直接的志愿者行动

老年人利用自己的知识和经验来从事慈善服务,可以感染其他群体,也可以带动和帮助年轻一代的志愿者,增强他们对社会和国家的责任感,弥补他们经验的不足,促进社会互助风气的形成。再者,老年人时间充裕,可以开展志愿者活动。中青年虽是慈善参与的主体,但大多只能抽出闲暇时间(如节假日等),从事志愿活动;老年人就没有这种限制,完全可以开展全日制的志愿者活动。随着时代的发展,慈善事业也逐渐从业余化转向专业化,退休的医生、教师、工程师等就可以从事智力慈善行动。

从参与的地理空间范围和领域看,老年人的志愿行动可先在自己熟悉的社区中进行,然后再渗透到社会领域。如义务充当社区治安员,从事社区环境保护和建设;低龄老年人照顾那些孤独或者高龄的老年人,陪他们聊天;帮助年轻人照看孩子;等等。可见,社区慈善就是人人参与、助人自助,居民互相关心、互相帮助,塑造一种尊重、沟通、信任、爱心的社区文化氛围。

3. 健全老年志愿者活动发展机制

要实现老年志愿服务的长效发展,就要推动落实和完善相关的政策法规,使其具备可持续发展的力量。如通过制定相应政策,为老年人提供更多社会参与的机会,包括各类工作和志愿服务岗位。同时,建议由相关单位制定符合各地区实际的老年志愿者章程、老年志愿者守则等规章制度,并结合《老年人权益保障法》中相关内容对老年人在从事志愿活动过程中所涉及的法律责任和处理程序作出明确规定,以此促使老年志愿者的招募、培训、激励等各项工作规范化,推进老年志愿者活动的常态、有序、科学发展。①

老年志愿者组织的正常运转需要一定的经费保障,而经费短缺成为制约其发展的主要因素。应该充分认识到,老年志愿者活动不仅是志愿服务活动的组成部分,还应是老年人社会保障事业的组成部分。一方面,志愿精神是社会的宝贵财富,从发扬志愿精神的角度出发,政府应将老年志愿服务事业纳入国民经济和社会发展规划,制定鼓励政策,并提供必要的资金扶持和便利;另一方面,政府和各级各类组织应当从发展老年人社会保障事业的角度,重点扶持老年志愿者活动,并给予更多的经费支持和帮助。除了依靠政府的政策、经费支持,老年志愿者活动更多地要依靠社会力量。因此,可以成立老年志愿服务基金会,扩大老年志愿者活动的资金支持渠道。

4. 构建老年志愿者活动参与平台

拓展老年志愿服务领域,意味着必须保证服务项目的多元化,能够涉及社会生活的各个方面。

老年人参与志愿者活动的平台应该是一个能够满足不同层次老年人实现参与的综合性平台——既能满足一般老年人,又能满足有特殊专长的老年精英的社会参与需求。笔者认为,一方面,我国应尽快搭建志愿服务供需信息协调平台,为老年人参与志愿者活动提供信息,使老年人可以根据自己的时间、能力和爱好找到适合的工作;另一方面,在老年人群中开展有针对性的培训、不断挖掘其潜力的同时,应进一步拓展老年志愿服务领域,提高服务水平。在此基础上,如果能够针对老年人的个人特点专门设计相应的志愿服务工作,则能够为老年人提供更多的参与机会,进一步增强老年人的志愿服务能力;同时,老年志愿者的角色和功能也将得到充分的发挥,进而将志愿服务工作融为老年人群体日常生活的一部分。总而言之,只有搭建更广泛的平台,才能为老年人的社会参与提供更加多样化的方式和途径,充

---

① 参见赵勇、段世江、王新文:《美国和香港地区老年志愿者活动的经验和启示》,载《贵州社会科学》2011年第12期。

分激发老年人的参与热情,最终实现老年人参与社会发展的愿望。

在许多国家,由于老年志愿者的广泛参与和非政府组织的迅速发展紧密联系,非政府组织已被纳入老龄事业的体系之中。[①] 我国政府相关部门也应该重视并鼓励和协助老年人非营利组织的发展,把非营利组织纳入老龄事业发展规划当中,通过构建志愿者组织体系,让一些单独的、零散的个体自发行为逐步向组织化、规范化方向发展。如,通过居委会的有序引导和组织,让社区中原有的邻里互助性团体发展成为组织有效、行为规范的协会,使之能够更好地满足居民多方面的利益诉求。又如,社区和非营利组织可以合作创设一些老年人志愿服务方案和项目,并提供更多的志愿岗位,鼓励更多老年人加入志愿者活动。再如,借鉴部分城市政府购买社工服务、依靠专业机构力量整合社区资源、提升社区服务水平的成功经验,政府可以在一些具体服务项目中采取向非营利组织购买服务的方式促进老年人非营利组织的健康、可持续发展。同时,将老年志愿者的志愿服务与专职社会工作服务结合起来,由专业社工提供前沿咨询与技术支持,让老年志愿者在社会工作者的指导下从事志愿性服务,以保证老年志愿者活动运行的良性状态。此外,社区社会工作者还可以与社区各类组织机构协作,提供一站式服务,合理有效统筹地利用老年志愿者的志愿服务。

结 语

我国人口老龄化速度的加快造成老龄社会问题凸显,保护老年人合法权益的压力与风险与日俱增。老年人的社会参与权利是老年人权益体系的重要组成部分,老年人的社会参与活动也能够促进老年人其他权利内容的实现与发展。社会法作为我国一个新兴的法律部门,无论在理论还是实践方面,都正处于飞速发展的黄金时期。在老年人社会参与权的保障过程中,社会法的理念、原则与制度将发挥着至关重要的原则与作用。从法律体系的角度看,我国已经基本形成了以宪法为统率,以《老年人权益保障法》为核心的老年人社会参与权保障法制体系。但由于我国人口老龄化和老年人社会参与状况的迅速发展变化,相关国家层面立法的可操作性相对有限,这在

① 参见陈茗、林志婉:《老年志愿者活动的理论思考和实证分析》,载《人口学刊》2003年第4期。

横向上需要依法出台相关政策的支持，纵向上需要相关地方立法及政策的完善，从“法制体系”迈向“法治体系”仍然任重道远。

从法律功能、基本内涵和规制模式上看，《老年人权益保障法》作为老年人权益保障的核心立法，具有明显的社会法性质，“老年人福利与参与”是其规范的老年人权益的重要组成部分。[①]《老年人权益保障法》等社会法规范首先应当培养社会参与、社会福利与权益保障相结合的权利保障精神，遵循特殊群体权益保障原则、社会公平正义原则、全面协调和可持续原则、义务—责任共担等社会法规范的基本原则，构建老年人社会权益保障的具体制度体系，并与老年人社会救助、社会保险、社会照料、社会优待等制度设计协调配合，最终形成比较完备的老年人权益保障法制体系。

老年人有丰富的知识、技能和经验。随着人民生活水平的普遍提高，老年人的健康状况有了很大改善，平均寿命延长，许多老年人有继续发挥作用的愿望，社会也需要这些老年人。在老年人健康状况普遍提升、网络信息等技术手段不断丰富的当下，老年人社会参与制度也出现许多可喜的新发展。《老年人权益保障法》设专章规定在自愿和量力的情况下，提倡老年人依据社会需要兴办社会公益事业、开展优良传统教育传授文化知识、参与维护社会治安、调解民间纠纷等义务为社会服务活动，规定老年人依法从事经营和生产活动所得合法收入受法律保护。[②] 我国老年人社会参与制度完善的进一步探索要从落实《老年人权益保障法》出发，吸收国内外先进经验，实现政策与法律的高效配合、中央与地方的积极互动，进而在政治参与、经济参与、公益参与等层面进一步探索老年人社会参与具体法律制度的发展路径。

---

① 参见肖金明：《老年人权益保障立法研究》，山东大学出版社 2013 年版，第 28 页。

② 参见戴志强：《社会法知识简明读本》，中国民主法制出版社 2012 年版，第 86 页。

附 录

一、我国老年人社会参与政策

附表 1　　老年人社会参与具体政策

政策名称	发布机构	老年社会参与内容
《关于安排一部分老干部担任某种荣誉职务的决定》(1958)	中共中央	现在他们虽然由于年龄和身体的关系不能继续担负繁重的工作任务,但是在联系和团结群众,向群众进行政治宣传教育,特别是教育青年一代发扬艰苦奋斗的革命传统方面,仍然可以发挥很大的作用。因此,安排他们担负一定的荣誉职务,并且鼓励他们继续为党和人民做一些他们所能够胜任的工作,这是完全必要的。
《关于安置老弱病残干部的暂行办法》(1978)	国务院	由于年龄和身体的关系而离休、退休,担任顾问或荣誉职务,是正常的,也是光荣的。
《关于工人退休、退职的暂行办法》(1978)	国务院	工人退休、退职后,不要继续留在全民所有制单位。他们到城镇街道、农村社队后,街道组织和社队要加强对他们的管理教育,关心他们的生活,注意发挥他们的积极作用。街道、社队集体所有制单位如果需要退休、退职工人从事力所能及的工作,可以付给一定的报酬,但连同本人退休费或退职生活费在内,不能超过本人在职时的标准工资。

续表

政策名称	发布机构	老年社会参与内容
《中共中央组织部关于加强老干部工作的几点意见的通知》(1978)	中共中央组织部	对能坚持正常工作的老干部,要尽快分配适当工作。老干部有为党贡献力量的强烈愿望,必须十分爱护这种积极性,充分发挥他们在实现四个现代化中的骨干作用。凡是身体较好,能够坚持正常工作而尚未分配工作的老干部,都要根据他们的政治水平、斗争经验和工作能力,尽快分配适当的实职工作。曾经长期担任领导职务、工作能力强、经验丰富、表现好的老干部,要结合调整领导班子,把他们调到主要领导岗位上来;工作安排不当的,要适当调整。
《国务院关于老干部离职休养的暂行规定》(1980)	全国人民代表大会常务委员会	根据党和国家关心、爱护老干部的传统,让年老体弱、不能坚持正常工作的老干部离职休养(以下简称"离休"),在政治上予以尊重,生活上予以照顾,这是改革和完善我国干部制度的一项重要措施,也是社会主义制度优越性的体现。这既有利于保护老干部的健康,继续发挥他们的积极性,也有利于年轻干部的选拔成长。
《关于妥善安排军队退出现役干部的通知》(1980)	中共中央	还有一些资历较深、职务较高的老同志,由于班子要精干,设置顾问的数量也有限……需请中央统一考虑,妥善安排。建议在人大、政协或在中央一级设立的顾问委员会等机构中安排职务,军队干部应有适当比例。
《关于军队干部退休的暂行规定》(1981)	国务院、中央军委	各级民政部门,在党委领导下,要关心军队退休干部的身体健康和物质、文化生活。要及时研究解决他们的实际困难,鼓励他们参加一些力所能及的社会活动。总结交流工作经验,宣扬退休干部中的好人好事。对资历较深,贡献较大,有一定影响的退休干部,可由组织、人事部门安排他们担任荣誉职务。

续表

政策名称	发布机构	老年社会参与内容
《关于军队干部离职休养的暂行规定》(1982)	国务院、中央军委	各级领导和政治机关要关心离休干部的政治、文化生活。对于资历深或有一定影响的离休干部，要适当安排荣誉职务。在全国政协等机构安排的，由总政治部负责同中央组织部商定；在省、市安排的，由总部、军区、军兵种等单位负责同省、市有关部门商定。要发挥离休干部的作用，鼓励他们总结部队建设、作战、训练、政治工作、后勤工作等方面的经验，撰写革命回忆录，进行革命传统教育等。离休干部要发扬革命传统，关心国家大事，关心军队建设，积极反映情况，提出建议，做些力所能及的工作。
《中共中央关于建立老干部退休制度的决定》(1982)	中共中央	在思想上、政治上和组织上并不因此而同样退休，任何一个共产党员的革命意志和组织纪律是绝对不能“退休”“离休”的，他们仍然应当是共产主义革命者，仍然肩负着为人民服务，对人民负责的政治责任……继续写完他们的光荣历史……继续关心党的事业，关心国家和人民的命运，并在力所能及的范围内，为党为人民做出新的贡献。
《关于发挥中央、国家机关离休老干部的作用的意见》(1982)	中共中央办公厅	当前，国家建设社会主义物质文明和精神文明的任务十分繁重，不仅需要在职干部努力工作，也殷切希望离休老干部中身体还好、能够做一定工作的同志继续发挥作用……发挥离休老干部的作用。应从每个同志的具体情况出发，根据他们的精力、专长和志趣，采用多种形式，因人制宜地安排。

续表

政策名称	发布机构	老年社会参与内容
《中共中央组织部关于妥善安排退出现职的老干部的意见》(1982)	中共中央组织部	已经离休退休的老干部中，有些确实在政治、业务、学术等方面有能力，有威信，还能做些工作的同志，可适当安排，组织上应当提供机会和场所，让他们担任参谋、咨询、研究工作，量力而行地发挥余热。对年龄较大，或因其他原因不能继续担任一线繁重工作的老同志，可安排到二线去工作。
《关于高级专家离休退休若干问题的暂行规定》(1983)	国务院	学术上造诣高深、在国内有重大影响的杰出高级专家，经国务院批准，可以暂缓离休退休，继续从事研究或著述工作。
《关于延长部分骨干教师、医生、科技人员退休年龄的通知》(1983)	国务院	要充分发挥现有骨干专业技术人员的作用，促进教育、卫生、科学技术事业的发展。
《中共中央关于进一步加强青少年教育预防青少年违法犯罪的通知》(1985)	中共中央	充分发挥离休退休老干部、老工人、老教师的作用，精心培育青少年。
《关于发挥离休退休专业技术人员作用的暂行规定》(1986)	中共中央办公厅、国务院办公厅	要支持和帮助离休、退休专业技术人员继续发挥作用，要从工作需要和他们的实际出发，坚持自愿和量力而行的原则，形式要多样。
《中共中央组织部关于进一步加强老干部工作的通知》(1990)	中共中央组织部	有组织有领导地发挥老干部作用，有关部门应从工作需要出发，根据老干部身体状况和专业特长，因人制宜地做好组织工作。

续表

政策名称	发布机构	老年社会参与内容
《中共中央组织部印发〈关于加强离退休干部党支部建设的意见〉的通知》(1997)	中共中央组织部	离退休干部党员在全县党员中占有一定比重，他们长期接受党的教育培养，是一支忠诚于党的事业、政治坚定、作风优良的队伍，在社会主义现代化建设和党的建设中发挥着重要作用。进一步加强离退休干部党支部制度建设，对于继承和发扬党的优良传统，维护改革、发展、稳定的大局，保证党的各项任务的完成等方面，都有着十分重要的意义。
《关于加强退(离)休干部思想政治工作的通知》(1999)	中共中央组织部、中共中央宣传部、人事部（现已撤销）、劳动和社会保障部（含劳动部）（现已撤销）	各地各部门要认真执行有关制度，及时向退(离)休干部传达文件，介绍国际、国内形势，通报党中央、国务院及当地党委、政府的重大决策和社会经济发展等重要情况。要积极组织退(离)休干部就地就近参观考察，使他们了解改革开放和社会主义现代化建设的新情况，加深对党的路线、方针和政策的理解，更加自觉地拥护中央的决策，支持在职干部的工作，积极发挥作用。要定期走访慰问退(离)休干部，探望患病住院的老同志，体现党和政府对老同志的关心和爱护……建立退(离)休干部党支部，要有利于退(离)休干部党员参加组织活动和发挥作用。
《民政部关于在全国推进城市社区建设的意见》(2000)	中共中央办公厅、国务院办公厅	要充分发挥工会、共青团、妇联、残联以及老龄委等组织在推进社区建设中的重要作用，努力形成党委和政府领导、民政部门牵头、有关部门配合、社区居委会主办、社会力量支持、群众广泛参与的推进社区建设的整体合力。
《关于做好老年教育工作的通知》(2001)	中共中央组织部、文化部、教育部、民政部、全国老龄工作委员	各级文化部门和文化事业单位要充分发挥现有文化设施的作用，依托省、市、县群艺馆、文化馆和乡镇文化站等群众文化设施，多渠道、多层次地发展老年教育事业，积极兴办新的老年大学。

续表

政策名称	发布机构	老年社会参与内容
《全国老龄工作委员会办公室关于印发〈组织开展老年知识分子援助西部大开发行动试点方案〉的通知》(2003)	全国老龄工作委员会	行动名称:“老年知识分子援助西部大开发行动”,简称“银龄行动”。 试点单位:根据调查摸底情况,确定上海与新疆、辽宁与青海作为省际对口支援试点,甘肃作为省内开展援助行动的试点。 参加人员:主要是70岁以下,身体健康、愿为西部做贡献的离退休医生、教师、科技工作者和文艺工作者等老年知识分子。 实施原则:量力自愿,服务与安全并重,对口支援并双向选择,注重实效。 援助方式:首先由西部地区提供人才需求情况,东部地区据此向社会招募人才,实行供需见面,签订协议。援助重点放在承担提供医疗服务、教学任务、参与科技项目和培养艺术人才等方面。时间可长可短,但最短不能少于三个月。 经费保障:援助者的往返路费、体格检查和人身保险由援助方负责,援助者的饮食、居住、交通费用和适当补贴由受援方负责。 组织领导:“银龄行动”在全国和有关地方老龄工作委员会的组织协调下,由全国和有关地方老龄工作委员会办公室牵头,民间团体参与,有关部门支持。
《中共中央、国务院关于进一步加强人才工作的决定》(2003)	中共中央、国务院	必须把人才工作纳入国家经济和社会发展的总体规划,大力开发人才资源,走人才强国之路。对于加强人才培养工作,努力形成科学的人才评价和使用机制,建立和完善人才市场体系,促进人才合理流动,加大对人才的有效激励和保障,加强高层次人才队伍建设,以及推进人才资源坚持党管理人才原则,努力开创人才工作新局面……树立科学的人才观,人才存在于人民群众之中。只要具有一定的知识和技能,能够进行创造性劳动,为推进社会主义物质文明、政治文明、精神文明建设,在建设我国特色社会主义伟大事业中做出积极贡献,都是党和国家需要的人才……注意发挥老专家、老教授的作用……注意发挥离退休人才的作用。

续表

政策名称	发布机构	老年社会参与内容
《关于发挥“五老”队伍在加强和改进未成年人思想道德建设中的作用的通知》(2004)	中国关心下一代工作委员会、中共中央组织部、教育部、民政部、全国总工会、中国科学技术协会、国务院妇女儿童工作委员会办公室、解放军总政治部	目的:发挥老干部、老战士、老专家、老教师、老模范(简称“五老”)队伍在加强和改进未成年人思想道德建设中的作用。 活动形式:开展有益于青少年健康成长的“老少共建”“一帮一”“手拉手”和老同志为青少年办实事的“十个一”等形式多样、丰富多彩的活动。 组织保证:充分发挥关心下一代工作委员会和“五老”在未成年人思想道德建设中的作用,各地关工委和教育、文化、民政、司法、组织、宣传、工会、共青团、妇联、科协、妇儿办和驻军等各有关部门协调配合。
《关于进一步发挥离退休专业技术人员作用的意见》(2005)	中共中央组织部、中共中央宣传部、中央统战部、人事部、科技部、劳动保障部、解放军总政治部、中国科协	我国广大离退休专业技术人员,长期奋斗在教育、科研、文化、卫生和工农业生产等各个领域,积累了丰富的实践经验,具有较高的专业技术水平,为国家的科技进步、经济社会发展做出了重要贡献,是党和国家的宝贵财富。在全面建设小康社会、加快推进社会主义现代化的新时期,继续发挥好离退休专业技术人员特别是老专家的作用,对于实施人才强国战略,促进人才队伍建设和构建和谐社会,具有重要意义。

附表 2　　老年人社会参与基本政策

政策名称	发布机构	社会参与的表述
《国务院办公厅转发中国老龄问题全国委员会〈关于我国老龄工作中几个问题的请示〉的通知》(1983)	国务院办公厅	老年人在社会上的地位和作用,理应受到尊重和重视……老龄问题主要是对老年人生活特殊需要的照顾和老年人参与社会发展做贡献的问题……广大农村的老年人,由于农村生产条件、生产方式等较为简便,一般都可以在集体或家庭中从事力所能及的劳动。城市中的老年人,基本上都是国家机关、事业、企业单位的离休、退休的老干部和老工人。这些老年人中不少人身体还好,并未丧失工作能力。据了解有些大中城市的老年人,有些已根据自己的专长和爱好,依据不同条件,由集体组织起来,或由个体单独进行有益于社会的各项生产和社会公益活动;许多部门、单位,也积极为这些老年人继续发挥其才能创造必要的条件,协助其参与社会发展做贡献,以增加社会物质、精神财富。这些活动不仅对推迟、缩小和避免人口老化给社会经济发展带来的不利影响,同时,对实现新老合作和交替,全面开创社会主义现代化建设新局面,也是极为有利的……老龄工作应从我国实际情况出发,遵循十二大指引的方向,提高认识,统一思想,组织协调,加强领导,以保障老年人的各种权利、社会福利和参与社会发展,做到老有所养,健康长寿,老有所为,余热发挥。
《关于老龄工作情况与今后活动计划要点》(1983)	民政部	为了适当地发挥老年人的作用,更好地组织老年人参与各方面的社会活动。要敦促各部门、各地区积极采取有效措施,适当满足老年人的特殊需要,并对具有科学知识、技术专长和领导经验的老年人,在力所能及的前提下,加以妥善安排……有的可重新受聘于本地或外地企事业单位担任技术指导;有的按地段或行业组织起来,开展咨询、翻译、培训、合理化建议等技术服务;有的可带领待业青年举办集体生产、服务业务;有的可参加街道里弄居委会工作,直接为人民办好事;有学问的还可著书立说,使他们为社会继续做出贡献,争取推迟、缩小和避免老龄问题对经济和社会发展所引起的不利影响。

续表

政策名称	发布机构	社会参与的表述
《关于加强老龄工作的决定》	中共中央、国务院	今后一个时期我国老龄事业发展的主要目标是……基本实现老有所养、老有所医、老有所教、老有所学、老有所为、老有所乐……重视发挥老年人的作用，坚持自愿和量力、社会需求同个人志趣相结合的原则，鼓励老年人从事关心教育下一代、传授科学文化知识、开展咨询服务、参与社会公益事业和社区精神文明建设等活动。
《中国老龄工作七年发展纲要(1994 ～ 2000年)》	国家计委、民政部、劳动部、人事部、卫生部、财政部、教育部、全国总工会、全国妇联、全国老龄委	指导方针中提到：……实现老有所养、老有所医、老有所为、老有所学、老有所乐的目标……坚持走积极养老的路子。大力开展老有所为，倡导老有所学、老有所乐。坚持以“为”促“养”、养为结合，以“学”促“为”、学为结合，寓“养”于为、学、乐之中，促进老年人身心健康，丰富晚年生活。
《中国老龄事业发展“十五”计划纲要(2001 ～ 2005)》	国务院	指导原则：坚持从物质和精神两方面提高老年人的生活质量。在保障老年人生活的同时，注意丰富老年人的精神文化生活，重视老年人的价值，发挥老年人的作用，引导老年人自立自强，积极向上。 措施：鼓励老年人继续参与社会发展。根据社会需要和自愿量力的原则，创造条件，积极发挥老年人在两个文明建设中的作用。在城镇，要重视老年人才资源的开发和利用，引导老年人从事教育、科研、咨询以及维护社会治安、社区服务等社会公益活动；在农村，鼓励健康老人从事种植、养殖和加工业。支持老年人自助互助。注意充分发挥老年人在基层民主政治建设中的作用。

续表

政策名称	发布机构	社会参与的表述
《中国老龄事业发展“十一五”规划(2006～2010)》	全国老龄委	(一)老年人参与社会 研究制定相关政策,充分发挥老年人在构建社会主义和谐社会中的优势和特长,鼓励和支持老年人继续参与经济社会发展。发挥老年人在教育下一代中的示范和教育作用,鼓励老年人积极参与维护社会治安、社区建设等社会公益活动。在农村,鼓励低龄、健康老年人从事种植、养殖和加工业等经济活动。积极倡导和支持老年人广泛开展自助互助,努力探索实现“老有所为”的新形式。 (二)老年人才开发 积极开发老年人才市场,建立国家老年人才信息数据库和老年人才信息中心。凡符合条件的老年人,均可以参加专业技术人员职业资格考试,考试合格取得证书者按规定登记注册。符合条件的老年技能人才,可以参加职业技能鉴定,取得相应的职业资格证书。各地要把老年人才的开发和利用纳入人才市场建设的总体规划,根据市场需求和老年人的志愿,积极搭建老年人才服务平台,开拓老年人才参与社会的渠道。各类人才中介服务机构要根据需要举办多种形式的老年人才交流活动,积极为老年人提供服务。
《中国老龄事业发展“十二五”规划(2011～2015)》	国务院	努力实现老有所养、老有所医、老有所教、老有所学、老有所为、老有所乐的工作目标,让广大老年人共享改革发展成果。 建立应对人口老龄化战略体系基本框架,制定实施老龄事业中长期发展规划。增加老年文化、教育和体育健身活动设施,进一步扩大各级各类老年大学(学校)办学规模。加强老年社会管理工作。各地成立老龄工作委员会,80%以上退休人员纳入社区管理服务对象,基层老龄协会覆盖面达到80%以上,老年志愿者数量达到老年人口的10%以上。

续表

政策名称	发布机构	社会参与的表述
《中国老龄事业发展“十二五”规划（2011～2015）》	国务院	注重开发老年人力资源，支持老年人以适当方式参与经济发展和社会公益活动。贯彻落实《中共中央办公厅、国务院办公厅转发〈中央组织部、中央宣传部、中央统战部、人事部、科技部、劳动保障部、解放军总政治部、科协关于进一步发挥离退休专业技术人员作用的意见〉的通知》（中办发［2005］9号），健全政策措施，搭建服务平台，支持广大离退休专业技术人员更好地发挥作用。重视发挥老年人在社区服务、关心教育下一代、调解邻里纠纷和家庭矛盾、维护社会治安等方面的积极作用。不断探索“老有所为”的新形式，积极做好“银龄行动”组织工作，广泛开展老年志愿服务活动，老年志愿者数量达到老年人口的10%以上。

附表3　地方老年人权益保障的立法

立法名称	老年人社会参与
《安徽省实施〈中华人民共和国老年人权益保障法〉办法》	第八条　全社会都应重视、珍惜老年人的知识、技能和经验。各级人民政府应当鼓励老年人从事关心教育下一代、传授科学文化知识、开展咨询服务、参与社会公益事业和社区精神文明建设等活动。
《北京市老年人权益保障条例》	第八条　各级人民政府对保护老年人合法权益和敬老、养老成绩显著的单位、家庭和个人以及在从事社会劳动和公益事业中做出突出贡献的老年人予以表彰和奖励。 第二十七条　各级人民政府和有关单位以及社会组织应当重视发挥老年人的专长和作用。各级劳动、人事部门应当开展老年人社会劳动咨询服务、老年人人才开发等工作，为老年人参与社会劳动提供方便。老年人从事社会劳动和公益事业的合法收入受法律保护。

续表

立法名称	老年人社会参与
《福建省老年人保护条例》	第三条　老年人是社会的宝贵财富，应当受到全社会的尊重和爱护。发扬尊老、爱老、养老的传统美德，树立良好的社会风尚，促进社会主义物质文明和精神文明建设，实现老有所养、老有所医、老有所为、老有所学、老有所乐。 第二十条　全社会都应重视、珍惜老年人的知识、技能和经验，支持老年人继续为社会服务。
《甘肃省实施〈中华人民共和国老年人权益保障法〉办法》	第三条　各级人民政府应当将老年事业纳入社会经济发展规划，逐步增加投入，并按各行政区域老年人数和经济发展状况，确定年度老年事业经费，引导、鼓励社会组织参与发展老年事业。实现老有所养、老有所医、老有所为、老有所学、老有所乐。 第二十三条　各级人民政府和全社会都应当重视、珍惜老年人的知识、技能和实践经验，为老年人参与社会精神和物质文明建设创造条件。鼓励和支持老年人根据社会的需要和可能，在自愿量力的情况下从事各种社会活动。 第二十四条　人才交流服务机构建立老年人才信息库，对有一技之长或者一定专业知识的老年人，根据本人意愿，向用人单位推荐。 第二十五条　各级人民政府可以采取多种形式，征询老年人对经济建设、社会发展和各项工作的意见、建议，对在经济建设和社会发展中做出突出贡献的老年人给予表彰、奖励。
《广东省老年人权益保障条例》	第十九条　老年人可以自愿参加与自身条件相适应的社会活动，将其知识、经验和技能贡献社会。 第二十条　各级人民政府应当重视老年人对经济社会发展等方面工作的意见、建议。老年人参与经济社会发展做出突出贡献的，应当给予表彰奖。

续表

立法名称	老年人社会参与
《广西壮族自治区保护老年人合法权益的规定》(2010年修正)	第一条　为了保护老年人的合法权益,发扬中华民族敬老、爱老、养老的传统美德,树立良好的社会主义新风尚,实现老有所养、老有所为、老有所医、老有所学、老有所乐,维护社会安定团结,根据宪法和有关法律的规定,结合本自治区的实际情况,制定本规定。 第十六条　有关单位可根据老年人的自愿和专长,支持和组织他们参加力所能及的社会劳动或者社会公益活动,他们所得的合法收入受法律保护。
《贵州省老年人保护条例》	第七条　保护老年人依法享有的政治权利和民主权利。任何单位和个人不得干涉、限制、阻止老年人参加合法的政治和社会活动 第十七条　国家机关、社会团体、企业事业单位和基层群众性自治组织,要鼓励和帮助老年人在国家法律和政策允许范围内参加力所能及的社会活动,并保护其取得合法经济收入。
《海南省实施〈中华人民共和国老年人权益保障法〉若干规定》	第二十七条　各级人民政府应加强老年人才资源的开发,为老年人发挥特长、参加社会活动创造条件。对社会有显著贡献的老年人,各级人民政府应给予表彰和奖励。 鼓励老年人根据社会需要,在自愿和量力的情况下,从事关心教育下一代、传授科学文化知识、开展咨询服务、参与社会公益事业等各项社会活动和依法从事生产经营活动。
《河北省老年人保护条例》	第五条　任何单位和个人不得干涉老年人依法参加政治活动和社会活动。 第六条　任何单位和个人不得侵犯老年人的人身自由和民主权利。禁止侮辱、诽谤、虐待和遗弃老年人。 第十四条　国家机关、社会团体、企业事业单位和基层群众组织,可根据老年人的自愿和专长,鼓励、支持老年人开展社会服务活动。 第十七条　要重视老年教育,有条件的部门和单位可创办老年学校,满足老年人的学习需要。

续表

立法名称	老年人社会参与
《河南省老年人保护条例》(2010年修正)	第五条　鼓励老年人自愿参加力所能及的和国家法律、政策允许的有益于社会的各种活动，所得合法收入应当受到法律的保护。 第二十九条　文化、教育、体育部门和企业、事业单位、村(居)民委员会，应根据各自的条件，积极开展适合老年人特点的文化、教育、体育、娱乐等活动。
《黑龙江省实施〈中华人民共和国老年人权益保障法〉条例》	第七条　全社会应当广泛开展敬老、养老的宣传教育，提倡扶老、助老和为老年人服务的优良道德风尚。 广播、电视、报刊应当开设老龄专题、专栏，加强对老龄问题、老年生活、维护老年人合法权益、发挥老年人作用等方面内容的宣传，创造保护老年人合法权益的舆论环境。 第三十八条　各级政府应当重视、珍惜老年人的科学知识、技术专长和实践经验，发扬他们的优良品德，鼓励他们老有所为。 第三十九条　政府对老年人参与经济和社会发展，从事下列活动的，应当给予支持，在制定相关政策时给予优惠照顾： (一)传授文化和科学知识，提供咨询服务的； (二)依法参与科技产品开发和应用的； (三)兴办老年产业，开发、生产老年用品的； (四)兴办老年社区服务业的； (五)兴办社会公益事业的。 第四十条　老年人参与经济和社会发展做出突出贡献的，当地人民政府应当给予表彰奖励。

续表

立法名称	老年人社会参与
《湖北省实施〈中华人民共和国老年人权益保障法〉办法》(2010 年修正)	第一条　为保障老年人合法权益,发展我省老年事业,弘扬中华民族敬老、养老美德,根据《中华人民共和国老年人权益保障法》,结合我省实际,制定本办法。 第三条　老年人的政治权利、人身权利、财产权利、婚姻自由权利、受赡养扶助权利、享受社会发展成果的权利等受法律保护,任何单位和个人不得侵犯。 第三十五条　各级人民政府、企业事业单位和老年人所在组织应重视、珍惜老年人才资源,发挥老年人的特长和作用。 第三十六条　鼓励老年人参与社会主义物质文明建设和精神文明建设,老年人在自愿和量力的情况下依法从事下列活动,有关部门和单位应给予支持: (一)兴办老年产业和社会公益事业,参与科技产品开发和应用; (二)传授科技、文化知识,提供咨询信息服务; (三)对青少年和儿童进行社会主义、爱国主义和艰苦奋斗优良传统教育; (四)著书立说、修史编志; (五)参与维护社会治安,调解民事纠纷; (六)参加其他有益的社会活动。 第三十七条　老年人参加劳动的合法收入受法律保护。
《湖南省实施〈中华人民共和国老年人权益保障法〉办法》(2015 年修订)	第三条　各级人民政府应当支持老年人组织发展,发挥老年人组织的教育、引导、服务作用,为老年人参与社会发展创造条件。 第四条　鼓励志愿者为老年人义务服务。鼓励老年人在自愿和身体条件允许的前提下从事志愿服务活动。

续表

立法名称	老年人社会参与
《吉林省实施〈中华人民共和国老年人权益保障法〉若干规定》	第二十二条　各级人民政府应当为老年人参与经济和社会发展，从事下列活动创造条件，并在手续办理、税费征收等方面给予优惠照顾： （一）依法从事生产和经营活动的； （二）兴办老年社区服务业的； （三）依法参与科技产品开发和应用的； （四）兴办社会公益事业的； （五）传授文化和科学知识，提供咨询服务的。
《江苏省老年人权益保障条例》	第四十三条　地方各级人民政府应当统一规划、发展老年教育、文化、体育事业。 县级以上地方人民政府应当把老年教育纳入终身教育体系，鼓励和支持社会力量办学，多渠道、多形式为老有所学提供条件。 县级以上地方人民政府有关部门、乡镇人民政府、街道办事处、村民委员会、居民委员会和有关单位应当为老年人开展文化、体育、娱乐活动提供场所，组织开展活动。 第四十四条　地方各级人民政府应当采取措施，加强老年人才资源开发，为老年人发挥特长、参与社会活动创造条件。人力资源社会保障部门可以在人力资源市场中建立有专长的老年人信息档案。 鼓励和支持各类老年人组织依法开展活动，发挥老年人组织在经济、政治、社会和文化建设中的作用。 第四十五条　鼓励和支持老年人在力所能及的情况下参与下列活动： （一）兴办公益事业，从事志愿服务等社会公益活动； （二）参与科学研究和技术应用，传播科学文化知识，提供咨询服务； （三）关心教育下一代； （四）参与维护社区治安秩序，协助调解民间纠纷； （五）其他社会活动。

续表

立法名称	老年人社会参与
《江西省实施〈中华人民共和国老年人权益保障法〉办法》	第三十三条　鼓励老年人根据社会需要，在自愿和量力的情况下，从事关心教育下一代、传授科学文化知识、开展咨询服务、参与社会公益事业和社区精神文明建设等各项社会活动。老年人参加社会活动的合法收入不影响其依法所享受的待遇。
《辽宁省老年人权益保障条例》	第十八条　各级人民政府应当为发挥老年人的优势和特长创造条件。鼓励老年人根据社会需要，在自愿和量力的情况下参与社会活动。 第十九条　各级人民政府应当采取措施，保障老年人接受继续教育的权利，鼓励和支持社会力量兴办老年学校。 第二十条　各级人民政府鼓励和支持开展适合老年人的文化、体育、娱乐活动，丰富老年人的精神文化生活。
《内蒙古自治区实施〈中华人民共和国老年人权益保障法〉办法》	第二条　老年人享有从国家和社会获得物质帮助的权利，有权参与社会发展并享受社会发展成果。 老年人在政治、经济、文化和社会、家庭生活等方面的合法权益受法律保护，任何单位和个人不得侵犯。 禁止歧视、侮辱、虐待或者遗弃老年人。 第三十四条　鼓励老年人根据社会需要，在自愿和量力的情况下，从事关心教育下一代、传授科学文化知识、开展咨询服务、参与社会公益事业和社区精神文明建设等各项社会活动。老年人参加社会活动的合法收入不影响其依法所享受的待遇。 第三十五条　各级人民政府和基层组织应当为老年人发挥特长、参加社会活动创造条件。采取多种形式，征求老年人对本地区经济建设、社会发展等有关工作的意见和建议。对做出突出贡献的老年人，应当给予表彰和奖励。

续表

立法名称	老年人社会参与
《宁夏回族自治区老年人权益保障条例》	第七条　老年人在政治、经济、文化、社会和家庭生活等方面的合法权益受法律保护，任何单位和个人不得侵害。 …… 老年人应当遵纪守法，遵守社会公德，参加各种有益的社会活动，履行法定的义务。
《青海省老年人权益保障条例》	第九条　鼓励老年人根据自己的意愿和社会需求，从事相应的社会活动，为社会贡献知识和技能。 第三十三条　老年人依法取得的劳动报酬受法律保护，任何单位和个人不得因老年人参加其他社会活动获得报酬，而扣减其离退休费或者福利待遇。
《山东省老年人权益保障条例》	第四条　老年人享有的权益受法律保护，任何单位和个人不得侵犯。 老年人有从国家和社会获得物质帮助的权利，有享受社会服务和社会优待的权利，有参与社会发展和共享发展成果的权利。 禁止歧视、侮辱、虐待、遗弃老年人。 第十一条　各级人民政府和有关部门对维护老年人合法权益和敬老、养老、助老成绩显著的组织、家庭或者个人，以及参与社会发展做出突出贡献的老年人，按照国家规定给予表彰或者奖励。 第五十一条　全社会应当重视、珍惜老年人的知识、技能、经验和优良品德，发挥老年人的专长和作用，保障老年人参与经济、政治、文化和社会生活。 本省建立老年人专业人才库，为老年人参与社会发展创造条件。 第五十二条　各级人民政府应当将老年教育纳入终身教育体系，加大对老年教育的投入，支持社会办好各类老年学校，鼓励利用广播、电视、网络等形式发展老年教育。 第五十三条　制定法规、规章和公共政策，涉及老年人权益重大问题的，应当听取老年人和老年人组织的意见。 老年人和老年人组织有权向国家机关提出老年人权益保障、老龄事业发展等方面的意见和建议。

续表

立法名称	老年人社会参与
《山东省老年人权益保障条例》	第五十四条　鼓励老年人依法从事优良传统教育、传授文化科技知识、维护社会治安、调解民间纠纷、科技开发应用、咨询服务、生产经营、社会公益等活动。 第五十五条　老年人参加劳动的合法收入受法律保护。 用工单位、赡养人以及其他家庭成员不得要求老年人从事危害其身心健康的劳动或者危险作业。
《陕西省实施〈中华人民共和国老年人权益保障法〉办法》(2014年修订)	第三条　老年人享有宪法、法律、法规规定的政治、人身、财产和文化教育、医疗保障、婚姻自由等权利,有从国家和社会获得物质帮助的权利,有享受社会服务和社会优待的权利,有参与社会发展和共享发展成果的权利。 第四条　积极应对人口老龄化是本省的一项长期战略任务。 各级人民政府应当建立健全以社会保险、社会救助、社会福利为基础,城乡统筹的老年人社会保障制度和以居家为基础、社区为依托、机构为支撑的社会养老服务体系,逐步提高对老年人的保障和服务水平,改善保障老年人生活、健康、安全以及参与社会发展的条件,实现老有所养、老有所医、老有所为、老有所学、老有所乐。 第五十九条　各级人民政府和居民委员会、村民委员会应当为老年人发挥专长,参与经济、政治、文化和社会生活创造条件。可以定期和不定期组织有相关管理经验、理论知识或者专长的老年人座谈,征求他们对本地区经济建设、社会发展和其他工作的意见和建议。

续表

立法名称	老年人社会参与
《陕西省实施〈中华人民共和国老年人权益保障法〉办法》(2014 年修订)	第六十条　老年人可以接受学校和青少年组织的邀请,对儿童和青少年进行社会主义、爱国主义、集体主义和艰苦奋斗等优良传统教育;可以接受居民委员会、村民委员会的安排,参与维护社会治安、协助调解民间纠纷和其他社会活动。 第六十一条　老年人可以根据自身特点、业务专长、健康状况,依法从事生产经营、传授文化科学知识、进行科技开发、写作编译、提供咨询服务等活动,并有依法取得劳动报酬的权利。 第六十二条　对有专业知识、特殊技能的老年人,人才交流服务机构可以根据本人申请,把他们的有关情况录入人才信息库,供有关用人单位征聘时查询。 第六十三条　任何单位和个人不得安排老年人从事有毒、有害、重体力、高空、井下、水下等危害其身心健康的劳动或者危险作业。 第六十四条　各级人民政府应当将老年教育纳入终身教育体系,加大对老年教育的投入。鼓励社会力量多层次、多渠道、多形式开办老年讲座、老年学习班、老年学校、老年学院、老年大学。
《上海市老年人权益保障条例》(2010 年修正)	第三条　各级国家机关和社会应当采取措施,健全对老年人的社会保障制度,逐步改善保障老年人生活、健康以及参与社会发展的条件,实现老有所养、老有所医、老有所为、老有所学、老有所乐。 第三十一条　各级国家机关和社会应当重视、珍惜老年人的知识、技能和革命、建设经验,尊重他们的优良品德,发挥老年人的专长和作用。 本市建立老年人专业人才库,为有专业知识技能的老年人发挥作用创造条件。

续表

立法名称	老年人社会参与
《上海市老年人权益保障条例》(2010年修正)	第三十二条　各级国家机关应当为老年人参与社会主义物质文明和精神文明建设创造条件。根据社会需要和可能,鼓励老年人在自愿和量力的情况下,从事下列活动: (一)对青少年和儿童进行社会主义、爱国主义、集体主义教育和艰苦奋斗等优良传统教育; (二)传授文化和科技知识; (三)提供咨询服务; (四)依法参与科技开发和应用; (五)依法从事经营和生产活动; (六)兴办社会公益事业; (七)参与维护社会治安,协助调解民间纠纷; (八)参加其他社会活动。 第三十三条　聘用老年人从事生产活动的,不得安排从事有毒、有害、重体力、高空、井下、水下、高温、低温以及其他不宜老年人从事的工作。
《四川省老年人合法权益保护条例》	第一条　为保护老年人的合法权益,发扬尊老、爱老、养老的美德,树立良好的社会风尚,实现老有所养、老有所为、老有所医、老有所学、老有所乐,根据《中华人民共和国宪法》《中华人民共和国婚姻法》《中华人民共和国继承法》等法律规定,结合本省实际情况,制定本条例。 第十四条　按照国家有关规定,老年人可以从事力所能及的社会劳动或社会公益活动,他们取得的合法收入受法律保护。 鼓励老年人建立自助组织。有条件的地方可以建立老年基金会。
《西藏自治区实施〈中华人民共和国老年人权益保障法〉办法》	第十四条　国家机关、社会团体、企事业单位应当根据老年人的意愿和专长,鼓励支持其依照国家规定开展经济、科技、教育、法律等服务活动和社会公益活动。 第十九条　新建或者改造城镇公共设施、居民区和住宅,应当考虑老年人的特殊需要,配套设计、建立老年人活动场所等为老年人服务的设施。 第二十条　文化、教育、体育等部门应当支持老年人开展适合其特点的文化、教育、体育、娱乐活动。

续表

立法名称	老年人社会参与
《新疆维吾尔自治区保护老年人合法权益条例》(1999年修正)	第一条　为了保障老年人的合法权益,发展老年事业,发扬各民族敬老、爱老、养老的传统美德,实现老有所养、老有所医、老有所为、老有所学、老有所乐,继续发挥老年人在社会主义建设和改革开放中的作用,根据《中华人民共和国老年人权益保障法》和有关法律法规,结合自治区实际,制定本条例。 第二十五条　各级人民政府应当根据社会需要和可能,鼓励老年人从事关心青少年,传授文化科技知识,提供咨询服务,依法参与科技开发和应用,依法从事生产经营,维护社会治安,兴办公益事业和老年福利企业等有益社会和经济发展的活动。其所得的合法收入受法律保护,任何单位和个人不得因此擅自降低或取消其应享有的工资、住房、医疗、福利等待遇。 对老年人兴办的老年福利企业,各级人民政府应当采取措施给予照顾和扶持。
《云南省老年人权益保障条例》(2007年修正本)	第三条　老年人依法享有人格尊严和人身自由权、婚姻自由权、财产权、受赡养扶助权、受教育权、获得国家和社会物质帮助权、参与社会发展权、享受社会发展成果权以及宪法和法律规定的其他权利。 第五条　依法保障老年人的合法权益,实现老有所养、老有所医、老有所为、老有所学、老有所乐,是国家机关、社会团体、企业事业组织、城乡基层群众性自治组织和公民的共同责任。 第二十九条　全社会应当重视、珍惜老年人的知识、技能和经验,发挥老年人在社会主义物质文明、政治文明、精神文明建设和构建和谐社会中的作用。 第三十条　全社会应当支持老年人对青少年和儿童进行爱国主义、集体主义、社会主义教育和艰苦奋斗等优良传统教育。 第三十一条　各级人民政府对老年人依法从事下列活动应当给予鼓励: (一)传授文化、科技知识; (二)提供咨询服务;

续表

立法名称	老年人社会参与
《云南省老年人权益保障条例》(2007 年修正本)	(三)参与兴办社会公益事业、老年人福利企业； (四)参与兴办老龄产业； (五)参与科技开发和应用； (六)参与社区服务。 兴办为老年人服务的非营利性公益事业的，依法享受国家有关税收优惠政策。
《浙江省实施〈中华人民共和国老年人权益保障法〉办法》	第三条　老年人享有从国家和社会获得物质帮助的权利，有权参与社会发展并享受社会发展成果。 第二十九条　老年人可以根据自身意愿和社会需要，从事与其自身条件相适应的社会活动，将其知识、经验和技能贡献于社会。老年人参加劳动的合法收入受法律保护，其在原单位所享受的养老待遇不受影响。各级人民政府及其有关部门应当创造条件，发挥老年人的专长和作用。 第三十条　各级人民政府应当采取多种形式，征询老年人对经济建设、社会发展和有关工作的意见、建议。人民政府对在经济建设、社会发展中做出突出贡献的老年人，应当给予表彰和奖励。
《重庆市实施〈中华人民共和国老年人权益保障法〉办法》	第二十一条　各级人民政府应加强老年人才资源的开发，支持和鼓励老年人利用知识、技术，参与经济活动或社会公益事业。提倡和支持老年科技专家到农村开展科技扶贫或到企业开展技术咨询和技术培训工作。 第二十二条　禁止聘用老年人从事有毒、有害、重体力、高空、井下、水下、高温、低温以及其他不宜老年人从事的工作。
《天津市实施〈中华人民共和国老年人权益保障法〉办法》	第五条　各级老年机构履行下列职责：……(七)为老年人参与社会主义物质文明和精神文明建设创造条件。 第十八条　各级人民政府应当对老年人和老年人组织依法兴办的为老年人低偿服务的经济实体，给予规范、支持和帮助。

二、老龄问题宣言

联合国第四十七届大会通过

（1992 年 10 月 16 日）

大会，注意到全世界发生史无前例的人口老化现象；

意识到全世界人口的老化是对各国政府、各非政府组织和私人团体空前未有的但却是很紧迫的政策和方案挑战，以期确保老年人的需要及其人力资源潜力能得到充分照顾和发挥；

还意识到发展中区域人口的老化比发达世界的更为快速；

认识到社会人口结构的革命性改变要求社会在安排其事务的方法上有根本的改变；

感到乐观的是未来十年将可见到更多专门针对老龄方面的伙伴关系、切实倡议和资源；

欢迎老年人对经济、社会和文化的发展做出越来越多的贡献；

还欢迎广泛参与联合国老龄问题方案；

确认老化现象是一生的过程，防备年老须从孩童时期开始，并终身行之；

还确认老年人有权享有追求和获得最高程度健康的权利；

又确认随着年纪变大，有些人将需要全面的社区和家庭照料；

重申大会 1982 年 12 月 3 日第 37/51 号决议核定的《老龄问题国际行动计划》和大会 1991 年 12 月 16 日第 46/91 号决议通过的《联合国老年人原则》；

注意到在发展、人权、人口、就业、教育、保健、住房、家庭、残疾和提高妇女地位范畴内处理老龄问题的许多联合国活动。

审议了执行《行动计划》所遇见的挑战；

确认有必要制定 1992～2001 年这十年的老龄问题切实战略。

1. 促请国际社会：

(a)促进执行《老龄问题国际行动计划》；

(b)广泛传播《联合国原则》;

(c)支持实现 2001 年以前达到的老龄问题全球指标的实际战略;

(d)支持联合国秘书处通过在老龄问题方面改进数据收集、研究、训练、技术合作和交流资料,不断努力阐明各种政策选择;

(e)保证人口老化问题在联合国各主管组织和机构的经营方案中得到足够重视,并且通过调用方式来拨足够的资源;

(f)在联合国老龄问题方案范围内,支持建立广泛和切合实际的伙伴关系,包括各国政府、各专门机构和联合国各机构、非政府组织和私营部门的伙伴关系;

(g)加强联合国老龄信托基金,作为支持发展中国家适应人口老化问题的一种方法;

(h)鼓励捐助国和受援国将老年人纳入其发展方案;

(i)在即将举办的重大活动中,包括近期在人权、家庭、人口、提高妇女地位、预防犯罪、青年问题领域的活动以及拟议召开的世界社会发展问题首脑会议中,突出老龄问题;

(j)鼓励报界和传媒发挥关键作用,促进对人口老化及相关问题的认识,包括纪念 10 月 1 日国际老人节和传播《联合国老年人原则》;

(k)促进区域内和区域间合作和交流资源,以促进关于老龄问题的方案和项目,其中包括终生健康地老化、创造收入和新形式的创造财富老化等方案和项目;

(l) 加紧努力,促进裁军方案,提供适应人类成年所急需的巨大人力和物质资源,人类成年可以理解为一种人口现象,但也是一种充满希望的社会、经济和文化现象。

2. 还促请支持各国根据自己文化和条件在老龄问题上采取的积极行动,从而:

(a)使适当的国家老年人政策和方案被视为总体发展战略的组成部分;

(b)扩大和支持增强政府、志愿部门和私人团体作用的政策;

(c)使政府组织和非政府组织在发展老年人初级保健、增进健康和自助方案方面合作;

(d)使老年人被视为对社会有贡献的人,而不是负担;

(e)使全体人员为生命的后期阶段做好准备；

(f)使老年和青年两代人合作，在经济、社会和文化发展方面共同实现传统与创新之间的平衡；

(g)制定适应老年妇女特点、需要和能力的政策和方案；

(h)充分支持老年妇女对经济和社会福利做出贡献，这种贡献基本上未得到承认；

(i)鼓励老年男子发展在其养家糊口年月未能发展的社会、文化和感情能力；

(j)在老年人参与下制定和执行各种方案和项目时鼓励社区意识和参与；

(k)支持家庭提供照顾，鼓励所有家庭成员合作提供照顾；

(l)使地方当局与老年人、工商界、市民协会和其他方面合作，探索维持家庭和社区年龄融合的新途径；

(m)使决策人员和研究人员合作，进行着眼于行动的研究；

(n)使决策人士将注意力和资源集中到切实的机会上，而不是用在可望而不可及的目标上；

(o)在2001年以前达到的老龄问题全球指标战略前提下，尽可能扩大国际合作。

3. 决定将1999年定为国际老人年，以认识人类人口已经成年以及人口成年为在社会、经济、文化和精神事业方面促进态度和能力成熟而带来的希望，以及同样重要的是在下个世纪促进全球和平与发展方面带来的希望。

(资料来源：上海市老年学学会网站，http://www.shanghaigss.org.cn/news_view.asp?newsid=2099)

三、联合国老年人原则

联合国大会于1991年12月16日通过《联合国老年人原则》(第46/91号决议)。大会鼓励各国政府尽可能将这些原则纳入本国国家方案。原则概要如下：

独立

老年人应能通过提供收入、家庭和社会支助以及自助，享有足够的食物、水、住房、衣着和保健；

老年人应有工作机会或其他创造收入机会；

老年人应能参与决定退出劳动力队伍的时间和节奏；

老年人应能参加适当的教育和培训方案；

老年人应能生活在安全且适合个人选择和能力变化的环境；

老年人应能尽可能长期在家居住。

参与

老年人应始终融合于社会，积极参与制定和执行直接影响其福祉的政策，并将其知识和技能传给子孙后辈；

老年人应能寻求和发展为社会服务的机会，并以志愿工作者身份担任与其兴趣和能力相称的职务；

老年人应能组织老年人运动或协会。

照顾

老年人应按照每个社会的文化价值体系，享有家庭和社区的照顾和保护；

老年人应享有保健服务，以帮助他们保持或恢复身体、智力和情绪的最佳水平并预防或延缓疾病的发生；

老年人应享有各种社会和法律服务，以提高其自主能力并使他们得到更好的保护和照顾；

老年人居住在任何住所、安养院或治疗所时，均应能享有人权和基本自由，包括充分尊重他们的尊严、信仰、需要和隐私，并尊重他们对自己的照顾和生活品质作抉择的权利。

自我充实

老年人应能追寻充分发挥自己潜力的机会；

老年人应能享用社会的教育、文化、精神和文娱资源。

尊严

老年人的生活应有尊严、有保障，且不受剥削和身心虐待；

老年人不论其年龄、性别、种族或族裔背景、残疾或其他状况，均应受到公平对待，而且不论其经济贡献大小均应受到尊重。

主要参考文献

一、中文著作

陈年等编:《老人服务事业概论》,(台北)威仕曼文化事业股份有限公司2012年版。

曹健、刘清瑞编著:《我国老龄事业发展概览》,华龄出版社2012年版。

刁田丁、兰秉洁等编著:《政策学》,中国统计出版社2000年版。

房宁主编:《中国政治参与报告(2011)》,社会科学文献出版社2011年版。

方青、赵怀娟编著:《老年社会工作》,安徽师范大学出版社2012年版。

国家应对人口老龄化战略研究课题组:《中国城乡老年人基本状况问题与对策研究》,华龄出版社2014年版。

黄惠玑主编:《老人服务与照护》,(台北)威仕曼文化事业股份有限公司2011年版。

金炳华主编:《马克思主义哲学大辞典》,上海辞书出版社2003年版。

姜向群、杜鹏主编:《中国人口老龄化和老龄事业发展报告(2014)》,中国人民大学出版社2015年版。

李佳儒等编著:《老人福利》,(台北)华都文化事业有限公司2015年版。

梁宏:《社会分层视野下大城市老年人口的生存状态——以广州市为例》,中山大学出版社 2010 年版。

上海国际金融中心研究会、上海市职业能力考试院编著:《金融理财基础》,上海人民出版社 2008 年版。

孙鹃娟、梅陈玉婵、陈华娟:《老年学与老有所为》,中国人民大学出版社 2014 年版。

魏海军主编:《立法概述》,东北大学出版社 2013 年版。

吴老德:《高龄社会理论与策略》,(台北)新文京开发出版股份有限公司 2010 年版。

王浦劬:《政治学基础》,北京大学出版社 1995 年版。

邬沧萍主编:《社会老年学》,中国人民大学出版社 1999 年版。

王蒿山等:《中国政府公务百科全书·基础理论知识》第 1 卷,中共中央党校出版社 1994 年版。

吴玉韶:《中国老龄事业发展报告(2013)》,社会科学文献出版社 2013 年版。

万福义主编:《中国共产党建设大辞典》,山东人民出版社 2001 年版。

王伟:《中日韩人口老龄化与老年人问题》,中国社会科学出版社 2014 年版。

夏勇:《人权概念起源:权利的历史哲学》,中国社会科学出版社 2008 年版。

肖金明主编:《老年人权益保障立法研究》,山东大学出版社 2013 年版。

肖金明主编:《老年人权益保障法律制度研究》,山东大学出版社 2013 年版。

肖金明主编:《老龄社会应对法律问题研究》,山东大学出版社 2013 年版。

熊必俊:《老龄经济学》,中国社会出版社 2009 年版。

向洪、薛斌主编:《领导干部辞典》,电子科技大学出版社 1992 年版。

叶至诚:《老人福利服务》,(台北)威仕曼文化事业股份有限公司 2010 年版。

叶至诚:《老人福利国际借鉴》,(台北)秀威资讯科技股份有限公司 2011 年出版。

谢联辉、宋玉华:《全球行动——迎接人口老龄化(联合国老龄话题文件汇总)》,华龄出版社 1998 年版。

夏勇:《人权概念起源:权利的历史哲学》,中国社会科学出版社 2008 年版。

杨培珊、梅陈玉婵:《台湾老人社会工作理论与实务》,(台北)双叶书廊有限公司 2011 年版。

张恺悌、郭平主编:《中国人口老龄化与老年人状况蓝皮书》,中国社会出版社 2010 年版。

周文夫、刘月主编:《科学发展观词语解》,人民日报出版社 2013 年版。

朱贻庭主编:《伦理学大辞典》,上海辞书出版社 2001 年版。

郑家亨主编:《统计大辞典》,中国统计出版社 1995 年版。

张恺悌、姚远:《中国城乡老年人社会活动和精神心理状况研究》,中国社会出版社 2009 年版。

张明、朱爱华、徐成华:《城市老年人社会服务体验研究》,科学出版社 2012 年版。

曾庆敏:《老年人权益保障与社会发展》,社会科学文献出版社 2010 年版。

[印]阿玛蒂亚·森:《以自由看待发展》,任赜、于真译,中国人民大学出版社 2009 年版。

[印]阿马蒂亚·森:《贫困与饥荒:论权利与剥夺》,王宇、王文玉译,商务印书馆 2001 年版。

[美]爱德华·劳森主编:《人权百科全书》,汪弥、董云虎译,四川人民出版社 1997 年版。

[美]戴维·L·德克尔:《老年社会学——老年发展进程概论》,沈健译,天津人民出版社 1986 年版。

[美]厄尼·泽林斯基:《在 40 岁开始考虑退休》,董舸译,中信出版社 2004 年版。

[美]哈里·R·穆迪:《老人学概念与议题》,陈慧姿等译,(台北)华腾股份有限公司 2013 年版。

[英]米尔恩:《人的权利与人的多样性:人权哲学》,夏勇、张志铭译,中国大百科全书出版社 1995 年版。

[美]N. R. 霍曼、H. A. 基亚克:《社会老年学——多学科展望》,冯韵文、屠敏珠译,社会科学文献出版社 1992 年版。

[美]史蒂芬·霍尔姆斯、凯斯·桑斯坦:《权利的成本——为什么自由依赖于税》,毕竟悦译,北京大学出版社 2004 年版。

[英]苏珊·特斯特:《老年人社区照顾的跨国比较》,周向红、张小明译,中国社会出版社 2004 年版。

[美]詹姆斯·舒尔茨:《老龄化经济学》,裴晓梅译,社会科学文献出版社 2010 年版。

[美]詹姆斯·舒尔茨:《老年经济学》,雄必俊译,华夏出版社 1990 年版。

二、中文期刊论文

艾如:《功能主义视角下的老年人社会参与状况研究——以北京 Z 社区为例》,载《北京科技大学学报》(社会科学版)2011 年第 2 期。

陈均亮:《论老龄化社会潜在资源开发》,载《沿海企业与科技》2005 年第 11 期。

陈铭、林志婉:《老年志愿活动的理论思考和实证分析》,载《人口学刊》2003 年第 4 期。

陈岱云、陈希:《人口新常态下服务于老年人社会参与问题研究》,载《山东社会科学》2015 年第 7 期。

段世江、安素霞:《志愿者活动是城市老年人社会参与的主渠道——兼论老年志愿者开展活动开展的必然性》,载《河北大学学报》(哲学社会科学版)2011 年第 3 期。

丁志宏:《我国老年残疾人口:现状与特征》,载《人口研究》2008 年第 4 期。

杜智萍:《老年教育:建设学习型社会的重要环节——日本的经验和启示》,载《成人教育》2006 年第 12 期。

段世江、张辉:《老年人社会参与的概念和理论基础研究》,载《河北大学成人教育学院学报》2008 年第 3 期。

邓燕华、阮横俯:《农村银色力量何以可能?——以浙江老年协会为例》,载《社会学研究》2008 年第 6 期。

董娜:《一件清光绪时的乡饮执照——兼浅谈乡饮酒礼制度》,载《文物鉴定与鉴赏》2012 年第 4 期。

顾秀莲:《在继续探索中不断创新发展——在 2012 年全国关心下一代工作会议上的讲话摘要》,载《中国火炬》2012 年第 1 期。

胡湛、彭希哲:《老龄社会与公共政策转变》,载《社会科学研究》2012 年第 3 期。

洪朝辉:《论中国城市社会权利的贫困》,载《江苏社会科学》2003 年第 2 期。

贾云竹、谭琳:《我国人口老龄化的女性化趋势研究》,载《人口与经济》2012 年第 3 期。

谭琳、贾云竹:《2000～2010 年我国老年妇女的状况变化及主要特征》,载《老龄科学研究》2013 年第 2 期。

姜向群、杜鹏:《中国老年人的就业状况及其政策研究》,载《中州学刊》2009 年第 4 期。

蒋忠原:《浅析对我国就业年龄歧视进行立法的必要性及国际经验》,载《理论界》2011 年第 9 期。

李宗华:《近 30 年来关于老年人社会参与研究的综述》,载《东岳论丛》2009 年第 8 期。

李占乐:《中国公民社会参与政策执行的动因和方式》,载《行政论坛》2012 年第 2 期。

吕晓莉:《老年人社会参与政策研究》,载魏礼群主编:《社会体制改革与科学发展(2012 年第 2 届中国社会管理论坛)》,北京师范大学出版社 2012 年版。

娄峥嵘:《国外老年教育政策的分析与启示》,载《继续教育研究》2012 年第 8 期。

李景治、熊光清:《政治排斥问题初探》,载《社会科学研究》2006 年第 4 期。

刘志松、高茜明:《初申明亭考论》,载《天津社会科学》2008 年第 3 期。

穆光宗:《老年发展论:21 世纪成功老龄化战略的基本框架》,载《人口研究》2002 年第 6 期。

马倩、张术松:《老年人社会参与困境及其政府责任研究》,载《江淮论坛》2015 年第 2 期。

穆光宗:《成功老龄化:中国老龄治理的战略构想》,载《国家行政学院学报》2015 年第 3 期。

彭希哲、胡湛:《公共政策视角下的中国人口老龄化》,载《中国社会科学》2011 年第 3 期。

裴晓梅:《从"疏离"到"参与":老年人与社会发展关系探讨》,载《学海》2004 年第 1 期。

司荫贞:《中、美、日三国老年教育发展概况》,载《开发教育研究》2001 年第 2 期。

王莉莉:《中国老年人社会参与的理论、实证与政策研究综述》,载《人口与发展》2011 年第 3 期。

万义广:《汉代"乡三老"身份再探讨》,载《南昌大学学报》2008 年第 9 期。

邬沧萍、王高:《论"老有所为"问题及其研究方法》,载《老龄问题研究》1991 年第 6 期。

王皎皎:《离退休人员就业权法律保护问题研究》,载《当代法学》2008 年第 1 期。

王放:《人口老龄化背景下的中国老年志愿服务》,载《中国青年政治学院学报》2008 年第 4 期。

王英、谭琳:《非正规老年教育与老年人社会参与》,载《人口学刊》2009 年第 4 期。

王志宝、孙铁山、李国平:《近 20 年来中国人口老龄化的区域差异及其演化》,载《人口研究》2013 年第 1 期。

邬沧萍、谢楠:《关于中国人口老龄化的理论思考》,载《北京社会科学》2011 年第 1 期。

吴帆:《认知、态度和社会环境:老年歧视的多维解构》,载《人口研究》2008 年第 4 期。

夏辛萍:《积极老龄化视野下老年志愿者活动问题》,载《中国老年学杂志》2015 年第 10 期。

肖金明:《关于中国老年人权益保障立法的若干问题》,载《中国法律》2011 年第 6 期。

徐世锦、刘南华:《加快发展社区老年教育是老有所学的核心内容——以南京市下关区发展社区老年教育为例》,载《中国民政》2010 年第 11 期。

徐京:《改革开放 30 年改革进程中的中国老年教育》,载《中国老年报》2009 年第 1 期。

岳瑛:《英国的老年教育概况》,载《中国老年学杂志》2009 年第 8 期。

郁贝红、蔡素容:《老年残疾问题现状调查》,载《中国老年学杂志》2008 年第 19 期。

杨宗传:《再论老年人口的社会参与》,载《武汉大学学报》(人文社会科学版)2000 年第 1 期。

杨华、项莹:《浙江农村老年人社会参与影响因素研究》,载《浙江社会科学》2014 年第 11 期。

杨福忠:《网络征求民意法治化——探寻公民有效网络政治参与的分析框架》,载《政治与法律》2012 年第 2 期。

中国人口与发展研究中心课题组:《中国人口老龄化战略研究》,载《经济参考研究》2011 年第 34 期。

张晓青:《新世纪以来中国人口老龄化研究的新动向》,载《人口与发展》2009 年第 3 期。

张文娟、赵德宇:《城市中低龄老年人的社会参与模式研究》,载《人口与发展》2015 年第 1 期。

赵怀娟:《"生产性老龄化"的实践与启示》,载《安徽师范大学学报》(人文社会科学版)2010 年第 3 期。

周伟:《关于〈中华人民共和国反歧视法学术建议稿〉的说明》,载《河北法学》2007 年第 6 期。

张之望:《高等学校对老年教育发展的"文化引领"作用研究》,载《改革与开放论丛》2010 年第 22 期。

李新爱:《我国公共部门干部年轻化的利弊分析研究 》,郑州大学硕士学位论文,2009 年。

李佳琦:《老年人社会参与制度研究》,长春理工大学硕士学位论文,2012 年。

刘欢:《社会参与对城市退休老年人继续社会化的影响研究——基于湖南省 Y 市的实证研究》,湖南师范大学硕士学位论文,2011 年。

蒋子桓:《积极老龄化理论及政策研究》,西南财经大学硕士学位论文,2011年。

毛旭:《我国老年人社会参与权保障的法理研究》,辽宁师范大学硕士学位论文,2014年。

金易:《人口老龄化背景下中国老年人力资源开发研究》,吉林大学博士学位论文,2012年。

李梅花:《日本、韩国人口老龄化与老年人就业政策研究》,吉林大学博士学位论文,2014年。

龙晓杰:《我国老年人社会参与权研究》,山东大学硕士学位论文,2012年。

孟鑫垚:《吉林省农村人口老龄化现状及对策研究》,吉林大学硕士学位论文,2012年。

吴芳芳:《老年群体的社会参与问题研究——基于哈尔滨市的调查》,哈尔滨工业大学硕士学位论文,2009年。

三、外文文献

N. Morrow-Howell, "Who Benefits from Volunteering? Variation in Perceived Benefits," *The Gerontologist*, 2009, 49(1).

L. Mjelde-Mossey, I. Gender, "Gender Differences in Expectations Predictive of Volunteer Experience among Older Chinese Professionals in Hong Kong," *Ethnic & Cultural Diversity in Social Work*, 2004,13(4).

Zbigniew Dlugosz, Piotr Razniak, "Risk of Population Aging in Asia," *Procedia-Social and Behavioral Sciences*, 2014, 120.

Andreea Claudia Serban, "Aging Population and Effects on Labour Market," *Procedia Economics and Finance*, 2012, 1(3).

Mary Guerriero Austrom, Catherine A. Alder, Michael LaMantia, Debra Litzelman, Ann Cottingham, Malaz Boustani, "Meeting the Needs of a Rapidly Aging Population: Task Shifting and the Development of a New Work Force," *The Journal of the Alzheimer's Association*, 2014, 10 (4).

Yuming Wang, Caiyun Liu, "Preliminary Research on Aging Population and Flexible Retirement Policy of Shanghai," *Ieri Procedia*, 2012, 2(4).

Rintaro Yamaguchi, "Inclusive Wealth with a Changing but Aging Population," *Economics Letters*, 2014, 124 (1).

Mohammad Ikram, Vincentius Verlinden, Albert Hofman, Jos van der Geest, "Cognition and Gait Reveal Distinct Patterns of Association in an Aging Population," *The Journal of the Alzheimer's Association*, 2012, 8 (4).

John Dixon, *Social Security in Global Perspective*, Westport: Praeger, 1999.

Williamm Epstein, *Welfare in America*, Madison: University of Wisconsin Press, 1997.

Hobart A. Burch, *Social Welfare Policy Analysis and Choices*, New York: London, Hawonh Press, 1999.

Peter Leonard, *Postmodern Welfare*, London: Sage Publications, 1997.

Donald A. Cowgill, *Aging Around the World*, Belmont, California: Wadsworth, 1986.

Eugene A. Friedmann, Robert J. Havighurst, *The Meaning of Work and Retirement*, University of Chicago Press, 2001.

Robert J. Havighurst, *Successful Aging*, New York: Atherton Press, 2003.

Gray G. Berntson, John T. Cacioppo, "Psychobiology and Social Psychology: Past, Present, and Future," *Personality and Social Psychology Review*, 2000, 4(1).

Marieke Van Willigen, "Differential Benefits of Volunteering across the Life Course," *Journal of Gerontology: Social Sciences*, 2000, 55(5).

A. Neal Krause, Regula Herzog, Elena Bastida, "Providing Support to Others and Well-being in Later Life," *Journal of Gerontology: Psychological Sciences*, 1992, 47(5).

Paul B. Baltes, "Sensory Functioning and Intelligence in Old Age: A Strong Connection," *Psychology and Aging*, 1994, 9(3).

Gary S. Fields, Olivia S. Mitchell, "Economic Determinants of the Optimal Retirement Age: An Empirical Investigation," *Human Resources*, 1982, 19(2).

Y. Bian, J. R. Logan, "Market Transition and the Persistence of Power: The Changing Stratification System in Urban China," *American Sociological Review*, 1996, 61(5).

D. Jamison, J. Vander Gaag, "Education and Earnings in the People's Republic of China," *Economics of Education Review*, 1987, 6(2).

后 记

人口老龄化大潮已席卷全球。除非洲和中东部分地区外，世界大多数国家和地区都不同程度地面对着人口老龄化所带来的复杂社会局势、难以估测的社会风险以及巨大的经济负担和政治压力，应对人口老龄化已经成为世界多数国家和地区必须共同面对的时代课题。中国自20世纪末进入老龄社会以来，人口老龄化进程不断加快，老龄人口规模加速增长，尤其是高龄老人、空巢老人、失能老人、失独老人数量剧增，这无疑对传统养老体制、现行人口政策、政府社会管理与公共服务能力，以及社会文化、家庭道德等提出了严峻的挑战。确立和实施积极应对人口老龄化国家战略，不断完善老年人权益保障立法，加快构建老年人权益保障法律制度体系，有效推进老龄社会及其相关风险的法律应对，无疑具有重大的现实意义和深远的战略意义。

2011年5月，受邀参加由全国人大内务司法委员会组织的老年人权益保障法修改调研、论证和起草工作，山东大学为此成立了老年人权益保障立法研究课题组，组织部分青年教师、硕士和博士研究生，以及校外青年学者参与课题研究，围绕老年法制主题开始了长达五年的连续作业。从国内外老年法制资料整理到主办老年人权益保障立法学术研讨会，从单一的老年人权益保障立法研究到社会法视野中的老年法制理论创新，从侧重于国家立法与法律制度完善和发展到老年社会政策与老年法制融通和互动，从拟定老年人权益保障法修改专家建议稿到一系列老年法制研究成果发表和出版，课题组前期在国家立法的牵领下，后期在山东大学自主创新项目和人文社科青年学者成长项目的支撑下，面向重大社会现实问题展开持续研究。尤其是在新修订的《中华人民共和国老年人权益保障法》颁行后，课题组在推进社会法学理论研究和学科建设的过程中，继续关注老年法制建设，保持着对老年人权益保障法律制度的后续研究，最终形成了包括老年人权益保障立法、法律制度、社会救助、社会参与以及应对老龄化对策与法制等在内的老年法制研究成果，《老年人社会参与政策与法律研究》是“人口老龄化社会法制建设”系列研究的重要成果之一。本书的导论是在各章撰写基础上由主编整理而成。各章的分工如下：第一章，马驰骋；第二章，李芳；第三章，白玉荣；第四章，李先涛；第五章，董菁。

《老年人社会参与政策与法律研究》一书入选“十二五”国家重点图书出版规划，并得到了国家出版基金的资助。在持续多年的老年法制研究中，全国人大内务司法委员会、民政部、全国老龄办的信任和支持为老年法制研究提供了不间断的动力，我们由衷地感谢全国人大内司委内务室于建伟主任，民政部许立群司长、张时飞副司长，全国老龄办朱勇副主任等，他们是老年法制研究真正的前沿专家。衷心感谢东南大学孟鸿志教授，西南政法大学陈苇教授，浙江工业大学张学军教授，山东政法学院刘炳君教授，山东大学李芹教授、申政武教授、王丽萍教授，他们基于不同学科的独到见解扩展了老年法制研究的广度和深度。作为课题组负责人，我要感谢五年来参与课题研究的每一位学者和学生，他们付出的努力保证了老年法制研究的进展和质量。感谢曾经的和现在的课题组成员李卫华、冯威、苗雨、相焕伟、张强、龙晓杰、胡明、王洁、陈爱敏、王珂瑾、苗红培、白玉荣、赵延聪、马驰骋、王汝洋、刘宇、陈铭聪、陈一远、王永、罗鑫、李成玲、田甜、左娟娟、王强、韩雨雷、董康伟、张允春、刘蕾、姚澍峥等。他们曾经或正在山东大学法学院、政治学与公共管理学院攻读硕士或博士学位，一直保持着令人满意的学习、工作和生活状态，他们的人生态度、处世风格以及常年保持的相互提携、彼此关照的风气尤其令人鼓舞。我还要特别感谢青岛大学李芳副教授、山东建筑大学董蕾红副教授、山东政法学院谢秀珍副教授的参与和带动作用，山东大学宪政专业博士研究生朱恒顺的筹划和推动作用，以及宪政专业与行政管理专业博士研究生杨志超、董菁、王晨在后期成果形成过程中的组织协调作用，这无疑是长达五年之久的老年法制课题研究能够做到过程愉快并且善始善终的重要保证。最后，必须感谢山东大学出版社长期以来对我所负责和主持的学科和团队的关爱和支持。

肖金明

2015 年 9 月 8 日